Gotteswürdig und menschenwürdig leben. Viola Kennert

W0187965

Viola Kennert *Gotteswürdig und menschenwürdig leben*

Eine Frau der Kirche in Texten und Begegnungen

Herausgegeben von Michael Kennert

Wichern-Verlag

Für die Söhne

Simon und Matthias

Bildnachweis: Nicht in allen Fällen konnten wir trotz sorgfältiger Prüfung die Rechtsinhaber/innen ermitteln. Wir bitten, uns gegebenenfalls zu kontaktieren. S. 43: epd-bild/Norbert Neetz; S.45: Domstiftsarchiv Brandenburg (DStA) BDS 2936; S. 47 f, 281: Kirchenkreis Neukölln; alle übrigen Bilder: privat.

Hinweis: Bei Interesse können Viola Kennerts Predigten (zunächst der Jahre 1974–1997; wird fortgesetzt) auf elektronischem Weg übermittelt werden. Kontakt: Michael Kennert per E-Mail: m.kenn@gmx.de

© Wichern-Verlag GmbH, Berlin 2022
Umschlag: Uwe Baumann, Ortszeit Mediale, Berlin
Satz und Layout: NagelSatz, Reutlingen
Druck und Verarbeitung: CPI books GmbH, Leck
ISBN 978-3-88981-468-5

Inhalt

Begegnungen – Texte von Weggefährtinnen und Weggefährten

Aus Kindheit und Jugend in Chile (1952–1970)

Ausbildung in Bethel, Bielefeld, Soest (1970–1980)

Berlin – Wilmersdorf (1981–1983)

Christina-Maria Bammel

Zum Geleit

Dieses Buch erzählt in so umsichtig wie liebevoll kompilierten Vorträgen, Zeugnissen, Predigten, Andachten, Tagebucheinträgen und Bildern die Lebensgeschichte einer herausragenden Frau unserer Kirche. Mit Würde, Wachheit und Warmherzigkeit hat Viola Kennert Menschen und Gemeinden, einen Kirchenkreis und viele Vorhaben – landeskirchlich, weit über die Landeskirche hinaus, ökumenisch und im Gespräch mit den Religionen – in einer Weise geleitet, die sich in die Geschichte nicht nur dieser Kirche eingeprägt hat. Auf den Seiten wird erzählt von einer Frau mit Strahlkraft, die sich aus tiefen inneren Quellen speisen konnte, so wie aus der Gemeinschaft mit Menschen, die ihr Herz berührten – und vor allem aus der theologischen Arbeit. Dieses Buch erzählt mit Bildern und Gedanken von Freundinnen und Freunden, vieler, die gemeinsam mit Viola Kennert Wege gegangen sind, wie kostbar jede einzelne Erinnerung ist und sich zusammenfügen kann zu einem ebenso kostbaren Kapitel Kirchengeschichte. Die Zeilen atmen in allem Schmerz um ihren Verlust eine unvergleichbar tiefe Dankbarkeit all derer, die mit ihr leben, ihr begegnen und mit ihr arbeiten durften. Sie hat Menschen und Gemeinden gelehrt, gefördert, getragen und dabei tief berührt. Viola Kennert hat dabei mit allein schon äußerlich unübersehbarer Eleganz, mit Anmut und mit beeindruckender geistlich-geistiger Stärke Strukturen in Bewegung gebracht, die tatsächlich dringend Bewegung brauchten.

Es konnte zu einer ungemein schönen Bereicherung werden, ihr zu begegnen und ihr zuhören zu dürfen. Unvergessen sind mir die Abende im Pastoralkolleg: Sie hat dazu ermutigt, das Gelungene zu feiern, und das, was im Fragment blieb, nicht schönzureden. Selbst ihre Kritik war getragen von wohltuender Besonnenheit, Klarheit und echter Zuwendung. Die musste sie nicht inszenieren, denn sie gehörte zu ihrem Wesen. Das hat sie eingebracht, für mich damals nicht weniger eindrücklich auch im landeskirchlichen Mentoringprogramm für Frauen. So professionell und echt die Worte, mit Leben, Kompetenz und Erfahrung gefüllt, sie hatten an einem Abend, der auch hier im Buch Erwähnung findet, alle, die so glücklich gewesen waren, dabei zu sein, in ihren Bann gezogen. Direkt gesprochen und ohne jede Floskel – über Schmerz und Freude des Leitens, über Grenzen des Machbaren, über Erlittenes und Errungenes. Man hätte diesen Abend aufzeichnen sollen. So bleibt er aufgezeichnet in den Herzen und Köpfen derer, die zugehört haben und ihre Fragen stellen konnten. Viola Kennerts Predigten atmeten dieselbe Geistkraft. Als ob es ein Gespräch wäre, das möglichst nicht aufhören sollte. Ich habe nicht nur einmal anschließend nachgefragt, ob es ihre Worte noch einmal zum Nachlesen gibt; dieser besondere Sinn für das Erzählen – welterfahren, gedankenreich, einfühlsam und auf den Punkt gebracht – war gemacht dazu, mehr als einmal aufgenommen und bedacht zu werden. Als wir Viola Kennert nach dem Ruhestand gebeten hatten, über einen Vorsitz der Kommission zur individuellen Aufarbeitung erlittener sexualisierter Gewalt nachzudenken, hat sie sehr besonnen abgewogen, welche Last sie tragen würde und von welchem Team sie in dieser Aufgabe getragen werden würde. Dann hatte sie „ja" gesagt und noch einmal gewissenhaft, präzis und engagiert begonnen, als ein Gesicht dieser Kirche für betroffene und verletzte Menschen da zu sein. Dann wurde sie auch in dieser Aufgabe im Frühjahr 2020 hart und abrupt unterbrochen. Wochen der Isolation. Als sie im Juni 2020 zu Hause ist, schreibt sie davon, wie Lebenskräfte spürbar werden, die sie lange vermisst hatte, dankt für jedes begleitende Wort, das sie „aufgesogen" habe. Selbst in dieser Situation vergisst sie nicht, Gutes zu wünschen und zugewandte Worte zu finden. Dass eine unbekannte Strecke vor ihr liegt, erwähnt sie nur wie nebenbei. Immer wieder habe ich diese Juni-Notiz gelesen, weil sie mir kostbar geworden ist. Und bin nun so froh, noch viel mehr von Viola Kennert und über sie lesen zu können. Sie werden es ebenfalls sein, liebe Lesegemeinschaft. Und vielleicht wird es sein, dass Sie, so wie ich – berührt und getröstet, dankbar und bereichert – sagen können: Was für ein Segen, der unsichtbar und sichtbar durch Viola Kennert gewirkt hat!

Christina-Maria Bammel, Dr. theol., ist Pröpstin der Evangelischen Kirche Berlin-Brandenburg-schlesische Oberlausitz.

Michael Kennert
Aufbruch und Vielfalt.
Eine Vorbemerkung

Aufbruch und Vielfalt: Beides gehört wesentlich zu Violas Leben, wie es sich in den Begegnungen mit Menschen an den verschiedensten Orten in den unterschiedlichsten theologischen Zusammenhängen zeigt.

Als erste Theologiestudentin der Evangelischen Kirche in Chile bricht sie zum Studium nach Deutschland auf, mit dem Ziel, Pfarrerin ihrer Kirche in Chile zu werden – sie wäre dort die erste Frau im Pfarramt gewesen. Der berufliche und persönliche Weg führte sie von Anfang an zu einer Reihe von Orten und Menschen, an und mit denen sie die Vielfalt von Theologie und Kirche erlebte: protestantische und katholische Theologie nord- und südamerikanischer Ausprägung in Chile, dann die aktuellen exegetischen, homiletischen und seelsorgerlichen Ansätze während des Theologiestudiums, eine breit gefächerte Ökumene in Luxemburg, die deutsche interreligiöse Situation in Westfalen, Berlin (West wie Ost) und Brandenburg, dazu im Rahmen ihrer Synodenmitgliedschaften der Blick in den europäischen und als Mitglied des Missionsrates des Berliner Missionswerks in den weltweiten Kontext. In all dem bewahrte sie ihre theologisch-geistliche Herkunft, die sich schon in ihren frühesten Äußerungen zeigt: in der Nachfolge Jesu Gutes für die Menschen zu tun. Das hatte notwendigerweise ein theologisch-politisches Engagement zur Folge, wie sich besonders in ihrer (EKD-)Synodentätigkeit, aber auch dann im Superintendentenamt in Berlin-Neukölln zeigte. In zwei Kulturen und im Anblick hoher sozialer Spannungen aufgewachsen, brachte sie ein besonderes Verständnis für Menschen in der Diaspora, in der Minderheitensituation auf. Sie selbst fand ihre Heimat, die sie nie geographisch-statisch verstand, im Glauben und in der Begegnung mit Menschen, und es war ihr ein Anliegen, Glauben – also Gottes Liebe – zur Sprache zu bringen. Das tat sie einfühlsam und entschlossen und hat damit bei vielen ihre Spuren hinterlassen.

Aufbrüche – das meint für Viola auch Auf-Brüche von Verkrustetem: Veränderungen, Suchen nach neuen Möglichkeiten, Gehen neuer Wege – meint verantwortliches Handeln für alles, was das Leben gut macht, denn *vom Zuschauen wird man kein Christ.*

„Es ist genug für alle da" – in diesem Satz, der das Thema der EKD-Synode 2013 wurde, konzentriert sich Violas theologisches Herkommen und Anliegen:

Geprägt und getragen vom Glauben an Gottes Liebe zu allen Menschen, wie sie sich in Jesus Christus zeigt, geht es ihr, schon von der ersten Predigt im Homiletischen Seminar in Bethel an, angesichts von Mangel und Ungerechtigkeit in der Welt fortan um Gerechtigkeit im weitesten Sinne – um die Weitergabe dessen, was Gott in seiner Liebe für alle Menschen bereitet hat: gleiche Rechte, Chancen, Nahrung, Platz, Zuversicht, Glaube, Liebe – es geht ihr um ein *gotteswürdiges und menschenwürdiges, ein lebenswürdiges Leben.*

Die folgenden Zeilen wollen versuchen, ihren kirchlich-theologischen Weg, der Aufbruch und Vielfältigkeit als Bereicherung verstand, nachzuzeichnen. Sie hätten ihr Ziel erreicht, wenn Viola uns auf diesem Weg zu und mit den Menschen in ihrer Entschiedenheit, ihrer Bescheidenheit und ihrer Liebe noch einmal begegnete.

Michael Kennert
Biografischer Abriss

In den ersten Tagen des neuen Jahres 1971 verlässt der italienische Ozeandampfer „Enrico C." mit etwa 300 Passagieren die Küste von Südamerika und begibt sich auf die Überfahrt nach Europa. Sein Bestimmungshafen ist Genua in Italien. An Bord befindet sich die angehende Studentin Viola Wilcke aus Santiago de Chile, die dort vor kurzem ihr Abitur an der Deutschen Schule abgelegt hat und nun auf dem Weg an ihren zukünftigen Studienort, Bethel bei Bielefeld, ist. Dort will sie das Studium der Evangelischen Theologie aufnehmen. Viola ist jetzt 18 Jahre alt.

Hinter ihr liegt der der südamerikanische Kontinent, hinter ihr liegt die Kindheit in Santiago, die Jugendzeit in Grund- und Oberschule, hinter ihr liegen Familie und Freundinnen, hinter ihr liegt das Elternhaus, Schwester, Vater und Mutter, auch die dortige Evangelische Gemeinde mit ihrem Auslandspfarrer aus Berlin. Vor ihr liegt der Atlantik – und die Zukunft in Deutschland, in Europa. Was wird sie bringen?

Kindheit und Jugend in Santiago de Chile (1952–1970)

Die Familie   Viola Wilcke entstammt einer in Santiago ansässigen deutsch-chilenischen Familie: Die Großmutter väterlicherseits, Lotte geb. Algenstaedt, war als 18jährige Pfarrerstochter aus dem mecklenburgischen Dörfchen Cramon im Jahr 1908 zu ausgewanderten Verwandten nach Chile gekommen, um hier als Hauslehrerin tätig zu werden. Bald lernte sie ihren späteren Ehemann Robert Wilcke, aus Magdeburg stammend, kennen, der in Temuco als Angestellter der Deutschen Bank sowie als Vizekonsul tätig war. 1912 heirateten sie. Wegen des Ersten Weltkrieges kam das junge Paar nicht mehr zurück nach Deutschland, ihre vier Kinder Rudolf, Lieselotte, Gisela und Irmgard (Immy) wurden in Chile geboren. Sohn Rudolf (Rodolfo) sollte später Mathematik und Physik studieren, in den dreißiger Jahren weilte er zu einem Studienaufenthalt in Deutschland, kehrte aber angesichts des drohenden Zweiten Krieges nach Chile zurück. Hier, in Santiago, lernte er 1948 die Germanistikstudentin Ingeborg Brubacher kennen, die, aus dem zerstörten Frankfurt/Main stammend, ihre in der NS-Zeit in zweiter Ehe nach Chile ausgewanderte (ursprünglich aus Berlin stammende) Mutter besuchte. Sehr bald heirateten die beiden, und am 6. August 1952 kam die erste Tochter, Viola, zur Welt, vier Jahre später die Schwester Andrea. Diese Vornamen wurden gewählt, weil sie im Deutschen wie im Spanischen in gleicher Weise gebräuchlich sind.

Während der Vater als Physik- und Mathematiklehrer bzw. Professor an verschiedenen universitären Einrichtungen in Santiago unterrichtete, betätigte die Mutter sich literarisch. Sie verfasste diverse Artikel zu historisch-kulturellen Themen in der deutsch-chilenischen Zeitung „Condor", übersetzte chile-

Viola mit Mutter Ingeborg, geb. Brubacher und Großmutter Käthe, geb. Görke (1955)

nische Märchen ins Deutsche, schrieb ein Kinderbuch unter dem Titel „Daheim ist alles anders", in dem sie die Kindheits- und Jugendgeschichte ihrer beiden Töchter zwischen den Kulturen beschreibt, und führte eine umfangreiche Korrespondenz nach Europa.

Viola (links) mit Schwester Andrea (1959)

Deutschlandbesuch (1955/56)

Die Familie ist – wiewohl fließend zwei-sprachig – fest verankert in der deutsch-chilenischen Gemeinschaft; dazu gehört auch die evangelische deutsch-chilenische Aus-landsgemeinde. Der Vater wird später Vorsit-zender des Deutsch-Chilenischen Bundes (DCB) und erhält dafür das Bundesverdienst-kreuz. So wachsen die Kinder hinein in zwei Kulturen – und lernen, vermittelt durch den Vater, die chilenische, und, angeleitet durch die Mutter, von früh an die deutsche intensiv kennen. Das geschieht verstärkt auch durch einige Reisen nach Deutschland in der Kind-heit: Mit der Mutter besucht Viola in den Jahren 1955, 1958, 1960/61 und 1964/65 die Familie in Frankfurt/Main, wo sie eine ge-wisse Zeit auch gastweise am Schulunterricht teilnimmt. Zu den Lieblings-büchern aus der Kindheit gehört – wie sie später öfters erwähnt – „Der Glück-liche Löwe" von Fatio und Duvoisin (1954). Ein erstes Tagebuch (weitere soll-ten folgen) gibt Reiseeindrücke der 12jährigen wieder: *Am 19.12.64 fuhren wir*

Grundschule 4. Klasse (1963)

Deutschlandbesuch, mit Schwester Andrea (Nürnberg 1964/65)

durch Gibraltar. Man sah die Atlas-Berge, Argeciras, Ceuta, den Felsen Gibraltar, der den Engländern gehört, Cap Trafalgar, Insel Tarifa, die cierra nevada. … 22.12.64: Schnee! In der Schweiz lag dick Schnee. Die Almhütten waren verschneit. Alles sprach italienisch, aber nördlich des „Sankt Gotthards" war alles auf deutsch. Am Abend kamen wir zu Tante Hilde. Alles war weihnachtlich geschmückt und die Weihnachtsgeschenke wurden ausgetauscht. Wir telephonierten nach Frankfurt und gingen zu Bett.

Jugend im Aufbruch (Gymnasialzeit 1965–1970)   Aus der Schule bringt Viola stets gute bis sehr gute Ergebnisse nach Hause. Mehrfach, eigentlich durchgängig, ist sie Klassenbeste und erhält dafür Anerkennungspreise der Schule. 1965 kommt sie – nach sechsjähriger Grundschulzeit – in die Oberstufe (Gymnasium) der Deutschen Schule Santiago. Ein Jahr später, mit 14 Jahren, beginnt Viola regelmäßig Tagebuch zu führen – bis zum Abitur im Dezember 1970 wird sie etwa 800 Seiten eng beschrieben haben. Es sind berührende

Deutsche Schule Santiago. Überreichung eines Schulpreises durch Dir. Haberkorn (ca. 1966)

und bewegende Zeugnisse eines jungen Mädchens, einer jungen Frau im Aufbruch, die mit bemerkenswerter Klarheit und erstaunlichem Tiefgang sich selbst und ihre Umwelt – Familie, Schule, Gesellschaft – wahrnimmt und beschreibt. Viola ist eine fleißige Schülerin, aber nicht nur das: Sie ist vielseitig interessiert. Sie berichtet von ihrem Interesse an Naturwissenschaften, Mathematik, Physik, Astronomie. Sie pflegt zahlreiche Brieffreundschaften nach Übersee. Sie

Auf dem Fundo Holsacia, Südchile (1967)

liest viel, sie treibt Sport und vertrit ihren Verein „Manquehue" erfolgreich bei Schwimmwettkämpfen. Sie besucht Theater- und Konzertaufführungen, singt selbst im dortigen Mozart-Chor, spielt Flöte und Klavier. Manchmal stöhnt sie über ihr ausgefülltes Programm. Und sie wird aktiv in der evangelischen deutschsprachigen Kirchengemeinde. Deren Pfarrer Manfred Herrendörfer ist aus der damaligen (West-)Berliner Landeskirche in den Auslandsdienst entsandt worden. Er wird nun ein prägender Begleiter auf Violas Weg, und noch vor der Konfirmation in der Erlöserkirche in Santiago am

Konfirmation – Pfr. Manfred Herrendörfer; Viola 2.v.l. (1967)

Erlöserkirche Santiago (2020)

Erlöserkirche Santiago (2020)

12. November 1967 unter dem Spruch aus 2. Korinther 1,19: „Denn der Sohn Gottes, Jesus Christus, der unter euch durch uns gepredigt ist, durch mich und Silvanus und Timotheus, der war nicht Ja und Nein, sondern es war Ja in ihm", wird sie Helferin im Kindergottesdienst, danach dessen Leiterin. 30 und mehr Kinder nehmen teil und sie findet Anerkennung bei ihnen und den Eltern, was ihr viel gibt. Im April 1967 notiert die 13jährige in ihr Tagebuch: *Heute hatten wir Konfirmandenunterricht und kamen auf die Frage: Was ist der Sinn unseres Lebens? Ja, was ist der Sinn meines Lebens? … Ich will zuallererst heiraten. Das könnte der Sinn meines Lebens sein, wenn ich aber nicht heirate, will ich irgendwas für die Menschheit tun, oder mein Leben der Religion widmen …*

Am Ende des Jahres bemerkt sie zu einem Zeitungsartikel über das 450jährige Reformationsjubiläum und die „moderne" Theologie (Bibelkritik): *Leider, leider habe ich noch so wenig gelesen – es sind doch wenige Beweise da, und alles hängt mit viel, viel Glauben zusammen … Was ich zum Artikel noch sagen möchte: Es ist ein Bild von einer Pastorin drin! Das schwebt mir nämlich immer ernsthafter vor!! …*

Aber auch Mathematik und Physik sind nicht ausgeschlossen. Zu einer Freundin äußert sie im Frühjahr 1968: *Physik scheint mir zu gefallen und leicht zu fallen… Sie* (die Freundin) *meinte, wenn man dies alles glaube (Sonnen, Galaxien usw.), dann glaube man nicht an Gott… Ich antwortete ihr, und das ist meine feste Überzeugung: Ich glaube, daß alles so ist, wie es die Astronomen sagen, alles hat seine Erklärung, doch wird es von Gott geleitet!* Aber schon sieht sie auch kritisch (zum Schulthema „Entstehung des Menschen") auf die Bibel: *Aber trotzdem können nicht Adam und Eva die einzigen Menschen gewesen sein, die auf der Erde waren, denn es ist von keinen Töchtern die Rede … Ich weiß nicht, ob es darauf eine Antwort gibt, doch das werde ich rauskriegen und dann werde ich weitersehen …*

In dieser Zeit (mit 13 Jahren) liest Viola den Roman „Rachel Cade" von Charles Mercer über eine Missionsschwester in Afrika, der sie beeindruckt, sowie von Else Hueck-Dehio „Liebe Renata", die Geschichte eines jungen Pfarrerehepaares in der Zeit des Ersten Weltkriegs im Baltikum, und identifiziert sich mit der Titelheldin: *Es war das erste Buch in meinem Leben, wo die Hauptdarstellerin mir aufs Haar glich – en todo aspecto. Sie schrieb Tagebuch – war am liebsten allein – aber – sie konnte allein sein und ungestört schreiben! Ich hätte, glaube ich, genauso in allen Situationen gehandelt. Vielleicht war deshalb das Buch für mich so schön!*

Doch sie macht sich die Entscheidung nicht leicht. Am Anfang des 10. Schuljahres – Viola ist nun 15 Jahre alt – vermerkt sie: *Theologie – Theologie!! Aber ich muß auch bedenken, daß es ein schweres, langes und ausgedehntes Studium ist... Ich überlege mir oft in letzter Zeit, wie viel man lernen könnte: und dann erfaßt mich eine Arbeitswut, daß ich ganze Nächte lang durchlernen könnte. Z.B. Physik, Mathematik, Technik, Landwirtschaft – Astrologie – Geschichte – Erdkunde – ich könnte noch viel mehr aufzählen. Schon allein Geschichte und Sprachen! Ich glaub und hoffe, daß ich mich dieses Jahr sehr hinter Englisch und Französisch klemmen werde, aber auch nicht die spanischen Aufsätze vernachlässigen – ich will wirklich das beste aus der Schule rausholen, was geht; mit Theologie will ich mich befassen, viel lesen, Kindergottesdienst, Physik, Chemie – ich habe viel vor – aber ich freue mich auf das Jahr. Was wünsche ich mir nicht alles für die Zukunft: guter Verdienst, hübsche kleine Junggesellinnenwohnung, Auto, schöne Kleider – Reisen – eine glückliche Ehe und Familie!! Werde ich jemals auch nur die Hälfte davon erreichen??*

Aber das Tagebuch berichtet auch von Zweifeln. Kurz vor ihrem 16. Geburtstag schreibt sie: *Manchmal habe ich nämlich gar nicht den Glauben an die Bibel, den man haben müßte. Wie z.B. heute in der Kirche, als in mir die Frage aufkam: wären wir nicht vielleicht auch ohne Gott zu dem gekommen, was wir heute sind? Verzweifelt suche ich nach der Antwort. Mein Gott, wie kann ich mir beweisen, daß Er es doch gemacht. Halb hab ich sie ja auch. Aber auf einmal, als ich da so auf der Kirchenbank saß, und auf Pfr. Herrend. schaute, war alles in mir eine einzige verzweifelte Unsicherheit. Eine Art Beruhigung kam über mich, als mir eine Predigt einfiel, die Propst Tute gehalten hatte und zwar über Joh. 20,24–31. Ein Jünger, Thomas, glaubt nicht an die Auferstehung, ehe er nicht die Wunden gefühlt hat. (Selig sind die nicht sehen und doch glauben). Damals sagte Propst Tute: Diese Stelle beweist uns, daß der verzweifelte Zweifler auch einen Platz bei Gott hat. Wenn er wirklich zweifelt, nicht, wenn er damit angeben will! Das war wirklich ein Trost, und was für einer!*

Und hellsichtig fährt sie fort: *Da kam mir die Vorstellung, vorne stehe ich auf der Kanzel, spreche zu Menschen, oder ich stehe und taufe ein Kind... Ist mir das lieber, füllt mich das mehr aus als z.B. in einem Physiklaboratorium zu stehen und zu rechnen und experimentieren?? Ich glaube, ich kann dies erst entscheiden, wenn mir alle Verzichte, alle sonstigen Einzelheiten bekannt sind.*

Andererseits, wenn ich heirate, will ich meinen Beruf nicht ausüben; also liegt mir dann gar nicht so viel dran? Oder ist es nur, daß ich die Ehe an höchste Stelle stelle!? Ich hoffe es! Wenn ich bedenke, studieren, wer weiß, wie viele Jahre, um dann zu heiraten! Aber man muß eben immer auch an das andere denken! Oder Pfarrerin sein, und nebenbei Familie? Nein! Nein!! Nein! Pfarrerin ist ein so umfangreicher Beruf, es gibt so viel zu tun und es verlangt alle Hingabe, alles das braucht auch der Mann und die Kinder. Ich bin ja schließlich keine Wunderfrau! ...

Ich glaube, das Ideale wäre, wenn ich einen Theologen heiraten würde! Ich könnte dann überall helfen. Ihn könnte ich dann vielleicht auch mal vertreten! Das wäre wirklich ideal! Aber auch dann oder gerade dann würde ich meinen Beruf nicht ausüben. Ich glaube nicht, daß es das Ideale und das Richtige ist, wenn beide Eheleute arbeiten, und dann noch den gleichen Beruf. Und bei Theologie könnte dann vielleicht einer mehr Erfolg haben oder ähnliches, und dann hätten wir wahrscheinlich noch verschiedene Gemeinden! Nein, das ist nichts! Aber einen Pfarrer heiraten und seine Helferin zu sein, das wäre was für mich! Aber wenn man einen bestimmten Mann sucht, dann findet man ihn garantiert nicht! Also muß man sich dem Schicksal fügen, beten, hoffen und Gott vertrauen, er wird's schon machen! Ach, wie schrecklich, daß alles so ungewiß ist, – oder ist das nicht gerade das Reizvolle am Leben? (28.7.1968)

Das ist sicherlich nicht die Art Gedanken, mit der sich die Mehrheit der Klassengemeinschaft in der Schule in diesem Alter befasst. Viola weiß, dass sie ihren Mitschülern in gewisser Weise voraus ist, und leidet auch darunter. Anerkennung sucht und findet sie in der Kirchengemeinde: Hier wird sie ernst genommen, hier schenkt man ihr Vertrauen, was schließlich dazu führt, dass man sie als Jugenddelegierte ihrer Kirche zur Teilnahme am Weltkongress der Jugend des Lutherischen Weltbundes 1970 nach Thonon/Genf entsendet. Sie ist da mit 17 Jahren die jüngste Teilnehmerin. Dieser Weltkongress sollte sie nachhaltig prägen, und es haben sich persönliche Kontakte aus dieser Zeit bis heute erhalten. In der Abiturzeitung „Copihue 1970" der Deutschen Schule Santiago berichtet sie von dieser Tagung. Die Teilnahme an der Konferenz – *es war mein erster öffentlicher Auftritt* – stärkte auch Violas Selbstbewusstsein: *Ich war auf einmal sicher, daß ich hübsch, nett, charmant sein konnte, daß ich gefiel – ich wollte als selbstbewußtes Mädchen dastehen – und es ist mir auch gelungen!* – Aus der stillen, strebsamen Viola wurde eine Chacotera (Lustige, Fröhliche), *Intelligente, Selbstbewußte.*

Das letzte (12.) Schuljahr neigt sich nun (Herbst 1970) seinem Ende zu. Viola ist 18 Jahre alt. Die Entscheidung für das Theologiestudium und den Beruf der Pfarrerin ist schon längere Zeit gefallen – in einem Brief an die Mutter hatte sie schon Ende 1968 geschrieben: *Ich will auf die Kanzel, wenn nicht, dann keine Theologie!*

Im April 1969 äußert sie gegenüber einer Freundin: *Eigentlich bin ich fest entschlossen, Theologie zu studieren – es kann natürlich irgendwas dazwischen kommen!*

Welttreffen der Jugend (Lutherischer Weltbund) Thonon / Genf, mit Eric Shafer, USA (1970)

Und ein halbes Jahr vor dem Abitur vertraut sie ihrem Tagebuch an: *Ich will es mir nicht leicht machen. Ich will durch die „theol. Hölle" gehen, ich will mich selbst immer mehr prüfen. Ich will zweifeln, ich will vor mir selbst als echt und nicht als Heuchlerin stehen. Vielleicht ist das egoistisch, aber Gott weiß, wie echt meine Glaubenszweifel sind, und wenn es ihn nicht gibt, dann will ich von mir stehen und den Menschen dienen. Ja, ich werde Theologie studieren auch auf die Gefahr hin, es aus verschiedenen Gründen umsonst getan zu haben* (16.5.1970).

Am 23. Dezember 1970 legt Viola die Abiturprüfung an der Deutschen Schule Santiago mit der Gesamtnote „Sehr gut" ab. In der Abiturzeitung verabschiedet sie sich mit den Worten: *... Ich bin nicht traurig darüber, das schulische Leben hinter mir zu lassen ... und ich würde keinen Tag länger bleiben wollen. ... Ich möchte so schnell wie möglich anfangen zu studieren und mich in meinem Beruf verwirklichen. Ich verlasse die Schule mit Freude, die Vergangenheit ist schon vorüber, die Zukunft zählt jetzt. Ich möchte Theologie in Deutschland studieren.* Kurz danach erfolgt der Aufbruch nach Europa.

Überfahrt und Ankunft in Europa (Januar 1971)   Die Tage an Bord boten eine Mischung aus Abwechslung und Arbeit: Neben Träumereien an Deck unter tropischem Sternenhimmel, Bordflirt, Kino und Äquatorball

![photo]

Rückkehr aus Thonon / Genf, mit Vater Rodolfo Wilcke und Großmutter Lotte, geb. Algenstaedt (1970)

widmete sich Viola auch der Briefkorrespondenz – und dem Lateinstudium! Sie wusste ja, dass für das Studium die drei alten Sprachen verlangt wurden, die sie aber auf der Schule nicht gehabt hatte. So begann sie schon in Santiago mit Privatunterricht in Latein, was sie auf der Überfahrt fortsetzte.

Dann legten wir in Genua an. Bewußt spürte ich den Einschnitt in meinem Leben: Chile war endgültig zu Ende – so notiert sie in ihr Tagebuch. Und die Studienzeit auf der Kirchlichen Hochschule in Bethel sollte beginnen.

Angekommen in Europa (1971)

22

Ausbildungszeit in Westfalen. Heirat (1971–1980)

Studium 1971–1976: Bethel, Tübingen, Münster Zum Sommersemester 1971 immatrikuliert sich Viola – als erste Theologiestudentin aus Chile, wenn nicht Südamerika – an der Kirchlichen Hochschule in Bethel/Westfalen. Später wird sie nach Tübingen und Münster wechseln, wo sie schließlich im Sommer 1976 das Erste Theologische Examen mit „Gut" ablegt. Zunächst stehen in Bethel die Sprachen auf dem Programm, Latein, Griechisch, Hebräisch. Es ist anstrengend, aber erfolgreich. Sie wohnt im Studentenheim, ist beliebt und wird *wohl mehr oder weniger wegen dem persönlichen Eindruck, den ich hier machte,* schnell in den AStA gewählt. Im August wird sie 19 Jahre alt. Erste Eindrücke schildert sie in einem Brief vom 20. April 1971 an die Eltern: *Mit den Mädels hier verstehe ich mich sehr gut … Die Herren der Schöpfung, die meisten, gehen mir ziemlich auf die Nerven. Kein Wunder, wenn die Kirche schwächer wird – bei den Theologen!!! Entweder sind sie verrückte Hippies, von oben bis unten mit Komplexen beladen, oder Linksradikale, oder richtige „fromme Mönche, Studienhocker", dazwischen vielleicht 4–5 normale Menschen, aber zum Glück gibt's die auch noch!*

In Bethel (1971)

Aber sie berichtet auch von schmerzlichen Momenten des Heimwehs: *Zu Hause – ich kann mir doch alles so gut vorstellen – das macht mich krank. Ich rechne dauernd um, und der Gedanke des Nie-wieder-zurück-Könnens macht mich fast wahnsinnig. … Ich spüre erst jetzt, wie sehr ich mich an dies Ziel – Pfarrerin in Chile – geklammert hatte.*

Denn es war zu diesem Zeitpunkt ungewiss, ob sie ihre chilenische Staatsangehörigkeit würde behalten können und ob eine Zukunft in Deutschland überhaupt möglich wäre. Sie wurde dann nach dem Studium aber doch in den Dienst der Westfälischen Landeskirche übernommen, nachdem sie sich 1977 bei einem Besuch in Chile entschieden hatte, nicht in die Situation der (aus politischen Gründen) dann geteilten und zerrissenen dortigen Kirche zurückzukehren. Die gesamte Situation (Allende/

Mit Kommilitoninnen (1971)

21. Geburtstag, mit Schwester Andrea (Santiago 1973)

Pinochet) in Chile um 1973 – in diesem Jahr beging sie ihren 21. Geburtstag besuchsweise dort im Kreis der Familie – hatte sie in Deutschland anhand der Briefe aus Santiago besorgt verfolgt. Später wird sie rückblickend einmal dazu sagen: *Ich hätte dort in die Opposition gehen müssen: als alleinstehende Frau, Pfarrerin aus Deutschland, Protestantin in einem katholischen Land, sozial engagierter Mensch. Die möglichen Konsequenzen unter der Militärdiktatur waren bedrohlich, der Putsch und die Verfolgung der Oppositionellen haben viele zu Flüchtlingen gemacht und viele das Leben gekostet. Die Entscheidung, in Deutschland zu bleiben, ist mir nicht schwer gefallen.*

Dazu beigetragen hatte darüber hinaus sicher auch der Umstand, dass die engere Familie – Eltern, Schwester, Großmutter – inzwischen (1975) auch nach Frankfurt/M. übergesiedelt war.

Schon in Bethel, wie dann aber auch an den anderen Studienorten, widmet Viola sich außer den obligatorischen „klassischen" Fächern wie Exegese, Systematik, Kirchengeschichte Themen mit aktuell-praktischem Bezug und verrät einen Interessenschwerpunkt. Das Studienbuch listet u. a. auf: Vorlesungen über „Kirche und soziale Fragen", „Soziale Funktion der Kirche", „Politische Ordnung, Gewalt und Gewaltlosigkeit in ökumenischer Sicht" – mit einer Proseminararbeit über „Martin Luther King, ein Befürworter der gewaltlosen Aktion", ferner „Die Rechte und Pflichten des Pfarrers" mit einer Arbeit über „Die pfarramtliche Tätigkeit der Frau", die mit der Bemerkung schließt: *... So sollte die Frau nicht nur um das Gemeindeamt kämpfen, sondern* *auch um einen Platz im Team. Jedoch liegt auch hier wieder die Gefahr, daß Aufgaben und Hilfsposten vergeben werden. Hier könnte die Pastorin erneut wieder in Aufgaben gedrängt werden, die „ihrem Wesen entsprechen".* Ob eine Pastorin das Gemeindeamt oder einen Platz im Team erstrebt – ihr vorrangiges Ziel ist immer noch die volle kirchenrechtliche Gleichstellung.

Denn die war zu jenem Zeitpunkt, 1973 in Westfalen, noch nicht erreicht. Weiterhin belegt sie „Religionspsychologie", „Psychiatrie", „Einführung in die Seelsorge", „Theorie und Praxis der Gruppendynamik". Die wissenschaftliche Hausarbeit zum Ersten Examen stand unter dem Thema: „Es ist zu untersuchen, in welchem Licht die Geschichte Israels in den sogenannten Geschichtspsalmen steht".

Im Rahmen des Studiums absolvierte Viola im Herbst 1974 auch ein vierwöchiges Gemeindepraktikum in Stift Quernheim /Westfalen und machte dort nach den Wochen des ersten Kontakts mit der Gemeinde (... *und wie oft habe ich mir diese Arbeit als Mädchen erträumt ...*) ernüchternde Erfahrungen mit der kirchlichen „Realität": Sie beobachtet einen *unerträglichen Intrigenkrieg, sehr fleißige, aber auch geldgierige Menschen (trotz Christentreue!), enttäuschende Trau- und Beerdigungsgespräche, bittere, einfache Routine.* Und: *Ich kann immer wieder nur entsetzt sein über die Gehässigkeit, die in der Kirche herrschen kann.* Beim Abschied im Gottesdienst erfährt sie Lob und Anerkennung – ihr eigenes Fazit aber ist: eine *Last, die ich zu tragen lernen muß ... aber immer noch mein innerster „Lebenswunsch".*

In der Tübinger Zeit hatte sie die Bekanntschaft – neben Jürgen Moltmann – mit dem Neutestamentler und Systematiker Eberhard Jüngel gemacht, bei ihm hörte sie „Anthropologie". Sein theologischer Ansatz hinterlässt einen prägenden Eindruck, wenn er ausführt: „‚Gott ist Liebe' ist also nur dann ein wahrer menschlicher Satz, wenn Gott als Liebe unter Menschen Ereignis ist. [...] Der Satz ‚Gott ist Liebe' ist formulierte Wahrheit. Soll er nicht zur Formel gerinnen, muß er sowohl gelebt als auch gedacht werden." (Gott als Geheimnis der Welt, 8. Aufl. 2010, S. 430) Dieser Grundsatz wird ihr zukünftiges Denken und Handeln bestimmen.

Weitere prägende Wegbegleiter werden später Hans Küng und Kurt Marti sowie Dorothee Sölle und Luise Schottroff sein – und über die sonstigen jeweiligen theologischen Entwicklungen und Diskussionen war sie auch später immer sehr gut informiert.

Während und auch noch nach dem Studium war Viola dem „Gladbecker Kreis" verbunden, einer Initiative junger Theologen aus Westfalen (später mit anderen zusammengeschlossen zur in der Tradition der Bekennenden Kirche stehenden „Solidarischen Kirche im Rheinland"), die zum Teil sogenannte Gruppenpfarrämter anstrebten. Auch Viola wäre mit zwei Kollegen zusammen in eine Gemeinde gegangen, wozu es dann allerdings doch nicht kam.

Vikariat 1976–1978: Bielefeld, Soest   Vom Herbst 1976 bis 1978 befindet sich Viola – zusammen mit 20 Kollegen und einer (!) Kollegin – im Vikariat der Westfälischen Landeskirche. Die wesentlichen Stationen hier sind das Gemeindevikariat in Heepen/Bielefeld, das Predigerseminar in Soest, das achtmonatige Sondervikariat bei der Telefonseelsorge Bielefeld sowie eine Studienreise unter dem Titel „Die Waldenserkirche im gesellschaftlichen und politischen Kontext von Entwicklungsproblemen in Südeuropa" mit dem Vikarskurs „Gideon" nach Rom und Sizilien (Riesi) zu den Waldensern. Dort erlebt sie die Gastarbeitersituation von der anderen Seite und berichtet in einem Brief an die Familie in Chile: *Überhaupt ist mir gerade in Riesi aufgefallen, wie schwierig im Einzelfall das Problem der Emigration ist. Viele Frauen sitzen allein mit den Kindern und die Männer arbeiten in Deutschland oder in der Schweiz. Wenn sie zurückkommen, bringen sie zwar eine Menge Geld mit – aber das ist schnell zu Ende und in Riesi bekommen sie keine Arbeit ...*

Aus dem Gemeindevikariat in Heepen liegen nicht viele Aufzeichnungen vor, aber der Abschlussbericht des Vikarsleiters vermerkt zum Prüfungsgottesdienst vom 15. Januar 1978 (Septuagesimae): „Einige Gemeindeglieder haben diesen Gottesdienst ausdrücklich ‚gut' gefunden und die Predigt so gut,

Predigerseminar Soest, Vikarskurs „Gideon" (1978)

daß sie sich ähnlich klare Aussagen öfter wünschen. Der Gottesdienst ließ deutlich erkennen, wie die Predigerin in Form und Inhalt ihres Dienstes erfreulich gewachsen ist. Sie hat festen Stand!" Die Beurteilung insgesamt äußert sich positiv: „Die Gemeinde reagierte sehr interessiert und bejahend (klare Sprache mit Accent), die Kinder wurden ‚mobil'. Die etwas freiere, offene Verhaltensweise im Kirchraum wirkte ebenso positiv wie die Nähe bes. zu jungen Menschen. Lebhafte, klare Aussagen wirkten entsprechend. Der biblische Bezug und die aktuelle Situation wurden jeweils deutlich unterstrichen. Eine starke eigene Prägung der Persönlichkeit kommt der Verkündigung zugute. Die Aussagen sind abgewogen, immer menschenbezogen, hilfreich."

Im Vikariat (1977/78)

Bei der Telefonseelsorge Bielefeld lernt sie besonders die Bereiche „Suizid" und „Depression", aber hier auch die *Grenze meiner Möglichkeiten* kennen, wie sie im Abschlussbericht schreibt. Als großes Problem der Telefonseelsorge werden aber auch die „Daueranrufer" erkannt, darunter auffallend viele alleinstehende Frauen. Viola hält eine engere Zusammenarbeit der helfenden Stellen für sinnvoll, dazu zählt auch die Gemeinde: *Wenn Gemeinde eine seelsorgerliche Funktion überhaupt noch haben möchte (Seelsorge nach „außen" hin), dann ist sie hier. Viele sind Kirche und Pfarrern nicht so abgeneigt. Sie haben aber schon oft die Erfahrung gemacht, daß sie mit dem überfüllten Terminkalender des Pfarrers zusammenstoßen. Oder, daß sie immer weiter vermittelt werden …*

Ihr Bericht endet: *Alles zusammengenommen hat einen für mich sehr schönen Erfolg gehabt: Trotz aller Anstrengung – und manchmal habe ich mich in einem Gespräch auch überfordert gefühlt – fühle ich mich bei dem Dienst wohl und es tut mir leid, ihn jetzt (hoffentlich vorläufig!) aufzugeben.*

Denn nun steht noch das Zweite Theologische Examen an. Dafür ist unter anderem ein „Gemeindevortrag" vorzubereiten, den sie unter das Thema „Können Kinder am Abendmahl teilnehmen?" stellt. Den Vortrag beendet sie mit der Feststellung: *Jesus hat jeden an seinen Tisch eingeladen. Das enthebt uns zwar nicht der Pflicht, verantwortlich und bewußt mit dem Sakrament des Abendmahls umzugehen, aber es sollte uns auch gleichzeitig dazu befreien, freier und unbefangener, auch ungezwungener Abendmahl zu feiern. Es sollte uns die Angst nehmen, neue Dinge zu versuchen. Denn wir tun es ja, um unsere Gemeinde lebendiger zu machen. Wir können uns nicht gegenseitig Zulassungsbedingungen stellen oder uns gegenseitig vom Abendmahl ausschließen. Wir sollten uns vielmehr freuen, daß wir alle zugelassen sind, daß wir darin Gemeinde werden können. Wir sollten verhindern, daß das Abendmahl zu einer erstarrten Form wird!*

Das Predigerseminar entlässt sie mit der Beurteilung, dass „sie in jeder Gruppe persönlich und sachlich ein bereichernder Faktor ist – daher gelang es ihr im Plenum, die manchmal arg theoretischen Ansätze ihrer männlichen Kollegen aufzuheben und die Auseinandersetzungen in ein konstruktiveres Fahrwasser zu lenken …"

Dennoch, die Ungewissheit hinsichtlich der eigenen beruflichen Zukunft begleitete sie durch die gesamte Zeit ihres Studiums und Vikariats. In einem Briefwechsel mit einem brasilianischen Freund und Studienkollegen erörterte sie mehrfach ihre ursprüngliche Absicht und ihren Wunsch, zukünftig als Pfarrerin in Chile tätig zu sein, analysierte kritisch die Unterschiede zwischen europäischer und lateinamerikanischer Lebenssituation und die Bemühungen um kirchliche Entwicklungshilfe; dabei hat sie das Empfinden, *dass das Problem der Unterentwicklung hier fast zur Mode geworden ist, nicht bei allen, aber doch oft, und dass man dadurch auch nicht weiter kommt …*

Den Ansätzen einer „Theologie der Befreiung" eines Dom Helder Camara oder der Reformpädagogik eines Paulo Freire kann sie durchaus etwas abgewinnen, spricht sich aber entschieden gegen Anwendung von Gewalt aus. Das Thema als solches bleibt jedoch bis zu ihren letzten Äußerungen (vgl. Vortrag vom 8.10.2019, s.u. S. 227 ff.) aktuell und im Blick.

Ich bin jedenfalls immer mehr davon überzeugt, daß der Weg der Bildung und Erziehung der bessere und unblutigere ist, denn warum soll man Blut vergießen, wenn die, die da sterben sollen, noch einen Beitrag leisten könnten!, schreibt sie am 6. Juni 1971 nach Brasilien. Dieser Meinung ist sie zeitlebens treu geblieben – und daraus lässt sich ihr stets großes Interesse an theologischer Bildung auf allen Ebenen im kirchlichen Bereich ableiten.

Wenig kann sie allerdings der „akademischen" Theologie abgewinnen – wenig auch dem „ostwestfälischen Traditionalismus", den sie im Gemeindepraktikum erlebte. Andererseits sah sie in der Kirche für sich selbst ein großes Potential, *etwas für die Menschen zu tun, die es nötig haben,* wofür sich dann zunächst im Sondervikariat bei der Telefonseelsorge eine Gelegenheit geboten hatte und was dann zu ihrer ersten beruflichen Tätigkeit führte. Am 6. September 1978 legt Viola das Zweite Theologische Examen vor dem Landeskirchenamt in Westfalen ab und beginnt darauf ihren Hilfsdienst als Krankenhauspfarrerin im psychiatrischen Landeskrankenhaus Dortmund-Aplerbeck.

Hilfsdienst 1978–1980, Heirat: Dortmund-Aplerbeck Dass Viola die Fähigkeit zu Seelsorge und Beratung besitzt, ist schon in ihrer Schulzeit erkennbar: Schon da übernimmt sie – und das nicht ungern – bei ihren Freundinnen die Rolle der Vertrauten, die die Situation (nicht selten Beziehungsprobleme,

Liebeskummer) analysiert und Lösungen vorschlägt. Das kam ihr auch bei der Telefonseelsorge zugute, und aus dieser Erfahrung heraus entschließt sie sich zum Dienst als Krankenhausseelsorgerin, den sie am 1. Oktober 1978 beginnt und der ihr viel Freude macht. Am 27. Mai 1979 wird sie in einem Gemeindegottesdienst in Dortmund-Aplerbeck ordiniert.

Fast zeitgleich, im Januar 1979, beginnt ein zwölfwöchiger Kursus in Klinischer Seelsorgeausbildung (KSA), der im Landeskrankenhaus stattfindet und sich abschnittsweise über knapp zwei Jahre erstreckt. Er steht unter der supervisorischen Leitung von Pfr. Reinhard Miethner, auch Pfarrer am Landeskrankenhaus. Im Einzel-und Gruppengespräch geht es unter anderem um Nähe und Distanz, Machtstrukturen in der Seelsorge, die Wirkung der Predigt. Viola bilanziert: *Es ist hilfreich für den Prediger und für die Gemeinde, wenn man den Prediger erkennen kann. Ich kann den Mut haben, das zu predigen, was ich denke und empfinde, auch wenn es nicht immer theologisch ganz vollkommen und abgerundet ist.* Und: *Ich habe gelernt, daß es wirklich Seelsorge sein kann, nur genau auf den anderen zu hören und ihm so nahe zu kommen.*

Aber auch: *Es ist mir aufgefallen, daß ich mich selbst oft anders erlebe als die anderen mich. Das macht mich etwas unsicher, aber auch froh, daß es für mich noch einiges an mir zu entdecken gibt. … Meine „Organisationsgabe" ist mir immer unangenehm aufgefallen, aber wenn ich diese Stärke für mich und andere gebrauche, kann sie vielleicht auch nutzbringend sein…*

Ordination Dortmund-Aplerbeck (27.5.1979)

Standesamtliche Trauung Dortmund-Aplerbeck, mit KSA-Kurs (12.9.1980)

Vom zweiten Kursabschnitt an (September 1979) begleitete ein Co-Supervisor den Kurs, ein junger Gemeindepfarrer aus Berlin, Michael Kennert, der kurz zuvor eine KSA-Ausbildung in den USA abgeschlossen hatte. In ihrem Abschlussbericht bemerkt Viola dazu: *Mit dem dazukommenden Co-Supervisor verband mich dann eine persönliche Beziehung, die außerhalb des Kurses lag … Das beruhte auf Gegenseitigkeit.* Am letzten Kurstag, am 12. September 1980, fand in Dortmund-Aplerbeck – im Beisein des gesamten Kurses – die standesamtliche Trauung von Viola Wilcke und Michael Kennert statt.

Auf nach Berlin (Wilmersdorf 1980–1983)

Damit begann ein neuer Lebensabschnitt, wieder einmal verbunden mit einem Ortswechsel: Der führte nun nach Berlin in den Kirchenkreis Wilmersdorf, wo Michael Kennert Pfarrer war. Hier fand am dritten Advent 1980 die kirchliche Trauung in der Kirche am Hohenzollernplatz statt. Die Predigt zum Trauspruch „Herr, erweise uns deine Gnade und gib uns dein Heil!" (Ps 85,8) hielt Pfarrer Miethner, der Supervisor aus Dortmund, der zu einem guten Freund geworden war. Familie aus Chile und die Berliner Freunde waren zu Gast. Unter ihnen befand sich auch der ehemalige Jugendpfarrer des Bräutigams, OKR Dr. Heinz Leschonski. Er war in Berlin ein Predigerseminarskollege von Violas Jugendpfarrer Manfred Herrendörfer gewesen – so stellten wir überrascht und erfreut fest, dass wir in gewisser Hinsicht, über die Kontinente hinweg, gleiche theologische Wurzeln bzw. Prägung erfahren hatten.

Zugleich wechselte Viola auch in den Dienst der Berliner Landeskirche und wurde zum 1. Juni 1981 in den Hilfsdienst im Kirchenkreis Wilmersdorf übernommen. Dort war sie im Rahmen der Ev. Familienbildung zuständig für die theologische Begleitung der Mitarbeitenden in Miniclubs, Kindertagesstätten und im Amt für Jugendarbeit, der Kurse der Familienbildungsstätte (mit Margarete Cleinow, Holle Schmid, Irmgard Manntz) sowie Kontaktperson des Pfarrkonvents für

Kirchliche Trauung, Kirche am Hohenzollernplatz, Berlin-Wilmersdorf (14.12.1980)

Fragen der Erwachsenenbildung, insbesondere hinsichtlich der Elternarbeit im Rahmen des Konfirmandenunterrichts, dies auch in Zusammenarbeit mit dem Haus der Kirche in Charlottenburg. Diese Tätigkeit machte ihr viel Freude, sie wurde die Grundlage für die späteren Tätigkeiten in der Berliner Landeskirche. Gottesdienste hielt sie in dieser Zeit in den Gemeinden Alt-Schmargendorf, Daniel, Kreuz sowie im Sankt-Gertrauden- und Martin-Luther-Krankenhaus.

Zunächst aber, das war die gemeinsame Absicht, wollte das junge Paar den Lebensweg an einer dritten, gewissermaßen neutralen Stelle beginnen bzw. fortsetzen und bewarb sich deshalb beim Kirchlichen Außenamt um einen Dienst im Ausland. Die Bewerbung war erfolgreich, und so traten sie zum Jahreswechsel 1983/84 den Dienst bei der „Evangelischen Gemeinde Deutscher Sprache bei den Europäischen Gemeinschaften zu Luxemburg" an, auf den sie sich zu ihrer großen Freude mit einem sechswöchigen Französischkurs in Paris vorbereiten konnten.

Gemeindefest, Kirche am Hohenzollernplatz (1982)

Ökumene im Aufbruch (Luxemburg 1984–1992)

In der „Evangelischen Gemeinde deutscher Sprache bei den Europäischen Gemeinschaften zu Luxemburg" Wieder ein Aufbruch – diesmal zu zweit. Zu jener Zeit war es rechtlich noch nicht möglich, dass sich ein Pfarrerehepaar eine Auslandsstelle teilte. Die Gemeinde wünschte aber die Mitarbeit Violas in jeder Beziehung und so wurde das Ehepaar gemeinsam in Luxemburg in den Dienst eingeführt. Dieser bestand im Gemeindepfarramt (Gottesdienste, Amtshandlungen, Konfirmandenunterricht) für die etwa 500 Mitglieder und der Erteilung des deutschsprachigen evangelischen Religionsunterrichts (Grund- und Oberschule) an der Europaschule für die Kinder der Beamten und Angestellten der Europäischen sowie anderer internationaler Einrichtungen in Luxemburg, was einer vollen Reli-

Auf dem Weg zur Vorstellung nach Luxemburg (1983)

gionslehrerstelle entsprach. Viola übernahm den gesamten Grundschulbereich der Klassen 1 bis 6. Das war ein neues Aufgabenfeld.

In ihren Gottesdiensten nimmt Viola die Predigthörer mit in ihre eigene Auseinandersetzung mit dem Text. Ein häufig wiederkehrendes Thema ist das der sozialen wie politischen „Gerechtigkeit" – das ist sicher nicht selbstverständlich in einer so gut gestellten Gemeinde wie der in Luxemburg. Daneben bestand eine rege, zunächst aber noch nicht organisierte ökumenische Zusammenarbeit aufgrund der zahlreich vertretenen Religionsgemeinschaften aus dem Europäischen Raum. Hier setzte Viola einen Arbeitsschwerpunkt. Gute und intensive Kontakte entstanden zu den anderen protestantischen Gruppen, was schließlich zu einer „Arbeitsgemeinschaft Christlicher Kirchen in Luxemburg" führte. „Ökumene" meinte aber auch den Kontakt zur bedeutsamen katholischen Kirche des Landes, deren Generalvikar Schiltz sich dafür sehr aufgeschlossen zeigte. Im Mai 1989 fand in Basel die Erste Ökumenische Versammlung „Frieden in Gerechtigkeit" statt. Deren Ergebnisse sollten

Pfarrerehepaar Kennert, Luxemburg (1985)

Nach Konfirmationsgottesdienst in der Dreifaltigkeitskirche, Rue de la Congrégation, Luxemburg (1992)

ja zurück in die Kirchen und Gemeinden vor Ort fließen – und infolgedessen entstand, nicht zuletzt auf Initiative Violas im Kreis von ökumenisch Interessierten, die Idee zu einem „Ökumenischen Forum", das unter Mitwirkung verschiedener Referenten und anderer TeilnehmerInnen einmal jährlich stattfand, und zwar im Rahmen der großen Luxemburger Wallfahrtsveranstaltung „Oktav" im Zentrum der Hauptstadt. Themen dieses Forums waren seit 1990 u.a. „Frauen und Männer zwischen Ohnmacht und Verantwortung", „Fremde(s) als Herausforderung", „Überleben in Solidarität", um nur einige zu nennen. Zur Vorbereitung traf sich das Jahr über eine Gruppe von Frauen beider Konfessionen, beim Forum selbst hielt Viola immer ein „Ökumenisches Bibelgespräch" mit einem Jesuitenpater aus Luxemburg, mit dem dazu auch ein intensiver Briefwechsel stattfand. Auch als Viola längst schon wieder in Berlin tätig war (ab 1992), nahm sie am Forum teil und bereitete es mit vor. Insgesamt gab es zehn dieser Foren zwischen 1989 und 1998. Die Erinnerungen an diese ökumenische Arbeit und ihre menschlichen Begegnungen haben in Luxemburg bis heute Bestand. Und die Themen der dann „Konziliarer Prozess" genannten Bewegung – nämlich: Frieden, Gerechtigkeit, Bewahrung der Schöpfung – sollten sie fortan in den verschiedensten Zusammenhängen begleiten und beschäftigen. Es wird ferner deutlich, dass für Viola hier der feministische Gedanke in der Theologie beginnt, eine Rolle zu spielen. Diesem

ARBEITSGEMEINSCHAFT CHRISTL. KIRCHEN

3. ÖKUMENISCHES FORUM

FRIEDEN

GERECHTIGKEIT

SCHÖPFUNG

FRAUEN UND MÄNNER ZWISCHEN
OHNMACHT UND VERANTWORTUNG

24. – 28. APRIL 1991

TÄGLICH VON 9.00 – 22.00 UHR
VEREINSHAUS, RUE NOTRE DAME, ZELT

Ökumene vor Ort in Luxemburg (1991)   Ökumene im Zelt in Luxemburg (1994)

Ökumenisches Forum Luxemburg, Zelt (1992)

Mit Matthias (li.) und Simon, Luxemburg (1990)

Thema – Geschlechtergerechtigkeit – wird sie sich in Zukunft noch bewusster und stärker widmen. Auch der Weltgebetstag wurde unter Violas Mitwirkung und Leitung in Luxemburg begangen.

Ein weiterer Tätigkeitsbereich ergab sich für Viola aus der Mitgliedschaft in der ACAT, Action Chrétienne pour l'Abolition de la Torture (Aktion der Christen zur Abschaffung der Folter), die ökumenisch angelegt ist und unter anderem Mahnwachen in der Fußgängerzone abhielt. 1992 erreichte Viola eine freundliche Verabschiedung seitens des Luxemburger Familienministeriums, die ihr Engagement auch über den kirchlichen Bereich hinaus würdigte.

In der Luxemburger Zeit kommen die beiden Kinder Simon (1986) und Matthias (1988) zur Welt, worüber die Eltern sehr glücklich sind. Den Mauerfall am 9. November 1989 erlebten wir in Luxemburg am Abend am Radio – am nächsten Vormittag wurden Videoaufnahmen des Ereignisses in der Europaschule gezeigt und es wurde ein Glas Sekt im Lehrerzimmer gereicht – die europäischen Kollegen gratulierten herzlich.

Wieder in Berlin: Den Glauben zur Sprache bringen (1992–2005)

Gemeinde – Vikarinnen – Frauenarbeit – Synoden   Im Sommer 1992 endet die Zeit in Luxemburg. Wieder naht ein Aufbruch. Für eine Pfarrstellenbewerbung in der Berliner Landeskirche stand ja schon der ganze Bereich der wiedervereinigten Landeskirche zur Auswahl, aber die Wege führten nun doch in die altvertraute Gegend im Berliner Westen: Am 1. August 1992 begann der gemeinsame Dienst in der Friedensgemeinde an der Heerstraße in Berlin-Charlottenburg. Diesmal war Stellenteilung möglich, und so traten wir den Dienst mit jeweils halbem Stellenumfang in der Gemeinde an. Auschlaggebend dafür war der Wunsch, viel Zeit für die Kinder aufbringen zu können. Vorgänger in der Gemeinde war Pfr. Dr. Christoph Rhein, der zwölf Jahre zuvor als Oberkonsistorialrat und Personalreferent der Landeskirche Viola hier „aufgenommen" hatte.

Wie in jeder Gemeinde gab es auch in der Friedensgemeinde – neben den ohnehin anfallenden Arbeiten – gut etablierte Gruppen, Kreise und Veranstaltungen, aber auch den Wunsch bzw. Bedarf nach Neuem. Anknüpfen konnte Viola an die langjährige Tradition der „Kinderbibelwoche" in den großen Ferien, die sie von nun an mit einem Team von zum Teil jugendlichen Helferinnen und Helfern vorbereitete und durchführte. Ein weiterer Schwerpunkt war der Kindergottesdienst, den sie auf Anregung und

Pfarrerin in der Friedensgemeinde Charlottenburg (1994)

Wunsch von zwei Gemeindegliedern, Hildegard Panzer und Elisabeth Gärtner, neu belebte und mit einem Team intensiv vorbereitete. Wichtig war ihr die theologische Begleitung der Ehrenamtlichen. Es wird berichtet, dass dann sogar Eltern lieber am Kindergottesdienst teilnahmen – und sich daraufhin später selbst in der Gemeinde engagierten. Frau Panzer erinnert sich: „Die Vorbereitung war für alle Mitarbeiter ein Gewinn. Wir lernten die Bibel intensiver kennen, neue Blickwinkel, ein gutes Miteinander im Team. Viola war herzlich, fröhlich, zugewandt, es war immer eine gute Atmosphäre. Für die Mitarbeiter gab es ganztägige Fortbildungen …" Aus diesen Erfahrungen entschloss sich mindestens eine Jugendliche zum Theologiestudium, sie ist heute Pfarrerin unserer Landeskirche. Das gleiche gilt für die gemeindliche Kindertagesstätte. Da hielt sie wöchentlich Andachten für die Kinder, bot aber für die Eltern und Mitarbeitenden auch „Gesprächsabende zu Fragen der christlichen Erziehung" an, die sich an Themen des Kirchenjahres oder speziellen Lebenssituationen orientierten, wie z.B. „Passion und Ostern", „Zwischen Weihnachtsrummel und adventlicher Besinnung", „Kinder fragen nach Gott", „Fragen zu Tod und Sterben", „Mit Kindern beten" u.a.m.

Die Aufteilung der gemeindlichen Arbeit im Kontext der Stellenteilung wies jedem der beiden Ehepartner bestimmte, selbst gewählte Arbeitsbereiche zu, die dann selbständig und unabhängig voneinander wahrgenommen wurden – gemeinsam war „arbeitsmäßig" eigentlich nur die Teilnahme an den Sitzungen des Gemeindekirchenrats. Der Konfirmandenunterricht wurde zwar von beiden gehalten, aber jahrgangsweise abwechselnd. Der Schwerpunkt bei Violas Gemeindetätigkeit lag eher auf der Kinder- und Jugendarbeit, während ihr Ehemann den Bereich Verwaltung und Senioren übernahm. Die Gottesdienste und Amtshandlungen – Taufen, Trauungen, Beerdigungen – wurden in gleichem Maße von beiden wahrgenommen. Bemerkenswert ist,

Musikalische Aufführung der Kinder: „Max und Moritz", Friedensgemeinde (1997)

dass Viola teilweise über Jahre den begleitenden seelsorgerlichen Kontakt zu trauernden Angehörigen gehalten hat.

Neu und sehr gut aufgenommen wurde Violas Angebot eines „Ökumenischen Bibelgesprächskreises" in Anlehnung an die Luxemburger Erfahrungen, zu dem Frauen aus evangelischen und katholischen Charlottenburger Gemeinden kamen und der 15 Jahre lang bestand, auch noch weit über die eigentliche Zeit ihres Gemeindepfarramts hinaus. Es war tatsächlich und bewusst ein Gesprächs-Kreis, keine Referate, der die Teilnehmerinnen eng zusammenführte, wozu sicher die intensive Beschäftigung mit den Frauengestalten der Bibel beitrug. Knapp 150 Mal traf sich der Kreis zwischen 1996 und 2010, jedes Mal – und das war kennzeichnend für Viola – gründlichst vorbereitet. Viola kam wohl nie unvorbereitet zu ihren Veranstaltungen.

Zum 100. Geburtstag der Friedensgemeinde wurden im Jahr 2019 die ehemaligen Pfarrer eingeladen und um eine Betrachtung zum „Lieblingsort in der Friedenskirche" gebeten. Für Viola war das der freie Raum zwischen dem Altar und den Gemeindebänken als Raum der Begegnung und der Gemeinschaft im Spiel, Konzert, Abendmahl u. v. m. Sie sagte in jenem Festgottesdienst:

Doch ist ja Gottes Hilfe nahe denen, die ihm vertrauen, dass glanzvolle Würde in unserem Land wohne, dass Güte und Treue einander begegnen und Frieden und Gerechtigkeit sich küssen. (Ps. 85) Frieden gibt es nur mit diesem Kuss. Frieden gibt es nur mit Teilhabe aller am Ganzen, Gemeinschaft der Unterschiedlichen, Aushalten von bleibender Fremdheit, Nächstenliebe und Liebe zu Gott – im Gleichgewicht. Und weil

Altarraum der Friedenskirche, Berlin-Charlottenburg (2019)

das manchmal so schwer scheint, brauchen wir Räume, um diesen Kuss von Gerechtigkeit und Frieden auszuprobieren. Einen Schutz- und Freiraum – um Frieden und Gerechtigkeit glaubend zu wagen. Ein solcher Schutz- und Freiraum sind für mich hier in der Kirche die Altarstufen, genauer: der Raum zwischen dem Altar und den Bankreihen. Es ist der freie Raum in dieser Kirche. Dazu hege ich drei Erinnerungen.

Erstens: Hier probieren Kinder sich in der Kirche aus. Bei Familiengottesdiensten, Krippenspiel, Kinder-Bibel-Woche, Ostergarten und noch vielem mehr – ist hier in diesem Freiraum Bewegung: Jungen und Mädchen, Schüchterne und Wagemutige, laute und leise, fröhlich Singende und nachdenklich Stille… Alle haben hier Platz und üben das Miteinander – und vertrauen dem Angenommen-Sein. Fröhlicher, lebhafter, turbulenter Frieden.

Zweitens: Bevor es das neue Gemeindehaus gab, haben sich Konfirmanden und Konfirmandinnen hier in diesem Raum jede Woche für eine kurze Zeit gesammelt. Hier in diesem Raum auf dem Boden sitzend entstand der Abstand zwischen dem Schulalltag und den Themen der Konfirmationsvorbereitung – mit einer biblischen Geschichte von Frieden und Gerechtigkeit und dem 23. Psalm vom guten Hirten.

Woche für Woche einander wahrnehmen: Die hier in der Gemeinde Großgewordenen und die, die sich fremd fühlen, Selbstbewusste und Unsichere, Getaufte und Nicht-Getaufte, voller Tatendrang die einen – erschöpft vom Schulalltag die anderen, unterwegs zur Konfirmation.

Innehalten, einander wahrnehmen und lernen, dass auch eine vorübergehende Gemeinschaft wertvoll ist. Und dass sie gelingen kann, wenn man sich gemeinsam Gott anvertraut. Bei aller Skepsis, Fragen und auch manchmal voneinander genervt sein – es waren Momente des Friedens.

Drittens: In diesem Freiraum entsteht immer wieder neu die Abendmahls-Gemeinschaft. In Christus eins sein, ein Leib mit unterschiedlichen Gliedern, eine Gemeinde mit sehr unterschiedlichen Menschen, und dazu gehören auch alle, die in den stillen und den ausgesprochenen Fürbitten Genannten. Diese Nähe und Weite der Christusgemeinschaft kann man in diesem Raum kosten. Schmecken und Sehen, wie freundlich Gott ist – und was daraus werden könnte. Die Abendmahls-Gemeinschaft nährt die Hoffnung, dass Frieden und Gerechtigkeit sich küssen. Vorsichtig und nachsichtig, zuversichtlich und von Zweifeln geplagt, und doch: Frieden ist spürbar, wenn Brot und Wein geteilt werden. Dieser freie Raum ist wie eine Spielwiese, auf der man – gerade auch spielend – den Glauben wagen kann. Hier passieren Friedens-Lichtblicke, die wegweisend sein können. Gott sei Dank – dass es diesen Raum gibt.

Für vier Vikarinnen, Marit v. Homeyer, Karen Hollweg, Ellen Ueberschär und Bettina Hämmerlein (verehel. Jordanov) war Viola die Mentorin im Gemeindevikariat. Sie kommen weiter unten selbst zu Wort.

Neben die Charlottenburger Gemeindearbeit trat sofort auch – und dies bedeutete den ersten Schritt in den weiteren Raum von Landeskirche und EKD – die Mitarbeit in der Kreissynode: ab 1992 als Mitglied des Haushaltsausschusses und ab 1995 als stellvertretende Vorsitzende des Präses der Synode. Hier gehörte sie auch der Vorschlagskommission für die Superintendentenwahl (1995) an und erarbeitete in einem „Ausschuß zur zukünftigen Leitungsstruktur" Kriterien für das Superintendentenamt, die 15 Jahre später für sie selber im Amt immer noch Gültigkeit besaßen: Ein/e Superintendent/in soll sich regelmäßig mit den Vorsitzenden der Synodalausschüsse treffen; Interesse an allen Gemeinden haben und sich auf den Weg machen, alle kennenzulernen; Visionen für den Kirchenkreis haben und entwickeln; geistliche Leitung ausüben und theologische Impulse geben; offen sein für das ökumenisch-interreligiöse Gespräch.

In Charlottenburg war Viola außerdem Beauftragte für die Frauenarbeit im Kirchenkreis. In dieser Eigenschaft bereitete sie mit einem kleinen Team anderer Frauen den jährlichen Weltgebetstag und andere Veranstaltungen vor, wobei ihr auch hier besonders an der theologischen Zurüstung der Multiplikatorinnen in den Gemeinden gelegen war – Theologie ging ihr vor Folklore, wie es eine Teilnehmerin aus der Erinnerung sagte. In diesem Zusammenhang ist auch ihre Mitarbeit im Rahmen der Evangelischen Akademie Berlin zu sehen. Theologische Bildung war ihr ein überaus wichtiges Anliegen. So gehörte sie dem Freundeskreis der Akademie an und war zeitweise auch dessen Vorsitzende.

Für die anglikanische Kollegin noch nicht selbstverständlich: Gottesdienst, gehalten von drei Pfarrerinnen: Viola, Joanna Udal, London, Marit v. Homeyer. Friedenskirche (1999)

Ab 1997 gehörte Viola Kennert für 20 Jahre der Landessynode der Berlin-Brandenburgischen Landeskirche an und hier dem Ausschuss für Theologie, Liturgie, Kirchenmusik, dessen Vorsitzende sie seit 2003 war. In die Zeit ihrer Synodenzugehörigkeit fallen einige bemerkenswerte Ereignisse und Beschlüsse, an denen sie zum Teil maßgeblich beteiligt gewesen ist.

Die Herbstsynode 1999 in Templin stand im Zeichen der zehnjährigen Wiederkehr des Berliner Mauerfalls und damit auch für die Kirche einer veränderten Situation: In einem Podiumsgespräch, in dem sie fast so etwas wie ein theologisches Programm für die Landeskirche entwickelt, fragt sie angesichts einer weitgehenden gesellschaftlichen Säkularisierung, *ob wir uns nicht in beiden Teilen Deutschlands … in die Nische einer relativ geschützten kirchlichen Welt zurückgezogen haben … Unsere alten Strukturen taugen nichts mehr. Wir müssen die „Mission" neu lernen …* Solchen strukturellen Fragen galt auch weiterhin ihr Interesse; dazu gehörte zum Beispiel das Vorhaben der Zusammenführung von Evangelischer Kirche in Berlin-Brandenburg (EKiBB) und Evangelischer Kirche schlesische Oberlausitz (EKsOL), das in der Neubildung der Evangelischen Kirche Berlin-Brandenburg-schlesische Oberlausitz (EKBO) 2003 seinen Abschluss fand und dessen vorbereitendem Verfassungsausschuss Viola angehörte.

Intensiv befasste sich der Theologische Ausschuss mit dem Thema der Segnung gleichgeschlechtlicher Paare – dazu fasste die Synode 2002/3 den entsprechenden Beschluss, der eine Segnung erlaubte, wenn der Gemeinde-

Pfarrersfamilie vor der Friedenskirche (1997 und 2011)

kirchenrat dem zustimmte. In einem Artikel für das Charlottenburger Gemeindeblatt „Kirche bei uns" im September 2003 führt Viola erläuternd dazu aus: ... *Homosexualität ist in der Bibel kein zentrales Thema ... Homosexuelle Menschen hat es immer gegeben. Sie sind auch Geschöpfe Gottes und haben lange genug (auch in der Kirche!) demütigende und verletzende Erfahrungen gemacht ... Sexualität ist für viele Christen besonders beglückend in einer liebevollen, verbindlichen, auf Gottvertrauen und Treue gegründeten Partnerschaft ... Als Christen wünschen sie sich für ihren gemeinsamen Weg Gottes Segen ... Wir sollten in unseren Gemeinden alle ermutigen, die sich in Verantwortung vor Gott und in Liebe zueinander binden wollen!* ... Im Wortlaut des Synodenbeschlusses spiegelt sich Violas diplomatisches Geschick, wenn es ihr gelingt, auch unterschiedliche und gegensätzliche Meinungen zu hören und gelten zu lassen. Daran lag ihr sehr in den verschiedensten Konfliktsituationen, in denen sie – besonders später im Superintendentenamt – zu vermitteln hatte.

Als Delegierte der EKiBB bzw. dann EKBO nahm Viola – wohl in ihrer Eigenschaft als Mitglied bzw. Vorsitzende des Theologischen Ausschusses – an den Vollversammlungen der Leuenberger Kirchengemeinschaft 2001 in Belfast („Versöhnte Verschiedenheit") und 2006 an der dann so benannten Gemeinschaft Evangelischer Kirchen in Europa (GEKE) in Budapest („Gemeinschaft gestalten") teil (Bericht von Viola zu Belfast im Gemeindeblatt der Friedensgemeinde „Kirche bei uns." 8–2001, S.3).

Im Jahr 2007 machte das Reformpapier „Salz der Erde" in der Landeskirche seine Runde – Viola gehörte der vorbereitenden Perspektivkommission an und war sicher auch an der einen oder anderen Personalbesetzung beteiligt. Um diese Zeit gehörte sie auch dem Bischofswahlkollegium an – im Jahr 2009 tritt Bischof Markus Dröge die Nachfolge von Dr. Wolfgang Huber an.

Der EKD-Synode gehörte Viola von 2004 bis 2012 an. Dorthin war sie von der Landessynode der EKBO entsandt worden. Sie arbeitete von Anfang an im „Ständigen Synodenausschuß für Schrift und Verkündigung" mit und wurde ab 2009 auch dessen Vorsitzende (und in dieser Funktion Mitglied der Jury zur Verleihung des „Hanna-Jursch-Preises der EKD" für Nachwuchstheologinnen). Besonders hervorgehoben sei hier ihre Rolle als Vorsitzende des Vorbereitungsausschusses der Synode 2013, in dem erstmals eine Reihe von „Textbausteinen" entstand, die in die Einbringung zum Schwerpunktthema mündeten: „Es ist genug für alle da – Welternährung und nachhaltige Landwirtschaft", mit der gewissermaßen ein Bogen geschlagen wird zu ihrer ersten öffentlichen Äußerung nach der LWB-Weltkonferenz 1970 noch als Schülerin: „Für eine neue, bessere Welt ..." In der Einbringung weist sie auf die viel umfassendere Bedeutung des Begriffes „Wachstum": *Wie können wir Wachstum von Solidarität und Gerechtigkeit, wie können wir das Wachstum von Schöpfungsverantwortung und Sensibilität stärken? Wie kann der Glaube wachsen, dass Gottes*

Vor der EKD-Synode: „Es ist genug für alle da!" (2013)

Vertrauen in uns Menschen, die Schöpfung zu nutzen und zu bewahren, in moderne Nachhaltigkeit übersetzt wird?

Weiterhin hebt sie den christologischen Bezug des Themas hervor: Jesus Christus als „Brot der Welt", der in die Nachfolge und zu den Notleidenden ruft. Die Synode verabschiedet dann eine Kundgebung zum Schwerpunktthema, die mit den Worten schließt: „Eine ‚Ethik des Genug' ist nicht zuerst eine Ethik des Verzichts, sondern eine Ethik des ‚Guten Lebens', weil sie von Verschwendung und Materialismus befreit. Sie verlockt zu einer ganz anderen Ethik des rechten Maßes. Sie gründet in der Fülle, die wir in Christus feiern und erleben. Sie ist inspiriert von der biblischen Hoffnung auf Gottes Reich, in dem allen Menschen Freiheit, Gerechtigkeit und Versöhnung verheißen ist. Diese Verheißung vor Augen, machen wir uns schon heute auf den Weg der Umkehr. Dann ist genug für alle da!" (Quelle: Bericht über die 6. Tagung der 11.Synode der EKD 2013)

Dieses „Es ist genug für alle da!" taucht auch in späteren Äußerungen immer wieder auf und der Gedanke der Weitergabe und der gerechten Verteilung nicht nur der materiellen Güter in der Welt durchzieht ihr theologisches Denken weiterhin. Ein kleines Statement von Viola im Zusammenhang mit der Einbringung ist im Internet unter „youtube 2013 Viola Kennert" (Einbringung und Pressekonferenz 11. November) zu sehen.

In Berlin und Brandenburg (2005–2010)

Kandidatur zum Amt der Pröpstin Einen Einschnitt – und Aufbruch –
bedeutete die Entscheidung zur Kandidatur für das Propstamt Ende 2004 in
der Amtszeit von Bischof Dr. Wolfgang Huber, als der bisherige Propst Dr. Karl-
Heinrich Lütcke in den Ruhestand ging. Einer zuvor erfolgten Anfrage zur
Kandidatur für das Amt der Generalsuperintendentin des Sprengels Cottbus
war Viola aus persönlichen Gründen nicht gefolgt. In ihren Vorstellungsthesen
vor der Landessynode sieht sie als Aufgaben im Propstamt u.a.: gesamtkirchliche Perspektiven zu entwickeln, Brücken zu bauen zwischen den Menschen,
die an sehr unterschiedlichen Stellen an und in unserer Kirche arbeiten, theologische Grundsatzarbeit für Gemeinden, Synoden und Kirchenleitung zu leisten, theologische Impulse aus EKD, Ökumene, konfessionellen Weltbünden
in die Gemeinden zu geben, in Konflikten zu vermitteln und als Predigerin
und Seelsorgerin in den Sprengeln der Landeskirche für alle da zu sein. Ihre
Aufgabe als Pröpstin sah sie vor allem darin, Gemeinden in Zeiten finanzieller
Nöte zu neuen Perspektiven zu begleiten, zu verhindern, dass sich dort Selbstbezogenheit und Egoismus ausbreiten, und zugleich Vielfalt und Einheit der
Kirche zu erhalten. Sie will das große Ganze im Blick behalten: den Anspruch
auf eine Veränderung der Welt und Gerechtigkeit nicht aufgeben und zugleich
den Menschen, die die Kraft dazu nicht haben, eine Oase bieten. *Als Kirche den
Menschen beistehen und gleichzeitig an den Ursachen der Armut arbeiten, das wird
zunehmend auch hier wichtig.* Diese Aufgabe wollte sie mit großer Zuversicht an-
gehen – und es war dann für sie doch schmerzlich, dass die Synode anders
entschied.

**Leitung des Pastoralkollegs im Amt für Kirchliche Dienste
(AKD)** Es ergab sich dann aber doch noch eine Möglichkeit, für die Ge-
samtlandeskirche tätig zu sein: Das war die Leitung des Pastoralkollegs – der
landeskirchlichen Stelle für Pfarrerfortbildung – im Rahmen des Amtes für
Kirchliche Dienste, die sie im Frühjahr 2005 übernahm. Bereits seit 1999 war
sie Theologische Referentin im Kirchenkreis Charlottenburg und nahm an
den Schlüsselkursen des Pastoralkollegs zur Pfarrerfortbildung teil; sie gehörte auch dem Kuratorium des Bildungswerkes der Landeskirche an und
war in der Folge an der Neubildung des „Amtes für Kirchliche Dienste"
(AKD) beteiligt. Sie hatte sogar schon vor der Pröpstin-Kandidatur diese Bewerbung für das Pastoralkolleg erwogen, nun erreichte sie die Anfrage aus
dem Konsistorium. In ihrer Antwort (16.2.2005) darauf führt sie aus: *Mir ist
persönliche und durch Kollegs strukturierte theologische Fortbildung wichtig und
meine Arbeit in der Gemeinde habe ich auch immer zu einem großen Teil als theologische Bildungsarbeit verstanden. Gerne würde ich für Pfarrer und Pfarrerinnen
Fortbildung gestalten und die berufliche Profilierung stärken. Dabei ist die Zusam-*

Einführung als Leiterin des Pastoralkollegs durch Bischof Wolfgang Huber, Dom zu Brandenburg (2005)

menarbeit mit anderen Berufsgruppen und mit Ehrenamtlichen (auch ehrenamtlichen Leitenden) ein ebenso wichtiger Schwerpunkt wie die weitere Arbeit am Leitbild des Berufes. Insofern werden die Arbeitsbereiche des Bildungswerkes in Zukunft noch stärker zusammenarbeiten, als es sowieso jetzt schon geschieht …Viola hatte die Leitung des Pastoralkollegs bis 2010 inne; die bis zu 25 Kurse im Jahr – hauptsächlich für die Pfarrer/innen in den ersten Amtsjahren und die Pfarrkonvente, die oft mit eigener Themenstellung kamen – fanden auf der Dominsel in Brandenburg a. d. Havel statt, was häufige Fahrten von bzw. nach Berlin mit sich brachte.

Das Themenspektrum war ein überaus vielfältiges mit dem Schwerpunkt einerseits auf „Gottesdienst" und andererseits „Gemeindeleitung"; die Veranstaltungen mussten inhaltlich – wenn nötig durch Gewinnung geeigneter Referenten – und organisatorisch vorbereitet und moderiert werden, wobei die Struktur mit Gebets- und geistlichen Besinnungszeiten im Dom ihr sehr wichtig war.

In einem Impulsreferat bei der Jahrestagung des Evangelischen Bundes 2008 bezeichnet sie das Pastoralkolleg als *Ort der Vertiefung theologischer Themen (Praxis und wissenschaftliche Theologie im Gespräch halten), der Reflexion der eigenen pastoralen Existenz, des Nachdenkens über Kirche und ihre Situation in der Gesellschaft.* Die Fortbildung im Pastoralkolleg *sucht die Entschleunigung und Vertiefung (nicht Beschleunigung und Effektivität), stärkt die Wurzeln (nicht nur die Blüten), bildet Kirche in der Form, dass die Ordinierten sich als gemeinsame Leitende verstehen: Ergänzung und Zusammenspiel der Gaben (nicht Konkurrenz) … Nachdenklich muß stimmen, wenn Theologie als „Luxus" eingeschätzt wird (effektives Gemeindemanagement ist wichtiger), wenn einfache theologische Antworten beliebt werden (Richtig – Falsch), wenn man sich im interreligiösen und ökumenischen Dialog mit Antworten und Profilen zufrieden gibt und nicht mehr theologisch weiter arbeitet, wenn evangelische Kirche über Positionen erkennbar wird und nicht über Offenheit des Gesprächs.*

Die Frage nach dem Ziel von Theologie muss auch anders beantwortet werden als die nach dem Ziel von Kirche: Kirchliche Arbeit soll und muss Menschen erreichen und muss deswegen auch immer Strategien entwickeln. Theologie hält den Horizont offen und arbeitet an der Vorläufigkeit dessen, was wir verstehen können. Beides gehört in die Fortbildung.

Kandidaturen zum Superintendenten-amt in Berlin-Mitte und Berlin-Neukölln In die Zeit des Pastoralkollegs fällt im Jahr 2007 die Einladung zu einer weiteren Kandidatur, diesmal für das Amt der General-superintendentin für den Sprengel Berlin (gewählt wurde Ralf Meister, Propst in Lübeck) und 2008 für das Superintendentenamt im Kirchenkreis Berlin-Mitte. Auch hier setzt sie den Schwerpunkt bei ihrer Vorstellung auf theologische Gesichtspunkte. Aber auch hier geht die Wahl zu Gunsten des Mitbewerbers aus – was sie zwar schmerzt, aber nicht ent-

Pastoralkolleg Brandenburg (2008)

mutigt. Zwei Jahre später kandidiert sie in Berlin-Neukölln und wird dort im Januar 2010 in das Amt der Superintendentin gewählt, das sie bis zum Ruhestand im Februar 2018 ausübt.

Superintendentin in Berlin-Neukölln (2010–2018)

Vielleicht bleibt in Erinnerung auch die Schokolade, die sozusagen ihr „Markenzeichen" war: Sei es eine Verabschiedung, sei es eine Einführung, sei es sonst eine dienstliche oder persönliche Begegnung – gerne überreichte sie eine Tafel Schokolade (fair gehandelt) zur Stärkung, zum Trost oder einfach zum Genießen. Leib und Seele gehören zusammen.

Am 2. Sonntag nach Trinitatis, 13. Juni 2010, wird Viola in der Magdalenenkirche in Berlin-Neukölln in ihr neues Amt eingeführt. In ihrer Predigt entfaltet sie ein *Bild von Kirche-Sein, in dem die Namensgeberin dieser Kirche namentlich erwähnt wird* und führt aus: *Kirche, Gemeinde Jesu Christi, das ist, das sind Menschen aus ganz unterschiedlichen Lebenszusammenhängen, die ihr Leben verändert haben, die Heilung erfahren haben, gut Situierte und am Rande Stehende, Männer und Frauen. Was sie mit einander verbindet: Dass sie mit ihren Gaben und mit ihrem Hab und Gut Jesus dienen. Bunt, vielfältig, beweglich, aufmerksam – Kirche*

– das ist kein abgeschlossener, erratischer, ruhender, optisch einheitlicher Block. Offen, bunt, vielfältig und vielschichtig; Menschen, die sich auf Christus hin orientieren und denen zugewandt sind, mit denen sie leben und arbeiten.

Letzter Gemeindegottesdienst in der Friedensgemeinde, Hermann-Stöhr-Haus, Grünes Dreieck (2010)

So versteht sie Kirche, so versteht sie ihr Amt. Und der große Kirchenkreis Neukölln mit seinen fast 30 Gemeinden und zahlreichen Einrichtungen, unter ihnen das große Diakoniewerk Simeon, wird sie in den nächsten Jahren darin voll und ganz in Anspruch nehmen. Ute Kahlenberg, die Ephoralsekretärin, nennt die Zahl von annähernd 1000 Mitarbeiterinnen und Mitarbeitern im Kirchenkreis, zu denen auch eine sehr große Gruppe von Mitarbeitenden in den vielen Kindertagesstätten gehören – und diesem Arbeitszweig fühlte sich Viola auch besonders verbunden. Ute Kahlenberg sieht rückblickend bei Viola nicht nur ein überaus großes Arbeitspensum, sondern darin einen Fokus auf die Förderung von Frauen im Kirchenkreis. So entstanden auf ihre Initiative hin mehrere „Familienzentren", die die enge Zusammenarbeit von Gemeinde und KiTa befördern sollten; andererseits lag ihr auch der „Minikonvent" der Pfarrerinnen im Kirchenkreis am Herzen.

Einführung als Superintendentin, Magdalenenkirche, Berlin-Neukölln (2010)

Gut im Kirchenkreis Neukölln gelandet ...

„Willkommen!" – so klang es mir aus den Juni-Gemeindebriefen entgegen. Und bei dem Festgottesdienst zur Einführung habe ich das Willkommen gespürt: Viele Menschen aus der Weite unseres Kirchenkreises sind gekommen und haben mich mit vielen guten Worten, Gesten und Wünschen im Kirchenkreis Neukölln willkommen geheißen. Für diesen ganzen Tag danke ich herzlich!

Nun bin ich also da. Ich lerne die Gemeinden und die Mitarbeitenden kennen. Entdecke vieles, was auch mein Pfarrerinnen-Herz seit je her bewegt: Kindergärten und Kirchenmusik, Konfirmandenunterricht und Besuchsdienst, Gottesdienste und Diakonie, Ökumene und Sorgen von Gemeindekirchenräten, Nachdenken über Gebäude und Strukturen ...

Foto: Herzog/Kirchenkreis Neukölln

Beginn in Neukölln (KirchenkreisInfo 2010)

Aus den acht Jahren ihrer Neuköllner Amtszeit treten ferner besonders hervor ihr Interesse für das Projekt der „Stadtteilmütter" innerhalb des Diakoniewerks Simeon sowie ihr zeitaufwändiger Einsatz für die „Flüchtlinge vom Brandenburger Tor" 2015 und die Zusammenarbeit mit den kommunalen Stellen des Bezirks. Diese geschah vornehmlich bei den Gottesdiensten zu Epiphanias und am Reformationstag, der Kreissynode, der Eröffnung des Rixdorfer Weihnachtsmarktes sowie im persönlichen Kontakt mit den Bezirksbürgermeistern Heinz Buschkowsky und Franziska Giffey, wobei letztere in ihrem Nachruf (KirchenkreisInfo Neukölln 9/20) nicht nur die Schokolade erwähnt, sondern „wo immer es schwierig war, hat Viola Kennert mit uns dafür gearbeitet, Dinge zum Besseren zu wenden ... Sie hat den Glauben gelebt und ihre Kirche mit Leben gefüllt".

Nicht unerwähnt sei in diesem Zusammenhang auch ihr Eintreten gegen die rechte Szene im Bezirk, indem sie den besonders stark betroffenen Kolleg:innen Rückhalt bot. Dabei wollte sie nie nur „Managerin" des Kirchenkreises sein, sondern verstand sich in dieser Funktion ausdrücklich als Theologin. Infolgedessen wies sie auch den ordinierten Kolleginnen und Kollegen eine besondere, wichtige Rolle zu: *Ordination ist Ausdruck für die Aufgabe geistlicher Leitung; Ordination verpflichtet zur Suche und Qualifikation von geistlicher Leitung* – geistliche Leitung, die nicht auf Ordinierte beschränkt ist, der sich Ordinierte aber qua Amt nicht entziehen können. Theologische Konzepte zu

Reformationsjubiläum, Martin-Luther-Gemeinde Neukölln: „Futtern wie bei Luthern", mit Bezirksbürgermeisterin Franziska Giffey (2017)

geistlicher Begleitung und geistlicher Leitung hatte sie schon in einem Pastoralkolleg zum Thema gemacht, und in der geistlichen Begleitung und Weiterbildung der Ordinierten sah sie dann im Kirchenkreis als Superintendentin auch eine besondere Aufgabe.

Für den Kirchenkreis sah sie ihre Aufgabe nicht nur im Verwalten, sondern auch im Gestalten und beschrieb im Kreis der Ephoren folgende Perspektiven für Neukölln (Klausur 2016, Auszüge, Stichworte): *Kitas und Familienarbeit sind eine wichtige Bildungsunterstützung für Familien, und gleichzeitig ist es Integrations- und Interkulturelle Arbeit. Diakonie und „Gemeinde": Durch die Form der Diakonie Simeon gGmbh wird die Diakonie von unseren Gemeinden getragen und Verbindung kann deswegen gestaltet werden. Vielfalt – Gottesdienste: Die Vielfalt zu entwickeln ist deshalb so schwierig, weil alle neuen Ideen (Gottesdienst in einem anderen Format, an einem anderen Tag, für eine Zielgruppe) als „Abweichung" von dem „normalen" erlebt wird. Deswegen sind eine theologische Weiterarbeit an der Bedeutung des Sonntagsgottesdienstes einerseits und die Wertschätzung der Vielfalt andrerseits notwendig. Bildungsarbeit: Gemeindehäuser können zu niedrigschwelligen Bildungs- und Gastorten entwickelt werden. Hauptakteure sind die beruflichen Mitarbeitenden und die Pfarrer*innen. Beide verstehen sich mehr und mehr als gesamtkirchlich, bzw. „gesamtkirchenkreislich". Die wandernden beruflich Mitarbeitenden sind die verbindenden Menschen, die durch ihre Arbeit verbinden und Identität schaffen können. Sie müssen gestärkt werden. Faktoren für Gelingen und Hindernisse: Gelingen: Menschen, die*

„mitnehmen" – meistens die beruflich Mitarbeitenden. Menschen, die Mut machen und erlauben, etwas zu probieren. Hindernisse: Machtstrukturen: Deutung, wer dazu gehört, wer Kirche ist. Festhalten an Häusern und Themen, Besitzansprüche. Privatisierung, „Familiarisierung" von Kirche und gemeindlichen Bezügen.

Viola hatte stets die Kirche in ihrer Gesamtheit und ihre Bedeutung und Rolle für die Gesamtgesellschaft im Blick. Hier sah sie Möglichkeiten und Chancen für eine wirksame Tätigkeit der Kirche. Infolgedessen lag ihr an einer Stärkung der Kirchenkreisebene und hier schätzte sie sehr eine gut funktionierende, dem Gesamtauftrag dienende Verwaltung. So wurde sie ihrerseits für ihre Offenheit und Freundlichkeit geschätzt, die sie den Mitarbeitenden dort mit immer offenem Ohr entgegenbrachte. Dabei verlor sie die einzelne Gemeinde und die dort wirkenden Menschen nicht aus dem Blick, warnte aber vor Selbstgenügsamkeit und Selbstbezogenheit. Kirche und Gemeinde müssten – und könnten – immer auch nach außen wirken, theologisch gesagt: am Reich Gottes bauen.

Ein wichtiges Thema – innerhalb und außerhalb der Synoden bzw. des Kirchenkreises – war für Viola von jeher das Thema des gerechten, nichtdiskriminierenden Umgangs mit Minderheiten, und hier dann besonders das Anliegen der Geschlechtergerechtigkeit. Als Frau ins Pfarramt zu gehen war ja zur Zeit ihrer Entscheidung für den Beruf in den 60er Jahren nicht selbstverständlich, und die volle Gleichberechtigung stand noch aus. So setzte sie sich immer – auch schon im ökumenischen Gespräch im katholischen Luxemburg – sehr für die Belange der Frauen ein im Sinne einer Gleichberechtigung auf allen Ebenen. Dazu arbeitete sie in der letzten Zeit noch intensiv mit in der Frauenkonsultation 2016 des Berliner Missionswerks und im Mentoringprogramm des Konsistoriums „Frauen in Leitung".

Als Mitglied des Missionsrates und Vorsitzende des Interreligiösen Beirats im Berliner Missionswerk war sie ferner maßgeblich beteiligt an der Orientierungshilfe für die Zusammenarbeit mit Muslim:innen und islamischen Organisationen „Dialog wagen – Zusammenleben gestalten", die im Jahr 2019 von der EKBO herausgegeben wurde. Als Superintendentin (und vorher schon als Leiterin des Pastoralkollegs) war sie auch Mitglied des theologischen Prüfungsamts im Konsistorium und nahm in dieser Eigenschaft etliche Gottesdienstprüfungen mit ab.

Nach knapp achtjähriger Tätigkeit als Superintendentin wurde Viola in einem festlichen und von den Mitarbeitenden des Kirchenkreises liebevoll vorbereiteten Gottesdienst in der Neuköllner Magdalenenkirche am 25. Februar 2018 in den Ruhestand verabschiedet. Predigttext an diesem Sonntag Reminiscere war das Weinberglied bei Jesaja 5,1–7, und die Predigt ist ein eindringlicher Aufruf zur Liebe: Gott liebt seinen Weinberg und will ihn nicht aufgeben. In ihrer Abschiedspredigt hält sie nicht persönlichen Rückblick auf ihre Amtszeit, sondern stärkt die Gemeinde mit der Hoffnung und Ver-

Verabschiedung in Neukölln, Magdalenenkirche (2018)

heißung auf die Liebe Gottes – von der sie sich selbst immer getragen wusste, und sie ermutigt die Bleibenden für den weiteren Weg: *Dieser Tag ist ein Punkt auf dem Weg. Auf dem Weg, den Gott mit uns geht. Gott stärkt uns den Rücken – das ist unser Trost und unsere große Freude… Und die Liebe Gottes, die stark und weit ist, tröste und ermutige euch auf euren Wegen. Amen.*

Ruhestand – Ehrenämter (ab 2018)

Im Ruhestand verordnete sie sich selbst zunächst einmal ein Jahr „Kanzelschweigen" – ohne jedoch auf anderes kirchliches Engagement zu verzichten. So war sie u.a. sehr gerne weiterhin tätig im Vorstand der Aktion Sühnezeichen – Friedensdienste, gehörte als theologische Beisitzende dem EKD-Kirchengerichtshof an, stellte sich als Ombudsfrau für Konfliktklärungen im Vikariat zur Verfügung, gehörte, wie erwähnt, dem Missionsrat des Berliner Missionswerks an, sie war Vorsitzende der von der Kirchenleitung eingesetzten „Unabhängigen Kommission zur individuellen Aufarbeitung von sexualisierter Gewalt" und stellvertretende Vorsitzende der Jury zur Verleihung des Hanna-Jursch-Preises der EKD zur Auszeichnung und Förderung herausragender wissenschaftlich-theologischer Arbeiten, in denen gender- bzw. geschlechtsspezifische Perspektiven eine wesentliche Rolle spielen. Dem Vorstand des Freundeskreises der Evangelischen Akademie Berlin gehörte sie

40-jähriges Ordinationsjubiläum, Neuruppin (8.9.2019)

an, wie auch der Begleitgruppe des Projekts „Leben in Vielfalt" des AKD und der Steuerungsgruppe des Mentoringprogramms der EKBO/AKD „Frauen in Leitung". Schließlich gehörte sie auch einem Team an, das Unterrichtseinheiten im Fortbildungsprojekt „Christliche Tradition und der Arbeitsalltag in der Diakonie" im Ev. Krankenhaus Königin Elisabeth Herzberge abhielt.

In ihrer neuen Wohnsitzgemeinde in Berlin-Lichtenrade hielt sie dann – nach einem Jahr – vertretungsweise auch wieder Gottesdienste, letztmalig am Sonntag Judika am 7. April 2019. Eine sehr große Freude war es für sie, dass sie das Enkelkind Zoë Emilia im selben Frühjahr dort taufen konnte.

Am 8. September 2019 konnte sie in einem Gottesdienst in Neuruppin ihr 40jähriges Ordinationsjubiläum begehen. Weitere Gottesdienste sowie die anderen ehrenamtlichen Tätigkeiten waren ab Anfang 2020 aufgrund der Corona-Pandemie und dann krankheitsbedingt nicht mehr möglich: Im April 2020 wurde akute Leukämie diagnostiziert. Trotz sofort einsetzender intensiver Behandlung ist Viola am Sonntag, 26. Juli 2020 kurz vor ihrem 68. Geburtstag im Beisein der engsten Familie im Krankenhaus verstorben.

Die Trauerfeier mit sehr einfühlsamen Worten von, wie von Viola gewünscht, Pfarrerin Manon Althaus fand im – pandemiebedingt – kleinen Kreis am 11. August in der Dorfkirche Lichtenrade statt. Eine große Trauergemeinde nahm am 22. August in der Magdalenenkirche in Berlin-Neukölln Abschied; hier hielt Generalsuperintendentin Ulrike Trautwein die Predigt. Violas Grab befindet sich auf dem Evangelischen Friedhof in Berlin-Lichtenrade.

Texte von Viola Kennert

Die im Folgenden wiedergegebenen geistlichen Texte von Viola wollen für sich sprechen. Sie sind nur eine kleine Auswahl aus der Vielzahl der nachgelassenen Predigten und Andachten und möchten eine Einladung sein, ihrem theologischen Denken nachzuspüren, Neues zu entdecken, den Geist, der aus ihnen spricht, auf sich wirken zu lassen und zum Handeln ermutigen. Adressat sind die aktuellen Menschen in der jeweiligen konkreten Situation, denen sie sich seelsorgerlich zuwendet und denen sie Zuspruch und Auftrag verkündet. Viola hat Theologie vielfältig auch im Gespräch entwickelt – den theologischen Entdeckungen, die dabei zu Tage traten, hat sie auf markante Weise in ihren Predigten und Andachten sprachlichen Ausdruck verliehen. Ihre Texte sind auch Auf-Brüche: neu zu hören, getrost zu glauben, mutig zu handeln – in der Nachfolge von Jesus Christus.

Als ordinierte Pfarrerin sah sie sich (und ihre ordinierten Kolleg:innen) aber auch in besonderer Verantwortung gegenüber ihrer Kirche. Dann geht es um Themen wie Bildung, Leitung, Ökumene. Davon sprechen die Texte aus den verschiedenen Tätigkeitsfeldern – Gemeinde, Landeskirche, EKD und Ökumene –, auch sie sind nur eine kleine Auswahl.

Geistliche Texte

- **Licht sehen. Die erste Gemeindepredigt (Jes 9,1), Vikariat Heepen/ Bielefeld 3. Advent 1976**

Anspiel: „Vom Licht, das nicht verlöschen darf"

Erster Sprecher: 1. Licht ist Anfang. Gott hat die Welt geschaffen und das Licht.
Zweiter Sprecher: Lösch es aus! Wir können uns selber Licht machen!
Dritter Sprecher: 2. Licht ist die Vollendung. Gott wird seine Schöpfung vollenden.
Zweiter Sprecher: Lösch es aus! Auf diese Vollendung warten wir 2000 Jahre vergeblich!
Vierter Sprecher: 3. Licht heißt Heute. Heute kannst du dich für Gott entscheiden.

Zweiter Sprecher: Lösch es aus! Unser Leben ist auch ohne Gott lebenswert!
Fünfter Sprecher: Das letzte, 4. Licht ist Hoffnung. Es ist schwach.
Zweiter Sprecher: Ein so schwaches Licht wird noch leichter verlöschen.
Fünfter Sprecher: Nein! Es darf nicht verlöschen! Wer hilft, es zu bewahren?

(Die Texte habe ich verkürzt hier aufgeschrieben. Die ersten drei Kerzen wurden ge-
löscht. Mit der vierten ging der Sprecher durch die Gemeinde und zündete jedem eine
kleine Kerze an. Diese hielten die Leute dann brennend in der Hand fest.)

Predigt: Liebe Gemeinde, wenn ich Sie jetzt sitzen sehe mit den angezünde-
ten Kerzen, dann fällt mir ein chinesisches Weisheitswort ein: Es ist besser,
ein Licht anzuzünden, als über die Dunkelheit zu schimpfen. Wir haben es
jetzt hier in diesem Gottesdienst praktiziert – wir haben uns gegenseitig ein
Licht angezündet. Das eine Licht – genannt Hoffnung –, es drohte zu erlöschen
und doch reichte es noch, um davon all die vielen kleinen Kerzen anzuzünden, die jetzt unsere Kirche erleuchten.

Das Licht dieser Kerzen können wir mit unseren Augen sehen. Es gibt aber
auch Licht, das wir nur innerlich sehen können – mit unseren Herzen oder
mit unseren Gefühlen. Es gibt Licht, das wir nicht sehen, sondern empfinden.
Aber auch so ein Licht kann groß und überwältigend sein. Von so einem großen und überwältigenden Licht erzählt der Prophet Jesaja in dem 9. Kapitel
seines Buches. Ich lese die ersten (vier) Verse: „Das Volk, das im Finstern wandelt, sieht ein großes Licht, und über denen, die da wohnen im finstern Lande,
scheint es hell…"

Der Prophet Jesaja hat die dunkelsten Stunden seines Volkes miterlebt und
trotzdem hat er gewußt, daß Gott sein Volk nicht verlassen hatte. Die Überzeugung, daß Gott einen Retter für sein Volk schicken würde, das hat Jesaja
in dieser Prophezeiung von dem großen Licht ausgedrückt. Das Volk, das in
der Finsternis wandelt, sieht ein großes Licht. In der Finsternis sein und ein
Licht sehen. Das ist etwas ganz besonders Schönes und Wichtiges. Licht, liebe
Gemeinde, was wären wir ohne Licht? Denken wir doch nur einmal an unsere Kindertage zurück. Oder denken wir an unsere Enkel, Kinder, Nichten
und Neffen. Nach dem „Gute-Nacht-Sagen" folgt immer wieder die Bitte:
„Bitte, laß die Tür einen Spalt weit offen und laß im Flur das Licht an. Ich
will das Flurlicht sehen!" Zum Schlaf braucht man kein Licht – aber zum Einschlafen brauchen unsere Kinder diesen Lichtstrahl. Diesen Lichtstrahl, der
sich wie eine beruhigende Decke über sie ausbreitet. Diesen Lichtstrahl, der
ihnen sagt, daß sie nicht im Dunkeln sind. Daß sie nicht alleine sind. Denn
im Dunkeln sein, heißt auch, allein sein. Dieser Lichtstrahl breitet über unsere Kinder Geborgenheit aus. Denn Licht spendet nicht nur Helligkeit, sondern auch wärmende Geborgenheit. Und so schlafen denn unsere Kinder
ein, mit dem Bewußtsein, nicht allein zu sein, nicht frieren zu müssen,

jederzeit nach der Mutter rufen zu können – denn die Eltern sind in Reichweite – meistens im Wohnzimmer. Die Eltern haben für ihre Kinder ein Licht angezündet.

Als Kind kann man das so einfach empfinden: Da ist jemand, der für mich Licht macht. Da ist jemand, der mir Schutz und Wärme geben will. Wenn wir doch nur Kinder sein könnten. In der Dunkelheit ein Licht sehen könnten. Doch wir sind keine Kinder mehr. Das Licht, das aus einer Glühbirne erstrahlt, kommt uns eher kalt als warm vor. Auch die Fülle der verschiedenen Lampenmodelle in ihren Formen, mit ihren Stoffen und Verzierungen können oft nicht das verbreiten, was wir als Kinder empfanden, wenn Vater oder Mutter das Flurlicht für uns anknipsten, damit es uns beim Einschlafen beruhige.

Was fehlt unseren Lampen? Unseren Glühbirnen? Unseren Straßenlaternen? Was fehlt ihnen, daß wir nicht mehr die wärmende Geborgenheit empfinden, wenn sie erstrahlen? Liebe Gemeinde, ich meine, daß den Lampen nichts fehlt. Uns fehlt etwas. Bei uns stimmt vielleicht etwas nicht. Wir haben uns zu viel Licht gemacht. – Und wir können mit einem Handgriff bestimmen, ob ein Zimmer hell oder dunkel ist. In der grellen Beleuchtung dieser Welt – mitten zwischen den vielen Leuchtreklamen und Lichtspielen haben wir das Licht aus den Augen verloren. Das Licht, das uns Geborgenheit geben will. Wir sehen das Licht nicht mehr, was uns innerlich hell und zuversichtlich machen will. Trotz des vielen elektrischen Lichts wandern wir oft in der Finsternis. Die Fortschritte unserer Elektrizität drohen uns das wärmende Licht, das wir uns wünschen, zu überstrahlen. Die vielen Lampen können oft unsere Welt nicht hell machen. Ich meine, sie können das innere Licht nicht verbreiten.

Vielleicht sollten wir einmal alle unsere Lampen ausknipsen und eine Kerze anzünden. Eine Kerze verbreitet ein lebendiges Licht. Das Licht einer Glühbirne ist immer gleich – 60 Watt oder 100 Watt. Eine Kerze hingegen flackert. Die Flamme bewegt sich ständig. Wenn der Docht nur kurz ist – dann ist die Flamme klein. Sie wird dann immer größer. Manchmal droht die Flamme in dem flüssigen Wachs zu ersticken – doch dann kämpft sie sich wieder frei und leuchtet heller. Wenn ein Luftzug kommt, dann flackert sie bedenklich. Und doch kann sie ihm auch standhalten. Dieses alles können Sie an Ihrer Kerze beobachten, die Sie in der Hand halten.

So ein lebendiges Licht hat uns Gott gesandt. Jesus Christus ist keine Glühbirne, die wir mal anknipsen und dann wieder ausknipsen können. Er ist ein lebendiges Licht. Ein so lebendiges Licht, daß es von Menschen nicht gelöscht werden kann. Auch wenn es am Karfreitag so ausgesehen hat. Als es plötzlich dunkel wurde und eine Finsternis über die ganze Welt kam. Wenn wir bei dem Bild unserer Kerze bleiben wollen – zu der Zeit der Finsternis war der Docht tief, in das flüssige Wachs gerutscht, aber am Ostermorgen hat das Licht

Gottes wieder geleuchtet. Das Leben von Jesus Christus ist nicht ausgelöscht. Er lebt. Am Ostermorgen und heute.

Und dieses lebendige Licht Gottes hat eine eigene, göttliche Kraft. Es brennt noch immer – auch wenn wir es oft anscheinend vergeblich suchen. Manchmal sehen wir es – in der Welt oder bei uns: Wenn nach einem Krieg endlich Friede kam. Wenn nach der Zeit der Sklaverei endlich erste Schritte gemacht wurden, um diese abzuschaffen. Wenn nach langen Sorgen um einen Menschen dieser endlich vom Leid erlöst wurde. Wenn nach einem Streit endlich ein versöhnendes Gespräch stattfand. Wenn nach einer Schuld endlich die Vergebung ausgesprochen wurde. Es mag noch mehr Beispiele geben – und trotzdem ist es wenig Licht für 2000 Jahre Weltgeschichte. Es ist viel Dunkelheit geblieben – in unserer Welt und in unserem Leben. Aber hin und wieder sehen wir das Licht und das heißt, daß das Licht noch brennt.

Aber gerade in dieser Zeit – Radio und Fernsehen zeigen es täglich – ist die Welt voll Haß, Ungerechtigkeit, Hunger und Armut. Wir fragen nach dem Licht – was ist mit ihm los? Manche fragen: was ist mit Gott los? Will er sein Licht nicht mehr leuchten lassen? Doch, er will. Denn er hat mit seinem Sohn letztgültig der Welt Licht gesandt. Ein für allemal. Und das gilt nicht nur zur Weihnachts- und Osterzeit – sondern immer. Jesus Christus als das lebendige Licht hat uns vorgelebt, was Gott meinte, als er die Welt erleuchten wollte. Und er hat auch den Tod durchbrochen und er ist bis heute das lebendige Licht. Und trotzdem fragen wir: was ist mit dieser lebendigen Flamme los? Warum sehen wir sie nicht mehr?

Liebe Gemeinde, vielleicht müssen wir auch hier anders fragen: was ist mit uns los, daß wir es nicht mehr sehen? Wir haben das Licht Gottes – Jesus Christus und seine Botschaft – mit einer Kerze verglichen. Der Schein einer Kerze ist begrenzt – eine lebendige Flamme aber hat unbegrenzte Möglichkeiten, groß zu werden. Mit Hilfe einer Flamme kann man ein großes Feuer machen. Ein Feuer, dessen Flamme wärmt und hell macht. Vielleicht müssen wir uns mehr um das Licht bemühen – damit es zum Feuer wird. Damit wir den Schein wieder sehen und die Wärme wieder spüren. Das Licht einer Kerze kann man auch mit Hilfe einer anderen Kerze weitertragen. Ja, es reicht schon ein Stück Papier, um das Licht einer Kerze in ein anderes Haus zu tragen. Liegt es vielleicht wirklich an uns, daß der Schein des Lichtes so schwach ist? Bemühen wir uns vielleicht zu wenig darum, daß das Licht weitergetragen wird? Das Licht weitertragen kann sehr viel bedeuten. Jeder von uns hat andere Fähigkeiten und Möglichkeiten es zu tun. Aber jeder von uns kann dazu beitragen, daß unsere kleine Welt und damit auch die große Welt heller wird.

Und dieses Licht kann immer weitergetragen werden. Denn es ist ein lebendiges Licht, das nicht verlöscht. Es hat eine eigene, lebenschaffende Kraft, die Menschen nicht zerstören können. Gott erhält dies Licht – immer.

Und darum wird die vierte Kerze nicht verlöschen. Weil die Hoffnung in uns lebendig bleiben wird – so lebendig, wie der Sohn Gottes lebendig ist. So lebendig sein Leben war, so lebendig er Liebe geübt hat, so lebendig bleibt unsere Hoffnung, daß er wiederkommen wird und Frieden und Liebe letztgültig durchsetzen wird. Aber bis dahin können wir noch viel tun. Wie Jesus auch keine Zeit hat verstreichen lassen und gehandelt hat. Und das lebende Licht gibt uns die lebendige Kraft zu handeln. Denn wir sollten das Bild der Kerze nicht vergessen: Sie brennt aus eigener Kraft. Aber wie hell sie brennt und wie weit ihr Schein in die Welt hineinreicht, wie weit ihre Flamme getragen wird, das hing damals von den Jüngern und Aposteln ab – heute auch von uns. Das lebendig brennende Licht Gottes ist immer da, um Licht und Wärme zu spenden. Der unermüdliche Gott, der dieses Licht hat einmal Mensch werden lassen, ist ständig bereit, uns beizustehen, zu trösten und zu ermutigen. Und wir sollten den Mut nicht verlieren, dann auch sein Licht – und das heißt auch seine Botschaft – weiterzutragen. Denn Er will das Licht sein, das unsere Finsternis erleuchtet.

Das Licht ist immer weitergetragen worden. Von den ersten Zeugen in Jerusalem bis zu uns heute hier in Heepen. In diesem Weitertragen wird das Leben dieses Lichtes sichtbar und spürbar. Ich weiß, liebe Gemeinde, heute morgen, hier im Gottesdienst, sieht das ganz einfach aus: Im Altarraum brennt eine Kerze. Ihre Flamme reichte für viele kleine Kerzen – Lichter, die wir nach Hause tragen können. Doch sollte uns diese symbolische Handlung hier heute morgen in diesem Gottesdienst ermutigen, das Licht weiterzutragen. Das Licht, das heißt, die Liebe, den Frieden, die Hilfe für den Nächsten, die Botschaft dieser Weihnachtszeit und vieles mehr. Und sei es auch nur in kleinen zaghaften Schritten – aber weitertragen. Weitertragen, damit viele Menschen den wirklichen, den inneren Lichtglanz sehen und nicht nur mit Glühbirnen leben müssen.

Ja, ich glaube, daß das chinesische Weisheitswort recht hat: es ist wirklich besser, ein Licht anzuzünden, für uns und andere, als über die Dunkelheit der Welt zu klagen. Denn, bedenken Sie eines: eine Kerze hat noch gebrannt – ein schwaches Hoffnungslicht, hat der letzte Sprecher gesagt. Wer hilft, dies Licht zu bewahren? hat er fast flehentlich gerufen. Und aus dem schwachen Licht sind dann die vielen kleinen Kerzen angezündet worden. Nur so können wir diese Frage beantworten. Und, liebe Gemeinde, sehen Sie sich um! Ist es nicht ermutigend zu sehen, wie es durch die vielen ganz kleinen Hoffnungslichter heller geworden ist? Amen.

Seht – welch ein Mensch! Die letzte Gemeindepredigt (Joh 18,28–19,5), Ruhestand Berlin-Lichtenrade Judika 7. April 2019

„Schaffe mir Recht, Gott, und führe meine Sache wider das treulose Volk und errette mich von den falschen und bösen Leuten!" Dieser Ruf gibt diesem Sonntag den Namen. In der Passionszeit gedenken wir nicht nur des Leidens Jesu – sondern auch des Unrechts, das ihm geschah. Der Schrei nach Gerechtigkeit, nach einer fairen Gerichtsbarkeit, nach unabhängigen Richtern und Richterinnen gehört zum fünften Sonntag in der Passionszeit.

Schaffe mir Recht, Gott, und führe meine Sache gegen treuloses Volk, errette mich vor falschen und bösen Menschen! Welche Bilder fallen Ihnen aus der letzten Zeit ein? Der Zorn von Protestierenden? Die Frau, die ihre Wohnung räumen muss, weil sie die Miete nicht mehr zahlen kann? Die Opfer und die Trauernden nach dem Anschlag in Christchurch in Neuseeland? Die verzweifelten Kinder in den Trümmern ihrer vom Krieg zerstörten Häuser? Die Kapitänin eines Schiffes, das Flüchtlinge in Seenot gerettet hat und von Italien wegen Beihilfe zur illegalen Migration angeklagt wird?

Liebe Gemeinde, schaffe mir Recht! – das ist Bitte, Klage und Zorn. Für diesen Sonntag ist uns nach der neuen Ordnung der Predigttexte der Abschnitt aus dem Johannesevangelium ans Herz gelegt, den wir als Evangelium-Lesung gehört haben.

Eine, die Unrechtsgeschichte – oder genauer: wie Unrecht, Ungerechtigkeit vor Gericht entsteht. Der dramatische Schlussatz dieses Abschnittes ist ein Merksatz der Passionsgeschichte des Johannes geworden: „Und Pilatus spricht: Seht, welch ein Mensch!" In diesem Satz steckt Staunen, Achtung und auch Ermahnung, an die Adressaten, an die, die da stehen und gaffen, und an die, die das Johannes-Evangelium lesen und hören. Dieser Satz ist ein Symbol geworden für das, was Jesus Christus ertragen hat.

Was ist diesem Satz – den nur der Evangelist Johannes kennt – vorangegangen? Die Gruppe der von dem Hohepriester Kaiphas beauftragten ranghohen Juden aus Jerusalem bringen den Gefangenen Jesus in das Haus des römischen Statthalters Pilatus. Genauer: vor sein Haus – denn das Haus wollen sie nicht betreten, weil es aus ihrer Sicht unrein ist. Pilatus tritt – nachdem Jesus im Haus ist – heraus, um zu klären, was eigentlich los ist. Er möchte verstehen, was Jesus vorgeworfen wird, und ob dies überhaupt in seine Zuständigkeit fällt.

Es ist ein Übeltäter! Das ist ein sehr allgemeiner Vorwurf. Pilatus weist daraufhin den Fall von sich. Die Gruppe der dort vor dem Haus stehenden Juden erklärt nun, dass dieser Jesus die Todesstrafe verdient. Dies fällt unter die Zuständigkeit des Pilatus.

Sie wollen ihn töten – doch durchsetzen müssen es andere.

Pilatus begibt sich nun zu dem Angeklagten, der im Haus ist. Unvermittelt fragt er Jesus: Bist du der König der Juden? Pilatus hat ganz offensichtlich erkannt, dass nur diese „Übeltat" (sich als König der Juden zu verstehen) dazu führen kann, dass ein Angeklagter ihm – dem Pilatus – überstellt wird. Jetzt entwickelt sich ein Gespräch zwischen Jesus und Pilatus – und man spürt die Aufrichtigkeit des Pilatus, mit der er versucht, zu verstehen:

Pilatus: Bist du König der Juden?

Jesus: Ist das deine Meinung, oder hat man es dir zugetragen?

Pilatus: Bin ich ein Jude, der dazu eine Meinung haben sollte? Man hat dich hierhergebracht – was hast du getan?

Jesus: Mein Reich ist nicht von dieser Welt – deswegen verstehen sie mich nicht.

Pilatus: Bist du ein König?

Jesus: Ja, ich bin ein König, hineingeboren in diese Welt, um die Wahrheit zu bezeugen.

Pilatus: Was ist Wahrheit?

Johannes erzählt von einem Pilatus, der in wenigen Minuten die wichtigsten – und die schwierigsten theologischen Erkenntnisse gesagt bekommt: Jesu Königtum ist nicht von dieser Welt – das heißt auch: Es beschränkt sich nicht auf das jüdische Volk, schließt es aber ausdrücklich nicht aus. Und: dass er – Jesus – mit seinem Leben die Wahrheit bezeugt. Pilatus versteht nicht die ihm fremde Theologie – aber er versteht: Dieser Mensch ist im juristischen Sinn unschuldig. Er geht vor die Tür und teilt dies den dort stehenden Oberpriestern und Dienern von Kaiphas, dem Hohenpriester in Jerusalem, mit. Eigentlich müsste Pilatus Jesus freilassen. Vielleicht ahnt er, was das auslösen würde. Und er baut dem dort stehenden kleinen „Volksgericht" eine Brücke: Zu jedem Passahfest lasse ich einen frei – wollt ihr, dass ich euch diesen Jesus freigebe? Doch die kleine Volksversammlung – diese Schar vom Hohepriester beauftragter Oberpriester und Diener – brüllt: Nein, gib uns den Barabas frei!

Dass diese kleine Gruppe von Juden so gebrüllt hat, hat später entsetzliches Leid über Juden und Jüdinnen gebracht. Pilatus gibt dem Gebrüll nach und geht wieder ins Haus hinein, lässt Jesus geißeln und verspotten, seine Soldaten legen ihm eine Dornenkrone auf das Haupt und ziehen ihm ein Purpurgewand an. Dann tritt Pilatus wieder vor dir Tür und spricht zu der kleinen Schar von aufgebrachten Juden: Seht, hier bringe ich euch diesen Mann – ich finde keine Schuld an ihm. Dann tritt Jesus heraus und Pilatus spricht: Seht, welch ein Mensch!

Für Johannes ist Pilatus derjenige, der mit seinem „Seht, welch ein Mensch!" die Würde des Verurteilten wieder herstellt. Pilatus hat seine Macht nicht genutzt, Jesus freizusprechen. Hatte er Angst um seine Macht? Angst vor der kleinen brüllenden Gruppe? Doch Pilatus schenkt Jesus mit diesem Satz Achtung und Respekt – doch kein Recht.

Die bohrende, immer wiederkehrende Frage, warum das Recht es immer wieder schwer hat, sich gegen Brüllende durchzusetzen, rührt an den Nerv unseres menschlichen Zusammenlebens im Kleinen und im Großen. Das ist Realität, die immer wieder schmerzlich erkennbar und spürbar wird. Der Zorn und die Verzweiflung, dass Menschen Recht verwehrt wird, ist die Leidensgeschichte von so Vielen. Eine funktionierende und transparente Gerichtsbarkeit, die immer wieder neu nach der Gerechtigkeit sucht, ist ein hohes Gut. Der menschgewordene Gott ist dem Unrecht und der Macht des Bösen in den Menschen ausgeliefert und er glaubt und vertraut doch – und dass Gott auf seiner Seite steht.

Seht – welch ein Mensch! Das ist die Achtung vor dem Leidenden und es ist auch die Achtung vor dem Gott, der es erträgt und überwindet. Deswegen – so ist es im Hebräerbrief aufgeschrieben (Hebr. 5,7–9; Episteltext für den Sonntag) – ist Jesus Christus der Erlöser, unser Retter. Durch sein Leiden werden die Opfer und die Gepeinigten geachtet, aufgerichtet und gewürdigt.

Diese Erkenntnis unseres Glaubens ist die Wahrheit, für die Jesus gelebt hat. Die Wahrheit, dass Liebe und Gerechtigkeit sich aus der Perspektive der Geschundenen und zu Unrecht Verurteilten erweisen. Die Wahrheit, dass Gottes Gegenwart spürbar ist, wenn Liebe und Gerechtigkeit gesucht, ersehnt, auch: erarbeitet werden. Die Wahrheit ist nicht statisch und absolut – sie ist lebendig. Sie fragt, sie sucht, sie ringt und hat immer die Menschen, die Gemeinschaft im Blick. Die Wahrheit hat man nicht – die Wahrheit lebt man. Und: Um die Wahrheit ringen wir – persönlich, in der Gemeinde, in unserem täglichen Leben, in Politik und Gesellschaft.

Johannes lässt Jesus sagen: Ich bin dazu geboren und in die Welt gekommen, dass ich die Wahrheit bezeuge. Alle, die der Wahrheit angehören, hören auf meine Stimme. Schaffe mir Recht, o Gott, und führe du meinen Rechtsstreit gegen ein Volk, das keine Güte mehr kennt! Und: Seht, welch ein Mensch! Diese beiden biblischen Wort-Bilder nehmen wir mit. Sie erinnern uns daran, dass Gott die Entrechteten sieht und hört und ihnen ihre Würde gibt. Das tröstet uns, wenn wir hadern, wenn wir Unrecht aushalten müssen. Das ermutigt uns in der Gemeinde, unseren Blick auf die zu richten, die im Schatten sind, denen Unrecht geschieht. Das beflügelt uns, weiter zu suchen und zu ringen, wie wir Liebe und Gerechtigkeit weiter stärken können. Das ist Wahrheit, für die Christus geboren wurde, gekreuzigt wurde und auferstand.

Und die Liebe Gottes, die weiter und tiefer ist als alles, was wir verstehen, bewahre und tröste euch auf eurem Weg. Amen.

Beispiele für frühe Predigten

- **Das tägliche Brot (Mt 6,11). Homiletisches Seminar,
Kirchliche Hochschule Bethel Sommersemester 1974**

Vorbemerkung: Diese Predigt habe ich im Blick auf meine Heimatgemeinde in Santiago de Chile geschrieben. Ich habe dort bis 1970 gelebt.

Liebe Gemeinde! Wenn ein Freund in eine neue Wohnung zieht, dann schenkt man ihm nach einem alten Brauch etwas Mehl und Salz. Damit will man ausdrücken, daß man dem anderen wünscht: In deinem Hause soll niemand hungern. Es sei immer Mehl und Salz da, damit du Brot backen kannst. Liebe Gemeinde, es ist für uns alle bestimmt kein angenehmer Gedanke, eine Woche lang allein von Brot zu leben. Dennoch ist es für viele in unserem Lande das Hauptnahrungsmittel, wenn nicht sogar das einzige, was sie täglich zu sich nehmen. Das tägliche Brot ist auch heute noch das Symbol dafür, daß man nicht hungert, und wenn in unserer Umgebung jemand Brot zu essen hat – und sei es nur ein trockener Kanten – so sprechen wir nicht mehr von einem Hungernden.

Das tägliche Brot – es steht im Mittelpunkt unseres Denkens und unserer Sorgen. Wenn man überleben will, dann muß man essen, und etwas Eßbares fällt nicht vom Himmel. Es muß von uns geschaffen und erarbeitet werden. Aber die tägliche Nahrung reicht nur zum Über-leben, noch nicht zum Leben. Vielleicht wird es uns am deutlichsten, wenn wir an das Gefängnis denken: Brot und Wasser für die Häftlinge. Sie werden alle überleben, aber leben sie? Nein, sie leben nicht. Niemand von uns wird das Über-leben in einem Gefängnis als Leben betrachten, als Leben wie wir es kennen oder es uns wünschen. Zum Leben gehört mehr als nur Nahrung, mehr als nur eine bestimmte Anzahl von Kalorien pro Tag. Wir bitten um Brot, weil wir leben möchten. Wir möchten satt werden, aber wir wissen selbst, daß Satt-Werden nicht der Inhalt unseres Strebens nach Leben sein kann.

Auch Jesus Christus fordert mehr von uns als nur das Sorgen und Streben nach der Nahrung. Beim Evangelisten Johannes lesen wir es im 6. Kapitel. Jesus hatte zu einer großen Menge gepredigt. Und als die Menschen bei ihm blieben, schaffte er durch ein Wunder so viel Brot herbei, daß alle satt wurden. Diese Perikope kennen wir als die Speisung der 5000. Aber Jesus hat nicht nur satt gemacht, er hat auch Leben gegeben, indem er sich für Arme, Kranke und Entrechtete eingesetzt hat.

Was, liebe Gemeinde, heißt Leben? Leben, das ist einen Sinn sehen in dem, was man tut. Einen Beruf und Kraft haben, um sich etwas zu erarbeiten. Selbständig sein, um gleich neben anderen zu stehen und nicht von anderen abhängig sein. Leben, das heißt da sein für mich selbst und für andere.

Was Jesus von uns fordert, kann nur das sein: dazu beitragen, helfen und arbeiten, daß alle leben können. Aber um leben zu können, muß ich mich am Leben erhalten. Ich muß mich ernähren. Deshalb hat Jesus zu den Menschen nicht nur Worte gepredigt, das heißt sie mit ewiger Speise versorgt, sondern er hat sie physisch, mit Brot gesättigt.

Jesus lehrte uns beten: Unser tägliches Brot gib uns heute. Liebe Gemeinde, woran denken wir, wenn wir diese Bitte aussprechen? An die frischen Brötchen, die wir uns zum Frühstück wünschen? An unser Gehalt, das wir gerne erhöht haben möchten, um vielleicht noch ein Auto mehr zu haben? An die Löcher in dem vollen Vorratsraum, die aufgefüllt werden sollen? Liebe Gemeinde, Jesus hat uns gelehrt, um das tägliche Brot zu bitten. Das bedeutet, wir müssen unser Leben so einrichten, in unserem Beruf so arbeiten, daß wir täglich so viel haben, daß wir leben können. Wir sollen nicht arbeiten und sorgen, um täglich mehr zu haben.

Was treibt uns dazu, immer mehr für Nahrung und Wohlstand zu sorgen? Ist es die Angst vor dem Hunger, oder die Sorge, einmal nicht mehr aus der Fülle zu leben? Wer einmal gehungert hat, lebt nur dafür, nicht wieder hungern zu müssen. Aber als Christen sind wir nicht nur dafür verantwortlich, daß unsere Kinder nicht hungern müssen, sondern auch dafür, daß die anderen nicht hungern. Die andern, das sind die, die in den Hütten leben. Das sind die, die für uns arbeiten und an denen wir täglich mehr verdienen. Das sind die, die an unsere Türe kommen und ein Stück Brot haben möchten.

Hunger, liebe Gemeinde, ist nicht gestillt, wenn Speise in den Magen kommt. Es bleibt der Hunger nach Gerechtigkeit, nach Bildung, nach einem festen Arbeitsplatz, nach Kleidung und nach Freizeit. Es bleibt der Hunger nach Leben. Wenn wir unsere Speisereste abgeben, wenn wir das geben, was wir zu viel haben – damit wäre der erste Hunger gestillt, aber nicht der wirkliche. Wir bitten um unser tägliches Brot, und wenn wir es empfangen, dann heißt das: wir sollen nicht abgeben, was wir übrig haben, sondern wir müssen teilen. Nicht nur die Nahrung teilen, die auf unserem Tisch steht, sondern unseren Lebensraum, unsere Lebenschancen, unsere Schulen. Das alles sollen wir teilen mit dem anderen, der so wenig davon hat.

Wir brauchen täglich Kraft und Energien, um eine lebenswürdige Zukunft zu bauen. Lebenswürdig für uns und für die anderen. Lebenswürdig, das heißt, daß jeder täglich das tägliche Brot hat und nicht die einen täglich mehr und die anderen täglich weniger. Wir empfangen Brot, um es weiter zu geben. Wir empfangen Leben, um es weiter zu geben. Wenn wir haben, was andere nicht haben, so sollen wir das teilen, und dafür wirken, daß sie es selbst auch empfangen.

Daß unsere Welt in Arm und Reich, in Satte und Hungernde aufgeteilt ist, das ist vielleicht nicht unsere persönliche Schuld, aber Menschen haben diese Aufteilung geschaffen, Menschen müssen sie wieder abschaffen und zwar

Jetzt. Und wir leben Jetzt. Die Hindernisse auf dem Lebensweg unseres Nächsten, der nicht so viel zu essen und zu leben hat wie wir, diese Hindernisse hat nicht ein zufälliges Schicksal für ihn aufgebaut. Wenn wir auch nicht beteiligt waren, als dies geschah, so sind wir mitverantwortlich dafür, daß es sie heute noch gibt. Daß es heute noch Menschen gibt, die ihr Leben nicht verwirklichen können. Sein Leben verwirklichen heißt, so leben, daß man täglich etwas zu essen und täglich etwas zu leben hat, und so leben, daß auch die anderen leben können.

Unser tägliches Brot gib uns heute. Laßt uns mit diesen Worten um die täglich notwendige Kraft bitten, um das Tägliche für uns und unsere Kinder auf den Tisch zu schaffen. Was wir über den täglichen Bedarf hinaus haben, das laßt uns an die geben, die viel weniger haben. Und die Zeit und Kraft, die in uns bleibt, die sollten wir ab sofort da einsetzen, wo sie anderen helfen kann: sei es eine ganz spontane Hilfe oder eine Arbeit, die dazu beiträgt, eine lebenswürdige Zukunft für uns alle zu bauen. Unser tägliches Brot gib uns heute: gib uns täglich das Notwendige um zu leben und keinen Überfluß, den die andern nicht haben. Wir bitten gemeinsam um unser tägliches Brot. – Dabei dürfen wir aber nicht vergessen, daß „wir" und „unser" mehr ist als die eigene Familie.

■ **Verantwortung vor Gott. Erste und einzige von Viola in beiden evangelischen Gemeinden in Santiago de Chile gehaltene Predigt * (Mk 9,43–48), Erlöserkirche u. Versöhnungskirche 24. Juli 1977**

Liebe Gemeinde! Neulich sah ich, wie ein kleines Kind – es konnte kaum laufen – versuchte, die Treppe hochzukraxeln. Die Mutter, die dies recht gefährliche Unternehmen beobachtete, versuchte, ihr Kind von dieser interessanten Treppe wegzubekommen, indem sie rief: Geh nicht hoch: Da oben sitzt ein böser schwarzer Mann! Erinnern Sie sich noch an die Gestalten Ihrer Kindheit, mit denen man Ihnen drohte? Der schwarze Mann, der kleine Kinder frißt – die Hexe, die die bösen Kinder einsperrt, die Zigeunerin, die alle unartigen Kinder einsammelt – (oder hier in Chile der „cuco"). Der immer herhalten muß, wenn der Erwachsene keinen Ausweg mehr weiß! Die Treppe wird dann für das Kind sehr gefährlich. Es guckt die Mutter erschrocken an und begibt sich zurück.

So wie die Drohung mit dem schwarzen Mann klingt im ersten Moment unser heutiger Predigttext. Es war vielleicht wirklich einmal so, daß das Höl-

---

* In der Folge der politischen Ereignisse 1973 in Chile (Allende/Pinochet) war es zu einer Spaltung der Evangelischen Kirche in zwei Lager gekommen – Viola hielt Kontakt zu beiden.

lenfeuer die Menschen dazu gebracht hat, verführerische Wege zu verlassen – gerade wie das Kind, das Angst vor der Hexe hat. Aber, selbst wenn das heute noch der Fall sein sollte, ist das das Anliegen von Jesus? Hat er den Menschen mit der Hölle gedroht, wenn sie ihm nicht folgten? Wenn sie seine Botschaft nicht hören wollten? Nein, hier liegt keine Drohung vor, sondern eine Forderung an die, die sich für die Nachfolge entschieden haben, und zwar aus freiem Willen entschieden haben. Und die Forderung, die Jesus in einem Bild ausdrückt, heißt: Der Weg der Nachfolge betrifft den ganzen Menschen!

Wenn ich mir eine Hand abhaue oder mir ein Auge ausreiße, liebe Gemeinde, dann ist ein wesentlicher Teil meiner selbst weg – denn diese abgehauene Hand wird mir zu jeder Stunde meines Lebens fehlen – ganz gleich, wo ich mich befinde – und was ich tue. Wenn eine Hand, Auge oder Fuß dich zur Sünde verführt – so beseitige sie – das ist ein hartes Bild für konsequentes Handeln. Aber, woher rührt denn die Verführung zur Sünde? Wohl kaum in einer sich verselbständigten Hand! Es geht eben nicht um die Hand, den Fuß oder das Auge, sondern um unser Innerstes – Herz, Seele oder wie immer wir es auch nennen wollen! Da müssen die Entscheidungen für oder gegen die Verführung gefällt werden.

Es geht um grundsätzliche Entscheidungen des ganzen Menschen. Und zwar so grundsätzlich, daß sie zu jeder Stunde unseres Lebens deutlich spürbar sind – so wie wir in jeder Stunde das ausgerissene Auge spüren würden!! Die tiefen Lebensentscheidungen sind die harten und sie spiegeln sich in der Härte dieses Bildes wider. Es ist verführerisch, liebe Gemeinde, seine Hände da einzusetzen, wo man selbst den größten Nutzen hat. Es ist verführerisch, den Blick dahin zu wenden, wo „die Welt in Ordnung ist", wo man nur die guten Seiten der Welt und des Lebens sieht – es ist verführerisch, die Wege zu gehen, die schon gepflastert sind, die gerade und überschaubar sind und deren Ziel man selbst bestimmt und also kennt. Zu diesen Verführungen „Nein!" zu sagen – das ist oft genauso schmerzvoll, wie wenn man sich einen Fuß abhackt. Denn es ist dagegen sehr hart, sich immer wieder für andere einzusetzen und vielleicht wenig Erfolg und wenig Dank zu ernten. Es ist hart, immer wieder die Augen auf Not, Ungerechtigkeit und Unfrieden zu richten. Und es ist nicht leicht, einen steinigen Weg der Anfechtung und vielleicht Verachtung zu gehen. Dessen Ziel man weder selbst bestimmt, noch genau sieht.

Liebe Gemeinde, es ist nicht schwer, zu sagen, welchen dieser beiden Wege Jesus gewählt hat. Und nur auf dem Weg, den er gegangen ist, werden wir Ihn finden. Und wir werden nicht nur ihn finden, sondern auch das wegweisende Wort haben: Fürchte dich nicht – folge mir, denn ich verlasse dich nicht! Aber darum geht es, liebe Gemeinde: um eine konsequente Entscheidung für eine dieser beiden Möglichkeiten. Es gibt kein Wenn und kein Aber, nur ein Entweder-Oder. Es geht um eine Entscheidung, die nicht unsere Gliedmaßen betrifft, sondern das, was unsere Gliedmaßen letztlich dirigiert: wir selbst.

Christsein ist eben kein Hobby, das man ab und zu mal auspackt. Keine Beschäftigung, der man nach Lust und Laune Zeit und Liebe schenkt.

Und noch etwas anderes drückt unser Bild aus: Verzicht. Eben Verzicht auf die verführerischen Dinge unseres Lebens. Liebe Gemeinde, ich kann Ihnen keine Liste geben, worauf Sie verzichten müssen. Denn das ist auch das Wichtige und Wesentliche: die persönliche Entscheidung, die uns niemand abnimmt. Sich immer wieder von Jesus in Frage stellen zu lassen – das heißt es, sich für Jesus entschieden zu haben.

Wir wollen alle Nachfolger Jesu sein – wir wollen seine Botschaft vom Frieden weitertragen – jeder mit seinen Möglichkeiten und Fähigkeiten. Jedoch sollten wir dabei aufpassen, daß wir nicht zwei menschlichen Schwächen verfallen: Einmal sollten wir uns immer vergegenwärtigen, daß unser Maßstab unser Auftrag, die Friedensbotschaft ist. Und nicht unsere eigenen Wünsche und Interessen derjenigen, die ebenfalls neben uns ihren Dienst in der Nachfolge tun. Denn so wie jeder entscheiden muß, worauf er zu verzichten hat – so hat auch jeder in Verantwortung vor Gott zu entscheiden, in welcher Form er seinen Botschafterdienst verrichtet. Das Urteil über falsche und richtige Nachfolge – das müssen wir Gott selbst überlassen. Das heißt nicht, daß wir nicht als christliche Gemeinde immer wieder gemeinsam gerufen werden – aber unser Dienst sollte in Verantwortung vor Gott und nicht in Konkurrenz zueinander getan werden. Das Richteramt steht uns nicht zu – wie es in der Bergpredigt steht: Richtet nicht, damit ihr nicht gerichtet werdet!

Und das andere hängt ganz eng damit zusammen. Es ist die menschliche Schwäche, die nach dem Lohn fragt. In allen Lebensbereichen kann man für Dienst Lohn fordern und für Verzicht eine Entschädigung. Wenn wir Botschafter sein wollen, weil wir einen Nutzen davon haben wollen, wenn wir Opfer bringen, weil wir „bessere Christen sein wollen" – oder wenn wir Nächstenliebe praktizieren, weil wir Angst vor der Hölle haben, dann haben wir Jesus falsch verstanden! Hölle – das ist keine Drohung. Hölle – das ist das Gegenstück zum „Leben", das Jesus uns anbietet. Hölle ist weder Fegefeuer noch Teufel. Hölle, das ist das Leben von Gott geschieden, das Leben in der Gottverlassenheit, das Leben mit dem schlechten Gewissen, das Leben in Schuld, die nicht vergeben wird – das Leben mit der Angst vor dem Tod. Leben – das ist die Gemeinschaft mit Gott – die Zuversicht, getragen zu werden – auch nach dem Tod. Leben, das Jesus meint, ist Freiheit von den Zwängen, Freiheit, die Verzicht möglich macht.

Opfer, um des Opferns willen, Opferbereitschaft, die Anerkennung sucht, hat ihr Ziel verfehlt. Denn hier ist das Ziel das „Ich" – es ist egoistisch. Opfer in der Nachfolge Christi geschehen nicht, damit wir etwas davon haben (z.B. Anerkennung oder ein „Plätzchen im Himmel"), sondern weil Gott bereits für uns gehandelt hat. Indem er seinen Sohn hergab für uns. Weil Gott uns liebt, können wir in Liebe auf den Nächsten zugehen und nichts fordern, weder von dem Nächsten noch von Gott. Das ist die Gnade, die allem vorangeht und die Nachfolge sinnvoll macht. Die Gnade Gottes und die Liebe Gottes, die allem vorangeht – das ist der Lohn, der bereits ausgezahlt war, als wir uns auf den Weg machten! Leben in der Zuversicht auf die Gnade und die Liebe Gottes hin – das ist die Alternative, die Jesus uns bietet – die Alternative zu dem Leben in der Gottverlassenheit, Schuld und Angst.

Es geht darum, liebe Gemeinde, sich für diesen festen Lebensgrund zu entscheiden. Und dann ergeben sich Verzichte von alleine – Verzichte zugunsten des Gottes, der uns geliebt hat, bevor wir ihn lieben konnten. Verzichte zugunsten Gottes, der uns im Nächsten begegnet, der uns aber auch im leidenden Nächsten herausfordert, zu unseren Entscheidungen zu stehen. Wenn uns diese Liebe Gottes und die Liebe zum Nächsten von den Verführungen abhält, dann sind wir auf dem richtigen Weg. Denn es geht um Bereitschaft zur Nachfolge aus Liebe und nicht aus Angst vielleicht vor der Hölle! Jesus ging auch nicht den Weg zum Kreuz aus Angst vor dem Vater, sondern aus Liebe zu ihm und zu uns.

Wenn wir das Geschenk der Gnade Gottes annehmen, dann sind wir auf dem richtigen Weg, den Menschen den Frieden Gottes zu bringen. Der Weg wird dadurch nicht weniger hart, nicht weniger steinig – aber wir sind nicht allein und wir sind angenommen, eben auch mit dieser Schwäche, daß wir – obwohl wir uns für Jesus entschieden haben – oft versagen werden. Das Himmelreich auf Erden kann keiner von uns schaffen – aber einen kleinen Schritt für Frieden und Gerechtigkeit, den kann jeder tun – in Verantwortung vor Gott, der uns erst geliebt hat und dann fordert. Leben und Handeln in Verantwortung vor Gott und dem Mitmenschen, der von Gott genauso geliebt ist wie wir selbst. Das ist der Weg. Das ist der Auftrag. Amen.

▪ Lob Gottes. Eine Predigt aus dem Landeskrankenhaus Dortmund-Aplerbeck (Röm 11,33–36), Trinitatis 1980

Liebe Gemeinde! Der Predigttext für den heutigen Sonntag ist ein lauter und deutlicher Lobpreis des allmächtigen Gottes. Der so groß und weit ist, daß wir ihn kaum verstehen. Das ist ein Gott, der nicht in Frage gestellt werden kann. Denn da alles bei ihm unerforschlich und unergründlich ist – was soll man denn da noch fragen? Es sind sog. rhetorische Fragen, die Paulus stellt – Fragen, die eigentlich keinen rechten Frage-Sinn haben. Er beantwortet sie ja auch nicht. Sondern beendet das Lob mit der Feststellung, daß Gott Ursprung, Kraft und Ziel aller Dinge ist.

So ein Lob fällt leicht, wenn sich alles zum Guten wendet: Rettung, Hilfe, Genesung. Wie aber, wenn wir in einer Situation stehen, wo uns Gotteslob schwerfällt? Wie sollen wir die unerforschlichen Wege Gottes loben, wenn es so aussieht, daß die Welt ins Unheil rast? – Oder, wenn unser persönliches Schicksal so dunkel, unergründlich, vielleicht sinnlos ist? Wir sind auch nicht die ersten Menschen, die bei diesen Fragen stehen und bestimmt sind schon viele Menschen an ihnen – den Fragen – verzweifelt: Wer hat den Sinn Gottes erkannt? – das ist die zentrale Frage und ich greife sie heraus. Antwort: Nie und niemand.

Aber – es geht mir ja nicht anders. Auch ich kenne diese Antwort, daß niemand die unerforschlichen Wege Gottes kennt und frage trotzdem immer wieder: Warum läßt Gott so viel Unrecht, Gewalt, Krankheit und Elend zu? Es wäre bestimmt der falsche Weg, alles Leid Gott „in die Schuhe zu schieben". Dann könnten wir die Hände in den Schoß legen und resignierend abwarten, was da noch alles auf uns zukommt und es geduldig wie Opfertiere auf uns nehmen. Bei solch einem Bild und Gedanken fällt mir Jesus Christus ein. Sicher hat er bei seiner Kreuzigung und dem Leiden unmittelbar davor sehr viel ertragen und hingenommen – aber andererseits ist er in der Zeit davor auch sehr aktiv gewesen: Er hat Initiative ergriffen, seinen Mund zum Protest aufgemacht, Dinge richtig gestellt und aufgefordert, aktiv zu sein und eben nicht alles über sich ergehen zu lassen. Und in diesem Jesus Christus hat Gott sich selbst uns Menschen offenbart. Das ist die Antwort Gottes auf unsere Frage: Was hast du, Gott, mit uns vor? Es ist sicherlich keine umfassende Antwort auf alle unsere Fragen, aber es ist die Antwort auf die Frage nach dem Ziel Gottes: Erbarmen für alle Menschen. Menschlichkeit, Freundlichkeit und Liebe.

Aber Jesus Christus endete am Kreuz. Menschen haben ihn getötet – obwohl er nur das Gute wollte. Und auch heute sterben viele Menschen, die das Gute wollen oder die zumindest nichts Böses wollen oder getan haben. Warum? Für mich selbst gibt es da immer wieder nur eine Antwort: weil Gott das Wagnis mit uns Menschen auf sich genommen hat, uns Freiheit zu geben: Freiheit zu lieben – hassen, leben lassen – vernichten. Daß Gott das Böse weder will noch tut, hat er sozusagen in und mit Jesus Christus gesagt. Und damit hat er auch gesagt, daß wir Ungerechtigkeit, Haß, Böses nicht einfach hinnehmen sollen und daß Er uns nicht dabei alleine läßt. Denn nicht alles, was um uns herum geschieht, ist Gottes Wille.

Wenn ich mir das jetzt so überlege: so unergründlich sind Gottes Wege gar nicht! Sein Ja zur Liebe und Menschlichkeit und sein Ja zum Menschen sind ganz deutlich und klar. Und deswegen kann unser Leben sich an diesem Ja, an Jesus Christus, orientieren und nicht am Leiden, das Menschen durch Menschen erdulden müssen. Aber die andere Seite dürfen wir auch nicht vergessen: Leiden gibt es, das unergründlich bleibt: Katastrophen, Krankheit. Und bei dem Leidenden bleibt Gott – bis in die dunkelste Stunde. So wie Jesus Christus bis in den dunklen Tod gegangen ist. Er ist nicht ein Gott nur der Glücklichen! Es gibt bestimmt viel Leid, wo wir Gott nur um Kraft bitten können, und anderes, wo was zu ändern ist.

Gott will (sein Ja), daß alle Menschen leben: d.h. leben, auch wo es schwer und belastet ist; d.h. nicht resignieren, wo nicht Gottes Wille geschieht; d.h. daß Er ein Ziel mit den Menschen hat und daß er das durch Jesus Christus gesagt hat; d.h. daß Er Kraft gibt, wo unsere Kräfte versagen. Kraft, um bei der Hoffnung zu bleiben – wo alles zerbricht. Kraft, bei Menschlichkeit zu bleiben, wo alles lieblos und hart ist; Spuren von Menschlichkeit zu halten, zu bewahren und zu vergrößern. Deswegen kann ich / können wir in das Lob mit einstimmen: weil dieser Gott ein gutes Ziel will und uns nicht verläßt, wenn uns nicht zum Loben ist, wenn wir vielleicht gar nicht loben.

Im Abendmahl kommen wir zusammen, um uns Kraft zu holen: die, die sie suchen, und die, die geben können, die halten können. Wir haben Grund, Gott zu loben, weil Er uns nicht aufgibt.

■ **Geist der Nüchternheit. Predigt an Pfingsten (Apg 2), Ev. Gemeinde Deutscher Sprache bei den Europäischen Gemeinschaften in Luxemburg 22. Mai 1988 (mit Taufe)**

Liebe Eltern, liebe Paten, liebe Gemeinde. Die Begeisterung der Jünger kommt für sie überraschend. Noch haben sie die Auferstehung ihres Herrn sozusagen zu verkraften – noch sind sie dabei ganz mit sich, ihren eigenen Gefühlen und ihren Ängsten vor Verfolgungen beschäftigt. Und dann trifft sie wie ein Blitz die große Ermutigung, nun selber zu predigen, zu heilen und zu taufen (Das unerklärliche und überraschende Gefühl ist viele Jahre später mit Bildern beschrieben worden: ein Brausen wie ein Sturm und Feuer brannte in ihnen.). Aber es war ja nicht nur ein subjektives Ereignis, das sie sich zuhause weitererzählt haben – es ist auch bei Unbeteiligten etwas passiert – etwas „ins Rollen gekommen".

Offensichtlich haben plötzlich alle aufmerksam zugehört und auch verstanden, was Jesus gewollt hat. Sie interessieren sich ganz plötzlich für diesen Verbrecher, der vor einigen Wochen gekreuzigt worden war. Und ihr Interesse wird so konkret, daß sie Konsequenzen ziehen: sie lassen sich taufen. Damit bekennen sie: wir gehören ab sofort dazu. Solche Berichte lösen bei uns vielleicht auch gemischte Gefühle und Skepsis hervor. Begeisterung kann Menschen in fatale und falsche Richtung treiben. Begeisterung und Fanatismus sind nahe beieinander. „Sie sind betrunken", sagten einige und wandten sich ab (Pfingsten war der Anfang unserer Kirche, der Grundstein einer christlichen Gemeinschaft.). Christen müssen sich – gerade auch, wenn sie be-geistert sind – immer wieder an Jesus und seinen Worten orientieren – und nicht an einem Ereignis. Und die Predigt des Petrus am Pfingstfest ist eigentlich auch schon Ernüchterung: Er stellt Zusammenhänge her, zwischen dem Alten Testament und Jesus. Er läßt sich nicht zu fantastischen Reden hinreißen, sondern berichtet von dem Leben, Sterben und der Auferstehung Jesu.

Der Heilige Geist ist ein Geist der Nüchternheit und Klarheit. Mit seiner Hilfe können wir unsere Realität erkennen: Unrecht von Recht unterscheiden, Gutes vom Bösen, unabänderliches Leid von dem Leid, das abzuwenden ist. Der Geist Gottes verklärt und vermischt nicht. Der heilige Geist, der unter uns ist, hebt uns nicht weg von unserer alltäglichen Realität, er hilft uns vielmehr, diese zu ertragen – und ermutigt uns zu verändern. Wir Menschen lassen uns gern begeistern. Aber als Christen müssen wir sehr wachsam sein, wenn uns Sand in die Augen gestreut wird, wenn uns unsere Begeisterung wegführt vom Alltag, wegführt von unseren Mitmenschen, wegführt von Unrecht und Leid.

Wir haben heute am Pfingstfest Ihren Sohn und Ihr Patenkind Benjamin getauft. Wir wollen für Sie und für Ihr Kind nun um den Geist und um die Nähe Gottes bitten. Wenn wir Kinder heranwachsen sehen, dann ist der Wunsch nach Perspektive, nach Lebensweisung besonders stark. Wir hoffen und wünschen, daß die Heranwachsenden nicht von falschen Begeisterten verführt werden. Wir hoffen und wünschen, daß wir selbst als Erwachsene den Heranwachsenden Beispiel und Orientierung sein können. Mit der Taufe gibt Gott sein Versprechen: Ich will bei dir sein!

Diese Zusage Gottes ist auch ausgedrückt in dem Taufspruch für Benjamin: Bittet, so werdet ihr bekommen. Sucht, so werdet ihr finden. Klopft an, und man wird euch öffnen (Mt. 7,7). Unsere ersten Gedanken bei diesem Satz aus der Bergpredigt gehen wahrscheinlich zuerst zu den vielen vergeblichen Bitten, zum vergeblichen Suchen und Anklopfen. Und es stimmt: Die Taufe ist keine Garantie für die Erfüllung aller Wünsche. Aber Gott wäre auch (gründlich) mißverstanden, wenn er dazu da wäre, unsere Wünsche zu erfüllen.

Jesus hat zugesagt, daß wir durch ihn eine Lebensgrundlage, eine Wurzel haben können. Gott ist einer, der mit-geht, mit-fühlt, der hört und hilft, der mit-leidet. Es wird keiner abgewiesen – wir bekommen, was wir brauchen: Orientierung und Kraft, auch das zu ertragen, was schwer ist. Gott helfe Ihnen und uns allen, daß wir immer wieder den Weg zu ihm finden und bei ihm anklopfen.

■ **Das Leben wählen. Predigt (Dtn 30,15–21) im Ökumenischen Gottesdienst zur Gebetswoche für die Einheit der Christen, Kathedrale Luxemburg 21. Januar 1990**

Liebe Schwestern und Brüder, Wissenschaftler bestätigen auf ihre Weise das, was im 5. Buch Mose geschrieben steht: Es geht um Leben oder Tod. Um Überleben oder Unbewohnbarmachen. Um gerechtes Teilen oder blutigen Krieg um die lebensnotwendigen Güter. Um friedfertiges Miteinanderauskommen oder Eskalation von Gewalt. Um konsequente Abrüstung oder ständige Angst vor dem zufälligen oder geplanten atomaren Krieg. In der biblischen Sprache heißt es: Es geht um Segen oder Untergang, um Wohlergehen oder Vertreibung, es geht um das Einhalten der Gebote Gottes oder um die Verehrung anderer Gottheiten. Es geht um Leben oder Tod.

Wir sind dem Tod der Welt näher als dem Leben. Wir sind satt und leben im Warmen, deswegen können wir die Gefahren in den Zeitungen, den Nachrichten belassen – und doch betrifft uns die Zerstörung unseres Lebensraumes – materiell und ideell – immer mehr. Ich möchte nur drei Beispiele nennen: Die hohe Luftverschmutzung und die Veränderung der schützenden Atmosphäre bringt z.B. eine Steigerung der Atemwegs- und Hauterkrankungen mit sich – wir leben Tür an Tür mit gefährlicher Energieproduktion (Atomkraftwerk Cattenom) – ein geringer technischer Fehler kann nicht nur Tod, sondern Verstümmelung der Menschen noch in der nachfolgenden Generation mit sich bringen – Und: Immer deutlicher müssen wir uns in Europa mit den zahllosen Menschen auseinandersetzen, die aus Ländern der Dritten Welt kommen, die auch durch unsere Ausbeutung arm und zukunftslos geworden sind. Mit ihnen müssen wir teilen und leben – oft auf engem Raum.

Das Leben wählen – das heißt, Entscheidungen treffen. Im persönlichen Leben, im gemeinschaftlichen Leben, und im politischen Bereich. Das Leben wählen heißt für diejenigen von uns, die wir mehr haben, als man zum Leben braucht: Verzicht. Verzicht auf noch mehr Energie, auf Konsum, auf Wohlstand. Kurz: auf noch mehr materielle Güter und Sicherheit. Es heißt aber auch: ideeller, politischer Verzicht: Wir West-Europäer müssen aufhören, andere zu bevormunden und politische Entwicklungen nur unter dem Gesichtspunkt zu sehen, wie viel wir dabei materiell und politisch gewinnen. Leben im tiefen, göttlichen Sinn ist nur möglich, wenn alle leben können.

Leben heißt Beziehung. Unser christliches Leben ist ein Beziehungsgeflecht: zwischen Gott und dem Menschen, zwischen Mensch und Mensch, zwischen Mensch und Schöpfung. Dieses Beziehungsgeflecht ist aus den Angeln geraten – durch unsere, durch menschliche Schuld. Gott hat mit den Menschen einen Bund geschlossen. Dieses Bündnis steht hinter jeder göttlichen Ermahnung. Gott hat Segen, Zukunft und Wohlergehen versprochen – die Menschen ihrerseits versprechen: Einhalten der Gebote, Glaube und Treue. Ein Bund kann nur bestehen, wenn beide Bündnispartner sich an die eingegangene Verpflichtung halten. Und wenn es wirklich danach gegangen wäre, wäre die Welt schon untergegangen (Denn die Menschen haben ihre Verpflichtungen nicht gehalten).

Aber Gott hat seinen Bund erneuert, verändert und sich radikal auf die Seite seines Bündnispartners gestellt. Er wurde Mensch. Im leidenden, solidarischen Gott, im Menschen Jesus Christus zeigt Gott den Menschen neue Wege, um

Glauben zu leben, um die Gebote zu halten und um Leben sinnvoll und gott-
bezogen zu gestalten. Das ist eine radikale Wende: Der Gott, der Bedingungen
für einen Bund diktiert, wird Mensch. Und zwar so, daß er sich ohne jede Bedingung den Menschen ausliefert – diese radikale Wende ist es, was wir Vergebung nennen. Und diese Vergebung macht neues Leben miteinander und
mit Gott möglich. Durch Jesus Christus werden wir aus der Schuldverstrickung
erlöst – und befreit zu neuem Leben. Diese Befreiung bewegt uns, stärkt uns,
zeigt uns Wege – nun mit neuer Kraft und Motivation unsere Verpflichtungen
im Bund mit Gott einzuhalten. Der Bund zwischen Gott und Mensch ist durch
Jesus Christus nicht aufgehoben, sondern erneuert. Er hat eine neue Dimension bekommen – aber: Die Verpflichtungen bleiben.

Wenn wir heute, in diesem Gottesdienst, uns verpflichten, den Bund zu
halten, so tun wir es voreinander, vor Gott und vor der Öffentlichkeit. Ob es
hohle Worte sind oder lebendige Perspektive, das entscheidet sich letztlich an
unserer Bereitschaft, wirklich mit unserem christlichen Glauben in dieser Zeit
und in dieser Welt ernst zu machen. Was um uns geschieht – an Ungerechtigkeit, Unfrieden und Zerstörung der Schöpfung – alles das ist kein Schicksal,
sondern hat seine Wurzel in menschlichem Handeln und Unterlassen, beruht
auf Machtinteressen und gesetzten Prioritäten. Wir haben die Wahl: egoisti-
sches Leben, Verdrängen von Angst und Elend der anderen, oder: Handeln
für eine menschliche Gemeinschaft, in der geteilt wird, in der verzichtet wird,
damit alle leben können – auch künftige Generationen.

Ich bin der Weg, der zur Wahrheit und zum Leben führt – Jesus Christus,
der menschgewordene Gott, unser Bündnispartner – er zeigt den Weg und
verspricht uns Geleit – gehen wir mit? Die Welt kann neu werden, wenn wir
es wollen und danach handeln. Gott bleibt seinen Bündnisverpflichtungen
treu. Es liegt an uns, im Bund zu bleiben, den Bund zu leben. Es liegt an uns,
das Leben zu wählen. Amen.

- **Die Zuschauerrolle aufgeben. Predigt (Joh 3,1–15),
Luxemburg Trinitatis 26. Mai 1991**

Liebe Gemeinde, man kann ziemlich lange ein Problem mit sich herum-
schleppen – doch irgendwann kommt der Punkt, da geht's nicht mehr – eine
Antwort muß her – und sei es mitten in der Nacht. So erging es Nikodemus.
Er hatte gelernt, mit Fragen und Problemen umzugehen. Er hatte schon viele
Antworten gefunden – und das braucht man ja auch. Man wünscht sich fes-
ten Boden unter den Füßen – mit Unklarheiten lebt es sich schlecht. Doch
Jesus hatte einige feste Antworten zur Gottesfrage ins Wanken gebracht –
und das ist schwer zu ertragen. Nikodemus geht zu Jesus – mitten in der
Nacht. Er hofft auf ein Gespräch von Mensch zu Mensch – und auf ver-

nünftige, akzeptable Antworten aus dem Munde eines so außergewöhnlichen und vor allem auch kompetenten Menschen.

Und so möchte ich Sie einladen, mitzukommen in dieses Haus irgendwo in Jerusalem – mitten in der Nacht. Mitzukommen, und dem Gespräch zuzuhören. Nikodemus ist ein gebildeter Mann, und so beginnt er das Gespräch mit dem Ergebnis seiner eigenen Denkarbeit. Jesus, ich beobachte dich schon länger. Du tust viele Wunder, du hast vielen geholfen – dein Handeln ist für mich der Beweis, daß du der Sohn Gottes bist. Deine Taten haben mir geholfen, dich als den Gesandten Gottes zu akzeptieren. Es ist doch richtig, so wie ich es sehe?

Jesus lächelt verständnisvoll. Mein lieber Nikodemus, du hast viel beobachtet und doch noch nicht begriffen. Man kann Gott nicht durch Zuschauen kennenlernen. Nur, wer sich ganz auf Gott einläßt, der erlebt etwas von der Kraft des Geistes Gottes, vom Reich Gottes. Doch dazu muß man sich radikal und von Grund auf verändern – als würde man nochmals geboren und ein neues Leben beginnen. Nikodemus ist erschrocken. Wie soll ich denn das verstehen? Neu anfangen? Ich habe ganz schön gearbeitet, verzichtet und aufgebaut, um das zu sein, das ich heute bin. Sollte ich alle Mühe nochmals auf mich nehmen? Ist denn alles bisher falsch und umsonst gewesen? Wird man denn bei dieser neuen Geburt wirklich ein besserer Mensch?

Jesus beruhigt. Nikodemus, du sollst nicht besser werden und Besseres leisten. Aber da sind wir am entscheidenden Punkt: Du erkennst dich als Mensch in dem, was aus dir geworden ist. Du denkst an das, was schon deine Eltern für dich getan haben. Und das, was du dir an Gedanken erarbeitet und an Lebensraum geschaffen hast. Aber der Mensch, mein lieber Freund, ist mehr als das, was er sich besorgen und erarbeiten kann. Wenn ich vorhin sagte, man muß neugeboren werden, so meinte ich vor allem: alles von Grund auf anders sehen. Und akzeptieren, was du in deinem tiefsten Inneren schon weißt: du kannst dir dein Leben nicht erbauen, du kannst Glück nicht erzwingen und Leid nicht verhindern. Du mußt zulassen, daß du nicht Herr deines Schicksals bist. Ich weiß, daß dich dieser Gedanke ängstigt. Aber Angst zu verdrängen ist schlimmer, als über sie zu sprechen. Wenn du zuläßt, daß du im Letzten und Tiefsten dein Leben nicht in der Hand hast – dann spürst du es: Alles, was du bist, ist Geschenk. Dein Leben ist nicht dein Werk und du bist nicht das Produkt deiner Eltern, sondern du kommst von Gott. Du lebst, weil Gott es will. Du lebst, weil Gott es will – das ist die neue Geburt, die ich meine.

Danach werden sie sich Ruhe zum Nachdenken gegönnt haben. Miteinander schweigen ist oft auch sehr wichtig. Jesus und Nikodemus – der eine will geben, Wege zeigen, erklären – der andere will lernen, begreifen. Sie sind beide guten Willens – doch um sich wirklich zu begegnen, müssen sie sich aufeinander einlassen. Nikodemus war gekommen, weil er sachkundige Antworten haben wollte. Und nun wird sein ganzes Leben, sein tiefstes Inneres durcheinander gebracht. Das ist anstrengend – aber auch wichtig und gut.

Denn auch der Schmerz ist ein Zeichen von Lebendigkeit. Existentielle Infragestellung, das schmerzt, birgt aber die Chance des Neuanfangs in sich.

Die Frage nach Gott ist nicht akademisch, sondern persönlich. Nikodemus beginnt zu begreifen, daß Gott keine theologische Größe ist, sondern mit dem Menschen und dem Leben zu tun hat. Er sammelt sich und fragt weiter: Jesus, sage mir, wie kann man den Geist Gottes definieren, beschreiben, erklären? Wie soll das vor sich gehen, daß man durch Gottes Geist neu geboren wird? – Lieber Nikodemus, warum beim Allerschwierigsten anfangen? Wie soll ich dir und den anderen den Geist Gottes erklären, den man nicht sehen kann, wenn ihr schon Schwierigkeiten habt, das zu verstehen, was ihr seht? Ihr seht, daß ich den Alltag in dieser Welt mit den Augen der Benachteiligten sehe – und es fällt euch schwer, das als richtig zu akzeptieren. Denk nur an die heftigen Diskussionen, nachdem ich mit Zöllnern und Prostituierten zu Tisch saß! Ihr seht, daß ich mich vom Schicksal des einzelnen Menschen bewegen lasse – und ihr redet von Sachzwängen und Strukturen, die sich nicht ändern lassen und daß Menschen dem ausgeliefert sind. Ihr seht, daß ich mich um eine gerechte und barmherzige Gemeinschaft um mich herum bemühe – ihr redet von Gesetzen und Ordnungen, die euer Leben schon immer bestimmt haben und die deswegen ja wohl nicht falsch sein können! Nikodemus, versuche doch, bei dir nochmal zu beginnen, das Leben, den Alltag so zu sehen, wie ich es tue: wach und offen leben, Verantwortung zu übernehmen für das, was in deiner Nähe geschieht, zum Guten zu wenden, was in deiner Macht liegt. Das wichtigste sind doch die Menschen und nicht ihre Leistungen! Wenn du jeden Tag ein wenig das ausprobierst, dann, lieber Nikodemus, wirst du ganz von selbst merken, daß du neu lebst! Neu geboren bist!

Sicher war es schon Morgen, als die beiden sich trennten. Und für Nikodemus hat sich manches erhellt an diesem Morgen. Nikodemus hat gespürt, daß er die Zuschauerrolle aufgeben muß, wenn er Jesus richtig verstehen will. Wer als Zuschauer durch dies Leben geht, wird Gott nicht kennenlernen. Doch wer sich auf das Leben einläßt, das tut, was einem zugetraut wird, sich nicht der Verantwortung entzieht, wer seine Kräfte für das Leben einsetzt – der lebt schon neu (aus Gottes Geist). Das hat Nikodemus in dieser Nacht begriffen. Er muß sich selber verändern und sich auf den Weg machen. Es liegt an ihm – und es liegt an uns, ob wir aus dieser Erkenntnis etwas machen. Amen.

■ **Reicher als zuvor. Predigt (Joh 6,1–15), Luxemburg**
7. Sonntag nach Trinitatis 14. Juli 1991

Liebe Gemeinde, Jesus zieht sich zurück. Er verläßt die, die ihm danken und zujubeln möchten, er kehrt denen den Rücken, die ihn zum König machen wollen. Er vollbringt ein Wunder – und dann geht er. Warum will er nicht zum König gewählt werden? Das Amt des „Verantwortlichen" führt dazu, daß die anderen ihre Verantwortung ablegen – der König soll entscheiden. So kann ein König denkfaul machen. Jesus bleibt unten. Er will nicht herausgehoben werden. Ein König von unten. Und deswegen zieht er sich zurück und läßt das Volk mit sich allein. Sie sollen alleine – das heißt miteinander, aber ohne ihn – die soeben erlebte „Wunder-Erfahrung" verarbeiten. Sie sollen reden, nachdenken, Konsequenzen ziehen. Darin besteht seine Souveränität – er kann die Menschen zu ihrer eigenen Persönlichkeit und Verantwortlichkeit führen.

Was war da für ein Wunder geschehen? In älteren Auslegungen liest man häufig von der „wunderbaren Brotvermehrung". Sicherlich auch deshalb, weil nach dem Essen wesentlich mehr übrig bleibt als vorher da war. Doch Johannes erzählt einen schlichten Vorgang – der allerdings wunderbare Folgen hat: Die Menge hat Hunger. Jesus hat Erbarmen. Man bringt ihm zwei Fische und fünf Brote. Jesus betet und teilt aus. Alle werden satt und es bleibt noch viel übrig. Es geht nicht um Vermehrung. Sondern er sprach das Dankgebet für das, was vorhanden war, und teilte das an alle aus. Und alle wurden satt.

Da sitzen sie nun, die Gesättigten, und reden: Was verwundert uns eigentlich? Was war das Wunder? Daß jeder geteilt hat, was er hatte? Daß jeder nur so viel nahm, wie er wirklich brauchte? Daß jeder nahm, aber nicht zuviel? Dies ist eine Geschichte von der wunderbaren neuen Gerechtigkeit, eine Geschichte vom Reich Gottes, das mit Jesus begann. Sicher hat sie auch symbolhafte Züge. Und doch: Sie ist so einfach: Die, die durch gerechtes Teilen satt geworden sind, sind reicher als zuvor. Die Gemeinschaft ist reicher geworden: 12 Körbe voller Reste. Und: Sie haben das Reich Gottes kennengelernt. Und sie begreifen, daß Jesus kein Brotvermehrer, sondern der Sohn Gottes ist. Nämlich der, der Menschen wirklich verändern kann. Und das ist so wunderbar: für die, die sich verändern und für die, die neu davon leben.

Über tiefen Lebenssinn, Beziehung zu Gott und über die daraus erfolgenden Veränderungen im Leben kann man nur nachdenken, wenn man satt ist. Satt, nicht übersättigt. Das weiß Jesus. Ein brasilianischer Priester hat mal gesagt: Wenn ich einem Hungernden Brot gebe, dann schmeckt er das Evangelium und wird neu leben. Gott und Jesus – sie nehmen diese Leiblichkeit des Menschen immer sehr ernst. Sattsein, Gestärktsein ist Voraussetzung und Bedingung, um neu zu leben (Das hungernde Volk Israel bekommt Manna. Doch sie müssen lernen, es aus Gottes Hand zu nehmen und nicht nach eigenen Maßstäben zu sammeln und zu horten. Nahrung soll stärken – es ist kein Selbstzweck. Das mußte Israel lernen, und bis heute haben wir es noch nicht recht begriffen.). Wer gestärkt ist, erkennt das Leben in seiner Fülle. Wer auf gerechte Weise satt geworden ist, erkennt hinter dem, der zum Leben einlädt, den Anbruch einer neuen Zeit. So hat es die Gemeinde um Johannes erlebt und weitersagen wollen. Die gerecht satt Gewordenen erkennen: Jesus ist das Brot des Lebens.

Und nach der Leibsorge kommt die Seelsorge – nach der Speisung der Menschen die Predigt. Nachzulesen im Kapitel 6 des Johannesevangeliums. Ich bin das Brot des Lebens. Das kann man nur verstehen, wenn der Magen nicht knurrt. Lebensbrot ist beides: für den Leib und für die Seele. Der Glaube macht mehr als satt. Er schenkt Hoffnung – nicht nur für dieses Leben. Er verleiht Kraft – auch für das, was so schwer belastet und hilflos macht. Das Spannende dieses 6. Kapitels ist, für mich, daß diese tiefe geistliche Glaubenserfahrung, daß Jesus das Brot des Lebens ist, gebunden ist an die leibliche Erfahrung des gerechten Satt-werdens. Und so bewahrt uns diese Geschichte davor, leiblichen Hunger nicht ernst zu nehmen.

Als Jesus die Menge der Hungrigen gesehen hatte, hatte er seinen Freund und Jünger gefragt: Woher nehmen wir Nahrung für alle? Die Antwort klingt in meinen Ohren sehr aktuell: „Das kostet, mein Herr, sehr viel Geld" – und das heißt soviel wie: Herr, es ist unmöglich, sie alle zu sättigen. Jesus hält keine Gegenrede, sondern handelt: Setzt euch, gebt, was ihr habt, damit ich es segne – und eßt. Diese Handlung Jesu ist wie eine Vision, die mich wachhält. Wir wissen, daß keiner auf dieser Erde hungern müßte. Es gibt organisatorische und marktwirtschaftliche Begründungen, warum dies Teilen schwierig ist. Wir wissen aber auch: Die wahren Gründe sitzen tief in uns drin. In unseren Herzen, in unserem Festhalten und Mehr-Wollen. Wir wissen und spüren es: Wir brauchen Veränderung. Wir brauchen jemand, der uns auf wunderbare Weise wachrüttelt.

Ich schließe mit dem Wunsch, daß wir dies Wunder erleben. Dies Wunder, das uns verändert. Daß wir irgendwann erleben, daß gerechtes Sattwerden uns reich macht. Daß Sattwerden Stärkung ist, und nicht Lebensinhalt. Wir brauchen diese Wundererfahrungen. Aber: Wir sollten nicht naiv sein und einfach dasitzen und warten, daß es geschieht. Wir sind Christen – wir kennen unseren Herrn und seinen Auftrag. Wir kennen das Evangelium, das befreit und beauftragt. Wir sollten darum beten, daß wir dies Wunder des gerechten Sattwerdens erleben. Wir sollten uns aber auch bewußt sein, daß wir es nicht erleben können, wenn wir festhalten, was anscheinend nur für uns bestimmt ist. Amen.

■ **Selbstbewußt und bescheiden. Predigt (Röm 11,25–32) in der Friedensgemeinde, Berlin-Charlottenburg Israelsonntag 23. August 1992 (Erste Predigt im neuen Pfarramt)**

Liebe Gemeinde, Traurigkeit und Wut liegen oft nah beieinander. Tiefe Trauer bedeutet ja auch Rebellion gegen das Schicksal, Aufbegehren gegen die traurig machende Realität. Ich versuche, ihn mir vorzustellen: den weinenden Jesus, der auf die Sturheit der Menschen in Jerusalem blickt, die seine Botschaft von

Frieden und Gerechtigkeit, vom Neubeginn nicht annehmen wollen, der erkennen muß, daß diese Menschen das wahre Leben nicht erkennen wollen. Er weint um die Stadt, um die Menschen. Jesus, der Jude, der lang ersehnte Messias – er wird nicht als solcher akzeptiert und erkannt/gehört. Er weint. Und nahtlos folgt die Wut: Jesus treibt die Händler aus dem Tempel heraus und liefert seinen Feinden damit einen Grund, gegen ihn vorzugehen. Es wird (in den Evangelien) berichtet, daß viele kamen, um ihm zuzuhören, gerade auch nach dieser Tat, aber die Mächtigen sahen es nur als Anlaß, ihn umzubringen. Die Tränen Jesu über sein jüdisches Volk, über sein Jerusalem, zeigen schon etwas von seiner Einsamkeit, die er am Ende seines Weges aushalten mußte. Er hatte viele und sicher auch gute und treue Männer und Frauen um sich – doch wie viele Situationen beschreibt die Bibel, in denen seine engsten Freunde und Freundinnen ihn nicht verstanden haben. In seiner tiefen Trauer und in seiner Wut, da war er allein.

Einige Jahre später – tritt wieder ein Jude auf, der an seinem Volk fast verzweifelt. Paulus. Ein gläubiger Jude, der erkannt hat, daß dieser Gekreuzigte tatsächlich der Messias war, und der in seinem Leben dann die Erfahrung machte, daß so vieles neu möglich wurde. Er erkennt, daß Gott die Menschen liebt und dadurch befreit. Befreit von dem Druck, alles tun zu müssen, damit man von Gott geliebt wird. Wir sind frei! Frei zum Handeln, frei, denn unsere Zuversicht, unser Vertrauen auf diesen menschgewordenen Gott, das ist entscheidend. Wir sind frei von der Last, Gott gefallen zu müssen. Wir sind frei, um für andere da zu sein, erlöst von dem Druck, das Gesetz zu erfüllen – befreit zum Handeln für Frieden und Gerechtigkeit, zur helfenden Tat für den Nächsten.

Doch nicht alle aus seinem jüdischen Volk – das erwählte Volk! – nehmen diese Botschaft auf. Die Briefe des Paulus sind von großer Freude und Hoffnung, aber auch oft von Verzweiflung geprägt. Und auch Paulus wurde einsam. Obwohl so viele gute Freunde und Freundinnen um ihn waren. Einsam, weil seine alten jüdischen Freunde ihn nicht mehr verstanden – und die neuen christlichen Gemeinden sich Stück für Stück vom Judentum entfernten. Vielleicht so weit, daß sie sich auch innerlich vom Judentum trennten. Das Neue wurde wichtiger – die alten Wurzeln problematisch. Juden hatten es immer schwer, warum sich nicht von ihnen distanzieren? Diese Entwicklungen und Tendenzen müssen für Paulus bitter und schmerzhaft gewesen sein. Und er ringt mit sich, mit den heiligen Schriften, und er sucht nach Erklärungen, warum das von Gott erwählte Volk den Christus nicht anerkennt. Der Römerbrief, besonders die Kapitel 9–11, sind ein Zeugnis für dieses Ringen, für die Suche nach Erklärungen – und ein Bekenntnis zu dem Gott, der für die Menschen letztlich unerforschlich ist. Es sind auch Worte, die den Christen klarmachen, daß Judentum und Christentum zusammengehören und daß der auferstandene Christus der Jude Jesus ist.

Paulus ringt mit sich und mit Gott – im Glauben. Er versucht, sich und den anderen zu erklären, warum sich nicht alle Juden zu Christus bekennen. Er forscht in den Schriften und bekennt vor der römischen Gemeinde: Die Rettung kommt vom Zion, und Gott hat den Juden Heil zugesagt, und was Gott zusagt, das widerruft er nicht. Gottes Zusage an Israel steht, und Israel ist nicht von der Liebe Gottes getrennt. Und das alles gilt – auch wenn sie sich jetzt nicht zu Christus bekennen. Und: Ihre Verfehlungen werden ihnen vergeben werden. Gott ist unerforschlich!

Liebe Gemeinde, was geht in Paulus vor? fragt man sich unwillkürlich, wenn man Abschnitte wie diese liest. Moderne Analytiker würden vielleicht von einer Identitätskrise sprechen. Ich meine aber vor allem konkrete Erfahrungen des Paulus zu erkennen: die eine ist die Entfernung der neuen Christen vom Judentum. Sie etablieren sich als neue Religion, fühlen sich sicher, leben im umfassenden Sinn „in festen Häusern" und nicht mehr in der Aufbruchstimmung des Paulus. Dagegen wettert er mit seinem: Seid nicht so klug! Wir sind noch lange nicht am Ziel! Dagegen hält er seine theologische Erkenntnis, daß ja noch lange nicht das Ziel erreicht ist, denn erst, wenn alle Nicht-Juden den Ruf gehört haben, dann wird ganz Israel sich zu Christus bekennen. Dann ist erst die Erlösung – das Reich Gottes – da.

Das andere ist eine Glaubenserfahrung: Der Zeitplan Gottes entzieht sich völlig unserer menschlichen Kenntnis – dies zu akzeptieren ist ein Teil unseres Glaubens. Paulus predigt/schreibt hier gegen die fatale Sicherheit – „wir sind im richtigen Boot, uns kann nichts mehr passieren". Die Heilsgeschichte ist noch nicht abgeschlossen, sondern im Vollzug. Den genauen Verlauf zu kennen, das steht uns nicht zu. Wir haben nicht den Überblick, würde man in heutiger Sprache etwas locker sagen. Insofern ermahnt uns auch dieser Abschnitt, behutsam mit anderen Kulturen und Religionen umzugehen. Wissen wir, welche Rolle sie haben? An den konkreten Taten der Nächstenliebe, am Einsatz für Gerechtigkeit und Frieden, von denen die Propheten immer wieder mahnen, daran sollte man uns Christen erkennen, nicht am Anspruch, die wahre und allein richtige Religion zu sein. Das heißt nicht, daß wir unkritisch oder naiv sein sollen. Alle Religionen hatten und haben sehr problematische Entwicklungen – Christentum eingeschlossen. Die gilt es zu kritisieren. Kritik muß aber differenziert sein.

Die Rede des Paulus ist kritisch. Kritisch gegenüber einer Gemeinde, die zu selbstsicher ist. Dennoch empfinde ich die Kritik als konstruktiv. Denn er ermutigt letztlich, sich zu Christus zu bekennen, ohne andere, die das nicht können und wollen, zu diffamieren und schlecht zu machen oder minderwertig anzusehen. Er ermutigt zu einem neuen christlichen Selbstbewußtsein, das aber nicht überheblich oder arrogant ist. An unseren Früchten, an unserem Handeln soll man uns erkennen, nicht an Besserwisserei. Er ermutigt zu handeln in Jesu Nachfolge und dabei bescheiden zu bleiben. Er ermutigt auch, sich zu engagieren, auch wenn der Erfolg nicht absehbar ist. Mit diesem Text kann man erahnen, wie Paulus gerungen hat und schließlich im Glauben und in den Aussagen der Hebräischen Bibel eine Antwort fand. Sein Ziel war es, Heiden und Juden zu bekehren – und er muß akzeptieren, daß er das nicht schafft. Aber er erkennt: Gottes Weitsicht ist größer. Und im Vertrauen auf die Zusage Gottes kann er und alle Christen tun, was ihm und ihnen möglich ist. Und so höre ich aus diesem Text die Ermutigung, zu handeln, zu tun, was not-wendig ist, in der Nachfolge Jesu. In dieser Welt Frieden und Gerechtigkeit, Nächstenliebe und Gottvertrauen zu verbreiten. Selbstbewußt, denn wir haben einen Auftrag, aber nicht überheblich – denn wir sind nur ein Teil eines großen von Gott gewollten Zusammenhangs.

Der weinende Jesus vor Jerusalem und der aggressive Jesus im Tempel – hier spürt man seine persönliche Tiefe und sein Selbstbewußtsein – und dann der nachdenkliche und ringende Paulus, der seinen Weg immer wieder an seinen eigenen jüdischen Wurzeln mißt und überprüft. Das bleibt ein tiefer Eindruck aus den Texten des heutigen Sonntags. Vielleicht müssen wir mehr miteinander weinen/trauern über diese Welt, und darüber, was Menschen sich antun, dann finden wir die Kräfte und die Wege, mit innerer Stärke und Selbstbewußtsein zu handeln – wie Jesus es tat. Selbstbewußt, aber nicht überheblich. An diesem Selbstbewußtsein müssen wir arbeiten – heute vielleicht mehr als je. Selbstbewußt können wir sein, getragen von innerer Kraft und Stärke. Und getragen von dem Vertrauen auf den Gott, der letztlich unerforschlich ist, und den wir nicht in unserer Hand haben, sondern der uns in der Hand hält.

■ **Der Luxus der Maria. Predigt (Lk 10,38–42) in der Friedensgemeinde, Estomihi 21. Februar 1993**

Liebe Gemeinde, Bethanien ist ein kleines Dorf in der Nähe von Jerusalem. Ein Ort, in dem sich Freunde und Freundinnen von Jesus sammeln – sozusagen vor den Toren der Tempelstadt. Ein Treffpunkt für sie war das Haus der Martha. Eine für ihre Zeit außergewöhnliche Frau. Sie war nicht verheiratet und recht wohlhabend. Sie lebt selbstbewußt und verwaltet ihren Grund und Boden, lebenstüchtig – emanzipiert würde man sie mit heutigen Worten wohl nennen. Sie hält die Fäden in der Hand, sie hat das Leben im Griff. Und es gehörte auch schon Energie und Überzeugung dazu, den Anhängern dieser Jesus-Bewegung Raum und Dach zu geben.

Es sieht so aus, als habe ihre Schwester, Maria, neben dieser starken Frau im Schatten gestanden. Aber der erste Blick trügt. Auch sie ist nicht verheiratet und hat ihren eigenen Weg gewählt. Sie hat sich entschieden, die Dinge und Gedanken des Glaubens zu studieren. Sie will diesen Dingen auf den

Grund gehen und geht so auch einen außergewöhnlichen Weg. Denn so ein Lernen war den Männern vorbehalten. Eigentlich wurde es nur ihnen zugestanden, sich den geistigen und geistlichen Themen zu widmen. Ein Frauenhaushalt, in dem neue Wege ausprobiert wurden – aber in dem es durchaus nicht harmonisch zuging. Und die Spannungen waren offensichtlich so deutlich und wichtig, daß Lukas darüber in seinem Evangelium berichtet.

Eine kurze Geschichte – voller Spannung und Zündstoff: Der Konflikt zwischen Maria und Marta ist deutlich zu spüren: Beide Frauen haben sich von dem üblichen Frauenbild gelöst – Maria reiht sich in die Männer-Reihe der Rabbi-Schüler ein. Sie will hören und lernen und dann mal selber ihren Weg als Jüngerin gehen. Diese Entscheidung löst Unmut aus. Sie will inhaltlich, theologisch das Neue verstehen. Martha hat sich auch für das Neue entschieden. Sie hat ihr Haus geöffnet, ihre Kraft und ihre praktischen Fähigkeiten – sicher auch ihr Vermögen – zur Verfügung gestellt. Bei Martha haben schon viele Rat und Hilfe gefunden. Sie setzt ihren Verstand und ihre Tatkraft ein, damit Jesus und seine Anhänger Raum und Zeit finden, sich zu sammeln, damit der äußere Rahmen gegeben ist. Sie ist – auch später – der Inbegriff der tätigen Christin geworden. Und trotz dieser anerkannten Rolle, die sie, Martha, sicherlich hatte, kann sie es nicht ertragen, daß Maria sich nun auch ihren eigenen Weg gesucht hat.

Ich habe diese Geschichte schon oft gelesen und mit vielen Menschen – Frauen und Männern – darüber diskutiert. Es berührt mich immer wieder, wieso die Martha so verletzt reagiert und wünscht, daß Maria zurechtgewiesen wird. Es gehört zur Auslegungsgeschichte dieses Bibelabschnittes, daß Martha ihre Schwester Maria in die Küche zurückholen will, weil dies der eigentliche Arbeitsplatz der Frau sei. Doch der Konflikt liegt m.E. tiefer. Martha ist für andere da. Maria holt sich etwas, was sie haben möchte und braucht. Sie hört Jesus zu. Sie gönnt sich den Luxus, nichts Praktisches und nichts für andere zu tun, sondern zu hören, nachzudenken und sicher dann auch mitzureden. Maria ist ganz in Jesu Nähe, zu seinen Füßen. Martha ärgert sich darüber. Und ich glaube nicht nur, weil sie (vielleicht) neidisch ist. Sondern vor allem auch, weil es an ihre Substanz, ihr Selbstwertgefühl geht. Sie hat ein Haus der praktischen Nächstenliebe geführt. Sie dient diesem Jesus, indem sie die Rahmenbedingungen erfüllt, damit er sich wohlfühlt. Das ist – so empfindet sie es – ihre Rolle als Frau in Jesu Umkreis. Das ist ihr Selbstverständnis als Frau. Und darin will sie von Jesus bestätigt werden: Jesus, meine Schwester entzieht sich ihrer Pflicht. Sage du ihr, daß sie mir helfen soll!

Die Antwort Jesu ist deutlich und klar: Martha – du tust viel und Gutes. Du nimmst die Sorgen der anderen wahr. Du kümmerst dich mit deiner ganzen Kraft um die, die um dich sind – das ist gut und wichtig. Maria hat sich anders entschieden. Sie wendet sich nach innen. Sie sucht ihren Weg, und der wird anders sein als deiner. Sie hat sich gut und richtig entschieden. Das, was sie für sich tut und findet, soll ihr nicht genommen werden. So weit Jesu Antwort.

Die Antwort ist klar und deutlich – mit aller Bestimmtheit werden beide Frauen gelobt, dennoch empfindet man eine leichte Kritik an Martha. Jesus setzt damit einen neuen Streit in Gang. Es wird hoch hergegangen sein, als er das Haus der Martha und Maria verlassen hatte und Frauen und Männer sich über die Konsequenzen dieser Antwort Gedanken machten. Verblüffung, Verunsicherung, Erstaunen. Klar ist wohl allen Beteiligten gewesen, daß Marias Entscheidung gebilligt worden war. Mit anderen Worten: Wenn eine Frau sich entscheidet, Jüngerin zu werden, Glaubensdinge lernen will, so ist das gut und richtig. Dieser Teil der Arbeit in einer Gemeinde ist kein Privileg der Männer.

So eine Neu-Orientierung bringt Irritationen mit sich. Da gerät etwas ins Wanken. Und damit können wir Menschen oft schwer umgehen. Daß diese kurze Episode von Lukas im Evangelium aufgenommen wurde, ist ein deutliches Zeichen dafür, daß die Tatsache, daß Frauen in der Gemeinde traditionelle Männerrollen übernahmen, nicht ohne Konflikte verlief. Auch Konflikte zwischen Frauen! Sie konnten sich dabei auf Jesus berufen, der Frauen und Männer nicht in spezifische Rollen drängte – aber der Widerstand dazu kam auch aus den eigenen Reihen. Es wird in den ersten Gemeinden so manche Marthas gegeben haben, die ihre Glaubensschwestern auf das tätige Christentum festlegen wollten – und so manche Marias, die sich dazu nicht berufen fühlten und beharrlich bei ihrer Entscheidung blieben, Predigerinnen, Theologinnen, Gemeindeleiterinnen zu sein.

Und es geht auch noch um einen anderen Streitpunkt: Der Konflikt zwischen uns Christen, ob Taten und Aktionen in christlicher Nächstenliebe wichtiger sind als Besinnung, Theologie und Hören, ist uralt. Das belegt diese Perikope. Und dieser Streit verrät auch, daß Christen nicht frei von Ehrgeiz und Konkurrenzgefühlen sind. Maria und Martha streiten sich und konkurrieren miteinander. Der Streit ist offen und ehrlich beschrieben und wird auch nicht wirklich geschlichtet. Aber soweit wir die Spuren beider Frauen verfolgen können, sind beide ihren Weg gegangen, ohne miteinander zu brechen. Wichtig ist wohl – und das höre ich aus der Antwort Jesu –, daß der Streit nicht zerstört, sondern sich positiv auswirkt. Positiv in dem Sinne, daß jeder und jede seinen und ihren Weg und Bestimmung findet. Daß wir uns ermutigen, das zu tun, was wir können und wollen – und uns nicht abhängig machen von Rollenfestlegungen. Und daß wir uns auch von Wertvorstellungen lösen: Geistige Arbeit ist besser als tätige oder umgekehrt.

Wenn ich diese Konkurrenz- und Rivalitätsgeschichte wieder einordne in das Lukas-Evangelium, in das Neue Testament, wird ja schon deutlich, daß Jesus viele Dinge neu und anders getan und gesagt hat. Aber doch nicht aus dem Prinzip heraus, nun soll alles anders sein, sondern damit Kräfte freigesetzt werden, das Reich Gottes weiter zu bauen. Ziel ist nicht die Verwirrung, son-

dern neue Möglichkeiten zu leben. Der Streit hat etwas geklärt: für Maria und
für Martha und für die anderen, die in Marthas Haus zugegen waren. Doch
diese Klärung ist verdrängt worden – denn Marias waren lange in den christlichen Kirchen nicht erwünscht. Und insofern – denke ich – sollten wir uns
immer wieder den Luxus der Maria leisten, genau zu hören, zu lesen und zu
reden, (vielleicht) auch kontrovers, damit die (vielen) klaren Worte Jesu nicht
verdrängt werden.

Gebet: Gott, wir beten zu dir und bitten dich: Stärke unseren Glauben und
unsere Geduld, damit wir bei allen Unterschieden die Hoffnung und das Ziel
nicht aus den Augen verlieren. Gib uns den Mut, offen und ehrlich zu sein:
unsere Kränkungen zu nennen, wie Martha es tut, und unsere Wege zu
gehen, auch wenn wir auf Widerstände stoßen, wie Maria es tut. Und führe
du uns immer wieder zurück zu der Erkenntnis und zu dem Vertrauen, daß
es viele Wege der Nachfolge gibt. Und wenn wir streiten, Gott, so bleibe bei
uns, daß wir uns nicht unnötig verletzen, sondern an Erkenntnis gewinnen
und neue Wege wagen. Gott, vor dich bringen wir unsere Sorgen und Gedanken: Wir denken vor dir an die vielen Flüchtlinge in dieser Welt und bitten
dich um Weisung für sie und für uns. Wir denken vor dir an die Trauernden,
die uns nahe stehen. Wir bitten dich um Trost und Kraft für sie und gute und
richtige Worte und Gesten für uns. Wir denken vor dir an so vieles und so
viele und tun dies nun ein jeder in der Stille…

- **Von der Jüngerin zur Verkündigerin. Predigt (Joh 20,11–19)
im Familiengottesdienst, Friedensgemeinde, Ostern 16. April 1995**

Liebe Gemeinde, Jesus hatte auf Maria gewartet. Er, der den Tod erlitten hatte,
weiß auch, was seine Freunde/innen mitgemacht haben. Er weiß, wie verwundet, verunsichert und traurig sie sind. Die Traurigste, seine engste Jüngerin, will er zuerst trösten. Auf dem Friedhof wartet der Auferstandene auf
Maria Magdalena. Maria erkennt ihn zuerst nicht. Sie ist mit sich selbst noch
nicht klar. Sie kreist um ihr eigenes – nun anscheinend doch wieder hoffnungs-
loses – Leben. Sie trauert. Sie erkennt ihn erst, als Jesus sich zu ihr, der Trauernden, bekennt. Jesus sucht den Weg zu ihr. Er knüpft an ihre gemeinsame
Geschichte an: Maria! Mit dieser Namensnennung ist alles wieder präsent.

Wie gerne möchte man schönes, erfülltes Leben festhalten, einbalsamieren,
sich daran festklammern. Doch diese Begegnung am Ostermorgen ist nicht
rückwärtsgewandt – sondern offen für Zukunft. Jesus knüpft an die gemeinsame Beziehung an. Und doch gibt's zwei einschneidende, vielleicht auch
schmerzliche Oster-Erkenntnisse für Maria – für uns: Es geht nicht alles so
weiter, wie Maria es sich zu irdischen Zeiten Jesu erträumt hatte. Die Auferstehung Jesu gibt dem Leben der Trauernden eine neue Qualität. Doch

Ostern heißt auch: Weint nicht einem verlorenen Traum nach! Die Realität ist die Noch-nicht-Erlösung der Welt. Dahinein gehört ihr, aber wissend, daß nichts – auch kein Leid, kein Tod, euch von Gott (und mir) trennen kann.

Martin Luther soll mal gesagt haben: Christ ist erstanden. Man muß arbeiten. Mit Ostern beginnt alles – und wann es wirklich vollendet ist, liegt nicht in unserer Hand. Unser Boden, aus dem wir leben, ist Ostern von Grund auf neu geworden: Gott ist stärker als der Tod. Geblieben ist die „Arbeit": Gottes Liebe zu den Menschen zu bringen: durch Worte und Taten der Liebe und der Gerechtigkeit.

Die zweite Ostererkenntnis für Maria – für uns: Maria möchte Jesus umarmen, sich anlehnen, sich sicher, geborgen, geschützt wissen. Jesu Ruf: Rühr' mich nicht an! ist nicht barsche Ablehnung, sondern ist die Berufung zur selbständigen Apostelin. Maria ist nicht mehr Jüngerin, nicht mehr eine Frau, die in Bezug auf Jesus lebt, sie wird selbständig, von der Jüngerin zur Verkündigerin: Sie wird beauftragt von Jesus: Geh, und sage den anderen, was du gesehen hast! Sie ist die erste, die vom Auferstandenen beauftragt/berufen wird. Ab jetzt wird sie eigenverantwortlich verkündigen. Von der Jüngerin zur Verkündigerin – eine gute, schöne Veränderung, aber eben doch auch der kleine Schmerz, sich nicht mehr in den Jüngerkreis zurückziehen, bei Jesus Schutz suchen zu können. Nun soll sie selber Verkündigerin sein, und nicht mehr zum Verkündiger rufen.

Und wir? Verantwortung tragen ist schön, tut gut und macht Freude. Aber es gibt auch die Schattenseiten. Das gilt für Maria Magdalena. Und es gilt wohl auch für uns, wenn wir an Ostern wieder neu von dem auferstandenen Christus berufen werden, seine Botschaft in der Welt zu verkündigen. Maria Magdalena hat ihren Traum vom Leben mit Jesus loslassen, hergeben müssen – und hat neues Leben ohne ihn, aber eben auch doch mit ihm, gewonnen. Sie durfte ihn nicht mehr umarmen – und doch ist Er ihr ganz nah. Und daran hat sich seit jenem ersten Ostermorgen nichts verändert. Wir dürfen ihn nicht umarmen – aber Er ist ganz nah. Darum feiern wir Ostern, fröhlich und zuversichtlich. Amen.

■ **Liebeserklärung Gottes. Predigt (Röm 1,16.17, Rechtfertigung aus Glauben), Friedensgemeinde, 3. Sonntag nach Epiphanias 25. Januar 2004**

Liebe Gemeinde – den Predigttext haben wir schon als Lesung in der Übersetzung von Martin Luther gehört. Es ist ein Text, der Theologiegeschichte gemacht hat! Ich lese ihn jetzt noch einmal in meiner sprachlichen Übertragung:

Ich schäme mich des Evangeliums nicht. Denn in Jesus Christus ist Gottes Kraft sichtbar und offenbar geworden.

Kraft, die alle rettet, die an ihn glauben. Zuerst offenbarte sich Gott den Juden in der Tora, die Leben möglich macht, dann den anderen Völkern, in Jesus Christus, der wahrhaftig lebt.

Im Evangelium offenbart Gott seine Gerechtigkeit, seine rettende Treue. Es kommt auf den vertrauenden Glauben an. Wie es schon in den Schriften der Propheten steht: Wer glaubt, wird leben.

Liebe Gemeinde, Gott übergibt uns ein Geschenk in Jesus Christus. Das Geschenk heißt – theologisch gesprochen: Gottes Gerechtigkeit. Paulus hat es gut gemeint, dieses Geschenk Gottes, diese Liebeserklärung Gottes theologisch aufzuarbeiten (Der ganze Römerbrief ist davon erfüllt!). Er hat es gut gemeint und war auch schier begeistert von dieser Entdeckung. Diese Begeisterung hat im 16. Jahrhundert den jungen Luther ergriffen. Das ist's: Gerecht aus Glauben! Es war eine Befreiung aus der kirchlichen Gesetzlichkeit seiner Zeit. Diese sagte: Der Mensch ist von Grund auf schlecht und muss sich plagen, um Gnade vor Gott zu bekommen.

Martin Luther hat sozusagen dieses Geschenk, diese Gerechtigkeit ausgepackt. Sie war fest verschnürt mit den Drohungen und angstmachenden Bildern, die von den Kanzeln gepredigt wurden (Und wenn Sie/Ihr den Luther-Film gesehen haben/habt, dann wissen Sie, was ich mit den Drohpredigten meine, die sind ja sehr anschaulich!!). Von den Kanzeln kommen heute vielleicht nicht mehr diese Drohungen. Aber leben wir freier, unbefangener als damals? Es ist eine andere Zeit, aber unsere Befindlichkeit ist ähnlich: Wir sind uns Gottes Liebe nicht immer gewiss. Wir zweifeln manchmal, ob Gott uns liebt. Und es gibt auch dies: Wir sind unsicher, ob wir von Gott angenommen sind.

Und dann konzentrieren wir uns auf dieses Leben. Packen es voll mit Plänen, arbeiten viel, um etwas zu schaffen, was bleibenden Wert hat; stecken uns Ziele, die wir – auch unter Opfern – erreichen wollen. Und geraten in einen Sog von Stimmen: Reiß dich zusammen – du schaffst das! Sei mobil – Erfolg kostet was! Sieh nicht zurück – nur wer nach vorn sieht, kommt voran! Gib dich zufrieden – alles klappt nicht. Es geht nicht immer alles glatt im Leben – mit Brüchen musst du fertig werden. Und die Fragen werden bohrend: Werde ich etwas Wichtiges verpassen? Schaffe ich alles, was wichtig ist? Reicht meine ständig schwindende Lebenszeit aus, um mich zu verwirklichen?

Gott hält diesen Sog an: Ich richte dich auf, weil du du bist. Ich richte dich auf, damit du leben kannst und nicht durch das Leben gejagt wirst. Das ist das Geschenk. Ein Stop-Schild als Geschenk: Stop! Du bist wichtig. Dies ist dein Leben. Was du schaffst, ist gut. Was du nicht schaffst, musst du nicht schaffen. Du kannst heil werden, wenn du mir – Gott – vertraust. Ich bin stärker. Schau auf Christus, den Auferstandenen. Gott schenkt uns seine aufrichtende Liebe.

Geschenke kann man annehmen oder liegen lassen. Wenn wir dieses Geschenk annehmen, so erzählt es die Bibel mit ganz vielen Lebensgeschichten, dann glauben wir – und das hat Auswirkungen auf unser Leben, auf unsere Existenz. Wenn ich mich von Gott angenommen und aufgerichtet, frei-gesprochen weiß – dann eröffnet mir dieser Glaube Herz und Sinne für das, was unser Leben trägt und hält, für das, was wichtig ist: unsere Beziehung zu Gott und unsere Beziehung untereinander, die Gemeinschaft.

Es gibt plötzlich andere Prioritäten. Das Geschenk der Gerechtigkeit Gottes, der aufrichtenden Liebe, ist die Befreiung von dem „Ich muss alles selber schaffen", aber auch die Korrektur von „Ich bin mir selbst der/die Nächste". Unser Glaube an Gott befreit uns aus dem Sog, unserem Leben einen Sinn geben zu müssen, denn unser Leben hat einen Sinn in Gott. Dieser Sinn ist ganz und gar unabhängig von allen Maßstäben, die die Welt setzt: Schönheit, Gesund-Sein, Erfolg-Haben, Stark-Sein.

Und dann setzt uns unser Glaube auf die Spur, auf den Weg, unser Leben mit anderen zu gestalten: Nächstenliebe, Frieden, Gerechtigkeit im kleinen persönlichen Umkreis Gestalt zu geben und in unserem gesellschaftlichen Engagement im Großen mitzubedenken. Das Erlebnis, von Gott aufgerichtet zu werden, ist eine Befreiung und ein „Auf-den-Weg-Kommen". Deswegen sagen wir oft: Der Glaube verändert uns. Die Kostbarkeit des Lebens wird uns bewusst und auch: Dieses kleine kostbare Leben ist geborgen in Gottes Ewigkeit. Es ist kostbar, aber nicht alles! Wo so vieles in unserem Leben gebrochen ist, ist dennoch Leben möglich – weil das Zerbrochene und Bruchstückhafte bei Gott zu Recht kommt.

So heilt Gottes Gerechtigkeit uns schon jetzt. Versöhnt uns mit dem Leben, das wir nicht immer verstehen, stiftet Versöhnung unter uns, und da, wo uns Versöhnung nicht gelingt, stiftet Gott einen Neuanfang jenseits von dem, was war. Neubeginn, ohne das Alte zu vergessen, aber doch neu beginnen. Versöhnung mit uns selbst. Wenn wir nicht so sind, wie wir gerne wären. Versöhnung mit den Begrenzungen im Leben, mit Krankheit und Sterben, mit unerfüllten Träumen. Jesus Christus hatte einen gebrochenen Lebensweg, keinen erfüllten – aus menschlicher Sicht. Seine Auferstehung gibt bis heute dem Leben Sinn in aller Gebrochenheit. In Gott hat das Leben Sinn. In Gott kommt zu Recht, was aus menschlicher Sicht gebrochen ist. Dafür ist Christus auferstanden, dass wir glauben können, dass Gott zu Recht bringt, was in diesem Leben verletzt und unerfüllt ist.

So versöhnt uns unser Glaube mit dem Leben. Nicht in dem Sinn, dass wir alles hinnehmen – sondern versöhnt uns in dem Sinn, dass wir nicht alles erreichen müssen, nicht alles schaffen müssen. Nicht uns selbst einen Sinn geben müssen. Ihr seid frei, denn ich, euer Gott, habe euch frei und gerecht gesprochen. Wer so glaubt, wird leben.

Dieser Glaube lebt. Und das heißt auch, er ist nicht statisch und nie fertig. Es ist kein Ordner, der im Regal steht, und den wir bei Gelegenheit rausholen. Glaube gehört ganz und gar zu uns, ist ein Teil von uns. Unser Glaube, unser Vertrauen zu Gott, kann nur leben und wachsen, wenn wir uns dafür Raum und Zeit geben und lassen: Gespräch und Hören, Suchen und Finden, Singen und Beten und in der Gemeinschaft das Leben vor Gott feiern. Und: im Teilen von Brot und Wein in Jesu Namen.

Im Abendmahl wird elementar spürbar und schmeckbar, was unser Verstand manchmal schwerer annimmt: Unser Hunger nach Leben wird gesättigt, unser Durst gestillt und unsere erschöpften Seelen gestärkt und getröstet. Das ist viel mehr als alle Worte. Wir feiern, was sein wird: Frieden, Gerechtigkeit, Gottes Reich. Wir feiern aber auch, was jetzt schon ist: Gott ist mitten unter uns. Richtet uns auf, stärkt uns den Rücken und versöhnt uns mit dem Leben. Wer glaubt, wird leben. Lasst uns diese Versöhnung schmecken – der Tisch ist für uns gedeckt. Amen.

- **Mutig glauben und mutig zweifeln. Predigt (Joh 20,19–29), Friedensgemeinde, Quasimodogeniti 19. April 2009**

Liebe Gemeinde! Mit Ostern, mit der Auferstehung, beginnt ein neues Leben. Auch: ein neues Leben der Gemeinde, die sich um Jesus von Nazareth geschart hatte. Davon erzählt der letzte Abschnitt des Johannes-Evangeliums – sozusagen der Schlussakkord seines Evangeliums.

Die Jünger glauben, weil sie den Auferstandenen sehen und ihn an seinen Wundmalen erkennen. Doch: Ist das – auch für uns – ein „Beweis", der alle Zweifel beseitigt? Glaube und Zweifel bedingen einander wie Ein- und Ausatmen: Sie gehören zusammen. Zu diesem Wort von Hermann Hesse kann man noch weitere hinzufügen. Glaube und Zweifel – auch: Glaube und Skepsis – sind Geschwister. Das ist es, was in der Gemeinde wichtig ist: Glauben und Zweifel Raum zu geben und den Blick auf Christus nicht verlieren. Unter dieser Überschrift möchte ich mit Ihnen das heutige Evangelium betrachten.

Von zwei aufeinander folgenden Sonntagen wird erzählt. Eine wunderbare Erzählkomposition, die erkennen lässt: Sonntag für Sonntag treffen sie sich, die Jünger und Jüngerinnen, und sie erleben – sozusagen als Eröffnung des wöchentlichen Gottesdienstes – drei Dinge: Der Auferstandene dringt zu ihnen durch. Die Türen sind verschlossen. Die Gemeinde ist abseits, in sich gekehrt, mit sich befasst, unsicher, ob das, was sie glauben, auch stimmt, so versammelt sich die kleine verschreckte Schar – und der Auferstandene kommt dazu, nimmt sie an, so wie sie sind, und grüßt sie mit dem altvertrauten Gruß: Schalom. Friede sei mit euch. Das ist wie Ausatmen nach erschrockenem Luftanhalten. Und danach zeigt er seine Wundmale. Der

Auferstandene ist der Verwundete. Christus ist gezeichnet vom Leiden. Die Macht des Todes ist gebrochen, aber der Tod schmerzt. Die Macht derer, die Leid zufügen, ist gebrochen, aber Folter und Demütigung schmerzen. Christus – unsere Mitte ist der Verwundete, der auferstanden ist. Diese Botschaft setzt Lebensenergie frei und österliche Freude.

Wie lebt dieser Glaube? Thomas möchte das, was alle anderen hatten. Auch er will die Wundmale sehen – nur dann meint er auch an den Auferstandenen glauben zu können. Sehr nüchtern und ganz selbstverständlich wird davon berichtet. Thomas möchte – wie alle anderen auch – sehen, be-greifen, dass Jesus auferstanden ist. Am nächsten Sonntag: Der Auferstandene dringt wieder durch zu der verschreckten Schar, spricht den Friedensgruß und zeigt Thomas seine Wundmale. Die Initiative liegt bei Christus. Er macht sich auf den Weg. Er zeigt sich. Er spricht den Gruß. Christus ist Herr der Situation. Herr der Gemeinde. Er wendet sich den Erschrockenen und Zweifelnden zu.

Liebe Gemeinde: Was haben die Jünger und Jüngerinnen uns voraus? Die Begegnungen waren flüchtig und nicht herstellbar. Die Begegnungsgeschichten mit dem Auferstandenen waren – und sind! – keine Beweise, mit denen Menschen überzeugt werden. Überzeugt hat die Treue der Christen und Christinnen zu ihrem Herrn. Überzeugt hat, dass sie weiter in seinem Sinn gelebt haben. Dass sie unerschrocken leben, weil sie den Tod nicht fürchten, dass sie die Welt und das Leben nicht aufgeben, weil sie Gottes Zukunft trauen, dass sie immer wieder zweifeln und ihren verwundeten und auferstandenen Herrn suchen und finden. Der Glaube an Christus lebt, weil Menschen sich im Glauben an ihn dem Leben aussetzen.

Weil du mich gesehen hast, Thomas, glaubst du. Selig sind, die nicht sehen und doch glauben. Thomas wird nicht vorgeführt – denn alle Jünger glauben, weil sie gesehen haben. Jesus sagt der ganzen Gemeinde (uns): Glaube, Nachfolge hängt nicht am Sehen, sondern Glaube ist nur zu er-leben, im Leben zu finden. Christus der Auferstandene, Verwundete, Gezeichnete lebt in und als seine Gemeinde. Es geht nicht darum, den Auferstandenen zu sehen – sondern als Christi Gemeinde zu leben. Glaube ist eine ganzheitliche Erfahrung und nicht auf Sehen und Fassen beschränkt.

In dieser Spannung leben wir als Glaubende: die Sehnsucht, den Auferstandenen zu sehen, „Beweise" für alles, was wir beten, singen, aus der Bibel hören und die Erfahrung, dass im gemeinsamen Beten, Hören, Ringen, Zweifeln, Glauben unser Glaube stark ist und lebt. Glaube ist kein Besitz – sondern Erfahrung, Erlebnis. Der Zweifel bewahrt uns vor falscher Sicherheit, der Zweifel lässt uns – wie die ersten Jünger – immer wieder fragen: Wo ist Christus der Auferstandene, der Verwundete? Der Blick auf den Verwundeten, den Auferstandenen macht uns stark für das Leben – weil wir den Tod nicht fürchten müssen, macht uns stark, verwundet zu leben – denn jede/jeder von uns trägt Spuren von Leid und Enttäuschung, von Krankheit und Tod.

Christus der Auferstandene ist der Verwundete. Es sind die Wunden des unverschuldeten Leides, die uns in die tiefsten Zweifel stürzen. Christus, der Auferstandene, beantwortet nicht die Frage, warum soviel gelitten, geweint, ertragen werden muss. Er zeigt seine Wundmale – und spricht: Glaubt und lebt – der Schmerz ist nicht das Letzte – Zweifeln und Glauben ist das Ringen um Zuversicht. Und die Zuversicht bleibt, wenn wir sie miteinander teilen.

Johannes ermutigt zum Glauben und zum Zweifeln. Denn der Zweifel bewahrt uns vor blindem Glauben. Und der Glaube bewahrt uns vor Ver-Zweiflung. Glaubende und Zweifelnde sind Gemeinde Jesu Christi. Glaubende und Zweifelnde sind wir alle. Aber wir sind nicht allein. Thomas wird nicht vorgeführt. Jesus nimmt ihn ernst – und sagt allen: Es geht um Leben – nicht um Sehen. Traut euch zu glauben – und ihr werdet das Leben schauen.

Liebe Gemeinde – der für mich ganz entscheidende Punkt unseres Glaubens ist: dass wir nicht alleine sind. In aller Einsamkeit des Zweifels und der Verzweiflung weiß ich, dass andere glauben, was ich nicht glauben kann. Genau diese Realität spiegelt die Beschreibung der Gemeinde im 20. Kap. des Johannes-Evangeliums wider. Quasimodogeniti heißt dieser Sonntag: Wie die neugeborenen Kinder. Im Glauben sind wir Kinder Gottes. Das ist ein Bild für christliche Existenz. Kinder staunen über das Leben, sie sind neugierig auf alles und skeptisch, wenn Antworten ihnen nicht einleuchten. Kinder wissen, dass sie angewiesen sind, dass sie Grenzen haben, und sie trauen der Zukunft. Und: Kinder Gottes sind nicht naiv, sondern erwachsen, nüchtern, skeptisch und im Glauben geerdet.

Der Glaube versetzt Berge, der Zweifel erklettert sie. Die Anstrengung des Zweifels ist genauso viel wert wie die Klarheit des Glaubens. Beides gehört zu uns. Dieses Selbst-Bewußtsein macht uns frei, auf den zu sehen, durch den nichts in diesem Leben mehr umsonst, vergeblich ist: Jesus Christus, der Verwundete, der Auferstandene. Mutig glaubend und mutig zweifelnd – aufrichtig und aufrecht, das ist: österlich leben. Dazu segne uns Gott. Amen.

Weitere (spätere) Predigten nach Kirchenjahr

- **Loben gegen den Trend (Lk 1,67–79). Gemeinde Dreieinigkeit Neukölln 1. Advent 2. Dezember 2012**

Neun Monate lang war er still. Schweigen, weil es ihm die Sprache verschlagen hatte. Verstummt. In neun langen Monaten wandelte sich erstauntes, erschrecktes „Das gibt's doch nicht!" in neuen Glauben und Wieder-Entdeckung. Verstehen der Verheißung zu jubelndem Lob. Neun Monate lang war Zacharias stumm, denn er konnte nicht reden. Am Tag der Beschneidung seines Sohnes, am 8. Tag nach der Geburt, jubelt er und preist Gott und lobt Gott in höchsten Tönen.

Liebe Gemeinde, die adventlichen Texte legen sich zwischen die Zeiten: Die prophetische Verheißung des Jeremia: Es wird die Zeit kommen, da wird Gerechtigkeit sein, weil ein neuer König herrschen wird, ist verheißungsvoll – und der Einzug Jesu in Jerusalem präzisiert die Verheißung: Der König kommt auf einem Esel geritten. Und dazwischen – Zacharias und Elisabeth. Ein – wie Lukas schreibt – altes Paar, das die Hoffnung auf Kinder aufgegeben hatte. Und als die Ankündigung kam an Zacharias: Du sollst Vater werden – da verschlug es ihm die Sprache. In dem neunmonatigen Rückzug aus dem Reden in der Welt hat er die Botschaft des Engels verstanden und die Verheißung (des Jeremia), die er seit Kindesbeinen kannte, neu entdeckt und neu verstanden. Und als sein Sohn beschnitten wird, löst sich seine Zunge – und er singt laut, froh, überzeugt und öffentlich: der Lobgesang des Zacharias.

Ein wunderbares Lied. Man sieht Zacharias sich mit seinem Kind bewegen, tanzen. Zacharias entfaltet in seinem Lob die Gnade und die Liebe Gottes zu seinem Volk. Lassen Sie uns den Worten nachsinnen, die Worte nachklingen: Gott hat sein Volk besucht und erlöst – und wahr gemacht, wovon die Propheten sprachen. Gott hat seinen Bund, den er mit Abraham geschlossen hat, gehalten. Aus dem Haus Davids richtet er neu seine Macht aus. Zacharias – der Vater des Johannes – der den Weg für Jesus bereiten wird, dieser Zacharias ist die jubelnde, lobende Verbindung zwischen Judentum und Christentum. Lukas kennt schon die Trennung von beiden, die unterschiedlichen Entwicklungen, und Lukas, unser Advents- und Weihnachtsevangelist, entfaltet die Verbindung mit dem Lobgesang des Zacharias.

In dieser Adventszeit 2012 klingt es vielleicht auch fremd – und herausfordernd. Wir sind im Lob Gottes verwoben mit Juden und Jüdinnen: Gelobt sei Gott, Herr, der Gott Israels! Die aktuellen Ereignisse in Israel und Palästina lassen uns verstummen – und uns der Meinung enthalten. Unserer unverbrüchlichen politischen Treue zu Israel und unserer Solidarität mit Palästina entspricht kirchlicherseits, dass wir ohne Judentum keine Christen wären und dass wir auch mit Christen in Palästina verbunden sind.

Zacharias' Lobgesang ist durch Lukas unser Lobgesang geworden. Darin singen wir von der Hoffnung auf Rettung des Volkes Israel. Wir unterscheiden die Kritik an der Politik des aktuellen Staates Israel und die Menschen jüdischen Glaubens, die ja nicht alle diese Politik teilen. Doch Kritik nimmt nicht immer die ganze Wirklichkeit auf – und verkennt manchmal die Angst von Juden und Jüdinnen. Zacharias öffnet uns die Augen und Ohren, genau hinzusehen und hinzuhören, wenn aus politischer Distanz und Kritik, auch aus Enthaltung, Antisemitismus und Antijudaismus hörbar, spürbar werden. Gottes Bund mit Israel, Gottes Verheißung auf Rettung, Gottes Barmherzigkeit

für sein Volk bleibt. Das verheißene messianische Reich ist noch nicht erfüllt
– doch: Die Verheißung lebt. Diese jubelnde, lobende adventliche Vergewisserung verbindet uns Juden und Christen. Gott besucht sein Volk. Besuchen
– sich ganz einlassen und doch nicht so sein wie die Besuchten – so ist es zwischen Mensch und Gott.

Johannes – gerade geboren – ist die leibhaftige Vorbereitung auf den Mes-
sias. Die lange Vorgeschichte von der Geburt Jesu trainiert den langen Atem
des Wartens, der Erwartung. Lukas schreibt ein Jahrhundert nach Ostern. Er
wartet auf die Rettung der Welt – und erzählt von der Gegenwart Jesu.
Adventliche Spannung von der ersehnten Verheißung auf Rettung und dem
Glauben, dass Christus mitten unter uns ist. Diese Spannung prägt unseren
Glauben und unsere Hoffnung. Unser Glauben ist immer adventlich. Wie
Zacharias halten wir ihn in Händen – und wissen auch: Er ist es noch nicht.
Johannes ist es noch nicht – da kommt noch ein anderer. Der wird kommen
– und erkennen wird man ihn daran, dass wir erkennen und spüren: Herz-
liche Barmherzigkeit Gottes besucht uns – das ist Licht für die, die im Finstern
sind und im Schatten des Todes. Und unsere Füße richtet er auf den Weg des
Friedens. Unser Blick wird gerichtet auf das Licht und auf die Dunkelheit, auf
Finsternis (auf Elend, Unrecht, Not, brutale Macht), und die Füße ausgerichtet
auf den Weg des Friedens (kleine Schritte der Barmherzigkeit, mutige Worte,
beständiger Widerstand).

Gott loben richtet unsere Füße – Gott loben, das weist uns den Weg. Das
ist „Loben gegen den Trend" – vielleicht trotzig, auch: mutig. Wenn wir das
Loben Gottes für seine Treue nicht vergessen, verlernen, dann bleiben wir auf
dem Weg des Friedens. Die Barmherzigkeit Gottes loben, Gottes Menschwerdung verkündigen und Spuren von Gottes Besuch in unserer Welt und in unserem Leben suchen: Das ist eben nicht Ausweichen vor der Realität, sondern
der Finsternis von Unrecht, Leid und Elend ins Gesicht schauen – und ihr
nicht die Macht geben. Gelobt sei Gott, der Herr, der Gott Israels – das ist der
Mut, den Frieden zu wagen, immer wieder, gegen den Trend. Und: adventlich
glauben und leben: Gott hat die Welt besucht und uns erlöst. Die Verheißung
gilt. Und: Die Verheißung ist wieder gegenwärtig. Das ist Advent. Amen.

- **Sehnsucht und Rebellion (Jes 63). Martin-Luther-Gemeinde Neukölln
2. Advent 4. Dezember 2016**

Von Menschen, die trauern, kenne ich den Satz: Es ist wie ein Verrat, dass das
Leben einfach weitergeht, obwohl der Tod eine so schmerzliche Lücke gerissen
hat. Wie ist es mit dem beginnenden Advent, Basar, Kranz zu Hause, die eine
oder andere liebe Gewohnheit? Es ist ein Trost, dass manche vertrauten, geliebten Gewohnheiten weitergehen – trotz allem. Und es ist auch so etwas

wie ein Skandal, dass alles so weitergeht, angesichts von Elend um uns herum, in unserer Welt, von Krieg und Gewalt, und von persönlicher Trauer.

Advent: Das ist die Vorfreude auf Vertrautes (Kranz, Kerzen) und eigentlich geht es gar nicht. Befremden und Vertrautheit mischen sich. Die Sehnsucht nach Heilwerden, Heil-Sein und die Rebellion gegen das Unrecht und Leid. Beides kommt zusammen: Sehnsucht und Rebellion. Diese beiden – Sehnsucht und Rebellion – gehören in der christlichen Tradition zum zweiten Advent. Im Evangelium des heutigen Sonntags und im Predigttext ist beides deutlich zu spüren: Sehnsucht und Rebellion. Der zweite Advent ist geprägt von der Ungeduld und der Sehnsucht nach Erfüllung. O Heiland, reiß die Himmel auf! Wo bleibst du, Trost der ganzen Welt? Wir leiden hier die größte Not!

Sehnsucht und Rebellion – Gott, wann denn nun endlich? Wie lange geht es noch mit den Versprechungen von Rettung und Erlösung? Rebellion – das ist die aktive Seite der Trauer, Resignation – das ist die passive Seite, sich fügen, dem, was unabänderlich ist. Advent ist von außen betrachtet in unserer Kultur eine gelobte Kunst der Besinnlichkeit und Einkehr – und gleichzeitig des hektischen „noch dies und das erledigen". Manchmal fügen wir uns dem, was anscheinend gegeben ist und manchmal rebellieren wir – und steigen aus. Zum zweiten Advent gehört das rebellische Gebet, das im Buch des Propheten Jesaja aufgehoben ist. Ein rebellisches Gebet, das die Sehnsucht nicht aufgibt und gerade deswegen gegen Gott rebelliert.

Ich lese noch einmal einige Sätze (Jes 63, 15.16.19b): So schau nur vom Himmel und sieh herab von deiner heiligen, herrlichen Wohnung! Wo ist nun dein Eifer und deine Macht? Deine große, herzliche Barmherzigkeit – ich spüre nichts davon! Du bist doch unser Vater, unsere Mutter! Abraham ist weit weg, keiner kümmert sich um uns. Du, Herr, du bist unser Vater unsere Mutter. „Unser Erlöser" – das ist von alters her dein Name! Ach, wenn du doch endlich den Himmel zerrissest und kämest herab, so dass endlich Friede werde! Ein aufgebrachter Beter, eine protestierende Beterin: Gott, du hast uns aus dem Blick verloren! In diesem einen Satz könnte man den Schmerz und die Rebellion zusammenfassen. Das Gebet endet dann mit dem Satz: Kein Ohr hat gehört, kein Auge hat gesehen einen Gott, Gott, außer dir, der so wohltut denen, die auf ihn harren. (Jes 64,3) Harren ist ein kühles, manchmal finde ich auch: ein kaltes Wort. Doch: Im Ausharren steckt Protest. Nicht aufgeben. Wer Gott nicht aufgibt und auf Gott harrt, die werden Gott erfahren, sehen, erleben. Advent ist nichts für Ungeduldige. Advent erzählt vom „Dranbleiben" an den Forderungen, die Glaubende und Gottvertrauende an Gott stellen. Dann wendet sich das Bild.

Seht auf die Bäume. Sie schlagen aus. Jetzt wisst ihr es: Der Sommer ist nahe. Wenn ihr seht, dass es geschieht, dann wisst ihr, Gottes Reich ist nahe (Lukas 21, 29–31). Bei „nahe" denken wir zeitlich. Aber es kann ja auch heißen „dort in der Nähe ist es". Wo schlagen die Bäume aus? Wo sehen, erkennen, fühlen wir die Zeichen der Kraft, die der Liebe, dem Frieden und dem Recht den Weg ebnet? Ich sehe vor mir ein Bild, das mich angerührt hat: Eine Frau eingehüllt in eine wärmende Isolierdecke füttert ihr kleines Kind. Die Geschichte dazu entsteht in meinem Kopf: Es ist die Rettung nach einem Unfall, mitten auf der Flucht oder in einer unbeheizbaren Unterkunft oder... Ich sehe in die geduldigen Augen der Pflegerin, die der Frau zum x-ten Mal die gleiche Frage beantwortet, während sie sie sorgsam wäscht und bettet. Ich höre auf die unermüdlichen Richter und Richterinnen, die nicht aufgeben, bis Recht geschieht. Ich sehe auf die politischen Tumulte und auf die, die sich um Klarheit mühen. Die Menschen haben Angst vor der Globalisierung – so wurde es diese Woche gemeldet – es ist die diffuse Angst, zu verlieren. Die Angst ist genährt von sozialer Ungerechtigkeit und dem Mangel an Partizipation an Bildung und an materiellen Gütern. Das Mittel gegen die Angst ist Gerechtigkeit und Einsicht, dass auf Teilen mehr Segen liegt als auf Mauern, die Menschen in Kategorien einteilen und Sieger*innen und Besiegte feststellen wollen. Gerechtigkeit betrifft alle Menschen, nicht nur uns. Globalisierte Gerechtigkeit – ob man mit diesen Worten die prophetischen Worten von Frieden und Gerechtigkeit übersetzen könnte?

Jedenfalls: Das Gebet aus dem Jesajabuch nimmt die Welt in den Blick, nicht das private Leben. Die Betenden erkennen – nüchtern –, dass sie die Welt nicht retten können. Doch die Zeichen der Liebe stark machen und zum Leuchten bringen – das können wir. Das ist die Hauptaktivität beim Harren: rebellisch auf die Zeichen der Liebe, der Gerechtigkeit und des Friedens hinweisen und sich nicht in der Resignation verlaufen. Die Bewegung aus der Resignation heraus in die Rebellion gegen das Elend. Unrecht lässt uns die eigenen Kräfte spüren. Und die eigenen Kräfte nutzen, an dem Ort, an dem wir leben und wirken. Aus dem Rütteln an Gott wird ein Augenöffner für das, was geht. In biblischen Worten ist das Umkehr, Buße, Einsicht, und Aufbruch.

Aufbruch. Nicht nur hinein in das erwartete Advents- und Weihnachtsszenario, das wir in Teilen lieben und in Teilen mittragen. Aufbruch. Hinein in neue Möglichkeiten, die sich eröffnen, wenn wir unsere Sehnsucht nicht aufgeben. Aufbruch. Hinein in die Erinnerung – dass Gott Mensch wurde, weil Seine Sehnsucht noch Bestand hat. Gottes Sehnsucht ist, dass wir Menschen uns ändern. Beharrlichkeit und Sehnsucht halten uns wach. Sie machen uns aufmerksam für die Liebe, die jetzt schon wirkt. Und wir lernen es wieder, die Liebe stark zu machen. Das ist der Kern unserer wärmenden Adventstraditionen: die Liebe stark machen. Dann sehen wir, dass die Liebe ausschlägt wie die Bäume beim beginnenden Sommer. Und spüren – da, wo Liebe und Barmherzigkeit Raum haben, da ist Gott nahe. Gegen alle Resignation machen wir die Sehnsucht stark. Das ist Advent. Das ist die rebellische Kraft des Glaubens, der Liebe und der Hoffnung. Amen.

■ Messias sucht Mensch. Andacht für Mitarbeitende der Superintendentur und des Kirchlichen Verwaltungsamts Neukölln zum 4. Advent 18. Dezember 2015

Der vierte Advent gehört den Frauen Maria und Elisabeth (der dritte den Männern – Johannes und Jesus). Die Begegnung der beiden Schwangeren: Elisabeth sieht der Geburt in wenigen Monaten entgegen und Maria spürt zum ersten Mal die Bewegungen des Kindes und singt ihr Magnificat. Schwer sind die Schritte der Schwangeren. Langsam ist es soweit. Es hat lange gedauert. Und schließlich kommt das Kind an und macht was mit denen, die gewartet haben. Die Wartenden müssen prüfen, was sie daraus machen. So erzählt es das alte Marienlied „Es kommt ein Schiff geladen, bis an den höchsten Bord, trägt Gottes Sohn voll Gnaden, des Vaters ewigs Wort".

Lukas hat eine ausführliche Weihnachtsgeschichte geschrieben: von der Volkszählung und dem Kaiser Augustus, von Herbergssuche und Krippe, von Hirten und Engeln, und von der frohen Maria, die alle Worte in ihrem Herzen behält. Matthäus fasst sich etwas kürzer: Herodes und ein prächtiger Palast, von Weisen, Königen oder Sterndeutern, von kostbaren Geschenken für das Kind, und davon, dass der Engel den Weg in die Flucht weist, weil Herodes nicht zu trauen ist. Die Weihnachtsgeschichte, die ich in diesem Jahr entdeckt habe, ist noch einmal anders und – ganz kurz: Messias (neugeboren, friedlich, aus heiliger Familie) sucht kleine Kammer, gerne im Herzen von Menschen, möglichst (oder möglich) ab 24.12. und unbefristet, Wärme und Licht werden selbst mitgebracht. Und dann noch die Kontaktdaten. Messias sucht Mensch – nicht: Die Menschen gehen lange Wege, um den Messias zu finden. Eine umgekehrte Geburt: Nicht hinaus an das Licht der Welt, sondern hinein in die Kammer des Herzens. Nicht: Lasst uns zur Krippe gehen und sehen, sondern mitten auf dem gedeckten Tisch – da steht sie, die Krippe und will genommen werden.

Weihnachten ist eine Geschichte des Anfangens. In allem Wiederholen von schönen Bräuchen, Lieder singen, tun, worauf man sich das Jahr über freut – mitten darin beginnt etwas. Oft merken wir es daran, dass wir uns verändern oder uns das letzte Jahr verändert hat und dass Neues, Anderes uns wichtig ist: Ein vertrauter Text klingt anders oder man entdeckt einen Halbsatz, der plötzlich schön, wichtig oder in neuer Weise tröstlich ist. Oder eben – eine andere Wort- und Bildwahl, um die Weihnachtsgeschichte zu erzählen. Diese Veränderung wahrzunehmen, ist es: neu dem Messias Raum zu geben, im Herzen, im Leben, in Gedanken, Worten und Taten.

Messias sucht Kammer. Er sucht uns – wir können da bleiben, wo wir sind. Er kommt, es wird warm und hell. Das Unsere ist, uns nicht zu verschließen, wenn Er kommt. Und das heißt zuzulassen, dass wir Neues entdecken an uns, am Leben, an anderen. Gerade in diesen Tagen – ab dem 24.12. „Seht die gute Zeit ist nah, Gott kommt auf die Erde, kommt und ist für alle da, kommt, dass Friede werde." Seit ich dieses Lied singe, stelle ich mir die beiden schwangeren Frauen, Maria und Elisabeth, tanzend vor. Probieren Sie es gerne einmal aus.

▪ Große Freude (Jes 9,1–6). Waßmannsdorf Heiligabend 2017

„Am Anfang schuf Gott Himmel und Erde. Finsternis lag auf der Tiefe, und der Geist Gottes schwebte über dem Wasser. Und Gott sprach: Es werde Licht! Und es ward Licht." So beginnt alles. Die elementarste Erfahrung des Lebens ist, dass das Licht die Dunkelheit begrenzt. Nicht: besiegt. Doch: ihr die Macht nimmt. Die Finsternis wird entmachtet, in die Schranken gewiesen – durch das Licht. Weihnachten ist das Fest mit Lichtern in der Dunkelheit. Überall Lichter, die die Finsternis eingrenzen.

Die Kerzen auf dem Breitscheidplatz* in Berlin in dieser Woche und die Kerzen auf den Gräbern an diesem Abend – sie erzählen von den Toten, die nicht vergessen sind, und von dem Leben, das trotz Trauer möglich ist. Die Kerzen an unserem Tannenbaum oder in den Fenstern erzählen von weihnachtlicher Freude inmitten einer oft finsteren Welt. Das Friedenslicht aus Bethlehem erzählt von der Hoffnung, die lebt – trotz allem. Jedes Jahr macht dieses Licht eine weite Reise, wird vorsichtig und voller Hoffnung weiter gegeben. Die Geschichte von der Geburt in Bethlehem geht weiter. Sie lebt und belebt und ist noch nicht vollendet. Doch die Geschichte von der Geburt Gottes in unsere Zeit und in unser Leben hat sich fest verwurzelt. Sie lässt uns nicht mehr los. Und die Krippen, in denen wir die Geschichte aus dem Lukasevangelium nacherzählt bekommen, sind selbst ein Licht auf den Plätzen da und dort, in unseren Weihnachtszimmern und in den Kirchen.

Die Quelle für das weihnachtliche Licht in der Krippe ist unterschiedlich dargestellt: Oft geht das Licht von dem Kind in der Krippe aus, manchmal aus dem Gesicht der Maria, oft ist es das himmlische Licht der Engel, das die Hirten auf dem Felde gesehen haben, das sich über die Krippe legt. Oder die Laterne eines Hirtenkindes… Das weihnachtliche Licht verteilt sich auf die Menschen, und es macht diesen Ort, die Krippe zu einem Licht in der finsteren Welt. Für dieses Licht – für die Krippe und das, was da geschehen ist, gibt es ein altes Danklied, das der Prophet Jesaja aufgeschrieben hat – viele hundert Jahre, bevor Lukas die Weihnachtsgeschichte aufgeschrieben hat. Das Volk, das im Finstern wandelt, sieht ein großes Licht, und über denen, die da wohnen im finsteren Lande, scheint es hell.

---

* In Erinnerung an den Anschlag vom 19.12.2016.

„Du weckst lauten Jubel, du machst groß die Freude. Vor dir freut man sich, wie man sich freut bei der Ernte; wie man fröhlich ist, wenn man die Beute austeilt. Denn du hast ihr drückendes Joch, die Jochstange auf ihrer Schulter und den Stecken ihres Treibers zerbrochen wie am Tag Midians. Denn jeder Stiefel, der mit Gedröhn dahergeht, und jeder Mantel, durch Blut geschleift, wird verbrannt und vom Feuer verzehrt. Denn uns ist ein Kind geboren, ein Sohn ist uns gegeben, und die Herrschaft ist auf seiner Schulter; und er heißt Wunder-Rat, Gott-Held, Ewig-Vater, Friede-Fürst; auf dass seine Herrschaft groß werde und des Friedens kein Ende auf dem Thron Davids und in seinem Königreich, dass er's stärke und stütze durch Recht und Gerechtigkeit von nun an bis in Ewigkeit." (Jesaja 9,1–6)

Der Krieg ist vorbei. Stiefel und Kriegsmantel werden verbrannt. Die Beute wird geteilt. Die Ernte wird gerecht geteilt. Die Freude wird geteilt. Vorbei ist die Schreckensherrschaft. Der Jubel wird hörbar und das Licht spürbar. Die Erinnerung an das Ende der Kriegsgewalt ist spürbar. Frieden nach dem Krieg – das ist Jubel wert. Jeder Frieden begrenzt den Krieg. Die Sehnsucht nach dem immerwährenden Frieden wird genährt. Die Sehnsucht nach Frieden ist ungebrochen. Und immer wieder lernen die Menschen: Waffenstillstand ist immer nur der erste Schritt. Frieden kann nur wachsen, wenn sich auch Recht und Gerechtigkeit entfalten können. Und: wenn Menschen nicht nur das eigene Wohlergehen im Blick haben. Frieden wird, wenn Menschen Recht und Gerechtigkeit wollen. Frieden kann immer wieder beginnen.

Ein Kind ist uns geboren – ein Sohn ist uns geschenkt. Geburt ist neues Leben, Neuanfang. Ein Lichtblick – dieses Kind. Immer wieder ein neuer Blick auf das Leben und die Welt, mit jedem Kind, das geboren wird. Doch – so singt Jesaja und so erzählt Lukas – in dieser Geburt ist noch mehr zu sehen, zu finden, wahrzunehmen. Da ist einer geboren, der Gott und Mensch ist. Da wird einer geboren, der zum leibhaftigen Zeichen wird. Jesus verbindet in sich Gott und Mensch. Jesus gehört in den Himmel und auf die Erde. Jesus ist Jude und die, die an ihn glauben, nennen sich Christen. So, wie viele Menschen in zwei Kulturen gehören und sich in mehr als einer Sprache auskennen, oft auch rechtlich zu zwei oder mehr Staaten gehören.

Jesus Christus hat eine menschliche und eine göttliche Identität. Darum gab und gibt es immer wieder heftigen Streit. Doch an Weihnachten, vor der Krippe, da verstehen wir es. Da liegt ein Kind, liebevoll umsorgt von seinen Eltern, und die Engel, die von Frieden singen – und wir spüren: Hier passiert etwas Außergewöhnliches. Die Hoffnung scheint auf, wir trauen dem, was wir sehen und glauben auch, dass es mehr gibt, als wir erfassen, berechnen und erklären können. Und wir sind neu neugierig auf die Namen dieses Kindes. Denn in ihnen steckt Gottes Versprechen: Wunder-Rat – einer, der Wunder plant, der Menschen die Augen öffnet für die Wunder und das Wunderbare im Leben, für die kleinen täglichen Wunder, die wir gerne kleinreden. Gott-

Held – starker Gott. Helden und Heldinnen sind die, die sich etwas trauen. Gott, hineingeboren in unsere Welt, traut sich was. Stark ist Christus in der Liebe, stark in der Solidarität. Meine Kraft ist in den Schwachen mächtig. Ewig-Vater. „Ewig" erzählt von Treue. Gott ist treu. Unabhängig von unserem Tun und Lassen. Gott bleibt treu. Jesaja hat von ihm gesungen, Lukas von ihm aufgeschrieben und wir zehren immer noch davon. Gott, der Mensch geworden ist, ist treu. Und in irgendeinem Moment werden wir auch an diesem Weihnachten spüren: Gott ist treu. Gott bleibt und wir schaffen einiges mehr im Leben, als wir uns zutrauen. Friede-Fürst. Da tauchen Bilder von einem guten Regenten auf. Von einem, der etwas vom Regieren versteht. Regierende, die Gerechtigkeit und das Wohl aller im Sinn haben. Die nicht nur das Wohl des eigenen Volkes im Blick haben – sondern das Wohl der von Gott geliebten Welt.

Und eigentlich gibt es noch einen weiteren Namen, das ist der, den die Engel bekanntgeben: Denn ich verkündige euch: Große Freude. Die Verkündigung dieses Namens sehen wir auf dem weihnachtlichen Bild. Die himmlischen Heerscharen sind eine Einheit, wie ein einziger übergroßer Engel. Der Engel weist in eine Richtung – Geht! Da, wo der Engel den Horizont berührt, wird es besonders hell. Das himmlische Licht kommt mit dem roten und gelben Horizont-Licht zusammen. Die Hirten und Hirtinnen sind erstaunt, vielleicht auch überrascht, erschrocken. Das Kind winkt fröhlich. Große Freude – das ist der Name, den wir heute spüren, wahrnehmen. Die Botschaft der Engel: Euch ist heute ein Kind geboren, ihr werdet es finden in der Krippe liegend, das birgt in sich große Freude.

Das Volk, das im Finstern wandelt, sieht ein großes Licht, und über denen, die da wohnen im finsteren Lande, scheint es hell. Das Licht verändert. Die Dunkelheit wird begrenzt. Und wir sehen uns selbst in einem anderen, neuen Licht. Der Lichtstrahl im Dunkeln führt manchmal dazu, dass wir uns ganz und gar auf die Lichtquelle konzentrieren. So auch hier die Hirten. Doch der Engel weist den Weg. Die Krippe werden sie nur finden, wenn sie aufbrechen. Hoffnung und Liebe verändern uns. Wir machen uns auf den Weg. Und wir erleben, dass wir Dinge in einem anderen Licht sehen.

Vor einem Jahr sind 400 Menschen vom Tempelhofer Feld nach Aleppo aufgebrochen. Den umgekehrten Weg der Flüchtlinge. Acht Monate waren sie unterwegs, durch sieben Länder – mal hunderte, mal fünfzehn Menschen. Sie haben Schwieriges erlebt, miteinander gerungen, und auch gestritten. Sie haben schreckliche Spuren von misslungenen Fluchten gesehen und erzählt bekommen. An der Grenze vor Syrien wurde sie von Flüchtlingen begrüßt. Die Flüchtlinge hatten in ihren Lagern gehofft, dass der civil march dort ankommt. Hoffnung, immer wieder Hoffnung, das können wir weiter sagen. So fasst die Initiatorin, Anna Alboth, ihre Erfahrungen zusammen. So ein Aufbruch ist ein Licht, das dem Schrecken und den Bildern der Not die Macht nimmt.

Das Licht, von dem Jesaja singt und das Lukas in seinem Evangelium auf-geschrieben hat, ist wärmend und tröstend, lässt Hoffnung aufscheinen und macht Mut. Dass Gott uns so nah kommt, versetzt uns Menschen immer wie-der in verwundertes Erstaunen. Das sieht man auch auf den Gesichtern. Menschwerdung Gottes ist das Wunder, das uns die Augen öffnet, auch für das, was in uns steckt. Es werde Licht. Uns werden die Augen geöffnet. Für die Wege, die wir gehen können.

Am Anfang lag Finsternis auf der Tiefe. Und Gott sprach: Es werde Licht. Und es ward Licht. Mit der Geburt Gottes in die Welt hinein, setzt Gott wieder einen Anfang. Immer wieder gibt es einen Anfang. Weihnachten ist Licht. Uns werden die Augen geöffnet. Und wir sehen unser Leben in einem anderen neuen Licht. Gott ist Mensch geworden, uns zugute. Davon erzählt die Krippe. Und davon singen die Engel. Das Bild von den Hirten und dem himmlischen Licht, von den Engeln, die den Namen des Kindes verkündigen: Große Freude. Und wenn nach Weihnachten die Krippe wieder eingepackt wird, dann kann man das Bild von der großen Freude dennoch in das neue Jahr mitnehmen. Gott wird Mensch, uns zugute. Das feiern wir an Weihnachten – und nehmen das Licht mit in unseren Alltag. Amen.

■ Teufel im Detail. Andacht für Mitarbeitende des Kirchenkreises Neukölln, Invokavit 21. Februar 2018

Die erste Woche in der Passionszeit ist biblisch betrachtet ein echter Start. Der Wochenspruch: Dazu ist erschienen der Sohn Gottes, dass er die Werke des Teufels zerstöre (1. Joh. 3,8). In einem Satz zusammengefasst: Das will Gott mit seiner Menschwerdung: die Werke des Teufels zerstören. Der Teufel – das ist wörtlich: der die Menschen, mich, durcheinanderbringt, verstört und Sicht-weisen beeinflusst. Dem sind wir ausgeliefert und nur ein anderer kann uns wieder „auf Kurs bringen". Christus – dieser andere – ist für uns heute die Gemeinschaft der Christen. Die Werke des Teufels kann nur Christus zerstö-ren, nicht wir selbst. Die Macht über uns selbst wird damit eingeschränkt, und vielleicht gibt es auch eine Ecke in uns, die darüber verärgert ist: Kann ich nicht selbst für mich sorgen? Doch das „ich kann für mich selbst sorgen" ist der erste Schritt zu einem ganz alltäglichen Egoismus, der mich isoliert und an dessen Ende ich eher allein als zusammen mit anderen bin.

Der Teufel steckt im Detail, sagen wir manchmal beim Prüfen von Verträ-gen, Rechnungen und ähnlichem. Vielleicht ist es ja auch in unserem Leben so, dass wir manchmal gar nicht merken, in welchen Details unseres Verhal-tens, Denkens, Redens sich der Durcheinanderbringende eingenistet hat. In welchem Detail steckt der Teufel in meinem Handeln, Denken, Leben? Ich kann für mich selbst sorgen, ich bin auf niemanden angewiesen, oder: die sich einnistende Meinung irgendwo im Herzen: Verlassen kann ich mich doch nur auf mich selbst. Himmel und Hölle – Wie viel Energien investiere ich, damit ich nicht zu kurz komme? Wie viel Energien investiere ich, um wahrzunehmen, wie viele noch da sind, die in unterschiedlicher Weise für mich mit sorgen? Der Teufel steckt im Detail. Man braucht eine Zeit, das zu entdecken. Doch dies ist eine gut investierte Zeit. Und für Gott eine echte Chance, die Werke des Teufels zu zerstören.

■ **Ringen um gutes Leben (Joh 16,16–23). Mittagsgottesdienst, auch für Mitarbeitende des Bezirksamts Neukölln, Magdalenengemeinde Neukölln Gründonnerstag 17. April 2014**

Fragen tauchen beim Abschied auf. Welche Fragen sind das, die auftauchen? Hatten wir nicht eine gute Zeit? Was kommt jetzt? Wie soll es weitergehen? Liebe Brüder und liebe Schwestern, so sitzen sie nun zusammen, Jesus und die Seinen. Am Tisch, beim Essen – und wir sind sozusagen dabei und nehmen Anteil an dem, was geschieht. Der Abschied ist spürbar – doch: Wie spricht man darüber? Was sagt man? Nach Johannes entspinnt sich ein anrührendes Gespräch über Zeitverständnis. Was ist das eigentlich – eine „kurze Zeit" (Und was wäre dagegen eine „lange Zeit")? „Eine kurze Weile werdet ihr mich nicht sehen, und dann noch eine kurze Zeit, und ihr werdet mich sehen."

Was ist das: eine „kurze Zeit"? Diese Frage nimmt Jesus auf. Und wirft einen anderen neuen Blick auf die Zeit. Nicht linear – was noch alles kommt – sondern vom Ende her: Es ist alles geschehen. Am Ende werde ich bei euch sein – alles, was davor ist, ist eine „kurze Zeit". Unser Zeitgefühl – auch: unser Umgang mit der Zeit – orientiert sich an dem Punkt, an dem oder für den wir etwas erwarten. Wir leben auf Punkte, Tage, Ereignisse hin. Jesus lebt von Ostern her und teilt die Zeit anders ein. Dieses neue Zeitverständnis ist für Johannes die Wurzel für unseren Glauben. Klagen und Weinen, Traurigkeit und Grämen – das wird sein. Doch: Es wird gewesen sein. Eure Traurigkeit soll verwandelt werden – und von dieser Tatsache aus gesehen ist die Klagezeit immer kurz.

Vermutlich hat damals – wie auch heute – an dem Punkt die Debatte begonnen. Oder: Sie wurde heftiger. Ist es nicht ein langer Weg des mühseligen Lebens, bis uns der Tod erlöst und die ewige Freude und Ruhe winkt? Nein – so ist es nicht! So Jesus. Denn: Der Tod ist besiegt und dieser Sieg bestimmt das Leben schon jetzt. Dieser österliche Angelpunkt wird von Johannes in diesem Abschiedsgespräch beleuchtet und entfaltet. Der Tod bestimmt nicht mehr die Zeit. Das nimmt Trauer und Klage nicht aus der Welt – doch: Die Macht ist gebrochen. Der Tod bestimmt nicht die Zeit. Der Glaube bestimmt die Zeit, der Glaube sortiert das Zeitmaß.

Jesus und die Seinen ringen bei diesem Abschied. Sie wollen ihn nicht gehen lassen, er will den Tod am Kreuz umgehen. Dieses Ringen beschreibt Johannes von Ostern her. Das heißt auch für unser Leben: Der Tod ist besiegt – das Ringen um gute Lebenszeit bleibt. So lernen wir Glauben und Ringen um gutes Leben. Jesus ermutigt (nach Johannes): Ja, so ist es mit dem Ringen um gute Lebenszeit – aber: Das Zeitmaß verändert sich. Es sind alles kurze Zeiten, weil wir von Ostern her, von der Auferstehung auf unser Leben sehen und auf die Zeit sehen. Es ist alles geschehen. Wir können dem nichts hinzufügen.

Die Frage dieses – nach unserer Weise benannten – Gründonnerstages ist: Wie soll es jetzt weitergehen? Die Antwort Jesu ist: Es geht weiter, aber nicht einfach so. Es geht weiter, weil und wenn ihr glaubensmutig umdenkt und euer Leben im Licht der Auferstehung seht. Dann lebt ihr weiter, ohne mich und mit mir. Es geht weiter, aber anders. Und dann versteht man, was Jesus durch Johannes sagt: Eine kurze Weile seht ihr mich nicht, dann werdet ihr mich sehen. Das kann man auch so übersetzen: Jesus geht, um bleiben zu können. Jesus stirbt, um den Tod zu besiegen und bei uns zu sein. Eure Traurigkeit soll in Freude verwandelt werden!

Wenn ich mir dieses Gründonnerstagsgespräch nach Johannes vorstelle, dann spüre ich förmlich, wie Jesus ringt, um den Seinen Mut zu machen, Mut zu schenken, und zu erklären, dass die Zeit des Leidens klein ist – im Blick auf die österliche Freude der Todesentmachtung. Er greift zu einem weiteren quicklebendigen Bild: Die Schmerzen der Geburt – sind beim ersten Schrei des Kindes vergessen. Die Geburt ist trotz aller medizinischen Entwicklung ein Geschehen, bei dem Leben auf dem Spiel steht. Es kann viel passieren. Schmerzhaft und von Angst geprägt. Und alles ist vorbei und vergessen, wenn das Kind schreit und lebt. Es ist ein geistliches Angebot in diesem leibhaftigen Bild: Trauer, Schmerz, Klage als etwas anzunehmen, das in Freude verwandelt wird. Und: dass diese Freude alles andere in den Schatten stellen wird. Österliche Freude und (kurze) Momente der Gewissheit, der Zuversicht – Christus ist mitten unter uns – das stellt alles andere in den Schatten. Das wird geschehen.

Ein letzter Blick auf unseren Text: Ihr sollt verwandelt werden! Eure Traurigkeit soll in Freude verwandelt werden! Passiv ist das grammatikalisch, und auch theologisch. Nicht: Ändert euch! Reißt euch zusammen! Oder gar: Lasst das Trauern sein! Sondern: Ihr sollt verwandelt werden: Ostern geschehen lassen. Vielleicht kann man diese Passivität einüben, immer mal wieder, in unserem durch und durch aktiven Leben. Glauben – einmal nicht aktiv gestalten, sondern geschehen lassen. Und das kann heißen: keine Angst vor dem Schmerz, der Traurigkeit, der Trauer. Sie bleiben nicht. Jesus sagt: Habt keine Angst, wenn ich gehe. Ich komme wieder. Sprachbilder, die von Bewegung erzählen. Es bleibt nicht so, wie es ist. Das ist oft ein rettender Trost.

Österlicher Trost und österliche Freude reden Leiden, Schmerz, Trauer, Krankheit, Einsamkeit nicht klein und nicht schön. Jesus redet die dunklen Seiten unseres Lebens nicht weg und nicht schön. Österlicher Trost setzt dem Leiden und dem Tod Grenzen. Die Auferstehung Jesu hat Leid und Tod nicht beendet, doch: entmachtet. Und wir ringen, um das zu verstehen. Manchmal muss, kann man es einfach wagen, wagen zu glauben, was dasteht: Und auch ihr habt nun Traurigkeit, aber ich will euch wiedersehen, und euer Herz soll sich freuen, und eure Freude soll niemand von euch nehmen. Und an dem Tag werdet ihr keine Fragen mehr haben.

Ja, das Leben geht nach diesen Fest- und Feiertagen weiter. Aber – vielleicht doch nicht einfach so. Vielleicht geschieht sie doch, die Verwandlung, an uns, in uns, durch uns hindurch – füreinander. Eine kleine Weile noch, dann ist Ostern.

■ **Leiden und Liebe Gottes. Rundfunkgottesdienst (Jes 52,13–15; 53,1–6), Magdalenenkirche Neukölln Karfreitag, 18. April 2014**

„Wir gingen alle in die Irre, wie Schafe, ein jeder sah auf den eigenen Weg. Aber der Herr warf alle unsere Sünde auf ihn. Wir haben uns geirrt. Wir dachten: Dieser hässliche Mensch, der keine Ausstrahlung hatte und nicht angesehen war, der von Menschen gemieden wurde, mit seinem von Schmerz verzerrten Gesicht – das niemand gerne ansah; wir dachten, weil er so hässlich war, hässlicher als andere Menschenkinder, verschmäht und nicht angesehen; wir dachten, dass er von Gott geschlagen und erniedrigt war. Wir dachten, dass er von Gott ausgestoßen war – wohl wegen seiner Schuld. Das alles dachten wir, doch: er trug unsere Schuld und unser Versagen, er trug unsere Strafe, damit wir Frieden haben. Wir dachten, er sei von Gott geschlagen, aber er trug unsere Schuld. Wir haben uns geirrt."

Liebe Gemeinde – hier in der Magdalenenkirche und liebe Hörer und Hörerinnen am Radio: Es ist nicht leicht, dem Leid ins Gesicht zu sehen. Gemartert, geschlagen – das ist ein hässlicher Anblick. Der Gedanke, der uns Menschen am nächsten liegt, ist: Solches Leiden ist sicher irgendwie verschuldet. Oder wie es im Jesajabuch steht: Wir dachten, dass dieser von Gott geschlagen und gemartert ist. Doch – so steht es auch beim Propheten Jesaja – wir irrten. Wir irren uns, wenn wir Gott fern ab von menschlichem Leid und Elend vermuten.

Dieser Gottesknecht – so wurde er später genannt –, von dem bei Jesaja die Rede ist, dieser Gottesknecht nimmt alle Schuld und Missetat auf sich, damit Friede und Heilung möglich wird. Der Gottesknecht ist ein Paradigma, eine Figur, die das Leiden Gottes in seiner Geschichte mit uns Menschen einordnet. Sehet hin – das Leid hat mit euch zu tun – und mit Gott. Sehet hin –

das Leiden in der Welt hat mit euch zu tun – und mit Gottes Bereitschaft, Leid zu ertragen. Das Leid, die Schuld, die Krankheit, wird ertragen und getragen, damit Frieden ist. Jemand nimmt die Schuld, Schmerzen und Krankheit auf sich, damit Frieden ist. Dieser „Jemand" bekommt ein Gesicht: der Knecht Gottes – ein Prophet, Gott selber in Christus, das Volk Israel, Gott selber in den Menschen, die leiden. Liebe Schwestern und Brüder, die urmenschliche Frage, welchen Sinn Leiden hat, wird vom Propheten Jesaja nicht ein für allemal beantwortet. Doch: Es wird in einen Zusammenhang mit Gott gestellt: Das Leiden in der unerlösten Welt steht nicht außerhalb der Beziehung Gottes zu uns Menschen und zur Welt. In diesem Glauben, in dieser Zuversicht steht auch das Leiden Jesu. Das Leiden Christi hat das Leid in der Welt nicht beendet. Es stellt das Leiden in einen weltlichen und göttlichen Zusammenhang: in die Liebe Gottes.

Das Bild, die Worte, die Jesaja gefunden hat, um das Leiden des Gottesknechtes zu beschreiben, helfen uns bis heute, Jesu Leiden zu verstehen. Vielleicht ist „verstehen" nicht richtig. Wir halten uns fest an diesem Bild vom Gottesknecht und wachsen hinein in den Glauben, dass Gott Leid erträgt. Manchmal fühlt sich das so an, als könne Leid einen Sinn haben, und manchmal hilft es, das eigene Leid zu tragen. Manchmal sind wir ganz sicher, wie wir Leid erklären und verstehen können, und manchmal reißt es uns mit, wenn wir hören: Diese, die wir nicht geachtet haben, weil wir dachten, auch Gott verachtet sie, diese trugen unsere Schuld und unsere Krankheit. Wir werden hineingerissen und mitgerissen in unserem Glauben, dass Gott leidet, dass Gott leidensfähig und leidensbereit ist. So ein Riss ist der Karfreitag.

Reißen ist schmerzlich. Wenn Menschen auseinandergerissen werden, wenn ein Kummer das Herz zerreißt, wenn der Tod uns auseinanderreißt, es tut weh und wir schreien, weinen, klagen. Reißen schafft Licht und Luft. Wenn die Tür aufgerissen, wenn ein Schleier der Lüge zerrissen wird, wenn eine Mauer eingerissen wird. „Siehe, meinem Knecht wird`s gelingen, er wird erhöht und sehr hoch erhaben sein." Der Gottesknecht, der das Leid auf sich nimmt, der sich in Gottes Leiden hineinreißen lässt, der macht den Weg frei. Der Gottesknecht, der das Leid, die Schuld und die Krankheit auf sich nimmt, ist Gott selbst, der uns mitreißt, mitnimmt durch alles hindurch. Leid, Schuld, Krankheit haben einen Ort in Gott. Bleiben in Gottes Gedächtnis. Gehen nicht verloren. Werden getragen.

Wir sehen auf das entsetzliche Leiden vor 20 Jahren in Ruanda.* Die Bilder schmerzen – und auch wenn es weit weg ist, zerreißt es uns. Es war, es ist weit weg. Nicht genau hingesehen oder weggesehen haben wir – was hat es mit uns zu tun? Wir sehen auf das Elend der Flüchtenden, der Hoffenden, der

---

* Stammeskrieg zwischen Hutu und Tutsi.

auf Booten zusammengepferchten Menschen, die auf ein besseres Leben hoffen. Wie hat es mit uns zu tun? Wir sehen in die Gesichter der Flüchtlinge hier in unserer unmittelbaren Umgebung und hören ihre Geschichten von Flucht und Hoffnung. Was hat das mit uns zu tun? Dieses Leid ist in Gottes Gedächtnis aufgehoben – so wie unser Leiden auch. Der Menschen Leiden bleiben aufgehoben in Gottes Gedächtnis. Das ist tröstlich.

Und unsere Schuld? Unser Wegsehen und Gleichgültigkeit, unser enger Blick auf unser eigenes Leben, unsere persönliche Schuld, die sich auf unsere Seele legt? Da, wo wir schuldig werden, lädt der Gottesknecht es auch auf sich. Der Gottesknecht trägt unsere Schuld – ein wunderbares und schmerzliches Bild. Für uns ist Christus der Gottesknecht. Das Leiden des Gottesknechtes, das Jesaja beschreibt, entspricht dem Leiden, von dem die Evangelisten schreiben und unsere Passionslieder singen. Und wir glauben, dass Gott selbst in Christus Leid und Schuld auf sich genommen hat. Denn Gott ist Mensch geworden, in Jesus Christus. Gott ist in Christus uns zum Bruder geworden, hat auf sich genommen, was wir nicht tragen können oder wollen. Das Elend, das Leid, die Krankheit, die Schuld trägt er.

Wir sehen die Bilder und hören die Worte. Weil Gott in Christus unsere Schuld trägt und wir in Christus ein Leib sind, werden wir mitgerissen. Doch nicht allein mit an das Kreuz, sondern durch das Kreuz hindurch zu neuem Leben. Gott reißt uns in sein Leid hinein und reißt uns durch seine Liebe durch das Leid hindurch – dass wir frei sind. Diese ungeheure Tat, dieser ungeheure Weg gibt unserem Glauben Gestalt und wir verstehen, dass das Leiden in der Welt auch Gottes Leiden ist. Dieser Glaube bewahrt uns vor dem Irrtum, das Elend der Welt und das Leid in den Gesichtern der Gemarterten hätte nichts mit uns zu tun. Karfreitag verstrickt uns mit dem Leid und reißt uns heraus aus der Schuldverstrickung. Jesu Passion hat das Leiden in der Welt und der Welt nicht beendet. Doch Christi Leiden öffnet uns die Augen: Gott nimmt das Leid der Menschen auf sich und überwindet es. Gott nimmt dem Leid die Macht. Die Macht des Leidens ist zerrissen. Das ist der Trost vom Karfreitag.

„Fürwahr er lud auf sich unsere Schmerzen. Wir aber hielten ihn für den, der von Gott gemartert wäre. Um unserer Missetat ist er verwundet. Alles liegt auf ihm, dass wir Frieden haben und geheilt sind." Unser Glaube an Gott, der sich für uns hingibt, bewahrt uns vor dem Irrglauben, dass Schmerzen und Liebe Gottes nicht zusammengehören. Am Karfreitag werden wir hineingerissen in Jesu Leiden und herausgerissen aus der Schuld. Wir werden neu hineingenommen in Gottes Geschichte mit uns, und hineingenommen in Gottes Geschichte mit der Schuld in der Welt. Und wir üben es im Glauben ein: Dem Leiden und der Schuld die Liebe entgegenzusetzen. Mit aller Kraft und Macht, die uns der Glaube schenkt.

Das Leiden in der Welt ist noch nicht vorbei, doch die Liebe hat die Macht der Schuld und die Macht des Todes zerrissen. Und die Liebe wächst, durch alles Gestrüpp und Dorn, sie wächst – und ihr Halm ist grün. Und der Friede Gottes, der weiter ist als alles, was wir verstehen, stärke euer Herz und bewahre euch in allem Leid. Amen.

■ **Lebensfreude und Nüchternheit. Himmelfahrt und Pfingsten, KirchenkreisInfo Neukölln 2016**

Abschiede prägen unser Leben. Sie markieren in allem Lebensfluss, dass es Veränderungen gibt, die sehr bewusst gestaltet werden können und müssen. Die biblische Geschichte von der Himmelfahrt Christi ist ein berührendes Abschiedsszenario: Jünger und Jüngerinnen hatten sich daran gewöhnt, mit dem Auferstandenen zu leben und mit ihm zu rechnen. Die Hoffnung, dass Gottes Reich nun doch vollendet wird – das ist stark und motivierend. Und dann geht er – gen Himmel. Der Traum ist aus. Und es beginnt eine neue Wirklichkeit. Die Realität der eigenen Verantwortung. Wenn die Sache Jesu weitergehen soll, müssen die Seinen sie in die Hand nehmen. In einer Mischung von Überforderung und Angst, von „Dürfen wir das?" und „Können wir das?" harren sie zehn Tage aus. Diese zehn Tage zwischen Himmelfahrt und Pfingsten sind eine anstrengende und hoffnungsvolle Zeit. In dieser Zeit erleben wir Christen Jahr für Jahr symbolisch, dass der ersehnte Heilige Geist nicht verfügbar ist, dass er nicht unser Besitz ist.

Man weiß nicht recht weiter und hofft auf „Erleuchtung". Man glaubt und vertraut – und manchmal wird man sehr dünnhäutig, auch: traurig. Und plötzlich ist sie da. Die Heilige Geistkraft, die die Herzen ermutigt und einen klaren Verstand schenkt. Und man weiß, was jetzt dran ist. Doch immer wieder muss sich die Gemeinde die Frage stellen und gefallen lassen: Folgt ihr dem Heiligen Geist oder euren eigenen Interessen? Begeisterung ist eine heftige Antriebskraft, die auch in die Irre führen kann. Deswegen ist die Debatte darüber in Kirche und Gemeinde ein konstitutives Element des Kirche-Seins. Das ist die neue Wirklichkeit: Begeisterung ja – aber in der Debatte miteinander. Die österliche Freude wächst und es entsteht die Kirche, die in der Welt Verantwortung übernimmt und dabei österlich lebensbejahend und pfingstlich begeistert ist – und doch auch immer nüchtern.

In diesem Jahr liegt zwischen Himmelfahrt und Pfingsten der 8. Mai. Das Datum hält uns wach und erinnert uns an das Ende des Krieges vor 71 Jahren. Wir spüren die Narben noch. Es gibt teuflische Begeisterung und kriegerische Siegessehnsucht. Beides müssen Menschen mit ihrem Leben bezahlen. Gerechtigkeit und Frieden wachsen in nüchterner Politik und ehrlichem Geist. Auch im kleinen persönlichen Leben brauchen wir Lebensfreude und Nüchternheit, um miteinander klarzukommen. Abschied ernst nehmen und neue Wirklichkeit gestalten – und dabei auf Gottes Geist vertrauen, der

Augen öffnet und die Sinne sortiert. Das ist Himmelfahrt und Pfingsten – mitten im Alltag. Ich wünsche Ihnen ein frohes Pfingstfest!

■ Bleibt alles anders …? Ökumenischer Gottesdienst (Pfingstwunder Apg 2,1–13 und Turmbau zu Babel Gen 11,1ff.), Britzer Garten Neukölln Pfingstmontag 5. Juni 2017

Sie entsetzten sich und waren ratlos – und andere vermuteten – sie sind voll von süßem Wein. So, liebe Gemeinde, endet die Pfingstgeschichte nach Lukas. Wie in jedem Jahr am 50. Tag nach dem Passafest: ein buntes multikulturelles Gewirr rund um den Tempel – nicht nur sprachlich, aber eben vor allem sprachlich. Das fällt besonders ins Gewicht, weil man sich nicht verständigen kann (Die Lesung von Apostelgeschichte 2 gehört zu den besonderen Herausforderungen für Konfirmand*innen). Vielleicht so ähnlich wie beim Karneval der Kulturen hier in Berlin in den beiden letzten Tagen. Buntes Gewirr, fröhlich, verbunden durch Musik und Lebensfreude. Ein buntes, vielstimmiges Treiben und ein Wunder geschieht: Man versteht einander. Kommunikation gelingt. Gottes Geist hat etwas ausgelöst: Lust, sich zu verstehen.

Eine nachhaltige Lust, die wir bis heute immer wieder feiern: Bei ökumenischen Gottesdiensten, bei einem Kirchenevent wie dem Kirchentag und auch bei multikulturellen Festen: Lust, sich zu verstehen. Und diese Lust und diese Munterkeit ist so etwas wie ein festlicher Rausch, der mit Wein ausgelöst wird. Wein ist vor allem ein Zeichen des Festes. Dass zu viel des Guten Schaden anrichtet, ist schon in der Bibel bekannt. Das ändert aber nichts an der Kultur (auch der religiösen Kultur), dass der Wein den Tag zum Fest macht. Zu einer fröhlichen Feststimmung, die von Lebensfreude erzählt. Doch – an Pfingsten in Jerusalem war Alkohol nicht im Spiel – Gottes Geist war im Spiel. Gottes Geist hat Lust und Bereitschaft geweckt – sich zu verständigen. Gottes Geist hat innere festliche Stimmung ausgelöst, das Wunder des „ich verstehe und andere verstehen mich".

Dieses Wunder habe ich bei jedem Mann und jeder Frau erlebt, der oder die in einer ganz anderen Kultur, Sprache und Schrift groß geworden ist und sich der Mühe unterzieht, unsere Schriftzeichen und unsere Sprache zu lernen – damit wir uns verständigen können. Und ich bin froh, wenn es mir in einer anderen kulturellen und sprachlichen Umgebung gelingt, mich verständlich zu machen – und Menschen sich Mühe geben mich zu verstehen. Das sind Feste des Lebens – ja, und zum Fest gehört es auch, zu tanzen und zu trinken – in Maßen und als Folge der Freude (nicht um Freude künstlich zu produzieren). Also: Nein – sie waren damals in Jerusalem nicht voll des süßen Weins. Und: Ja – es war dennoch ein Anlass, miteinander – auch mit Wein – zu feiern.

Verständigung ist ein Fest – auch, weil die Vielfalt der Sprachen und Kulturen als Reichtum erlebt werden. Zum Pfingstfest gehören Verständigung und Freude über die Vielfalt. Denn: Was wäre eigentlich gut daran, wenn alle nur dieselbe Sprache sprächen und sich – auch kulturell in den Traditionen und religiösen Gebräuchen immer einig wären? Es wäre eine sackgassenähnliche Enge! Die einheitlichen gedanklichen und sprachlichen Strukturen machen auch Geist und Herz eng. Dass Vielfalt grundsätzlich zur gottgewollten Welt gehört, davon erzählt die Bibel: Am Ende der Urgeschichte der Menschheit, unmittelbar bevor die Historie mit Abraham beginnt – macht Gott noch einen entscheidenden schöpferischen Befreiungsakt. Einen heftigen Eingriff, damit das Herz der Menschen die Fähigkeit behält, anders zu sein – und vor Herzensenge und Engstirnigkeit bewahrt wird. Dieser schöpferische Befreiungsschlag ist eine Geschichte, die in unsere Kulturgeschichte eingegangen ist: Sie klingt – nacherzählt – so: Es war einmal die Welt, die eine Sprache hatte. Und die Menschen dieser Welt fanden einen Ort, wo sie leben konnten. Und alsbald beschlossen sie eine Stadt (Babel) zu bauen und darin einen Turm, der bis zum Himmel reichen sollte. Denn – sie wollten Gott erreichen mit ihren Ziegeln und ihren architektonischen Können. Da griff Gott ein, gab ihnen viele Sprachen, und zerstreute sie. Ab jetzt konnten sie anders sein. Und in Verbindung, Verständigung bleiben.

Gemeinschaft entsteht, wenn es Verständigung zwischen Individuen gibt – in einem Geist. Nicht: Wenn sich alle einer Kultur und Sprache anpassen; das ist Vereinheitlichung (Das ist auch der Unterschied zwischen Demokratie und Diktatur). Menschen sind anders. Wir lieben die Individualität, die individuelle Freiheit und stellen dann immer wieder – manchmal auch etwas erstaunt fest, dass wir anders sind – oder: dass die andern anders sind. „Othering" nennt man sozialpsychologisch den Prozess der Normensetzung – die festlegt, wer dazu gehört und wer anders ist (Wer „the others" sind – im Unterschied zu mir). Jede und jeder von uns kann in einem kurzen Gedankenspiel feststellen, dass er und sie immer anders sind. Es kommt darauf an, welche Norm unausgesprochen gesetzt ist und spürbar wird. Vegetarier sind anders – als Fleischliebende (auch wenn sie – zum Beispiel – alle Christen sind), Herthafans sind anders als Bayern-Fans. Auch wenn sie alle Fußballfans sind. Zweisprachige sind anders als die, die vier Sprachen sprechen, auch wenn sie alle Europäer sind. Wann gilt welche Norm? Das ist unsere alltägliche Verständigung! Normen entstehen in Verständigungsprozessen – davon erzählt die Geschichte unserer christlichen Religion. Kirche reformiert, erneuert sich, das ist ein konstanter Kommunikationsprozess – auch gegen einengende Machtstrukturen.

Eigentlich bin ich immer anders – und wenn das Anderssein wehtut, dann schließe ich mich irgendwo an – um dazuzugehören. Das ist ein persönlicher subjektiver Prozess, der willentlich passiert – und oft nur vorübergehend ist.

Wir sind alle anders und üben uns in der Toleranz (gegenüber anderen) und in der Identitätsbewahrung, um uns selbst treu zu bleiben. Wir sind anders und bleiben anders. Und wir sind angewiesen auf Kommunikation mit dem oder der anderen. Kommunikation gelingt leicht, wenn gemeinsame Interessen da sind – und Kommunikation scheitert, wenn die Normgebung als Machtausübung gelebt wird. Verständigung gelingt, wenn ein gemeinsamer Grundkonsens gefunden ist, und sie scheitert, wenn Menschen einander (nach gut und weniger gut) bewerten. Wertschätzende Kommunikation gelingt nicht von selbst. Wir schaffen es nicht alleine – davon erzählen die biblischen Pfingsterzählungen.

Es gelingt, wenn wir bereit sind, alles in den Blick zu nehmen. Genauer: die Welt als Lebensraum für alle. Gottes Geist ordnet die Geistesgaben zum Wohl aller. Biblisch: Frieden und Gerechtigkeit über ökonomischen Egoismus zu setzen. Und nicht die eigene Kultur, Religion und Sprache als Norm zu setzen – sondern alles in den Blick zu nehmen. Und dann wird Verständigung zum Fest. Und so ein Fest, Waffenstillstand, Friedensabkommen, gegenseitige Taufanerkennung, Ende von Verfolgung, Aufenthaltsstatus, solche Feste sind immer beides: Arbeitsergebnisse und Geschenk (Ich bin immer davon überzeugt gewesen, dass Petrus sich an Pfingsten im Jerusalemer Tempel sehr viel Mühe gegeben hat, damit man ihn und seine Botschaft von Christus versteht. Dass es gelungen ist – ist der Geistesgegenwart Gottes – aber auch der Mühe von Petrus zu verdanken).

Wir sind frei, anders zu sein und zu bleiben. Wir sind angewiesen, dass andere uns verstehen, und bleiben beständig bei der Suche nach Verständigung. Der empfindliche Kern ist und bleibt immer die Frage, ob richtig ist, was ich meine – oder, ob richtig ist, was der oder die andere meinen. Oder: Ob beides irgendwie anders richtig ist? Das Ringen um Wahrheit ist der Kern dessen, was etliche Jahre vor Martin Luther im Christentum begann. Eigentlich hat es von Anfang an zu unserer christlichen Religion gehört. Das Ringen um das Leben in der Wahrheit, die Menschen unterschiedlich definieren. Das besondere und auch anstrengende ist, dass die Wahrheit immer unabhängig ist von meiner individuellen Wahrnehmung. Diese Erkenntnis verbindet alle Religionen! Waren die Ereignisse, die vor 500 Jahren die sog. Einheit der Kirche erschütterten, so etwas wie Gottes Geistesgegenwart wie in Babel? Gottes Geist wirbelt das in Kathedralen und mächtigen Bauten erstarrte Christentum durcheinander und zerstreut es in ungezählte Konfessionen, die sich seitdem darum mühen, sich zu verständigen. Und es gelingt immer wieder!

Liebe ökumenische Gemeinde, Pfingsten, das Fest der Geistesgegenwart Gottes, ist die Erinnerung daran, dass wir unsere intellektuellen, politischen, ökonomischen, praktischen, pädagogischen Möglichkeiten und sonstige Fähigkeiten für uns nutzen. Für uns und für die, die so anders sind – wie wir anders sind, die also uns ähnlich sind. Es kommt darauf an, ob wir der

Gegenwart von Gottes Geist trauen und uns selbst ins Spiel bringen. Das ist immer wieder der Anfang, geistesgegenwärtig zu leben und zu handeln.

Gott bleibt anders. Anders als wir. Vielleicht so anders, wie die andere anders ist oder wie der andere anders bleibt. Das Anders-Sein Gottes ist immer wieder die Chance, über unseren Horizont hinaus zu denken und zu handeln. Und immer wieder neu zu verstehen, dass wir nicht der Mittelpunkt der Welt sind. Alle sind anders – auch wir selbst. Und wir können nicht ohne Verständigung leben. Das bleibt. Unsere Sicht auf die Dinge ist nur eine Sicht. Uns ist verheißen, dass Gott Mensch wurde, und das Leben „von innen her kennt". Christus, menschgewordener Gott, bestätigt, dass Menschenwürde, Gerechtigkeit und das Recht auf einen aufrechten Gang nicht nur denen zusteht, die ihm folgen. Von dieser pfingstlichen Erkenntnis erzählt Lukas: Und als sie alle – die Jünger*innen und die anderen im Tempel – das verstanden, wurde der Tag zum Fest. Und die anderen, die es noch nicht verstanden hatten, dachten, sie wären voll des süßen Weins. Es steht nicht da – aber man kann es sich denken: Sie hätten sicher auch gerne Anteil an dem Fest. Auch das ist eine biblische Erkenntnis: Das Fest folgt der Verständigung – doch es geht auch umgekehrt. Ein gemeinsames Fest fördert die Verständigung. Das ist auch unsere ökumenische Erfahrung. Nicht nur, aber auch an diesem Ort.

An vielen Orten ist die Ökumene und das Gespräch mit anderen Religionen ein Fest, wenn wir uns erlauben, Verständigung auszuprobieren, aufzuhören, uns gegenseitig das Fest vorzuenthalten. Das Gleichgewicht von Alltag und Fest in unserer Verständigungsarbeit ist wichtig. Die anderen haben das Pfingsten schon richtig gespürt. Hier war Festfreude – für den Festgeschmack des Lebens steht biblisch der Wein, der gemeinsam getrunken und genossen wird. Doch: Pfingsten ist auch ein nüchternes Fest. Gottes Geist der Verständigung ist genauso präsent wie egoistische und brutale Machtansprüche.

Gestern Abend war das große Konzert in Manchester – wenige Tage nachdem eben an diesem Ort ein Terroranschlag* mit mehreren Toten und vielen Verletzten war. Von ernster, auch tränenerstickter Freude sprach der Reporter. Es wurde geweint und getanzt. „Wir lassen uns die Musik und die Freude am Leben nicht nehmen." Dieser Satz ist das nüchterne Bekenntnis, dass die Welt noch nicht erlöst ist und wir dennoch den Vorgeschmack kennen und nicht aufgeben, Gottes Geist zur Verständigung zu nutzen und ihn zu feiern. Nüchterner Festgeschmack, festliche Nüchternheit (Unabhängig davon, wie viele der Konzertbesuchenden Christen waren – alle Menschen kennen diese Sehnsucht nach Heil-Sein und kennen auch den Vorgeschmack, und lassen sich diesen nicht nehmen).

---

* Islamistischer Selbstmordanschlag mit 22 Toten.

Liebe ökumenische Gemeinde, wir feiern Pfingsten im Festjahr der Reformation, mit der das streng geordnete Christentum durcheinander gewirbelt wurde. Und wir werden erinnert – vielleicht auch ermahnt (und hier ein herzlicher Dank an die, die das Motto erfanden!): Wir sind anders. Die anderen auch. Wir bleiben anders. Die anderen auch. Gott ist anders. Gott bleibt. Das ist alles. Und: Gott bleibt gegenwärtig unter uns. Seine Geistesgegenwart erweckt uns zu nüchterner, fröhlicher Geistesgegenwart. Ja, es bleibt alles anders. Und mitten darin leben, lieben und arbeiten wir. Und Gott, die anders ist, als das, was wir uns vorstellen, bleibe euch freundlich zugewandt auf allen euren Wegen. Amen.

■ Drei steht für viel mehr. Trinitatis und Kirchentag, Homepage Kirchenkreis Neukölln 31. Mai 2015

Ist Gott dreieinig oder dreifaltig? Das ist eine beliebte Frage – nicht nur von Kindern. Und überhaupt: Was hat es mit der Dreizahl auf sich? Am ersten Sonntag nach dem Pfingstfest wird das Fest der Trinität gefeiert. Das ist die Erinnerung daran, dass Gott durch unterschiedliche Weisen sich in die Geschichte der Welt und der Menschen eingezeichnet hat: Gott ist Schöpfer der Welt, das heißt Gott ist „Besitzer" – wir Menschen sind Gäste hier auf Erden. Weiterhin gilt, dass Gott Mensch ist und bereit, sich ganz auf den Menschen einzulassen: Jesus ist allen „auf Augenhöhe" begegnet und hat Menschen für Liebe und Verantwortung gewonnen. Und die heilige Geistkraft ermächtigt und stärkt Menschen, Verantwortung zu übernehmen: Empowerment. In diesen drei Weisen kann man Gott verstehen, und weitere Geschichten erzählen. Die Zahl Drei steht für Gemeinschaft, Vielfalt und Offenheit: Der Name Gottes, der unaussprechlich ist, entfaltet sich in vielfacher Weise – so können viele sich ihren jeweils eigenen Zugang suchen. Unergründlich ist Gottes Einsicht, unerforschlich seine Urteile, unbegreiflich seine Gedanken. Der große, allesumfassende Gott erbarmt sich der Menschen, indem er ihnen durch Menschen nahe kommt und sie verantwortlich mitgestalten lässt.

Die Dreiheit Gottes ist ein Bild für seine vielfältigen Beziehungen zu uns – und unsere vielfältigen Beziehungen zu Gott. Drei steht für viel mehr. Und es ist doch EIN Gott, der und die sich vielfältig erreichbar und zugänglich macht. Dafür wird Er/Sie – zum Beispiel zum Beginn des Gottesdienstes – im Dreiklang gepriesen und gelobt: Schöpferin, Christus, Heilige Geistkraft. Oder: Quelle des Lebens, befreiende Wahrheit, kraftvolle Erneuerung. Oder: Vater – Sohn – Heiliger Geist. In den Dreiklang tragen wir unsere Geschichten mit ein. Gott bleibt mit sich eins – und offen, sich in vielfältiger Weise kundzutun.

„Damit wir klug werden" lautet das Motto des diesjährigen Evangelischen Kirchentages. In dieser Woche reisen Tausende nach Stuttgart zum 35. Evangelischen Kirchentag. In vielfältigen Weisen werden Gottesdienste gefeiert, politische Debatten geführt und christliche Verantwortung für den Frieden und das vielfältige Miteinander bedacht. Ein Fest der Vielfalt und der Einigkeit. Beides – Einigkeit und Vielfalt sind von Gott gesetzt – nicht von uns gemacht. Das feiern wir an Trinitatis. Und deswegen ist beides richtig: Dreieinigkeit und Dreifaltigkeit. Schön, richtig und gut ist es, wenn wir den Dreiklang entfalten mit unseren Lebens-Geschichten. Auch sie erzählen von Gott.

Der Apostel Paulus schließt auch seine Briefe manchmal mit einem Dreiklang: „Die Gnade unseres Herrn Jesus Christus und die Liebe Gottes und die Gemeinschaft stiftende Kraft des Heiligen Geistes sei mit Euch allen" (2. Korintherbrief 13,13).

- **Lebensschätze. Homepage Kirchenkreis Neukölln Erntedank 2011**

Sie sitzt im sonnigen Erker, vor sich die schöne Schachtel mit den vielen Briefen. Noch einmal lesen – die ersten Kinderbriefe der Enkel, Liebesbriefe aus der Jugendzeit, Briefe vom besorgten Vater, der (manchmal über-) fürsorglichen Mutter. Noch einmal lesen und spüren, wie viele Lebensfäden das Leben reich gemacht haben. Sich erinnern: an die Freude über den einen und das Zittern vor dem Öffnen des anderen Briefes. Zwischen den gelesenen Zeilen wird der Reichtum des eigenen Lebens spürbar und die Freude über so viele Beziehungen lebendig. Alte Briefe lesen, Fotoalben ansehen oder die Kiste mit Erinnerungsstücken hervorholen – das persönliche Erntedankfest kann beginnen.

Im Herbst ist Erntedank – die Früchte werden geerntet – Vorsorge für den Winter. Vorratshaltung brauchen wir nicht mehr. Wir kaufen und besorgen das, was wir brauchen. Dabei vergessen wir manchmal die Schätze, die sich in unserem Leben angesammelt haben: Bewahrung und Bewährung, Liebe und Schmerz, Trauer und Freude. Sich der Lebensschätze erinnern – auch das ist Vorsorge für den Winter. Die wunderbar geschmückten Altäre bei den Erntedankgottesdiensten erzählen von der Freude über das Leben. „Brich mit dem Hungrigen dein Brot ..." – unsere Lieder und Bibeltexte erinnern uns an die Not an vielen Orten. Die Freude über die Lebensmittel steht im Mittelpunkt des Erntedankfestes. Und Freude über das, was man hat, öffnet die Hände zu geben. Das herbstlich-schöne Erntedankfest ist ein Fest mit anderen und auch ein Fest allein mit Alben, Kisten und Kästchen voller Erinnerungen.

Ich wünsche Ihnen ein frohes Erntedankfest – in Ihrer Gemeinde und auch ganz für sich!

- **Stärkung für den aufrechten Gang. Reformation (5. Mose 6,4–9; Mt 5,1–2), Magdalenenkirche Neukölln 30. Oktober 2015**

Hunderte, tausende strömen herbei, erwartungsvoll, voller Pläne und Hoffnung, andere von Erschöpfung gezeichnet, Kinder lassen sich tragen oder an der Hand ziehen, Alte sind liebevoll mitgenommen. Frauen, Männer, Jugendliche, Kinder – sie spielen an den Rändern, liegen, sitzen, warten, dass es weitergeht in ihrem Leben.

Hunderte, auch tausende dazwischen und am Rand: Vor einigen Wochen teilten sie kühles Wasser aus – jetzt Decken und heißen Tee. Sie sortieren Berge von Kleidung, arbeiten als Ärztinnen und Rechtsanwälte, überlegen, wo noch Wohnraum ist, fahren abends los, und bieten Schlafplätze an. Hunderte, tausende, die sich den Kopf zerbrechen: Was ist zu tun? Welche Handlungsspielräume sind zu öffnen, damit wir keine Grenze schließen müssen? Was ist zu tun?*

„Und er sah das Volk, ging auf einen Berg, setzte sich und sprach." Liebe Festgemeinde, liebe Schwestern und Brüder, die Seligpreisungen der Bergpredigt führen uns – jeweils wieder – in die Realität, in das reale Leben – wie es gerade ist. Die Seligpreisungen schärfen uns die Sinne – und ermutigen, genau hinzusehen: Zu sehen sind die, die Leid tragen – persönlich, materiell, wirtschaftlich; und die, die den Kummer und die Not sehen – und nur wenig Mittel haben zu helfen. Zu sehen sind die, die hungern nach Gerechtigkeit und Frieden. Dieser Hunger macht sie ungeduldig – aus der Rangelei in der Warteschlange wird Streit. Hunger macht schwach – und ungeduldig. Aus Ungeduld wird Aggression, Protest. Und da sind die Sanftmütigen. Sie haben nur wenige Mittel – nur sich selbst, ihre menschliche Wärme, mit der sie Ungeduld bremsen können – vielleicht. Da sind die so vielfältig Trauernden – um Menschen und Leben, um Verlorenes und Aufgegebenes; und die Barmherzigen – die Trauer nicht abnehmen, aber doch mittragen können und es auch tun. Da sind die um Gerechtigkeit willen Verfolgten, geflohen und geflüchtet; und die, die bereit sind, mit ihnen in Frieden und Gerechtigkeit zu leben – auch wenn sie vielleicht dafür noch kein politisches Konzept haben.

Das ist Realität: so viele, die erschöpft sind – und so viele, die Gutes wollen. Doch irgendwie geht es nicht – dass es gut wird, insgesamt. Jesus sieht die Last, die auf allen liegt: „Selig seid ihr – denn Gott ist mitten unter euch." Wir beschreiben die Last anders: Wir leben in Strukturen – politischen, kulturellen, gesellschaftlichen, wirtschaftlichen Strukturen, die wir nicht individuell aufbrechen können, oder gar ändern können. Doch gleichzeitig bleibt sie – die Frage, die alle umtreibt: Was ist zu tun?

---

* Im Jahr 2015 kamen ca. 890 000 Asylsuchende nach Deutschland.

„Höre Israel, Gott ist dein Herz, du sollst Gott liebhaben von ganzem Herzen, von ganzer Seele und mit aller Kraft. Dies Gebot sei fest verhaftet mit deiner ganzen Existenz." Gott lieben – das ist: dem Guten mehr zutrauen als dem Bösen. Gott lieben – das ist: dem Menschen mehr zutrauen als den Strukturen.

Wir hören das Gebot: Du sollst Gott lieb haben. Und wir sagen – vielleicht: „Klar – das Gebot halte ich – wo die Strukturen es erlauben." Dann sind wir auch dogmatisch-theologisch richtig: Wir bleiben vor Gott gut, Gebote haltend, gerechtfertigt und werden gleichzeitig schuldig. Sünder und Gerechter. Simul iustus et peccator. So ist es eben: Ich will es eigentlich, aber es geht dann doch nicht. War's das? Dazu ist entschieden Nein zu sagen. Und uns selbst in unseren Lebenszusammenhängen, in unserer Verantwortung, in unserer Liebesbereitschaft ernst zu nehmen, in unserem Mut und Kraft zum Engagement.

Das Gebot, Gott zu lieben, tragen wir nicht sichtbar an unserem Körper – wie im 5. Buch Mose beschrieben – doch im Herzen und im Verstand – vielleicht manchmal mehr als Ahnung, denn als konkrete Option. Wir ahnen im Herzen, was gerecht, friedenstauglich und richtig ist. Das Gebot der Gottesliebe eröffnet Freiheit, Denkspielräume, die zuerst Menschen und dann Strukturen verändern. Diese Kraft steckt in den Seligpreisungen; weil sie wachrufen, was in uns steckt: die Erkenntnis, dass Herzenswissen, dass Mut und Kraft von Gott geschenkt sind, Gutes zu tun und Dinge zu verändern. Oder: die Kraft, der Ahnung (das, was gut und richtig ist) Gestalt zu geben: Wir diskutieren neu, dass Winternothilfe nicht denen genommen werden darf, die darauf angewiesen sind, weil Neuen jetzt mehr Aufmerksamkeit geschenkt wird. Wir diskutieren neu, wie wir mit nicht genutztem Wohnraum umgehen. Wir diskutieren neu, ob und wie wir die Einwanderung in unser Land anders organisieren wollen. Wir diskutieren neu, welches unser kulturelles Profil ist und welche Werte wir diskutieren – und welche wir nicht zur Debatte stellen wollen. Wir diskutieren neu, welche Perspektive christliche Kirche hat, wenn sie Minderheit ist.

Als Minderheit begann das Christentum und es ist immer eine Minderheit, die aufbricht: Streit, Diskussion, Debatte, Ringen. Reformation begann mit Debatte zu Thesen. Die Eröffnung von neuen Handlungsspielräumen – und Denkspielräumen – stellt Bewährtes in Frage. Erneuerung – Reform – Reformation – stellt in Frage. Das ist gut und anstrengend zugleich.

Selig sind Barmherzige, Sanftmütige, Friedfertige, Trauernde, Hungrige und Dürstende, Verfolgte, Leidtragende – und die, die mit schlichtem, aufrechtem Gemüt stetig diese Diskussionen einfordern und dem Guten mehr zutrauen als dem Bösen. Mit diesem Zuspruch brechen wir immer wieder auf, und entdecken in uns selbst und in unserem Leben die Spuren Gottes: Das sind die Ideen, die Unermüdlichkeit, die Geduld – bei uns und anderen.

Das Gebot, das wir im Herzen tragen, das uns erinnert, was gut ist, wird zur Rückenstärkung: Aufrecht stehen wir vor Gott und prüfen, was unser Beitrag sein kann. Aufrecht stehen wir vor Gott – und wissen doch, dass wir vielleicht wieder an den Strukturen oder an uns selbst scheitern werden. In diesem Scheitern fängt Gott uns auf.

Wir bleiben Aufrechte und Scheiternde, gerechtfertigt und schuldig. Und Gott fängt uns auf – Stärkung für den aufrechten Gang. In diesem Gottvertrauen und Zuversicht steckt der Lohn für alle Lebens- und Liebesmüh in unserem Leben. So enden auch die Seligpreisungen. „Seid fröhlich und getrost – ihr werdet reichlich belohnt werden." Amen.

- **Glaubende geben nicht auf. Friedhofsandacht (Röm 8,18–25), Neu-Buckow Volkstrauertag 15. November 2015**

Volkstrauertag. An den Soldatengräbern findet man immer noch Blumen. Trauer um Söhne, Väter, Brüder. Zur Trauer kommt unser aller Rückblick auf Schuld. Wir denken an die Opfer des Nationalsozialismus, Verfolgung, Ermordung von Juden und Jüdinnen in unserem Land, an die aus ihrer Heimat Vertriebenen. Wir sehen in die Gegenwart. Vertreibung, Krieg und am vergangenen 9. November die perfide Tat von Unbekannten in Berlin, auf die unter uns lebenden Juden hinzuweisen, mit dem Hinweis – das müsste nicht so sein… Auch wenn ich persönlich diese Zeit in unserem Land nicht erlebt habe, läuft es mir kalt über den Rücken, wenn ich diesen Hass spüre, der über die sozialen Medien verbreitet wurde.

Vor einem Jahr – am 13. November 2015 war der Terroranschlag in Paris.* Im Blick auf den weltweiten Terrorismus nur ein Tag – doch er hat uns als Europäer erschüttert. Und auch spüren lassen: Dass wir seit 1945 Frieden haben, bezieht sich auf eine politische Struktur des Gleichgewichtes, aber nicht auf die erlebte Realität. Wir erleben diesen Sonntag inmitten von schwierigen Nachrichten. Herrscher schwingen sich auf zur Herrschaft und scheuen sich nicht, menschenverachtend zu reden, Pressefreiheit mit Füßen zu treten und sich auf die Menschen zu stützen, denen sie Versprechungen machen. Wer jubelt ihnen zu? Und was erwarten sie?

Auch in unserem Land haben viele mit Ja gejubelt – als sie gefragt wurden, ob sie den totalen Krieg wollten. Die Bilder haben sich bei mir eingebrannt. Die Jubelnden haben nicht ahnen wollen, was das heißt. Verführte jubeln. Deswegen muss man vor dem Jubeln genau hinsehen und hinhören. Wir sind verstrickt. Denn wir sind mittendrin. Vielleicht möchten wir uns manchmal

---

* Islamistischer Anschlag im Konzertsaal Bataclan mit 130 Todesopfern.

einfach verkriechen, Augen zu, Ohren zu, Mund zu. Ruhe. Manchmal möchten wir schreien. Und manchmal haben wir Angst, das zu verlieren, was unserem Leben materiell und ideell die Grundlage gibt: Arbeit, Gesundheit, Zukunftsperspektive, erarbeitetes Hab und Gut.

Mittendrin feiern wir heute Gottesdienst – wie jeden Sonntag, treu und beständig, und lassen uns an die Hand nehmen und nähren von den Worten, die uns ans Herz gelegt sind. Heute sind es die poetischen Worte des Apostels Paulus, die er an die Gemeinde in Rom geschrieben hat. Worte, die immer wieder gelesen, vorgelesen, meditiert, ausgelegt und übersetzt worden sind. Das alles geschieht, damit wir sie aufnehmen können, mit Herz und Sinn verstehen und mitnehmen in unser verstricktes Dasein mitten in dieser Welt.

Das, was wir sehen und erleiden, ist nicht das Ende. Das Elend der Schöpfung – das ist die ganze bewohnte Erde mit allen Geschöpfen – ist nicht das Ende. Es wird Gewicht verlieren – am Ende. Wir sind in gespannter Erwartung, weil etwas zutage treten wird, das wir nur ahnen. In gespannter Erwartung – die Glaubenden geben nicht auf. Ein wunderbares Wortbild für Glauben: In gespannter Erwartung – Glaubende geben nicht auf. Erschöpftes Seufzen. Wir – so Paulus – erleben die Schöpfung in einem Zustand der Gottesferne, weil die Schöpfung einer fremden Macht unterworfen ist. Oder auch – so könnte man weiter denken – sich einer fremden Macht unterwirft. Doch die Schöpfung – und das sind alle Geschöpfe, die zur Schöpfung gehören – hofft auf die Befreiung aus der Versklavung und aus der Korruption.

Die ganze Schöpfung stöhnt, wie eine Gebärende. Das Stöhnen der Schöpfung ist das Stöhnen in den Geburtswehen. Mit der ganzen Schöpfung stöhnen, seufzen und warten wir, dass wir uns als Gotteskinder erleben, erweisen, fühlen. Sehnlichst auf die Geburt warten – und das mit Schmerzen und großer Vorfreude. Das ist eine lebendige Beschreibung für Glaubenserweckung im persönlichen und im politischen Leben. Ich meine: Glaubenserweckung im sehr eigenen individuellen Leben und in der Erfahrung von kollektiver, ganzer Schöpfung. Das Faszinierende an diesem Bild ist, dass Individualität und „Teil der ganzen Schöpfung-Sein" zusammenkommt. Wir sind vor Gott individuell gemeint – und wir sind immer gleichzeitig auch ein Teil der ganzen von Gott geliebten Schöpfung. Das relativiert unseren Anspruch auf Gott und stärkt uns gleichzeitig ganz persönlich den Rücken. Was bevorsteht – die Geburt –, ist das Erkennen, dass wir Gottes Kinder sind.

Paulus beschreibt unsere Glaubenserfahrungen als einen Weg, der über Seufzen, Schreien, Warten und Neu-Erkennen geht. Wenn wir einander erzählen, von den Momenten der Gewissheit im Glauben – dann sind es diese inneren Weggeschichten. Wir haben Gottes heiligen Geist erfahren. Doch wird Gottes Geist uns nicht zum Besitz. Gottesferne, Abwesenheit des Geistes fühlt sich als Verlorenheit an – doch wir warten wie bei der Geburt, dass Gottes Geist uns wieder Weg und Richtung weist. Diese Zuversicht erweckt uns immer wieder neu zum Leben und öffnet uns die Augen für das Leben und Leiden der Schöpfung.

Unser Leben ist manchmal, oft, ein Aushalten des Schreiens der Kreatur. Aushalten in Nächstenliebe, in Treue zu den Schwachen, Beistand der Leidenden und Sterbenden. Denn auch das Sterben ist ein seufzendes Warten auf etwas Neues, anderes, noch nicht Erfahrenes. Geborenwerden und Sterben wird oft verglichen. Das ungeborene Kind /der ungeborene Mensch weiß so wenig vom Leben wie wir Lebenden von dem Leben nach unserem physischen Tod. Doch das Nicht-Wissen ist nicht alles. Denn wir haben Glauben und Nächstenliebe erfahren, wir entdecken Spuren von Gottes Macht und Liebe in unserer versklavten Welt. Das nährt unser Hoffen. Das stärkt unsere Kraft. Das macht uns sensibel für das Seufzen der Kreaturen.

Weil wir hoffen, sind wir gerettet. Aber eine sichtbare Hoffnung ist keine Hoffnung. Denn: Welche Hoffnung hat Bestand auf das Sichtbare? Wenn wir etwas hoffen, das wir nicht sehen können, so gibt uns unser Widerstand die Kraft, darauf zu warten.

Wie ist das mit der Hoffnung? Es ist immer wieder ein Anstoß, diesen Gedanken des Paulus wirklich ernst zu nehmen. Hoffen auf Unsichtbares. Hoffen wir nicht beständig auf Dinge und Zustände, von denen wir ein konkretes inneres Bild haben? Wir hoffen auf Genesung, auf Erhaltung des Arbeitsplatzes, auf die Freundschaft, die uns glücklich macht, und auch vom Zusammenleben in unserer Gesellschaft, von der Gerechtigkeit haben wir Bilder. Und wenn wir unseren Stimmzettel bei den Wahlen abgeben – so auch die Menschen in der vergangenen Woche in den Vereinigten Staaten von Nordamerika –, haben wir konkrete Hoffnungen, die wir beschreiben könnten wie ein Bild.

Ich glaube, dass Paulus hier einen ganz empfindlichen Nerv unseres Glaubens trifft. Wir haben konkrete Vorstellungen von der erlösten Schöpfung. Und sie orientieren sich möglicherweise an unseren Wünschen und Bedürfnissen. Unsichtbare, unbekannte Hoffnung. Wenn wir auf etwas hoffen, was wir nicht sehen (auch nicht vor unserem eigenen Auge) – dann wächst unsere Geduld, dann wird unser Warten widerständig. Wir erleben eine Kraft des Widerstandes, die uns stärkt, zu warten. Der Widerstand gilt den trügerischen Hoffnungen, die uns ausgemalt werden. Die uns verführen wollen. Die uns erzählen von Friedensverhandlungen, die lukrative Waffengeschäfte verschweigen. Die uns ausmalen, dass alles gut wird, wenn wir unter uns sind. Bilder, die uns ausmalen, dass wir nichts zu tun haben mit dem Elend an anderen Orten. Bilder, die uns einreden wollen, dass es ein Recht auf Erfolg gibt. Das Spannende dieses Textes ist, dass Individualität und Schöpfung nicht getrennt werden. Die erlöste Schöpfung meint nicht nur mich – sondern alle und alles. Das macht neugierig und widerständig.

Dass Gott die Schöpfung erlösen wird, befreit uns von dem Wahn, dass ein Mensch oder wir selbst diese Aufgabe haben. Erlösung und Rettung der Welt ist Gottes Werk. Das zu glauben, das ist die Freiheit der Kinder Gottes. Dass sie in der Zuversicht des Glaubens von sich selbst absehen zu können, und geduldig harren auf das, was von Gott kommt. Widerständig gegen die Hoffnungsbilder, mit denen wir umgarnt werden. Die Schöpfung ist versklavt, schreibt Paulus – doch: Die Befreiung scheint schon auf. Das ist unsere Hoffnung. Nicht weniger und nicht mehr. Sie bewahrt uns und befreit unser Herz und unseren Geist. Die Freiheit der Kinder Gottes ist, dass sie der unsichtbaren Hoffnung trauen. Das ist der Herzschlag unseres Glaubens.

„Die Nacht wird nicht ewig dauern. Es wird nicht finster bleiben. Die Tage, von denen wir sagen, sie gefallen uns nicht, werden nicht die letzten Tage sein. Wir schauen durch sie hindurch vorwärts auf ein Licht, zu dem wir jetzt schon gehören und das uns nicht loslassen wird" (Helmut Gollwitzer). Wenn wir auf etwas hoffen, das wir nicht sehen können, dann gibt uns unser Widerstand die Kraft, darauf zu warten. Amen.

▪ Versprochene Ewigkeit. KirchenkreisInfo Neukölln
Zwischen Ewigkeitssonntag und Advent 2016

Kleine leuchtende Inseln am stillen Sonntag: die Blumenläden. Sie leuchten in grüner und roter Farbe, manchmal stehen kleine Zelte davor, ein paar Becher und eine Kanne Tee und – ein paar Spekulatius oder anderes Adventsgebäck. Nein, der Advent hat noch nicht angefangen. Es ist Ewigkeitssonntag. In den Blumenläden gibt es schöne Grabgestecke in allen Preiskategorien, Grablichter – und Adventskränze und adventliche Kerzengestecke. In dem kleinen Raum der Gärtnerei ist beides zusammen: die Erinnerung an Trauer und Gräber – und der Ausblick auf den Advent, der dann kommt. Viele Menschen sind auf dem Friedhof. Es wird geharkt, am Grab gestanden, Gräber werden gesucht und besucht. Manches hat sich in einem Jahr verändert: Ein Feld von Reihengräbern ist fast aufgelöst, weil die Ruhezeit zu Ende war. Plötzlich ist das Grab, das man besuchen wollte, nur noch eines der letzten in einer großen grünen Fläche. Auf den großen Grabfeldern der jungen Soldaten, die in den letzten Kriegswochen in Berlin fielen, liegen vereinzelt kleine Blumen. Überall ist die Realität der Gedanken spürbar: dass die Verstorbenen nicht vergessen sind.

„Gott, der spricht: Licht soll aus der Finsternis hervorleuchten, der hat einen hellen Schein in unsere Herzen gegeben, dass durch uns entstünde die Erleuchtung zur Erkenntnis der Herrlichkeit Gottes im Angesicht Christi. Lasst uns nicht sehen auf das Sichtbare, sondern auf das Unsichtbare. Denn das Sichtbare ist zeitlich, was aber unsichtbar ist, das ist ewig" (2. Korintherbrief 4,6.18). Die sichtbaren Veränderungen und die unsichtbaren Erinnerungen lassen etwas von der versprochenen Ewigkeit aufleuchten – am Ewigkeitssonntag auf dem Friedhof. Und dieses Licht leuchtet weiter in die heller werdende Adventszeit. Das langsam heller werdende Licht entspricht unserer Stimmung. Man kann und mag nicht von Friedhof und Traurigkeit auf Weihnachtsmarkt und Lichterketten umschwenken. Doch langsam heller werden – das tut gut. Ich habe neu gelernt, die leisen Töne und das sanfte Licht aus den Gärtnereien am Friedhof am Ewigkeitssonntag wertzuschätzen. Sie bringen eine wehmütige Übergangszeit zum Klingen. Ich wünsche Ihnen Zeit, alles zum Klingen zu bringen. Gott behüte Sie in dem kommenden Advent.

(Information zum Ewigkeitssonntag: Der Sonntag vor dem 1. Advent hatte im Laufe der Geschichte unterschiedliche Namen: Totensonntag, Gedenktag der Entschlafenen, Sonntag vom Jüngsten Tage. In der römisch-katholischen Tradition heißt er Christkönigsfest. Der Sonntag ist Rückblick und Ausblick zugleich. Texte und Lieder erzählen von Trauer und Hoffnung auf die Auferstehung, von Ende und Anfang, von Vergänglichkeit und Ewigkeit.)

Kasualpredigten

- **Taufe von Zoë Emilia (Violas Enkeltochter) Dorfkirche Lichtenrade 16. März 2019**

Taufspruch: „Gott hat seinen Engeln befohlen, dass sie dich behüten auf allen deinen Wegen." (Ps 91, 11)

Gott sei Dank – das ist das kürzeste, innigste Dankgebet, das wir immer wieder gen Himmel schicken. Heute, liebe Kiki und lieber Simon, könnt Ihr Euch Euer Leben ohne Eure Tochter nicht mehr vorstellen und heute rufen wir uns mit Euch in Erinnerung – wie oft wir ein „Gott sei Dank" gesagt, gebetet, gerufen haben. In der Zeit der Schwangerschaft, nach jeder Untersuchung, als die Geburt sich ankündigte und viele mit Euch gewacht haben – und dann das fröhliche „Gott sei Dank", als Zoë Emilia das Licht der Welt erblickt hat. Eure Eltern, die Urgroßmütter von Zoë, Eure Brüder und die große Familie und Freundeskreis – eine bunte fröhlich Kette von ganz unterschiedlich klingendem Ruf: Gott sei Dank. Wenn wir uns dies vielstimmige Dankgebet heute miteinander vorstellen – dann klingt es wie das Halleluja, das wir eben zusammen gesungen haben: leicht, fröhlich, beschwingt. Gott sei Dank – und wie schön – dass Zoë Emilia da ist und mit uns lebt!

Taufe – das ist zuerst ein großes festliches Gott sei Dank. Das feiern wir heute mit Euch. Die Taufe ist dann ein Sakrament. Ein Zeichen, das wir setzen: Dieses Kind Zoë Emilia gehört mit uns zu Christus. Dieses Kind ist nicht unser Besitz, unsere Tochter und Patenkind ist uns anvertraut und sie

Taufe der Enkeltochter Zoë, Dorfkirche Lichtenrade (16.3.2019)

soll durch uns und mit uns lernen, der Liebe und der Gerechtigkeit durch unser Leben Raum zu geben. Die Taufe erinnert uns daran, dass wir über alle familiären und freundschaftlichen Verbindungen hinausgehend zu Christus gehören. Ihr seid als Eltern mit Eurer Tochter und den Paten in dieser größeren Gemeinschaft geborgen. Das ermutigt uns zum Respekt und bewahrt uns vor Exklusivitätsphantasien. Denn Christus ist immer mehr, weiter und weiser, als wir es sein können. Dieses Geschenk, zu einem größeren Ganzen zu gehören, das uns im Leben und im Tod, im Glück und im Unglück, in Freud und Leid nicht verloren gehen kann – das ist unser Zeichen, das wir mit der Taufe setzen. Das ist unser Bekenntnis.

Die Taufe ist schließlich und vor allem ein Zeichen, das Gott setzt: Das Zeichen, das Gott setzt, ist in dem Psalmvers, den Ihr als Taufspruch für Eure Tochter ausgewählt habt, in einem wunderschönen Bild beschrieben: „Gott hat seinen Engeln befohlen, dass sie dich behüten, auf allen deinen Wegen" (Ps 91, 11). Gottes Zeichen, Gottes Tauf-Versprechen ist: Ich behüte und bewahre dich, ich bleibe an deiner Seite. Mitten in der Welt, mitten im Leben – so wie es ist. Gottes Engel in dieser Welt – das sind wir. Menschen, die füreinander Gottvertrauen leben und sich unerschrocken füreinander engagieren.

Das Vertrauen, dass Gott durch uns sorgt, dass wir behütet leben, ist ein Grundstein unseres Glaubens. Als Eltern werdet Ihr immer wieder neu das Gleichgewicht ausloten: Eure Tochter vor allem Bösen zu schützen und sie mutig Menschen anzuvertrauen, die für sie wichtig sind. Gottvertrauen ist ein guter Boden, auf dem Selbstvertrauen und Selbstbewusstsein wachsen kann. Selbstbewusstsein heißt: die eigenen Stärken und die eigenen Grenzen kennen. Dass Gott uns behütet heißt nicht, dass sich alle unsere Wünsche erfüllen, dass alles gelingt, was wir uns vornehmen, dass Traurigkeit und Leid verbannt wären. Dass Gott uns behütet heißt, dass er bei uns bleibt. Oft ohne dass wir es merken.

Von Gottes Treue erzählt der 23. Psalm, den wir gebetet haben. Der Hirte, der bleibt – auf den hellen, saftigen, grünen Wiesen und in den dunklen, schwierigen Tälern. In unbeschwerten, leichten Zeiten – und in Schmerz und Verzagtheit. Und: Es wird immer einen Ort geben, an dem wir zuhause sind – ganz unabhängig von unserem Schaffen und Tun. Einen Ort der Geborgenheit – trotz allem. „Gott hat seinen Engeln befohlen, dass sie dich behüten auf allen deinen Wegen" – das kann euer tägliches Gebet werden, wenn eure Tochter morgens aufwacht und abends einschläft, und wenn Zoë sich auf den Weg macht, das Leben zu erkunden. Und den Psalm von dem guten Hirten, den könnt Ihr Euch gegenseitig immer wieder erzählen und miteinander beten, wenn die Dinge unklar und schwierig sind.

Liebe Kiki, lieber Simon, liebe Jeannine, lieber Matthias: Unser Glaube ist wie ein Baum, tief verwurzelt und in uns hineingelegt. Heute sagt Ihr gemeinsam Ja dazu, Zoë von diesem Glauben zu erzählen, damit Gottvertrauen in ihr wachsen kann. Glaube wächst nicht von selbst. Glaube braucht Zuwendung, Beachtung und Nahrung, braucht einen Platz in unserem Leben. Dazu gehören die Feste im Kirchenjahr, die täglichen Gewohnheiten und Rituale, die biblischen Geschichten – das gemeinsame Feiern, Singen und Beten. Und: Diskutieren über Gott und die Welt und über unsere Verantwortung in der Welt.

Liebe Eltern, liebe Paten, Ihr werdet dabei immer wieder spüren, was Euch selbst in Eurem Leben wichtig geworden ist: Welche Lieder, welche Traditionen sind wichtig? Und wie sollen die Feste im Jahr gestaltet werden? Es muss nicht alles so sein und bleiben, wie es war – doch Zoë soll sich freuen können – so wie Ihr Euch in Eurer Kindheit und Jugend gefreut habt: auf Feste, auf Lieder, auf ein Gebet, auf die Geschichten der Bibel. Ihr seid mit dieser Aufgabe nicht allein – die große ökumenische Familie und Freundschaft feiert heute mit Euch. Und wir sind nur ein Teil der großen Gemeinde Jesu Christi, die Ihr überall finden werdet.

Wir feiern, dass Gott uns behütet, dass wir in Christus zusammengehören und dass wir das Leben in dieser Welt mit vielen anderen teilen und gestalten, und vertrauen, dass der Heilige Geist uns immer wieder neu Freude schenkt. In dieser Zuversicht und Freude wollen wir Zoë taufen. Amen.

▪ Ihr gehört dazu. Konfirmation (Lk 14,16–23), Friedensgemeinde Charlottenburg 29. Juni 2003*

Liebe Gemeinde, liebe Eltern und Paten, Freunde und Freundinnen, liebe Konfirmanden und Konfirmandinnen! In Stichworten: Wie feiert man ein Fest? Auf den ersten Blick scheint es leicht: Essen, Trinken, Musik – aber reicht das? Heute ist euer Fest – viele Menschen haben sich auf den Weg gemacht und nachgedacht, damit aus dem Tag ein Festtag wird. Feste sind Ausnahmen vom Alltag, doch sie strahlen in unseren Alltag und tragen uns. Und wirklich glücklich sind wir bei einem Fest, wenn wir spüren, dass wir fest im Leben stehen, dass wir mit uns selbst im Einklang sind, Menschen um uns haben, die uns Geborgenheit und Liebe schenken, und wenn wir spüren, dass wir eine Perspektive, eine Hoffnung haben. Und so betrachtet enden alle Geschichten, in denen Jesus Menschen begegnet oder Menschen etwas von Gottes Liebe begreifen, mit einem Fest.

Erinnert ihr euch bei der Vorbereitung auf diesen Gottesdienst an das Gleichnis vom barmherzigen Samariter? Der Verwundete erlebt, dass er nicht übersehen wurde; die überraschende Hilfe, die er erfahren hat, schenkt ihm sein Leben noch einmal neu. Aber auch ein Mensch, der hilft, macht eine beglückende Erfahrung: Mein Leben ist sinnvoll. Ich bin nicht umsonst auf der Welt. Oder: das Gleichnis von den Arbeitern im Weinberg. Der, welcher nur kurz dabei war, ist genauso willkommen wie die, die viel länger arbeiteten – eine beglückende und überraschende Erfahrung. Jede Heilung endet mit einem Fest: Blinde, die sehen, erleben es, Lahme, die gehen, ebenso. Das Fest ist: Es gibt wieder eine Perspektive in meinem Leben. Als die Jünger nach Emmaus – nach der Kreuzigung – gehen, sind sie voller Trauer und ohne Hoffnung. Ihnen begegnet Jesus. Sie erkennen ihn erst, als er mit ihnen Brot und Wein teilte. Jesus blieb nicht bei ihnen, doch ihr Leben und Tun hatte wieder Sinn und Ziel. Das feiern wir im Abendmahl.

Das Leben ist ein Fest – wenn wir fest stehen, verwurzelt sind, geborgen in einer Gemeinschaft und eine Aussicht/Perspektive haben. Euer Konfirmations-Bibeltext erzählt in einem Gleichnis genau das: Das Leben mit Gott in der Gemeinde Jesu Christi ist ein Fest, zu dem wir ganz persönlich eingeladen sind. Wir können entscheiden, ob wir die Einladung annehmen oder nicht. Das Fest des Lebens findet in jedem Fall statt.

Im vergangenen Jahr haben wir uns zusammen den Ort/Raum des Festes genauer angesehen. Wir haben euch erzählt, was uns in unserem Leben als Christen wichtig ist, und ihr habt euch dazu eine Meinung gebildet. Die Tür ist weit offen – der Konfirmationsunterricht ist wie ein Türöffnen – durch-

---

gehen müsst ihr selber. Was macht die Gemeinde Jesu Christi zu einem Ort, an dem das Leben ein Fest wird? Was habt ihr entdeckt? Was ist uns wichtig? Vor allem anderen: Ihr habt euren Platz gefunden. Ihr gehört jetzt dazu. Ihr habt Menschen getroffen, die Zeit und Geduld für euch hatten, die sich viele Gedanken um und für euch machen. Ihr seid für uns, die wir euch begleitet haben, wichtig, und eure Fragen, Gedanken, Meinungen nehmen wir ernst.

Und weil wir als Christen einen Ort haben, an dem wir etwas gelten, müssen wir uns selbst nicht immer in den Mittelpunkt stellen. Der Blick ist frei für andere! Aktive Nächstenliebe… Daraus entspringt die Diakonie. Die Liebe zum Nächsten habt ihr auch bei unserem Projekt kennengelernt. Bei der Bahnhofsmission haben wir Lebensgeschichten gehört und erlebt, wie Menschen, die am Rand leben und stehen, ernst genommen werden. Auch da wird Leben zum Fest für die, die empfangen, und die, die geben. Nächstenliebe: Gleichgültigkeit überwinden. Was unser Miteinander am meisten gefährdet, das ist die Gleichgültigkeit. Denn: Wenn mir alle und alles gleichgültig sind, dann gibt es keine Freude und keine Traurigkeit, dann wird das Leben dumpf und langweilig. Nächstenliebe macht uns lebendig und sensibel für Wesentliches im Leben. Führt zum Fest – für die, welche geben, und für die, welche nehmen.

In der Gemeinde wird gerungen und gestritten – um das, was zu tun oder zu lassen sei – als Christen in der Welt. Es ist anstrengend und schön: leben, mitreden, mittun. Einige Themen kamen in unseren Gesprächen vor. Noch weiterfragen, noch weiterdenken gehört zu unserem Leben als Christen. Was bedeuten die Gebote heute? Was bedeutet „Den Feiertag heiligen"? Dahinter steht die Frage, was das Ziel unseres Lebens ist. Etwa: rauszuholen, was nur rauszuholen ist – oder Raum zur Freude und Besinnung? „Du sollst nicht lügen": Wahrheit und Lüge. Immer nach den wahren Gründen zu fragen ist eine anstrengende, aber auch lebenswichtige und lebenserhaltende Aufgabe. Wahre Gründe für Armut, Hass, Krieg, Terror? Was sind die wahren Gründe für die Traurigkeit oder auch für die Aggressivität? Wahrheit aussprechen können – das ist der Anfang des Festes. Das Gebot, nicht zu lügen, ist kein moralischer Appell, sondern schützt unsere Liebe zu den Menschen. Die Wahrheit schützt die Nächstenliebe. Die Liebe, die nicht nachlässt, nachzufragen, die Liebe, die den Mut hat, die Augen offen zu halten. Nur wenn die Wahrheit, die wahren Interessen, ausgesprochen werden, kommen wir weiter – im persönlichen Leben und auch in der Weltgemeinschaft.

Frieden kann nur wachsen, wo Gerechtigkeit geschieht – das ist eine Wahrheit, die nicht so gerne gehört wird. Sie steht in der Bibel, und mit ihr kann man die Welt gestalten, allerdings oft nur gegen die Interessen der Mächtigen. Wo es gelingt, an der Hoffnung dafür festzuhalten. Als Christen leben wir mitten in dieser Welt, nicht auf einer weltfernen Insel. Die Welt ist voller Kämpfe und absolut nicht heil. Und dennoch ist unser Leben ein Fest – weil wir in den Sorgen und Problemen dieser Welt nicht verloren gehen. Wir gehen nicht unter und verloren, weil wir eine Aussicht haben, von der auch euer Konfirmationstext erzählt.

Die Perspektive Gottes ist das Fest des Lebens, nicht der Untergang der Welt. Die Perspektive Gottes ist seine Macht über das Leben hinaus – geborgen sind wir im Leben und im Tod. Und nicht: Es zählen nur die Jahre hier auf Erden. Das schenkt uns immer wieder die Freiheit – nicht alles erreichen zu wollen, zu sollen, sondern zu leben, das Leben, das uns Gott schenkt, zu feiern. Dass wir diese Perspektive immer wieder neu mit Leben erfüllen – dafür hat Jesus gelebt und dafür ist er auferstanden. Dass wir diese Perspektive, Aussicht, nicht verlieren, darum feiern wir Gottesdienst. Hören, bedenken die alten und doch so lebendigen Geschichten aus der Bibel, wir singen und beten mit- und füreinander, wissen uns getragen, wenn uns selbst Kraft, Worte und Zuversicht fehlen, spüren die Hoffnung, die über uns selbst hinausweist. Dann ist das Leben ein Fest! So verwurzelt, getragen, zuversichtlich handeln wir als Christen in unserer Welt, und dann wird die Festfreude als Freude über das Leben weitergegeben.

Die Tür ist weit geöffnet. Heute sagt ihr „Ja" zur Einladung Gottes. Ihr sagt Ja – und von jetzt an seid ihr Mitwirkende, gestaltet mit. Wir, die wir schon länger dabei sind, freuen uns, dass ihr dazu kommt. Mit uns nachdenkt, singt, betet und euch engagiert. Ihr steht nicht mehr an der Tür, ihr seid eingetreten, ihr gehört dazu. Und wie auch immer euer Leben verläuft, welche Wege ihr geht – nehmt mit, was Jesus Christus uns mit seinem Leben versprochen hat und was Gott euch durch seinen Segen zusagt: Die Tür ist und bleibt offen für uns. Amen.

▪ Trauung von Violas Nichte und Patenkind Sonia mit Thomas (Rut 1,16), Katharinen-Kirche Krofdorf-Gleiberg (Hessen) 1. September 2017

Liebe Hochzeitsgemeinde, liebes Paar, „Lobe den Herren, der sichtbar dein Leben gesegnet, der aus dem Himmel mit Strömen der Liebe geregnet. Denke daran, was der Allmächtige kann, der dir mit Liebe begegnet." Überströmende Liebe, Liebe, die von allen Seiten fließt, Umarmungen, Freudentränen, herzlichste Wünsche und Grüße, das gehört Euch Beiden heute – und nach allen Vorbereitungen und aller Vorfreude genießen wir alle diesen Tag mit Euch.

In der Zeit der überquellenden Freude spüren wir auch sehr deutlich – Liebe ist nicht menschliches Machwerk, es ist Geschenk. Und die Ahnung des Geistes wird in Leib und Seele spürbar: Wir trauen uns zu glauben, dass Gott es gut mit uns meint. Wir feiern Hochzeit, Hohe Zeit. Ein erhöhter Tag, an dem der Blick zurückgeht – und viele Lebensstücke (auch: Bruchstücke) zu einem Lebensfaden werden, durch den überall die Kraft der Liebe auf-strahlt.

„Es ist gut, wenn zwei beisammen sind. Wenn sie fallen, können sie einander aufrichten, wenn zwei sich schlafen legen, wird ihnen warm, wenn jemand überwältigt wird, können zwei ihm widerstehen. Und ein dreifacher Faden zerreißt nicht so schnell." Der dreifache Faden, wenn zwei die Nähe suchen und sich in Liebe verbinden – zerreißt nicht so schnell. Zwei, die einander stärken und der Hoffnung trauen, ist der dreifache Faden, der nicht so schnell reißt; zwei, die einander wärmen und vertrauen, dass es mit Gottes Hilfe warm bleibt im Leben – ist der dreifache Faden, der nicht so schnell reißt.

Liebes Paar, wenn Ihr Beiden heute zurückseht, heute an Eurer Hochzeit, dann kennt nur Ihr Beide den Punkt, den Moment, wo Ihr tief im Herzen ge-spürt habt: Ja, wir wollen unser Leben gemeinsam gestalten, wir wollen hei-raten, wir wollen die Zukunft nicht mehr ohne einander denken, und wir wollen keine Entscheidung mehr treffen, die nicht aus der Perspektive des anderen und der anderen bedacht worden ist. Dieser Moment der Liebe, des Einverständnisses, der Herzensklarheit und der gemeinsamen Zuversicht ge-hört Euch. Heute feiern wir, dass Ihr diesen Moment, der Eurer Leben be-glückend verändert hat, erlebt habt. Und freuen uns mit Euch. Und so wendet sich der Hochzeitsblick – aus dem Rückblick in den Blick in die Zukunft. Für diesen Weg habt Ihr Euch ein Bibelwort aus dem Buch Rut (1, 16) ausgesucht: „Wohin du gehst, da will auch ich hin gehen, wo du bleibst, da bleibe ich auch. Gott ist mit uns unterwegs." Dieses biblische Wort wird heute zu Eurem Versprechen, das Ihr einander gebt. Es ist ein Wort des Kompromisses um der Liebe willen. Alle Entscheidungen – im Kleinen und im Großen, geschehen, nachdem miteinander bedacht ist, was es für den, die andere bedeutet. Und in jeder Entscheidung die Vergewisserung: Gott geht mit uns. Damit es gelingt, bitten wir Gott um Segen für Euch, für Eure Ehe.

Ehe gelingt nicht von selbst. Liebe ist kostbar, lebendig und sensibel. Es ist ein Geschenk, wenn sie lebendig bleibt. Vieles liegt in unserer Macht, nicht alles – darum bitten wir um Gottes Segen und um Gottes Hilfe. Vertrauen und Liebe müssen und können immer wieder gewagt werden – und es ist gut, sich gemeinsam Gott anzuvertrauen. Liebe bleibt lebendig, wenn sie ernst genommen und gestaltet wird: einander im Blick behalten, aufmerk-sames und bewusstes Miteinander leben. Einander die Träume erzählen, die da sind, und die, die entstehen. Einander die Wehmut erzählen, die da ist, und die, die entsteht. Einander die Wünsche erzählen, die da sind, und die, die entstehen.

Wir Menschen verändern uns. Das Leben verändert uns. Niemand von uns weiß, was das Herz in einigen Jahren bewegt. Euer Ja, das Ihr Euch heute schenkt, meint nicht die Gegenwart, die Ihr kennt – es meint die Zukunft, die vor euch liegt, und die ihr noch nicht kennt. Für diesen Weg bitten wir um Gottes Segen. Gott segnet Euch, Gott segnet Eure Ehe. Gott bejaht Eure Ehe. Mann und Frau und Gottes Segen – das ist der dreifache Faden, der nicht so schnell zerreißt. Glaube, Liebe und Segen sind keine Garantie für Unversehrtheit und dauernde Glücksgefühle. Gottes Segen ist die Erinnerung daran, dass Ihr nicht alles allein schaffen müsst – und Euch Gottes Hilfe anvertrauen könnt. Glaube, Liebe und Segen verändern uns, bewegen uns, und bewahren uns davor, das Leben nur nach unseren eigenen Maßstäben zu bewerten. Gottes Ja für und zu Euch gibt Euch immer wieder die Chance, der Liebe etwas zuzutrauen, in Eurer Ehe, und in Eurem Miteinander mit den Vielen, die mit Euch leben, die mit Euch arbeiten, mit Euch hoffen und Gutes wollen und auch mit den Vielen, die Eure Liebe brauchen und brauchen werden.

„Wo du hin gehst, da will auch ich hin gehen, wo du bleibst, das bleibe ich auch. Gott ist mit uns unterwegs." Für den Weg, der jetzt beginnt – gibt es heute viele Wünsche, viele Menschen, die weiter mit Euch als Familie, Freunde und Freundinnen leben wollen. Und in der Mitte seid Ihr. Hand in Hand geht Ihr. Nehmt Euch Zeit, auf Eure Herzen zu hören, achtet auf die Wege, die Ihr füreinander geht, die Ihr miteinander geht, oder auch einvernehmlich jeder für sich selbst geht. Euer gemeinsames Leben liegt vor Euch. Gott segnet Euch. So werdet Ihr die Wege finden, die Euer Leben froh und reich machen, in allem, was geschieht. Amen.

▪ Trauergottesdienst für Christiane Markert-Wizisla, Friedenskirche in Potsdam Sanssouci 10. November 2007

Passacaglia c-moll von Johann Sebastian Bach
Die Gnade unseres Herrn Jesus Christus und die Liebe Gottes und die Gemeinschaft des Heiligen Geistes sei mit euch allen. Amen. Traurig und sehnsüchtig auf Trost hoffend sind wir zusammengekommen, um Abschied zu nehmen von Pfarrerin Dr. Christiane Markert-Wizisla, Landespfarrerin, Leiterin der Frauen- und Familienarbeit unserer Landeskirche, von Christiane, Schwester und Freundin, Ehefrau und Mutter.

Gott ist unsere Zuversicht und Stärke, eine Hilfe in den großen Nöten, die uns getroffen haben. So spricht Gott: Seid stille und erkennt, dass ich euer Gott bin. Christiane Markert Wizisla starb am 30. Oktober, 46jährig, völlig überraschend an einer Lungenembolie. Herausgerissen aus dem Leben – es ist noch nicht wirklich zu begreifen. In dieser Stunde sind viele mit uns verbunden – aus nah und fern, die nicht kommen konnten. Miteinander hoffen wir und vertrauen: Singen und Beten, Hören und das Leben vor Gott verstehen, das sind die Türen des Glaubens, die wir zaghaft und zuversichtlich miteinander und füreinander öffnen, auf der Suche nach Trost.

Gebet: Ewiger Gott, du rufst den Menschen nach deinem Ratschluss aus diesem Leben. Lehre uns erkennen, dass wir hier keine bleibende Stadt haben. Hilf uns, dass wir unsere Zeit und alles, was du uns anvertraust, in deinem Dienst gebrauchen. Und wenn die Stunde kommt, lass uns bei dir sein und in dir leben. Durch Jesus Christus, unseren Herrn. Amen.

Gemeindelied: Befiehl du deine Wege EG 361,1.6.7.12. Psalm 139 (EG 754) – im Wechsel gebetet.

Chor: Wer nur den lieben Gott lässt walten.

Lesung: Röm 8,31–39.

Gemeindelied: Ich will dich mit Fleiß bewahren EG 36,12.

Predigt:
Friede sei mit euch. Amen. Liebe Gemeinde, liebe Schwestern und liebe Brüder, liebe Freunde und liebe Freundinnen von Christiane Markert-Wizisla, liebe Familie Markert und liebe Familie Wizisla, liebe Laura, liebe Rosa, lieber Erdmut.

„Und dann wird man innerlich ganz ruhig, gelassen, eigentlich auch guten Mutes, man spürt, es gibt immer wieder eine Tür, die aufgeht, und der Weg geht weiter. Irgendwie – ja – doch… man steht auf und geht. Das ist es wohl, Glauben." Wir saßen in Christianes schönem Arbeitszimmer, mit den altehrwürdigen Möbeln, am hellen runden Tisch. Gegen die aufkommende Verzagtheit und Unsicherheit ihres beruflichen Weges sagte sie diese hellen, zuversichtlichen und vor-sichtigen Worte vom Glauben. Es war ein tiefes Luftholen, ein Hauch von Auferstehung mitten im Leben.

Auf diesem hellen schönen Tisch stehen seit ihrem Tod eine brennende Kerze, Blumen und ein liebevoll ausgesuchtes Kondolenzbuch liegt da. Die Tür ist offen – man kann hineingehen und sich erinnern. Das Trauerzimmer – mitten im Leben. Ich bin die Auferstehung und das Leben. Wer an mich glaubt, wird leben, ob er gleich stürbe, und wer da lebt und glaubt an mich, wird nimmermehr sterben. So spricht Jesus Christus zu Martha, aufgeschrieben vom Evangelisten Johannes, weitergesagt und weitergelebt von ungezählt vielen Männern und Frauen, auch von Christiane. Ermutigung zum Leben und Trost am Grab.

Auferstehung im Leben, aufstehen, aufbrechen, Hoffnungs- und Heilungsgeschichten weitererzählen: Auf diesen Weg hat Christiane Markert-Wizisla viele mitgenommen. Predigend, erzählend, immer wieder unermüdlich die Bibel auslegend. Die Schwestern der großen ökumenischen Gemeinschaft des Weltgebetstages, weit über die Grenzen unserer Landeskirche hinaus, verdanken ihrer theologischen Mitarbeit inspirierende Impulse. In unserer Landeskirche hat sie die theologische Arbeit für den Weltgebetstag in schwesterlicher Gemeinschaft mit anderen weiter vertieft und profiliert. Andere in das Lernen und Theologie-Treiben hinein nehmen, Wissen und Verantwortung teilen und verteilen, das war ihre große Gabe, durch die Netze und Beziehungen tragfähig geworden sind. Lehren und Lernen, Leiten und Beteiligen – es gehörte in ihrem beruflichen Wirken zusammen.

Die Weinbergstraße – das war der traditionsreiche Ort der Frauen- und Familienarbeit unserer Landeskirche, hier in unmittelbarer Nähe. Der Weg von der Weinbergstraße Potsdam in die Goethestraße in Berlin-Charlottenburg war ein notwendiger, schmerzlicher Aufbruch und Abschied. Christiane Markert-Wizisla hat dabei ein Zeichen gesetzt: Veränderungen – auch Abschiede von liebgewonnenen Räumen kirchlicher Arbeit – müssen sein. Doch würdig und mit der Bitte um Gottes Geleit. Viele von Ihnen und euch sind mitgegangen, als Christiane Markert-Wizisla und Bischof Wolfgang Huber den Weg von der Weinbergstraße hier in diese Kirche gegangen sind. Hier, an diesem Ort: Beten, Singen, auf die Schrift hören, um Gottes Segen bitten und dann weiterziehen. Ein bewegender Tag. Zeichen, wie evangelische Kirche in Bewegung ist und sich beim Abschied von der Hoffnung auf Neues bewegen lässt. Aufstehen und gehen.

Von ihr haben viele von uns neu gelernt, über Frömmigkeit nachzudenken. Ist es nicht auch die Frömmigkeit, die die feministische Theologie mit ihren exegetischen und systematischen Aufbrüchen in die Theologie und kirchliche Arbeit hineinweben kann? Wir waren unterwegs, auf dem Weg feministischer Theologie und ihrer Konkretion in kirchlicher Praxis. Sie fehlt jetzt als Mitdenkerin. Das Denken und theologische Arbeiten wird weitergehen. Auf das, was sie aufgeschrieben hat, können wir zurückgreifen.

Ihre Lust und Freude an der Theologie haben viele genossen – und viele haben davon profitiert: beruflich und ehrenamtliche Mitarbeitende, Pfarrer und Pfarrerinnen und im letzten Semester auch Studierende der Theologie. Von den Anfängen im Arbeitskreis für feministische Theologie, über die Zeit als wissenschaftliche Mitarbeiterin an der Theologischen Fakultät, die Zeit des Promovierens bis zur theologischen Mitarbeit in der Landessynode ist sie als Pfarrerin immer im theologischen Diskurs geblieben – und hat Gelerntes weitergegeben.

Auch dieses: Wenn im Neuen Testament von Auferstehung und Aufstehen gesprochen wird, dann ist beides gemeint: die Auferstehung von den Toten, dem Jüngling von Nain, und das Aufstehen des Gelähmten nach der Heilung. Alle Aufsteh-Erfahrung in unserem Leben, alle erfahrene Erfüllung sind ein Blick durch dieses Leben hindurch in die Ewigkeit Gottes. Wir hören und stocken. Traurig, suchend, sprachlos halten wir uns aneinander und trauern.

In der Mitte ihres Lebens hat Christiane mit Ihnen, den Geschwistern, um die Mutter getrauert. Das Bild eurer Großmutter steht jetzt mit den letzten Bildern eurer Mutter zusammen mit Blumen und Kerzen bei euch in eurer schönen Wohnküche auf dem Fensterbrett. In der Mitte ihres Lebens, lieber Erdmut, hat eure Zweisamkeit begonnen, Gestalt zu gewinnen. In der Mitte eures Lebens ist eure Liebe gewachsen, hat euch füreinander stark gemacht und miteinander für das Leben mit anderen geöffnet. Literatur und Theologie, die gemeinsame Liebe zur Musik, haben euch Wege eröffnet. Miteinander singen, voneinander lernen, füreinander da sein. Die Gewissheit, auf allen Wegen beieinander zu bleiben, ist die Frucht der Liebe gewesen, die euch getragen und glücklich gemacht hat.

Liebe Rosa und liebe Laura, in diese Liebe seid ihr beide hineingewachsen. Hineingewachsen in Aufmerksamkeit und Achtsamkeit für das Leben und für die Menschen. Die Lebensfreude an dem gemeinsamen Tisch, an dem ihr gegessen und erzählt habt, nehmt ihr mit in euer Leben. Einander erzählen, was wichtig ist, Platz haben für die, die dazu kommen an den Familientisch, miteinander kochen und essen – das alles ist Leben, das gelingt. Und ist Gemeinschaft, die auch Auseinandersetzung erträgt. Worte und Lieder, die das Leben hell und fröhlich machen, habt ihr von Christiane gelernt. Sie hat euch weitergegeben, was ihr für ihr Leben wichtig war – damit auch ihr stark und aufrecht leben könnt.

Hier in dieser Kirche habt ihr miteinander Gottesdienst gefeiert. Gründonnerstag, und am Heiligen Abend hast du, Laura, mit deiner Mutter im Wechsel die Weihnachtsgeschichte im Gottesdienst gelesen. Dein Wort ist wahr und trüget nicht. Und hält gewiss, was es verspricht. Im Tod und auch im Leben. Diese Zeilen aus dem Abendlied „Mein schönste Zier" hast du, Rosa, von und mit Christiane auswendig gelernt. Wenn man es mit anderen zusammen singt, dann spürt man, dass es trägt, auch wenn so vieles im Leben zerbricht. Sie selbst ist singend in den Glauben hineingewachsen.

Sie, die Geschwister, teilen die Erinnerungen an Kindheit und Jugendzeit in Thüringen, an das Leben in der großen Familie, an die Unerschrockenheit des Vaters und der Mutter, an die Erfahrung, dass es mutig und gut war, als junge Christen in der DDR offen und beherzt im Glauben zu leben. Unerschrocken, aufrecht und ehrlich leben – das hat sie früh gelernt und nicht verlernt. In den letzten Jahren hat sie als Sprecherin des Beirates Hilfe für Opfer von Menschenhandel und Gewalt mahnend den Finger in eine Wunde unserer Gesellschaft gelegt.

In diesem letzten Jahr habt ihr zwei große Reisen gemacht, die sie tief beglückt haben. Die wunderbare Weite Argentiniens habt ihr erlebt. Ihr beide, Laura und Rosa, habt mit ihr Buenos Aires erkundet. An deiner Seite, lieber Erdmut, hatte sie Anteil an deiner Arbeit, an deinem Wirken. Das war für sie bewegend, den Horizont erweiternd, beglückend. Eure gemeinsame Freude, im Chor zu singen, hat euch beide und Sie alle im Chor beflügelt, als Sie in Mexico zusammen unterwegs waren. Der Klang von vertrauten Liedern in fremder Umgebung bleibt fest verwoben mit der Erinnerung an gemeinsames Singen mit Christiane.

Wir staunen. Sie war so jung. So viel Leben, so viel Schaffenskraft, so viel Erfülltes. Und doch auch: so viel, was unerfüllt und unvollendet ist. Ihr, Freunde und Freundinnen, Weggefährten und Kolleginnen, erinnert euch an so viele gemeinsame Wege, an miteinander geteilte Zeit, an Freudenzeiten und Durststrecken. Das Leben ohne sie wird geprägt sein von ihrem Leben, das Sie, das ihr mit ihr geteilt habt. Durch alle Worte, die wir in den Tagen seit ihrem Tod suchen und weiter suchen werden, um uns zu erinnern, scheint ihr Wesen hindurch: ihre Nachdenklichkeit, ihr Lachen und ihre Lust am Leben, ihr ernstes, von Enttäuschung geprägtes Gesicht, ihr forderndes Wesen, ihre Konzentration, ihre Rastlosigkeit, ihr schönes, strahlendes Gesicht, ihre klaren Augen, ihre innige Sammlung, wenn sie gesungen hat, ihr Lächeln, sanft und vorsichtig. Das Bild, mit dem ihr die Nachricht ihres Todes weitergesagt habt, scheint auch durch diesen Tag. Am letzten Abend waren viele gekommen, um sich mit einer neuen Übersetzung den vertrauten Inhalt der Seligpreisungen des Matthäusevangeliums neu zu erschließen. Ermutigt und dankbar darüber, dass Menschen sich immer wieder neu für die Bibel begeistern lassen, fuhr sie nach Hause.

Liebe Rosa, lieber Laura, lieber Erdmut: Ihr wart ihr Zuhause. Eure uneingeschränkte Liebe hat sie stark gemacht. Sie wusste, dass Ihr alle Wege mit ihr gehen würdet. Das hat sie wirklich glücklich gemacht. Der Tod hat sie überrascht, erschrocken.

Miteinander und füreinander glauben und vertrauen wir: Da ist eine Tür. Man spürt, es gibt eine Tür, die sich öffnet, auch wenn man sie nicht sieht. Und dann steht man auf und geht. Jesus Christus spricht: Ich bin die Auferstehung und das Leben. Wer an mich glaubt, wird leben, ob er gleich stürbe, und wer lebt und glaubt an mich, wird nimmermehr sterben. Diese Worte bergen uns. Durch alle Tränen hindurch spüren wir: Sie tragen uns. Der Friede Gottes, der höher, weiter und tiefer ist als alles, was wir verstehen, tröste und bewahre euch in eurem Leben. Amen.

Gemeindelied: Da ich noch nicht geboren war. EG 37, 2.4

Fürbitten: Gott, der Du uns geschaffen hast und liebst. Wir danken Dir, dass Du Christiane Flügel der Weisheit, der Liebe und der Lebenslust gegeben hast. Uns fehlt Christiane – als Mutter, Ehepartnerin und Schwester. Uns fehlt Christiane – als Freundin, Mitstreiterin, Anstifterin, Mutmacherin und Kollegin. Uns fehlt Christiane – als Zeugin des Evangeliums und Mitgestalterin dieser Kirche. Im Vertrauen auf die Gemeinschaft mit Jesus Christus rufen wir: Gemeindelied: Wachet und betet. Gott, der Du uns in Jesus Christus Bruder und Befreier aus aller Schuld und aus dem Tod geworden bist. Wir danken Dir für die Zeit, die wir mit Christiane erleben durften, für die strahlenden Tage des Gelingens, des Lachens, der Begeisterung, des Glücks, des Erfolgs, des sich gegenseitig Beflügelns und für die schweren Tage der Fragen, der Unsicherheit, der Verletzungen und Enttäuschungen. Wir legen in Deine Hände, was wir einander schuldig geblieben sind, bei Dir kommt es zu Recht und zur Ruhe. Im Vertrauen auf die Gemeinschaft mit Jesus Christus rufen wir: Gemeindelied: Wachet und betet.

Gott, die Du uns als heiliger Geist auch in diesen schweren Stunden, Tagen und Nächten nicht im Dunkel versinken lässt, öffne unsere Augen, Ohren, Herzen, Münder und Hände für die Zeichen des Lebens, für Deine Verheißung des Lebens über diese Welt hinaus, für die Auferstehung der Toten, für die Hoffnung unserer Verbundenheit mit Christiane über den Tod hinaus.

Wir bitten Dich besonders um Trost für Rosa, Laura und Erdmut und hilf uns, ihnen nahe zu bleiben. Im Vertrauen auf die Gemeinschaft mit Jesus Christus rufen wir: Gemeindelied: Wachet und betet. Gott, in der Stille bringen wir vor Dich, was uns jetzt bewegt: (Stille) Gott, wir bitten Dich: Bleibe bei uns, wenn wir wachen und beten. Zu Dir rufen wir im Namen unseres Herrn Jesus Christus, der mit Dir und dem Heiligen Geist lebt und Leben schafft und bewahrt in Ewigkeit. Amen.

Chor: Nun ruhen alle Wälder.

Gebet: Gott, wir bitten dich, nimm Christiane in deinen ewigen Segen. Umhülle sie mit dem Licht des Ostermorgens.

Segen: Gott segne und behüte dich. Gott behüte deine Seele. Gott behüte deinen Ausgang und deinen Eingang. Von nun an bis in Ewigkeit. Amen.
Mein schönste Zier EG 473. Prelude h-moll von César Franck
Worte für den Weg: Von guten Mächten wunderbar geborgen erwarten wir getrost, was kommen mag. Gott ist mit uns am Abend und am Morgen und ganz gewiss an jedem neuen Tag. Nehmt diese Worte mit auf den Weg zum Friedhof. Geht miteinander den Weg durch den Park zum Friedhof. Dort sammeln wir uns und gehen zum Grab. Lasst uns miteinander Christiane zu Grabe tragen. Lasst uns aufstehen und gehen – und Gott vertrauen.

Pfarrerin Dr. Christiane Markert-Wizisla (1961–2007) war von 2001 bis 2007 Leiterin der Frauen- und Familienarbeit in der Ev. Kirche Berlin-Brandenburg. Das Grab von Christiane Markert-Wizisla befindet sich auf dem Bornstedter Friedhof, Potsdam.

Anlassbezogene Predigten und Andachten (chronologisch)

- **Heilung der gekrümmten Frau (Lk 13,10–17).**
  Weltgebetstag 1991 (Kenia – Miteinander unterwegs)

Ich möchte Ihnen von einer Frau erzählen. Ihr Name ist nicht bekannt. So wichtig war sie nicht. Man kannte sie – sie gehörte dazu, zur Gemeinschaft. Fleißig, scheute keine Arbeit, aber trotzdem am Rand, denn sie war verkrümmt. Wollte man mit ihr reden, mußte man sich bücken. Achtzehn Jahre lebt sie nun so – krumm, den Blick nach unten, beschränkt auf das, was vor ihr liegt. Doch sie gehört dazu. An ihren krummen Rücken hatte man sich gewöhnt. Wie jeden Sabbat saß sie in der hintersten Reihe – da am Rande, wo alle Frauen saßen, denn Frauen durften nicht nach vorne – dorthin, wo die Männer öffentlich sprachen. Unter allen diesen am Rande sitzenden Frauen sah man sie kaum – sie wurde übersehen – so hatte man sich an ihr gekrümmtes, gedrücktes Wesen gewöhnt.

Aber Jesus sieht sie. Durch die ganze Menge, die gekommen ist, um diesen Jesus aus Nazareth zu hören – durch alle Menschen durch sieht er sie. Sein Blick bleibt auf ihr ruhen – ihr fällt es schwer, den Blickkontakt zu halten – der gekrümmte Rücken drückt den Kopf herunter. „Frau, komm her zu mir, du sollst deine Krankheit los sein." Tief innen in ihrer gekrümmten Seele sagt eine Stimme: „Nein, du Frau darfst nicht nach vorne zu den Männern gehen!" Aber diese Stimme der seit Jahren gelernten Gesetze und Vorschriften hat keine Chance mehr. Sie denkt nicht nach. Sie steht auf und geht zu Jesus. Jesus legt ihr seine Hände auf. Wie gut tut das! Wie wohltuend die Nähe, die Liebe und die Fürsorge. Wie lange hatte sie diese Zuwendung vermißt! Die Hände Jesu sprachen: Du bist gesund – du sollst deine Krankheit los sein – richte dich auf – denn du kannst aufrecht gehen! Sie streckte sich – richtete sich auf. Wie anders sieht das Leben aus, wenn man aufrecht steht und den anderen ins Gesicht blicken kann! Wie stark ihr Rücken, wie schön den Kopf zu heben, ohne sich anstrengen zu müssen!

Da steht sie. Eine Frau vorne in der Synagoge. Im Mittelpunkt. Aufgerichtet, verjüngt und gestärkt. Und da, wo man die Stimme einer Frau nach den Vorschriften nicht hören darf, hört man ihre Stimme: Gott, ich lobe dich, Gott, ich danke dir, ich habe neues Leben von dir bekommen. Gott, dir sei Lob und Preis und Dank! Und alle hörten zu und freuten sich.

- **Jesus in Rixdorf (Mt 21,1–9), Eröffnung des Rixdorfer Weihnachtsmarkt, Bethlehemkirche Neukölln**
2. Advent 3. Dezember 2010

Wie wäre es, er, Jesus, käme nach Rixdorf, käme an hier, durch die Straßen, voller Baustellen, hier in den fröhlichen Markttrubel? Wie wäre es, er, Jesus, käme den Weg entlang zwischen Glühwein und Kerzenständen? Wie wäre es, er, Jesus, käme, freundlich gestimmt, frierend wie wir alle, er käme zu Fuß wie alle… Er würde gehen von Marktstand zu Marktstand, sehen und fragen, nach den Initiativen und Projekten, nach den Gemeinden und Ideen, nach Perspektiven und Konzepten, nach Kuchen- und Marmeladenrezepten. Wie wäre es, er, Jesus, käme nach Rixdorf? Er würde umher schlendern und die Menschen wahrnehmen: die Familien und Grüppchen, die Alten und die Jungen, die Allein-Seienden und die Traurigen, die Anders-Aussehenden und die, die andere Sprachen sprechen. Er würde fragen, wie es ihnen geht, zuhören, wenn sie erzählen von Arbeitslosigkeit und gekürztem Arbeitslosengeld, von Weihnachtsgeschenken, die nicht gekauft werden können, von Sorgen mit Kindern und Frust mit Eltern.

Er wäre da gewesen – und weitergezogen. Vielleicht würden wir uns erinnern – vielleicht würden wir auch niemanden sprechen, der uns von ihm erzählt. Wie wäre es, er, Jesus, käme – und wir wüßten, dass er kommen könnte – woran würden wir ihn erkennen? Worauf würden wir achten? Einer, der freundlich lächelnd umhergeht, aber offensichtlich allein unterwegs ist? Oder einer, der umringt wird von ein paar lauten Freunden und Freundinnen, die zu ihm gehören und es deutlich zeigen? Einer, der nachdenklich, wehmütig ist? Einer, der fröhlich lächelnd schlendert und ausgesprochen kommunikativ ist?

Advent – Gott kommt. Christus kommt. Der kommende Gott ist souverän. Das Kommen ist nicht planbar, datierbar, nicht zu organisieren und zu managen. Christus kommt aus der Zukunft mitten in unser Leben, in unsere Welt. In dieser Unberechenbarkeit birgt sich die große Gnade Gottes. Sein Kommen hängt nicht an uns, sondern: Sein Kommen ist sein Versprechen, das in Christus Hand und Fuß bekommen hat. Advent – Zeit der Vorbereitung, Zeit, die eigene Bereitschaft wahrzunehmen und zu gestalten. Bereitschaft, Gott, Christus, zu finden, zu treffen. Spuren seiner Liebe im eigenen Glauben zu entdecken, das ist leichter, wenn man bereit ist. Advent ist die Zeit, anzukommen, mitten im eigenen Leben. Advent ist Ankommen in der Realität, im eigenen Leben in allem Trubel, im Allein-Sein, in der eigenen Biographie. Und Advent ist: Frieden finden. Wissen, was zu tun ist – wissen, wo meine Grenzen sind – wissen, was wichtig ist – spüren, wer mir wichtig ist. Advent – das Ankommen im Leben und das große Fest erwarten. Die Unterscheidung zwischen unserem Leben und dem, was wir erhoffen und erwarten dürfen, erwarten

Bethlehemkirche Rixdorf, Heiligabend 2017

können, diese Spannung erleben wir im Advent. Und wir vertrauen: Aus der Zukunft kommt Gott entgegen.

Schließlich: Advent ist Ankommen. In der Gegenwart unseres Lebens begegnen wir Christus. In der Gegenwart unseres Lebens begegnen wir der Liebe Gottes. In der Gegenwart unseres Lebens nehmen wir die Engel wahr, die unterwegs sind. Und am Ende des Advent werden wir sagen: Er war da – kurz, vielleicht aber immer mal wieder, und immer anders. Advent. Christus kommt. Lasst uns ankommen bei uns, dass wir Christus begegnen – in denen, die unterwegs sind, uns seine Liebe zu erweisen.

■ **Alles „auf Anfang". Andacht (Gen 8,18–22)**
auf der EKD-Synode 2013

Am Ende leuchtet der Regenbogen – so kennen wir seit Kinderzeiten die Geschichte der Sintflut, der Arche, von Noah und seiner Familie und von der Rettung der Tiere, die einen Neuanfang ermöglicht. „Mit Urgewalt bricht sich das Wasser die Bahn …" – so ein Nachrichtensprecher in diesen Tagen. Überall die Bilder und Berichte von dem Kampf gegen das Wasser. Staunend und ohnmächtig erkennen wir, dass die Natur gewaltig und lebensfeindlich sein kann.*

---

* Im Mai/Juni 2013 gab es verheerende Hochwasser in Deutschland und Mitteleuropa.

130

Wir lieben die Natur – doch eigentlich lieben wir die domestizierte Natur. Zur Erinnerung: Das biblische Paradies ist ein angelegter Garten!

Die biblische Sintflutgeschichte beginnt mit dem Kummer Gottes, dass die Menschen böse sind. Und mit Gottes Reue, sie geschaffen zu haben. Und am Ende bereut Gott, dass er die Sintflut gemacht hat, und erneuert den Schöpfungsauftrag: zu bauen, zu pflanzen, den Lebensraum zu gestalten. Gott schließt den Bund für das Leben – mit Noah, stellvertretend für die Menschheit, die weiterlebt. Das Zeichen für diesen Bund ist der Regenbogen.

Natur ist gewaltig – nicht nur schön. Die Entwicklung von Kulturland, das wir der Natur abtrotzen, um uns zu ernähren, ist ein immerwährender Prozess. Dabei setzt der Mensch sein Wissen und sein Können ein. Worin liegt die Grenzüberschreitung, die aus biblischer Sicht „böse" ist? Die Antwort ist nur im gesamt-biblischen Zeugnis zu finden: wenn die Gerechtigkeit missachtet wird. Die biblische Sintflut ist das Gericht, das alles „auf Anfang" setzt. Die Gratwanderung, den Schöpfungsraum zu nutzen, ohne ihn egoistisch auszubeuten, ist nur zu schaffen, wenn die Gerechtigkeit immer wieder neu auf die Tagesordnung kommt. Gericht ist die Klärung, was Gerechtigkeit ist. „Ich will hinfort nicht mehr die Erde verfluchen um der Menschen willen; denn das Trachten des menschlichen Herzens ist böse von Jugend auf. Solange die Erde steht, soll nicht aufhören Saat und Ernte, Frost und Hitze, Sommer und Winter, Tag und Nacht" (1. Mose 8,18–22). Mit diesem Versprechen endet die Sintflutgeschichte.

Bei allen Fluten, die kommen – sie sind kein Fluch. Der Rhythmus des Lebens wird nicht zerstört. Die Flut setzt alles noch einmal „auf Anfang". Damit wir etwas ändern. Wir kämpfen und verteidigen den mühsam geschaffenen Lebensraum. Das tun wir mit allen Gaben, die uns Gott schenkt. Doch die Natur ist stärker als unser Können und Wollen. Die Flut ist die Erinnerung, dass wir die Schöpfung nutzen, auch beherrschen sollen – zum Wohle aller und im Maße der Gerechtigkeit. Die Flut in unserem Land betrifft uns alle. Die Linderung des Schreckens und der Not ist deswegen auch unsere gemeinsame Sache.

▪ Hagar (Gen 16,13). Geistliche Eröffnung Diakoniewerk Simeon und Kreiskirchenrat Neukölln 6. November 2015

Leihmutterschaft antik: Die Frau wird nicht schwanger und die biografische Uhr tickt – sie entscheidet sich, die Sklavin einzusetzen. Der Ehemann geht zur Sklavin – diese wird schwanger. Und der Ur-Streit oder auch: Ur-Neid beginnt. Denn: Schwangere, deren Leibesfrucht dem Erhalt einer Sippe dienen soll, haben eine gewisse Macht. Heute ist es ähnlich und anders. Frauen können sich auch für Leihmutterschaft verkaufen – nicht als Sklavinnen, aber dennoch ihr Geld verdienen. Gelegentlich tauchen Nachrichten auf – von dem Handel mit gebärfähigen Frauen. Manchmal werden sie auch Leihmütter für andere Paare, um die eigenen Kinder zu ernähren.

Sie – die Sklavin aus biblischer Zeit – wird gebeutelt, schlecht geredet, schließlich ergreift sie die Flucht. Flucht – das ist Aufbruch ohne Wiederkehr, nicht Wissen wohin, keine Hilfe am Weg – keine Perspektive. Das biblische Bild dafür ist die Wüste.

Hilfe taucht unerwartet auf. In einer Kombination – modern gesprochen – von geistlichem und diakonischem Handeln, von praktischer Lebenshilfe und lebensdienlicher Orientierung – alles in einem, genauer: in zwei Fragen, die auf der Flucht einen Denk- und auch einen Lebensraum eröffnen: Woher kommst du? Wohin gehst du?

Woher kommst du? Das ist die aufrichtige, würdegebende, wertschätzende Frage nach der Identität: D.h.: Wer bist Du? Was trägt dich? Worum trauerst du? Was schmerzt dich? Und es ist die lebenspraktische Haltung, den fliehenden, den sich verlaufenden Menschen anzuhalten und ihn zu bergen in einer aufrichtigen liebevollen Begegnung.

Wohin gehst du? Das ist weiterhin die Stärkung der Identität, der eigenen Kräfte: D.h. Welche Kräfte stecken in dir? Welches sind deine Träume? Welche Hoffnung trägt dich? Diese Frage gibt der Gefragten die Chance, eigene Kräfte zu mobilisieren und sich zu sortieren. Oder wie wir es heute auch sagen: Sie wird als Gestalterin der eigenen Biografie ernst genommen – obwohl sie mitten in der Wüste auf der Flucht ist.

Die Antwort der Frau ist schlicht und doch umfassend: Ich bin auf der Flucht. Der Fragende sagt: Geh zurück, denn nur dort kannst du dein Kind zur Welt bringen. Dein Elend ist erhört und dein Kind und du – ihr habt einen Platz. Zurück in die Struktur? Resozialisierung? Zurück? Geht es wirklich nicht anders? Doch statt dieser Rückfragen geschieht etwas anderes, spricht sie anders. Hagar – von dieser biblischen Frau ist die Rede – ist die erste – der erste Mensch! in der Bibel (wenn man bei Adam und Eva beginnt), die Gott ihrerseits einen Namen gibt: Du bist ein Gott, der mich sieht. D.h. Du bist ein Gott, der mich sieht, wie ich bin – mitten in diesem Leben, dessen Struktur mich demütigt – du siehst mich und gibst mir darin einen Raum. Der Fragensteller, der den Weg der Hagar unterbrochen hat – ist ein Engel.

Der Engel entspricht durch sein Handeln und seinem Reden dem Namen Gottes. Oder anders herum: Durch das Handeln und Reden des Engels bekommt Gott in dieser Welt einen Namen. Das Handeln des Engels ist nächstenliebend, diakonisch, verkündigend, unterweisend, zugewandt, empathisch, sozial, integrierend, stärkend oder kurz: den Menschen würdigend. Und in dieser Würdigung findet der Mensch seinen Platz und bekommt den Rücken gestärkt.

Unser diakonisches und pädagogisches Handeln ist immer wieder das: dem Menschen Würde zu geben, indem wir ihn oder sie ernst nehmen und ernsthaft prüfen, was gut ist – und was möglich ist. Diese ernsthafte Prüfung der Möglichkeiten steckt in der Begegnung der Hagar und dem Engel. Sie erkennt in dieser Begegnung Gott und gibt ihm einen Namen: Du bist ein Gott, der mich sieht. In den Grenzen unseres nächstenliebenden, diakonischen und pädagogischen Handelns empfinden wir es manchmal (oder auch: oft) so, dass wir die Strukturen nicht verändern können. Das konnte auch der Engel nicht. Er schickt Hagar zurück. Mit der Begründung, dass der Platz, der ihr zugewiesen ist, gesegnet und von Gott gesehen ist. Du bist ein Gott, der mich sieht.

Hagar geht zurück. Ihr Rücken ist gestärkt. Die Bibel erzählt, dass das viel ist, nicht wenig. Menschenwürde beginnt mit diesem Wahr- und Ernstnehmen. Mit Fragen und Interesse. Nächstenliebe nimmt sich Zeit, zu fragen. Im Kern ist das unser gemeinsamer Dienst: dass Menschen spüren, Gott ist ein Gott, der mich sieht. Vielleicht definieren wir uns nicht sofort als Engel – aber für die Menschen, die durch uns den aufrechten Gang wagen, sind wir Engel. Und manchmal sagen sie es auch so oder anders.

- **Es ist genug für alle da (Mt 6,11). Familiengottesdienst beim Kreiskirchentag Neukölln, Genezarethkirche 3. Juli 2016**

Unser tägliches Brot gib uns heute … Was wir zum Leben brauchen, das ist vielfältig. Wie das aus eurer Perspektive, liebe Kinder, klingt – das haben wir von euch gehört. Über den Tag gesammelt, was braucht man als Kind zum Leben?

Essen und Trinken. Geborgenheit und Liebe. Schule und Geld. Internet und Spiele. Aufmerksamkeit und Platz. Man muss die Sprache lernen können, die alle sprechen, man braucht Freunde und Freundinnen. Das tägliche Brot ist ein Wortbild für das, was Leben ermöglicht. Auch für das, was Leben lebenswert und schön macht. Wenn man darüber nachdenkt, und es so aufschreibt, wie ihr es gemacht habt, dann fällt uns – den Großen und den Kleinen, den Jungen und den Alten – etwas auf: Manchmal haben wir viel mehr als wir brauchen, und andere haben viel zu wenig, um zu leben. Unser tägliches Brot gib uns heute. Diese Bitte konzentriert unseren Blick auf das Wesentliche. Auf das, worauf es ankommt: genug zu essen und zu trinken, auch für die eigenen Kinder und die eigenen Eltern; für das Leben lernen können und Arbeit haben – um sich das tägliche Brot in Würde verdienen zu können. Und: umarmt zu werden, Liebe zu spüren. Liebe, Würde, Brot – das gehört zusammen.

Es ist genug für alle da. Das sagt ein Vater oder eine Mutter gerne, wenn das Essen auf dem Tisch steht und alle gleichzeitig zugreifen wollen. Es ist genug für alle da. Das sagt Gott, wenn alle sich auf die Ernte und die Güter dieser Erde stürzen und sich ihr Eigenes sichern wollen.

Es ist genug für alle da. Unser tägliches Brot gib uns heute. Diese beiden Sätze geben uns Stärke und Mut, wenn die einen zu wenig und die anderen zu viel bekommen. Dieses Gebet gibt uns Kraft, wenn Hass und Angst um sich greift.

Es ist genug für alle da. Unser tägliches Brot gib uns heute. Diese biblischen Gedanken sortieren unser Denken: Unsere Welt ist nicht Privatbesitz, es ist Gottes Gabe für alle.

Schmecket und sehet, wie freundlich Gott ist. Wie schmeckt die Freundlichkeit Gottes? Etwas davon haben wir heute geschmeckt: in den Begegnungen und Gesprächen, im Kennenlernen von Fremden, im Hören auf die Geschichten von anderen, im Staunen über die Vielfalt unter uns, in der Freude über Gemeinsames in aller Verschiedenheit.

Unser tägliches Brot gib uns heute. Wenn wir einander im Blick behalten, dann ist das Teilen leicht. Doch bei der Bitte um unser tägliches Brot haben wir viele vor Augen, nicht nur die, die wir gut kennen. Die im Blick haben, die wir nicht so gut kennen, und auch die im Blick haben, die wir nicht kennen, das ist die Erinnerung daran, dass Gott uns im Blick hat. Und in unserem Gebet zu Gott sind wir vereint, in aller Verschiedenheit. Die Freundlichkeit Gottes ist da. Wir entdecken sie mitten im Alltag. Und auch: mitten im Fest. Man muss dazu nur eines: die Freundlichkeit Gottes finden wollen. Unser tägliches Brot gib uns heute. Schmecket und sehet, wie freundlich Gott ist. Amen.

■ **Schleuser und Flüchtlinge (Mk 4,35–41).**
Andacht vor dem Kreiskirchenrat Neukölln 30. Januar 2017

Manchmal drücken die Schleuser auch einem der Bootsinsassen ein Satellitentelefon in die Hand, in dem die Telefonnummer der Küstenwache eingespeichert ist. Die Boote werden immer schlechter und billiger zusammengebaut, Schlepper und Schleuser verlassen sich darauf, dass die Menschen von anderen gerettet werden. Schlepper organisieren sich immer besser. Das Geschäft blüht, viele profitieren. Und die Flüchtlinge? Sie geben alles, was sie haben, für diese Fahrt ins Ungewisse – und wenn das Boot sinkt, wissen sie nicht, ob sie gerettet werden.

Der Bericht im gestrigen Tagesspiegel hat mich aufgewühlt – und der Bericht traf mich im inneren Gespräch mit dem Evangelium für diese Woche: die kurze Geschichte vom Sturm auf dem See Genezareth, von der Angst der Jünger, zu ertrinken, von dem schlafenden Jesus und von der empörten Weckaktion der Jünger mit dem lautstarken Vorwurf: Herr, ist es dir gleichgültig, wenn wir in dem Sturm untergehen? Dieser Abschnitt wird unterschiedlich gedeutet – das zeigen schon die sog. Überschriften, die er bekommt: Sturmstillung – Jesus schläft im Boot – Vertrauen fassen – Die Angst der

Walter Habdank (1930 – 2001), Holzschnitt „Fürchte dich nicht!"

Jünger – Vertrauen ist schwer – Im Sturm auf die Probe gestellt. – Wunder? Gleichnis? Lehrgeschichte?

Es geht um existentielle Angst. Angst, dass Gott, Christus schläft – abwesend ist, wenn wir ihn brauchen.

Der Holzschnitt von Walter Habdank ist seit 30 Jahren an meinem Schreibtisch „angepinnt". Alles, was passiert, passiert in den Köpfen: Gedanken, Unsicherheiten, auch: die Angst vor den Wellen und das Kopfzerbrechen – was bedeutet es, dass Jesus schläft? In den Gesichtern spüre ich die Sehnsucht, vertrauen zu können.

Vertrauen – in dem Wort steckt die Treue, treu bleiben, den Weg mit Jesus gehen, davor schreckt die Gemeinde zurück. Kurz vor der Schwelle zur Passionszeit werden wir daran erinnert: Gott vertrauen, Christus vertrauen – hat mit unserer Treue zu tun. Wie bleiben wir Christus treu, angesichts von dem Elend in der Welt, das die Menschen auch nach Europa treibt in der Hoffnung auf ein besseres Leben? Ich sauge die guten Geschichten auf, von Begegnung, von Neuanfängen, von Integration und von genommenen Ängsten – bei Ankommenden und bei Empfangenden. In der Treue zu Christus wird das Wort spürbar: Jesus sprach zu dem tobenden See: Schweig! Sei still! Da legte sich der Wind und es wurde still. Die Ruhe im Sturm, das Ende der Angst bekommt Raum, wenn wir vertrauen, wenn wir treu sind.

In dem Bild von Habdank – so sehe und lese ich es – wird das deutlich: Glauben ist auch ein Ringen in unseren Köpfen und Herzen – wem gebe ich die Macht? Der Angst oder Christus? Der Machtkampf in uns hat etwas mit Treue zu tun. Zur Treue entscheidet man sich. Das Geschäft der Schleuser ist perfide. Sie verdienen am Elend anderer. Unser System macht indirekt mit. Doch in diesem großen politischen Elend und polarisierenden Reden, die Angst machen wollen, bleibt es ein Lichtblick und eine Hoffnung, dass Menschen gerettet werden – manchmal durch eine Telefonnummer.

Der schlafende Christus ist auch ein Bild dafür, dass Christus uns etwas zutraut, ohne uns aus dem Blick zu verlieren. Jesus bringt die Angst, den Sturm zum Schweigen – erst dann fragt er die Seinen: Warum habt Ihr kein Vertrauen? Die Reihenfolge ist entscheidend: erst die Angst nehmen – dann fragen. Möge das auch immer wieder unsere Haltung sein, wenn Menschen

Angst haben. Und möge es immer wieder unsere Glaubenserfahrung sein, die wir einander erzählen.

■ Kollegiales Miteinander (Lk 9,1–17). Andacht vor dem Pfarrkonvent Neukölln 8. Februar 2017

Eine kleine Entdeckung hat mich neugierig gemacht. Die Zwischenüberschrift über dem Abschnitt der heutigen fortlaufenden ökumenischen Bibellese (Lk 9,1–17)! Die Rückkehr der Zwölf. (Punkt!) Die Speisung der Fünftausend.

Die Rückkehr der Zwölf ist ein neuer schriftlicher Einsatz und nimmt den Duktus des Lukas auf: Kapitel 9 beginnt mit der Aussendung der Zwölf, dann folgt der kurze dramatische Zwischenruf, dass Herodes von den Taten der Zwölf erfährt – und dann kehren sie zu Jesus zurück. Und sammeln sich in Betsaida – nicht irgendwo, sondern an einem echten Ort, der geografisch zu finden ist. Von unserem pastoralen Selbstverständnis sind wir von Christus gesendet und eingebunden in die Gemeinschaft derer, die gesendet sind. Ich finde das bei dieser Sendungsrede immer sehr berührend und auch korrigierend: von Christus gesendet – persönlich. Und: nicht allein. Die „kleine Ekklesiologie", die hier dahinter steckt, ist – möge es uns schmecken oder nicht – auch von der Ausstattung der Zwölfen gezeichnet: Aussendung mit leeren Händen und großer Machtfülle, in die Häuser gehen, wenn aufgenommen, dann auch weiterziehen, und wenn nicht aufgenommen, Staub von den Füßen schütteln und auch weitergehen. In jedem Fall: weiterziehen.

Und dann die Rückkehr: Erfolgreich, fröhlich, guter Dinge – etwas frei übersetzt. Auf diesen Erzählschwall hin nimmt Jesus die Seinen zu sich und zieht sich zurück. Nach Betsaida. Bevor die Tausenden kommen, hungrig und durstig nach Heilung und Brot, – ist Zeit für den Rückzug. Wenigstens einen Vers lang. Und bei dem möchte ich auch einen Moment verweilen. Wo sind unsre Orte des Rückzugs mit Christus? Unser Betsaida?

Für diesen biblischen Moment, dass die Ausgesandten sich mit Christus zum Erzählen zurückziehen, haben wir unterschiedliche Formen von Konventen, Ehrenamtlichen-Runden. Wobei die Einberufenden grundsätzlich nicht mit Christus gleichzusetzen sind, die würden aus der Gemeinschaft der Gesandten herausfallen. Doch das Bild: der Rückzug der Gesandten mit Christus – zum Erzählen –, das löst etwas aus: Alles, was wir einander erzählen von Erfolgen und Enttäuschungen, erzählen wir, weil wir glauben und vertrauen, dass Christus, der uns gesandt hat, mitten unter uns ist. Mit dieser Haltung qualifizieren wir unser kollegiales Miteinander.

Die Erfolge, „die großen Dinge", im 9. Kapitel des Lukas-Evangeliums beziehen sich auf die Ausstattung von Befugnissen und Kompetenzen: Gewalt und Macht über Dämonen, Predigt vom Reich Gottes und Krankenheilungen,

Erfolge durch unser Da-Sein, am rechten Ort, und die richtigen Worte finden. Mehr Instrumente haben wir nicht, Christus zu verkündigen. Ich habe mich gefragt, ob wir genug Zeit haben, uns unsere Erfolge zu erzählen – in Christi Gegenwart.

Dann kommen sie, die vielen, die Tausenden, die etwas wollen – und es auch bekommen. Allerdings sind die erfolgreichen Zwölf kleinmütig. Denn: Der Ort ist einsam (Martin Luther 2017) – Der Ort ist unwirtlich (Bibel in gerechter Sprache) – Hier ist Wüste (Luther 1984) – Hier gibt es kein Brot. Warum sehen die, die große Dinge getan hatten, nicht das, was Christus sieht? Dass ausreichend für alle da ist? Eine mögliche Antwort, die ich heute Morgen ausprobiere: Krankheit, Dämonen und Verkündigung – da kennen sie sich jetzt aus. Doch wie Brot und Fische so geteilt werden können, dass alle satt werden, dafür fehlt ihnen der Blick, die Phantasie.

Die Zwölf sind lernfähig. Sie trauen dem Wunder des „Es ist genug für alle da". Die Geschichte lebt – in allen vier Evangelien und in der Christenheit. Lukas setzt sie in den Kontext einer erfolgreichen Verkündigung mit Worten und am Ende dann auch der Verkündigung mit Brot und Fisch für alle. Denn es ist genug da. Man kann lernen, die Fülle zu sehen – und wie man sie teilen kann.

■ Tischgemeinschaft (Eph 2,9). Andacht vor dem Kreiskirchenrat Neukölln 31. Juli 2017

So seid ihr nun nicht mehr Gäste und Fremdlinge, sondern Mitbürger der Heiligen und Gottes Hausgenossinnen. Alltägliche, berührende, eindrückliche und selbstaussagende Bilder von Gemeinschaft – das sind die Bilder von Tischgemeinschaften. Gemeinsam essen und trinken ist mehr als Nahrungsaufnahme. Es ist vor allem – wahrnehmen, dass das, was da ist, für alle reicht. Und: dass das gemeinsame Essen einen Mehrwert hat (über die körperliche Sättigung hinaus). Der Mehrwert – das ist die Vision, die Hoffnung, die Aussicht, die aufscheint: Das, was hier geschieht, weist auf das Leben, das wir uns herbeisehnen.

Zwei biblische Mahlgemeinschafts-Bilder gehören zu dieser Woche: die Speisung des murrenden und verzweifelten Volkes Israel in der Wüste durch das tägliche Manna. Genug für jeden Tag – nicht mehr und nicht weniger. Das Volk findet die Hoffnung, die Zuversicht und die Sehnsucht nach dem gelobten Land wieder. Reich Gottes ist nicht Schlaraffenland, sondern: Es ist genug für alle da. Das ist die Sehnsucht, die immer wieder ent-deckt werden muss. Ent-deckt – aufgedeckt unter den überbordenden Über-Angeboten.

Und: Die Speisung der Tausenden – nach Johannes, der das Lagern der Menschen auf dem Gras hervorhebt. Ein wirtlicher Boden. Auf dem man sich niederlassen kann. Hier wird nicht abgespeist. Die Menschen werden aufgefordert, sich zu lagern, Platz zu nehmen. Pause, Ruhe, Zeit, sich wahrzunehmen. Vielleicht Namen erfragen, ein Stück Lebensgeschichte erfahren. Dann wird gegessen – das, was da ist. Es ist mehr als die bei einem Kind gesichteten fünf Brote und zwei Fische. Man staunt, wie viel da ist. Es reicht – und es bleibt immer viel übrig. Man staunt immer wieder, was da ist. Und was nur ans Licht kommt, wenn Lust und Leben, Liebe und Zeit zusammenkommen.

- **Predigt bei der Einführung als Superintendentin in Neukölln (Lk 8,1–3). Magdalenenkirche Neukölln 2. Sonntag nach Trinitatis 13. Juni 2010**

Meinem Wort – so spricht Gott durch den Propheten Jesaja –, meinem Wort wird gelingen, wozu ich es sende (Jes 55,11). Die Souveränität der Worte Gottes, die Klarheit und Stärke von Gottes Wort richtet auf, macht Kopf und Geist frei, klärt und entlastet. Wir sind nicht berufen, die Welt zu retten – wir sind berufen, das Leben in der Welt Gottes Wort entsprechend zu gestalten. Das ist Verantwortung, die uns ernst nimmt und uns nicht überfordert. Verantwortung, die uns immer wieder neu in Beziehung setzt: zu Gott, zu den Mitmenschen, zu uns selbst.

Gottes Wort unterwegs. Christen und Christinnen unterwegs, eigene Worte und Sprache suchend, eigene Bilder und Melodien findend, um von Gottes Wort zu erzählen, mit Worten Einhalt gebieten und mutig bekennen und in Worte fassen, was Gottes Liebe zu den Menschen widerspricht. Für diesen Gottesdienst, den wir mit so vielen Gästen feiern, für diesen Tag, an dem wir als KirchenKreisGemeinde erleben, dass wir mit offenen Türen – nicht nur offenen Kirchen! leben, habe ich ein biblisches Bild von Kirche-Sein ausgewählt, in dem die Namensgeberin dieser Kirche namentlich erwähnt wird.

Kirche, Gemeinde Jesu Christi, das ist, das sind Menschen aus ganz unterschiedlichen Lebenszusammenhängen, die ihr Leben verändert haben, die Heilung erfahren haben, Gutsituierte und Am-Rande-Stehende, Männer und Frauen. Was sie miteinander verbindet: dass sie mit ihren Gaben und mit ihrem Hab und Gut Jesus dienen. Bunt, vielfältig, beweglich, aufmerksam – Kirche – das ist kein abgeschlossener, erratischer, ruhender, optisch einheitlicher Block; offen, bunt, vielfältig und vielschichtig: Menschen, die sich auf Christus hin orientieren und denen zugewandt sind, mit denen sie leben und arbeiten. Die Aufzählung, wie Lukas sie schreibt, lässt spüren, dass keine und keiner die eigene Individualität aufgibt und in je eigenen gesellschaftlichen Zusammenhängen verwoben ist und bleibt. Lukas ermutigt, offen, beweglich, als Gemeinschaft von Individuen Kirche Jesu Christi in der Welt zu sein. Dass wir in Christus gegründet leben, macht uns frei, mit offenen Türen zu leben, den Menschen zugewandt, aufmerksam in der Welt und wachsam. Zugewandt und gesprächsbereit sein für die, die anders glauben, die andere Worte und Namen, Bilder und Melodien haben, mit denen sie ihren Kindern von Gott und von ihren Grundwerten sprechen. Gesprächsbereit für die, die ohne Gott und Religion leben möchten. Zugewandt denen, die uns fremd sind, die Wurzeln schlagen wollen – oder bei uns Zuflucht gefunden haben. Aufmerksam für schleichende gesellschaftliche Veränderungen, die Menschen ausgrenzen und demütigen. Aufmerksam, hellhörig für die Nuancen von Diskriminierung und Verachtung, hellhörig für die leisen Hilferufe, die kaum hörbar sind.

Wachsam und ehrlich, wenn – auch unter uns – Unrecht geschieht; wachsam, wenn Menschen unterdrückt und Demokratie untergraben wird; wenn Namen und Menschen verschwinden, weil niemand nach ihnen fragt. Wach – aufmerkend – offen – so sehe ich sie vor mir, Männer und Frauen – unter ihnen Magdalena, Namensgeberin dieser Kirche. Lukas entfaltet ein offenes, öffentliches Gemeinde/Kirche-Sein. Leichtfüßig – nicht: oberflächlich; in Christus gegründet – nicht engherzig fixiert. Und ich spüre, dass wir dieses Gemeinde/Kirche-Sein immer wieder finden werden in Diakonie und Jugendgruppen, in Gottesdiensten und interkulturellen Begegnungen, in lebhaften Debatten um die Zukunft in Kiez und Gesellschaft, im Gespräch mit Verantwortlichen aus Politik und Gesellschaft, bei Festen in den Gemeinden und verkündigend auf öffentlichen Plätzen – vernetzt miteinander und vernetzt mit anderen. Klarheit, wohin wir gehören, Freiheit für Bündnisse, die dem Wohl aller Menschen dienen. Klarheit und Freiheit eröffnen Wege und Möglichkeiten auch zu ganz unterschiedlichen Festen.

In einer ganz besonderen weltweiten Vernetzung feiern wir in diesen Tagen, Christen und Nichtchristen, gemeinsam. Für wie viele unterschiedliche Mannschaften in unserer Stadt in diesen Tagen gehofft wird – das ist schwer zu sagen. Die fröhliche Gestaltung von Straßen und Plätzen nimmt auch Fußball-Unmusikalische mit hinein, in dieses weltweite Fest, das in Südafrika stattfindet. Es ist etwas sehr Besonderes, Euch, Schwestern und Brüder aus unserem Partnerkirchenkreis Soweto, heute bei uns zu Gast zu haben. We are very delighted to have you with us on this special occasion, these days when people all over the world are looking towards Soweto and South Africa. Unsere Partnerschaft, die Solidarität begann in der Zeit des Leidens unter der Apartheid-Politik. Zwischen dem Ende der Apartheid bis zur von so vielen ersehnten Eröffnung der Fußballweltmeisterschaft liegt ein beschwerlicher, auch guter Weg.

Atemberaubend ehrlich um Gerechtigkeit und Versöhnung ringend; neue Ungerechtigkeit und Ausgrenzung der Armen machen euch Sorgen. Erzählt habt ihr uns in diesen Tagen von der schmerzlichen Enttäuschung bei den vielen Menschen in Soweto, an diesem Fest nicht so mitwirken zu können, wie gehofft. Aber auch von der Freude jetzt bei euch in Soweto, als Land mit der Geschichte der letzten 15 Jahre von der Welt wahrgenommen zu werden. Und wir wissen: Wir bleiben miteinander in Christus vernetzt, wenn die Welt, die bei euch zu Gast war, abgereist ist. We all know our partnership will continue with new spiritual strength after our encounter during these days.

Unsere Bindung an Christus gibt unserem Geist Klarheit – auch dafür, die Räume von Fest und Protest, von Freude und Trauer zu unterscheiden und nicht gegeneinander auszuspielen. Wir wissen um die Enttäuschung und um die Freude der Menschen in Soweto. Wir feiern öffentlich in unseren Gemeinden – da und dort mit vielen, die sich gerne weltmeisterschaftlich begeistern lassen, und genauso sind unsere Räume in dieser Zeit offen und öffentlich für die, die nicht feiern wollen oder können.

Eure Gedanken sind nicht meine Gedanken, eure Wege sind nicht meine Wege, spricht Gott – nach Jesaja. Meine Wege und Gedanken sind weiter als alles, was ihr denken könnt. Und: Mein Wort ist unterwegs, spricht Gott, wie Regen die Erde befeuchtet, damit Samen hervorgeht, damit Brot wachsen kann und die Menschen satt werden. So wirkt auch mein Wort. Und schließlich spricht Gott: Meinem Wort wird gelingen, wozu ich es sende. Die Souveränität Gottes nimmt Last von unseren Schultern. Und das tut gut, wenn man unterwegs ist. Amen.

Gott, dessen Wege verheißungsvoller sind als alle Wege, die wir planen können, sei euch freundlich zugewandt. Gott fördere das Werk eurer Hände und die Weite eures Herzens und bewahre euch in Christus Jesus. Amen.

▪ Abschiedspredigt beim Eintritt in den Ruhestand (Jes 5,1–7). Magdalenenkirche Neukölln Reminiscere 25. Februar 2018

Friede sei mit euch! Zu jeder Liebesbeziehung gehören Freude und Schmerz, Enttäuschung und Erfüllung; je tiefer die Liebe, desto heftiger der Schmerz. In der Leidenschaft der Liebe steckt die Verletzlichkeit. Gottes Beziehung zu Israel, in die wir durch Christus hineingenommen sind, ist von leidenschaftlicher Liebe gezeichnet. Gott liebt hingebungsvoll und kennt schmerzliche Enttäuschung. Von diesem Glauben, dass Gott leidenschaftlich liebt und gerade deswegen auch leidenschaftlich zornig sein kann, wenn Gott verletzt oder enttäuscht ist, von diesem Glauben, von dieser leidenschaftlichen Liebe singt das Weinberglied, das der Prophet Jesaja im 5. Kapitel seines Buches aufgeschrieben hat.

„Wohlan, ich will von meinem lieben Freunde singen, ein Lied von meinem Freund und seinem Weinberg. Mein Freund hatte einen Weinberg auf einer fetten Höhe. Und er grub ihn um und entsteinte ihn und pflanzte darin edle Reben. Er baute auch einen Turm darin und grub eine Kelter und wartete darauf, dass er gute Trauben brächte; aber er brachte schlechte. Nun richtet, ihr Bürger von Jerusalem und ihr Männer Judas, zwischen mir und meinem Weinberg! Was sollte man noch mehr tun an meinem Weinberg, das ich nicht getan habe an ihm? Warum hat er denn schlechte Trauben gebracht, während ich darauf wartete, dass er gute brächte? Wohlan, ich will euch zeigen, was ich mit meinem Weinberg tun will! Sein Zaun soll weggenommen werden, dass er kahl gefressen werde, und seine Mauer soll eingerissen werden, dass er zertreten werde. Ich will ihn wüst liegen lassen, dass er nicht beschnitten noch gehackt werde, sondern Disteln und Dornen darauf wachsen, und will den Wolken gebieten, dass sie nicht darauf regnen. Des Herrn Zebaoth Weinberg aber ist das Haus Israel und die Männer Judas seine Pflanzung, an der sein Herz hängt. Er wartet auf Rechtsspruch, siehe, da war Rechtsbruch, auf Gerechtigkeit, siehe, da war Geschrei über Schlechtigkeit."

Liebe Schwestern und Brüder, hingebungsvolle Liebe und Hoffnung auf Gutes – doch Schlechtes wächst. Warum nur, warum nur entsprechen sie nicht meiner Liebe? Warum lieben sie nicht, wie ich liebe? Und Liebe schlägt um in Zorn. Rechtsbruch – statt Rechtsspruch, Geschrei über Schlechtigkeit – statt Gerechtigkeit. Gerechtigkeit ist biblisch die Antwort der Menschen auf Gottes Liebe. Warum lieben sie nicht, wie ich liebe? Gott steckt mitten drin im Not-Geschrei der Menschen. Gott hört es und sieht das Unrecht, das Unglück. Die gefährliche Lust, Macht mit Waffengewalt oder anderer Gewalt durchzusetzen, in den Konflikt- und Streitgebieten, in den seit Jahren gebeutelten Kriegsgebieten, in denen die Siege keinen Frieden bringen – nur Opfer auf allen Seiten. In den Klassenzimmern, in einer nach politischen Interessen gesteuerten Justiz. Den gefährlichen Egoismus, sich selbst in den Mittelpunkt und Vordergrund zu stellen und andere abzuwerten. Darauf liegt Gottes Augenmerk, er leidet daran und erzürnt.

Die hoch emotionale Ankündigung des Gerichtes setzt die Liebe nicht außer Kraft. Denn der liebende Gott ist auch die richtende Macht. Dieses Gericht ist unser aller Hoffnung. Gott, gedenke deiner Barmherzigkeit und Güte – so ruft der Psalmist und gibt diesem Sonntag den Namen Reminiscere.

Liebe Schwestern und Brüder, es ist eine turbulente Beziehung: Israel – Gott; Mensch – Gott; Gott – Kirche; Gemeinde – Gott. Es ist eine turbulente Beziehung: Leidenschaft, Liebe, schmerzliche Enttäuschung, Zorn, Hoffnung. Liebe und Schmerz sind nah beieinander. Diese göttliche Leidenschaft erleben, feiern, bedenken wir ganz besonders in der Passionszeit. Passion – ist auch in unserer Sprache Leidenschaft. Wir erkennen unsere Schuldverstrickungen und wagen es doch – immer wieder – liebend auszubrechen.

Die Lyrikerin Eva Zeller setzt es in Worte: Nun aber bleibt Glaube, Liebe Hoffnung, diese drei, aber die Liebe ist das schwächste Glied in der Kette, die Stelle, an welcher der Teufelskreis bricht. Liebe – das schwächste Glied – mit der unermesslichen Kraft, den Teufelskreis der Gleichgültigkeit zu durchbrechen. Gott, leidenschaftlich liebend, leidenschaftlich zornig, bricht den

Teufelskreis. Gott, nicht willkürlich, hat sich in Christus an uns Menschen gebunden. Christus durchbricht die Macht des Todes. Und die Heilige Geistkraft hält in uns die Kraft lebendig – zu lieben. Das Ende des Weinberggliedes ist der Anfang: Gott liebt seinen Weinberg und wird ihn immer wieder hegen und pflegen und nicht aufgeben.

Liebe Schwestern und Brüder, der empfindliche Punkt zwischen Gott und uns, das ist die Gerechtigkeit und der Frieden, der nur daraus wachsen kann. Das ist der Prüfstand, auf den unser Glaube, unser Tun und Lassen, gelegt wird. Auf dass wir umkehren, einsehen und einen Teufelskreis brechen. Gegen alle Schlechtigkeit setzen wir mit Gottes Rückendeckung Liebe: dass Menschen, die Unrecht und Gewalt erlitten haben, in Würde ein neues Leben beginnen können; dass Kinder unabhängig von ihrer Herkunft, von Anfang an ein Recht auf Bildung und Entwicklung der eigenen Persönlichkeit haben; dass Alte, Kranke und mit Einschränkung Lebende leben und auch in Würde sterben können; dass wir immer wieder neu lernen, in jedem Menschen Gottes Ebenbild zu sehen – darin wurzelt unser Recht und Pflicht, die Würde jedes Menschen zu achten.

Gottes Gerechtigkeit ist Liebe – eine starke Liebe, das schwächste Glied in der Kette der Gleichgültigkeit. Sie bricht Teufelskreise. Diese Liebe und diese Gerechtigkeit zu leben – darum ringen wir mit uns – und auch mit Gott. Das war zu biblischen Zeiten so, das war vor 500 Jahren so, und es wird bleiben, bis Gott selbst sein Reich vollendet. Dieses Ringen gehört zu unserem Glauben, zu unserer Hoffnung, zu unserer Liebe. Glaube, Hoffnung, Liebe stärken uns in unserem kirchlichen Alltag und weisen uns die Richtung in unserem diakonischen Engagement. Glaube, Hoffnung, Liebe schenken unserem Leben göttlichen Glanz.

Dieser heutige Festtag ist für uns alle, die wir uns heute hier versammeln, ein wichtiger, schöner, liebevoll vorbereiteter Festtag. Dieser Tag ist ein Punkt auf dem Weg. Auf dem Weg, den Gott mit uns geht. Gott stärkt uns den Rücken – das ist unser Trost und unsere große Freude. Lasst uns diese Zuversicht heute miteinander mit frohen Herzen feiern. Und die Liebe Gottes, die stark und weit ist, tröste und ermutige euch auf euren Wegen. Amen.

Beiträge zur Rubrik „angesagt"
(aus: Die Kirche, Ev. Wochenblatt der EKBO; chronologisch)

■ **Nachfolge. Lasset uns mit Jesus leben. Weil er auferstanden ist, muss das Grab uns wiedergeben … (EG 384: Lasset uns mit Jesus ziehen). Estomihi 6. März 2011**

Sorge um geliebte Menschen, zermürbender Streit, Überarbeitung, Trauer, Hektik, Liebeskummer, Stress und Ärger, Enttäuschung – und hinein klingt das Lied vom Leben. Die letzte Strophe des Wochenliedes öffnet den Blick über den Horizont über den von der Farbe Grau geprägten Alltag. Das, was dem Leben die Kraft nimmt, bleibt nicht. Lasset uns mit Jesus ziehen! Geht das – mit Schwung in die Nachfolge?

Die Kraft und Leichtigkeit der Melodie trägt die ernste Realität des Lebens, in dem sich Jesu Weg spiegelt: Leid und Tränen, Sehnsucht nach Trost und Sehnsucht nach dem Glauben, der das Leben vor der Todesangst rettet. Lasset uns mit Jesus ziehen! Auf dem Weg der Nachfolge verändert sich das Leben, wächst der Glaube, spürt man den Himmel im Herzen und die Erde unter den Füßen.

Nicht weg reden, was schmerzlich ist, und nicht wegsehen, wenn Unrecht geschieht – und doch aufsehen und sich vom weiten Horizont leiten lassen. Die Worte des Liedes erzählen von der Herausforderung des Glaubens – die Melodie ermutigt, den Weg zu wagen. Aufbrechen, immer wieder aufbrechen. In jedem Aufbruch in unserem Leben spüren wir, dass das Grab aufgebrochen ist. Und manchmal ist es gut, einfach loszugehen – alles andere kommt dann auch. Vor uns liegen die Wege der Passionszeit: Stille, Fastenzeit, Nachdenklichkeit, Besinnung auf die Kreuzwege unseres Lebens. Sie führen alle ins Leben. Das beschwingt.

■ **50 Jahre Mauerbau. O gläubig Herz (EG 318), 8. Sonntag nach Trinitatis 14. August 2011**

In den Tagen und Wochen nach dem 13. August 1961 waren die Herzen der Menschen in Berlin erschrocken und verwirrt. Gegen Angst, Not und Schmerz hilft es, sich dem gesungenen Lob Gottes anzuvertrauen. Kann ein gebrochenes Herz glauben und loben? O gläubig Herz, gib Lob deinem Herren … Wenn Sorgen und Sinnlosigkeit dein Herz füllen, dann ernährt dich Gott (EG 318,1). Die herzliche Beziehung zwischen Gott und Mensch ist stark und feinfühlig: Gott nährt uns, auch wenn wir nur sehr leise mitsingen können.

Von Herzen liebt Gott – und teilt sein Gut mit mir (EG 318,2). Diese herzliche Zweisamkeit ist ein ungewohnt schönes Bild. Es erzählt von herzlicher

Teilhabe, von Solidarität und von Treue: Nahrung für das Leben. Und es wächst der Mut, Schweres und Schwieriges zu überwinden. Man muss sich durch das Leben winden. Mühsam erschließt sich ein möglicher Weg. Schmerz verschwindet nicht, aber wir lernen uns hinüber und hindurch zu winden: Gott macht uns zu Überwindern (EG 318,4). Und bei alle dem: Das Herz glaubt, singt, hofft, betet, windet sich. Das Herz muss alles aushalten und es versteht das gesungene Wort Gottes (EG 318,9). Denn im Herzen vermischen sich intellektuelle Zweifel und einfältiger Glaube zum Lob Gottes: Das Herz traut sich, auch unverständliche Theologie zu singen.

An diesem Sonntag werden wir singen. Mit Erinnerungen an den 13. August 1961 und mit gegenwärtigen Sorgen und Zweifeln. Wir werden Gott loben, weil er uns nährt. Wir werden Gott loben, weil es unser Herz frei und stark macht. Und das brauchen wir für gute und für böse Zeiten.

- **Gerechtigkeit – Barmherzigkeit. Wir vertrauen nicht auf unsere Gerechtigkeit, sondern auf deine große Barmherzigkeit (Daniel 9,18), Septuagesimae 5. Februar 2012**

Eine Richterin muss dafür sorgen, dass das Recht durchgesetzt wird – Gerechtigkeit ist wohl doch etwas anderes… Demütig klingt der Satz der jungen angehenden Juristin. Was ist denn schon gerecht im Leben? Wir leben in einem Rechtsstaat und trotzdem spüren wir tagtäglich die Ungerechtigkeit, die mit keinen noch so guten Gesetzen behoben werden kann. Die einen werden wohlgeboren, die anderen haben von Anfang an schlechte Chancen, die einen können ihre Krankheit und Sorgen tragen, andere scheitern. In unserem „Warum?" steckt der Schrei nach Gerechtigkeit – die wir meinen. Über die Frage, was gerecht ist, können wir trefflich streiten.

Wir vertrauen nicht auf unsere Gerechtigkeit, sondern auf deine große Barmherzigkeit. Barmherzigkeit ist die heilende Umarmung, die Ungerechtigkeit nicht wegwischt, aber erträglich macht. Barmherzigkeit gehört nicht in den Gerichtssaal, aber zum täglichen Leben. Barmherzigkeit ist der Raum, den die Liebe schafft. Ohne sie ist es kalt. Liebe kann man nicht verordnen. Sie schafft den Raum jenseits von Rechthaberei und manchmal kann sie auch den Schrei der Leidenden wie in einer Umarmung auffangen.

Recht ist einzufordern, Barmherzigkeit zu erbitten. Das Recht gibt dem Leben eine verlässliche Ordnung, die Barmherzigkeit gibt Wärme. Wir lernen leben, wenn wir begreifen, wie sehr wir Liebe und Barmherzigkeit brauchen. Gott ist barmherzig. Wir bitten, dass Gott uns täglich ein erbarmungsfähiges Herz schenkt. Barmherzigkeit ist niemals Ersatz für Gerechtigkeit. Barmherzigkeit liebt und verschenkt Liebe, da wo Lebensungerechtigkeit getragen werden muss. Eine Umarmung, die hilft, vielleicht auch heilt. Gottes Umarmung spüren wir, wenn wir Seine Liebe verschenken – und voneinander annehmen.

- **Güte. Wochenspruch (Eph 5,8b.9), 8. Sonntag nach Trinitatis 6. Juli 2012**

Die Wahrheit wird ans Licht kommen! Gerechtigkeit wird sich durchsetzen! Im Lichte der Wahrheit werden Schuldige erkannt und andere entlastet. Zurechtweisung und Strafen machen nichts wieder gut, doch es tut gut, dass es Gerechtigkeit gibt. Genugtuung breitet sich aus. Und was ist jetzt dran?

Die Güte meldet sich. Sie will nichts aushebeln oder ungeschehen machen. Sie will Gutes. Sie will den Menschen nicht vergessen. Sie will Bitterkeit und Kälte abmildern. Sie will die Gewinnenden und die Verlierenden nicht aus dem Blick verlieren. Die Güte, sie sieht auf entstehende Rechthaberei und bleibenden Schmerz, auf erfahrene Demütigung und tiefe Angst vor Strafe und verpfuschtem Leben. Nein, sie will Gerechtigkeit und Wahrheit nicht einschränken, aber die Güte will beide in mildes Licht setzen.

Gütiger Gott! Der Ruf erinnert uns: Am Ende hoffen wir alle auf einen gütigen Gott. Und dann merken wir auch, dass die Sucht nach Wahrheit und Gerechtigkeit manchmal die Sehnsucht nach Güte verdeckt. Güte kann man nicht fordern – das ist ihre Schwäche und ist zugleich ihre Stärke. Doch wirklich stark sind sie nur zu dritt. Nur wenn Wahrheit, Gerechtigkeit und Güte zusammenspielen und zusammenkommen, sehen wir das Leben und die Dinge des Lebens im rechten, auch: im richtigen Licht.

Wahrheit, Gerechtigkeit und Güte sind die Früchte, die aus einer Wurzel wachsen, der Liebe. Wenn eine der drei fehlt, ist die Liebe nicht vollständig. Und wenn wir uns in der Gemeinde mühen, Wahrheit, Gerechtigkeit und Güte immer wieder neu zusammen zu halten, dann wird die Verheißung spürbar, dass wir Kinder des Lichtes sind.

- **Jerusalem. Seht, wir gehen hinauf nach Jerusalem und es wird alles vollendet werden (Mt 20,18), Estomihi 10. Februar 2013**

„Jerusalem" lautet das Thema des Aufsatzes – doch wie soll man über eine Stadt schreiben, die wenige Kilometer entfernt liegt, aber unerreichbar ist? Mädchen und Jungen aus Talitha Kumi (Beit Jala, Palästina) erzählen von ihrer Sehnsucht nach der Stadt in ihrer Nähe, zu der sie keinen Zugang haben. Die Großmütter trösten: Wir geben die Hoffnung nicht auf – irgendwann werden wir auch nach Palästina hinauf gehen können. Königlich und traurig liegt die Stadt vor mir, von Tel-Aviv oder von Bethlehem kommend, eine Reisende aus Deutschland, die Zugang nach Jerusalem hat – von allen Seiten.

Die Hoffnung nicht aufgeben – dieser Satz bleibt haften nach den Tagen in Israel und Palästina. „Seht, wir gehen hinauf nach Jerusalem und es wird alles vollendet werden." Es geht um den Weg, um das Gehen, das Unterwegs-Sein. Die Kunst und die Gnade ist es, sich dem Weg anzuvertrauen, den Weg ernst zu nehmen. Beim Gehen achtsam und aufmerksam sein.

Ungeduld und Erschöpfung, Streit um die Geschwindigkeit, Spannungen in der Gemeinschaft der Gehenden – und dann möchte man manchmal ausscheren und alleine gehen. Seht! Wir gehen nach Jerusalem! Dort wird alles vollendet. Wir müssen nichts vollenden – wir können treu unterwegs sein und treu beieinander bleiben. Jerusalem steht auch für die vielen, die unterwegs sind – in unterschiedlichen Weggemeinschaften. Das erhoffte Jerusalem gehört niemandem und allen. Der Weg dorthin ist kein Wettlauf.

Unser Leben ist die Zeit, unterwegs zu sein. Unser Kirche-Sein ist Zeit, unterwegs zu sein. Die Sehnsucht ist groß und Frieden weit weg. Wir sehen weiter und hoffen auf Jerusalem. Wir geben die Hoffnung nicht auf. Der Weg nach Jerusalem ist die Hoffnung, die wir nicht aufgeben. Wir haben Zeit, nach Jerusalem hinauf zu gehen. Wir müssen nichts vollenden. Entschleunigung ist angesagt.

■ **Erlösung. So spricht der Herr, der dich geschaffen hat: Fürchte dich nicht, denn ich habe dich erlöst, ich habe dich bei deinem Namen gerufen und du bist mein (Jes 43,1). 6. Sonntag nach Trinitatis 7. Juli 2013**

Die Frau ist schon sehr schwach – vorsichtig wird sie aus dem Haus geführt. Noch einmal blickt sie aus allen Fenstern und nimmt das geliebte Zuhause in sich auf. Sie wird es nicht mehr wiedersehen. Nach wenigen Tagen im Krankenhaus wird sie erlöst. Bei ihrem Namen gerufen zu Gott – so werden die Trauernden es am Grab hören. Wir trösten einander: Sie ist in der Ewigkeit angekommen.

Ein voller Terminkalender, und dann noch eine dringende telefonische Bitte, der Tag ist durchstrukturiert, die Kinder müssen dennoch pünktlich abgeholt werden, und wichtige Entscheidungen müssen gedanklich sorgfältig vorbereitet werden. Die Last der Verantwortung legt sich auf den ganz normalen Alltagsstress. Gibt es nur noch Ansprüche? Der technisch bedingte Stillstand der U-Bahn bringt eine unverhoffte Pause in den Tag. Man kann nichts machen – nur tief Luft holen. Und der Gedanke schleicht sich ein: Ich bin mehr als die Summe meiner Pflichten. Ich bin ich. Stillstand bringt etwas zutage. Erlösung mitten im Alltag.

Lange haben sie gerungen und immer wieder miteinander neu angefangen. Doch die Enttäuschung kehrte wieder. Unterschiedliches ist wichtig. Die Verletzungen heilen nicht. Die Erkenntnis setzt sich durch, dass unterschiedliche Lebensperspektiven nicht einfach durch die Zeit zusammenwachsen. Man hatte eine gute Zeit – und nun? Die Trennung ist schmerzlich – und doch ist es die Befreiung, die erlösend ist. Erlösung hat viele Farben, viele Klänge und fühlt sich sehr unterschiedlich an. Erlösung reißt den Himmel auf und wir wissen es wieder: Gott kennt mich, befreit mich, ermutigt mich – und sieht mich, so wie ich bin. Erlösung: Die Furcht weicht und die Geborgenheit inmitten des unruhigen Lebens scheint auf.

Durch die Taufe sind wir hineingenommen in die lange Geschichte der Erlösung, die Gott zuerst seinem Volk zusagte und in die wir durch Christus hineingenommen sind. Am Sonntag feiern wir Tauferinnerung: Vergiss nicht, du bist erlöst!

■ **Flüchtlinge. Ich will fröhlich sein in Gott, denn der Herr ist meine Kraft (Habakuk 3,18.19), 6. Juli 2014**

Wir haben nichts zu verlieren! Der Schrei der Verzweifelten wird zur Drohung. Vor dieser Kulisse ereignen sich in diesen Wochen Auseinandersetzungen zwischen Flüchtlingen, politisch Verantwortlichen, Polizei und um Vermittlung ringenden Menschen in unserer Stadt. Es „drohen" weitere „Flüchtlingsströme" aus den Krisen- und Kriegsgebieten.

„Dies ist die Last, die der Prophet Habakuk geschaut hat" – die Einleitung der Rede des Propheten ist ein tiefer Seufzer. Und mutig schaut er weiter und tiefer in die großen globalen Zusammenhänge. Die demütigende Unterdrückung ist eine Folge von politischem Machtgebaren – Expansion und Wohlstand zu Lasten anderer rächt sich. Habakuk traut sich: Weh dem, der Gottes Gebote missachtet! Er ruft es laut – und klagt Gott die Last, die das Volk ertragen muss.

Es ist nicht leicht, in den globalen Zusammenhängen den jeweils Schuldigen zu finden, weil sich die politischen und wirtschaftlichen Strukturen verselbständigen. Habakuk erkennt und benennt, dass Schuld und Unschuld nicht eindeutig zuzuweisen sind. Das macht Propheten und Prophetinnen unbeliebt: Sie streiten für Frieden und Gerechtigkeit und sagen, was sich ändern muss.

Habakuk gibt nicht auf. Er hofft auf Gottes richtendes Wirken. Denn: Wer daran glaubt, wird leben. „Ich will fröhlich sein in Gott. Denn der Herr ist meine Kraft, er wird meine Füße machen wie Hirschfüße und wird mich über die Höhen führen" (Hab 3,19). Wer es wagt, politische Zusammenhänge und Interessen zu entlarven, und wer es wagt, nicht wegzuhören – der und die werden tapfere und gelassene Füße spüren, die mutig den schwierigen

Weg gehen. Sie werden nicht alles verändern – aber ihre Schritte werden Spuren hinterlassen. Der letzte Seufzer von Habakuk stimmt mich zuversichtlich.

- **Gemeinschaft. Einer trage des anderen Last, so werdet ihr das Gesetz Christi erfüllen (Gal 6,2), 4. Sonntag nach Trinitatis 28. Juni 2015**

„Tragt einer des anderen Last, so werdet ihr das Gesetz Christi erfüllen" (neue Genfer Übersetzung).

Gestrandet. Zu tragen haben sie nur eine kleine Tasche mit den Habseligkeiten, die auf die Flucht mitgenommen werden konnten. So erzählen es die Alten, die es damals vor, im und nach dem Krieg geschafft haben, dem Tod und der Verfolgung zu entrinnen. So erzählen es die Jungen, die es heute schaffen, per Boot, zu Fuß oder Flugzeug der Not, der Folter und dem Krieg zu entrinnen. Die Last in den Händen ist leicht. Die Last auf den Seelen ist unerträglich schwer.

Das lebensrettende Gesetz Christi heißt: Hört zu, wenn die Last herausgeweint wird, ganz leise oder lautstark, und erzählt euch die Last von der Seele. Gemeinschaft entsteht, wenn wir unsere Geschichten kennen und wenn wir die Lasten unserer Seelen einander anvertrauen. Es ist der erste Schritt, damit die Lasten den Schrecken verlieren und die Macht über das Leben – auch wenn sie fühlbar bleiben.

Die schmerzliche Erfahrung, dass wir viele persönliche Lasten einander nicht abnehmen können, darf nicht dazu führen, dass wir sie voreinander verschweigen und einander allein lassen. Die schmerzliche Erkenntnis, dass wir Leben nur mit den Lasten gestalten können, ist eine versöhnliche Entlastung. In der Gemeinschaft des Tragens und im Vertrauen, dass Christus dazu Liebe und Kraft schenkt, geschieht Versöhnung: Versöhnung mit den Lasten und miteinander. Daraus wachsen Kraft und Fantasie, abwendbare Lasten, Unrecht und egoistische Gesetze zu identifizieren und zu verändern.

Doch bevor ich nicht wirklich zugehört habe, welche Last auf der Seele der geflüchteten Geschwister liegt, bleiben sie ein Teil einer großen gesellschaftlichen Herausforderung, die wir irgendwie lösen müssen; bevor ich nicht wirklich nachfühlen kann, wie Armut Menschen ausgrenzt, bleibt auch dies ein Problem unserer Zeit; bevor ich nicht die lange verworrene Geschichte gehört habe, bleibt es bei einem „ein jeder hat eben sein Päckchen zu tragen".

Tragt der anderen Last – das ist Anteilnahme an den Schattenseiten des Lebens – und das im Licht des auferstandenen Christus. Die Last wird aus dem Schatten in das Licht getragen – in das wärmende und ehrliche Licht der Gemeinde. Daraus wächst Mut, zu ändern, was wir ändern können, und zu tragen, was nicht in unserer Hand liegt. Und ich lerne zu tragen – und mich tragen zu lassen.

▪ Glauben. Unser Glaube ist der Sieg, der die Welt überwunden hat (1. Joh. 5,4), 17. Sonntag nach Trinitatis 27. September 2015

Zur Hand, die zum Siegeszeichen erhoben ist, gehört ein schwacher Arm und ein müdes Gesicht. Die Frau hält im anderen Arm ihr Kind und steigt aus dem Bus aus, der die Flüchtlinge nach einer unendlichen Reise an einem vorübergehenden – doch freundlichen – Ort bringt: Sicherheit vor Krieg und Verfolgung.

Voller unbändiger Kraft springt er in die Luft – nach jahrelangem Training und unzähligen Enttäuschungen endlich die Medaille.

Ein vorsichtiges Lächeln liegt auf ihrem Gesicht. Nach einem langen Abschiedsweg konnte sie sterben. Abschiedswehmut verbindet sich mit der Hoffnung auf Geborgenheit, die nicht mehr in Frage gestellt wird.

Strahlend und hell lacht er auf: kein Befund. Die Spuren der Therapie sind sichtbar – doch es geht aufwärts, der Krebs ist vorerst besiegt.

Die Gesichter der Siegenden erzählen von den Mühen des Siegens und von der Lebenskraft, die plötzlich spürbar ist. Hinter jedem Sieg liegt eine vollbrachte Überwindung. Unser Glaube ist der Sieg, der die Welt überwunden hat. Die Welt überwinden – das heißt, durch sie hindurch sehen und sie dennoch ernst nehmen und lieben. Sieg ist, nicht an und in der Welt zerbrechen – weil wir hindurchsehen und Vertrauen wagen, dass Gott die ganze leidende Welt nicht aus der Hand gibt. Das Wagnis, da zu handeln, wo die Welt wegschaut und sich dort in den Weg zu stellen, wo die Welt hindurchrennt, ist getragen von dem Glauben, der durch alles hindurch auf den sieht, der leidet und aufersteht. Das Lächeln auf den Gesichtern dieser Siegenden ist vorsichtig, müde, strahlend oder dankbar. Und Gott lobend.

▪ Gebet. Gelobt sei Gott, der mein Gebet nicht verwirft noch seine Güte von mir wendet (Psalm 66,20). Rogate 1. Mai 2016

Gott sei Dank! In letzter Sekunde hat man ihn gesehen, den Radfahrer, das Kind, die kleine unscheinbare Frau – und man konnte bremsen. Im Flur des Krankenhauses nach dem Gespräch mit dem Arzt, nach bangen Stunden der Ungewissheit – oder wenn das Verlorene wieder auftaucht: Gott sei Dank! Das Gebet spiegelt eine intensive Erfahrung von Rettung.

Das Gebet zu festen Zeiten – morgens und abends, zu Tisch oder vor Beginn der Reise – orientiert sich an unserem Rhythmus und Bedürfnissen – die

Gebetszeiten im Kloster strukturieren den Tag. Das eine ist Beten hineingewoben in das Leben und das andere ist Leben hineingenommen in das ständige Gebet. Zwei Weisen zu beten – und unsere Welt ist davon erfüllt.

Der stille Aufstand der Betenden hat vor einem Vierteljahrhundert unser Land verändert, die klagenden Rufe nach verschwundenen Töchtern und Söhnen hat den internationalen Druck auf Diktatoren gestärkt. Die fürbittende Veröffentlichung von Leid und Unrecht wird von Regierenden gefürchtet und schafft es auch in die Nachrichtensendungen. Beten stärkt uns im Herzen und schenkt uns Klarheit für das, was zu sagen und zu tun ist. Rogate – achtet das Beten nicht gering. Es ist das stärkste Zeichen von Freiheit und Unabhängigkeit unseres Gottvertrauens.

Gott sei Dank! Das kurze Gebet „zwischen Tür und Angel", zwischen Kochen und Schreibtischarbeit, nach einem gefährlichen Stolpern oder in der Alltagshetze – das Gebet ist immer auch der erste Schritt zur Umkehr. Etwas anders machen, etwas anders gewichten – plötzlich sind Prioritäten spürbar. Das ist Auferstehung mitten im Alltag.

Gelobt sei Gott, der mein Gebet nicht abgewiesen und mir seine Gnade nicht entzogen hat! Aufgerichtet und gestärkt geht es weiter. Es geht nicht um die Erfüllung unserer Wünsche. Es geht um spürbare Rettung mitten im Leben. Gott sei Dank.

- **Gnade. Aus Gnade seid ihr seid ihr selig geworden durch Glauben, und das nicht aus euch: Gottes Gabe ist es (Eph 2,8), 26. Juni 2016**

Sei doch mal gnädig! Dieser kindliche Ruf, um einen Wettlauf zu gewinnen oder einer Rüge zu entkommen – das ist ein kindliches Spiel. Begnadigung und „Gnade vor Recht ergehen lassen" ist Ernst des Lebens: Es gibt kein Recht auf Gnade – doch es gibt das Recht, Gnade walten zu lassen. In unserem Miteinander ist die Gnade verbunden mit der Macht, großzügig sein zu dürfen und zu können.

Wir wünschen uns Gnade, wenn wir etwas falsch gemacht haben und von Strafe verschont werden möchten. Doch wenn das Gnädig-Sein das Recht aushöhlt, herrscht Willkür. „Gnade" – gebeutelt, benutzt, ausgenutzt. Ein Wort, ein kostbarer Begriff, den wir uns zu Eigen machen und Gnade nutzen, um Macht auszuleben.

Durch Glauben selig werden. Das ist nicht machbar. In tiefer Not beten, in Frieden sterben, im Streit nicht hart werden und durch alle Endlichkeitserfahrungen hindurch sehen – das gehört zum Selig-Sein. Wenn man sich traut, anders zu handeln und gegen den Augenschein zu hoffen, ist Seligkeit spürbar. Selig sind die, die durch alles hindurch auf Gott sehen. Das kann man nicht lernen und nicht erstreiten. Man kann es finden, bewahren, einüben und daran festhalten. Glauben zu finden ist Gottes Gnade. Gott lässt sich finden, kommt in der Welt vor und lässt sich auch in der erschütterten Welt finden. Da, wo die Gottessuche beginnt, spürt man auch die Gnade.

Aus Gottes Gnade glauben und leben heißt: Machbarkeit loslassen und Angewiesenheit zulassen. Darin wird die Freiheit spürbar, selig zu sein. Die Freiheit, Gnade vor Recht ergehen zu lassen. Die Freiheit, Gerechtigkeit von Rechthaberei zu unterscheiden und Frieden von Waffenstillstand. Gnade ist es, dafür immer wieder einen klaren, zuversichtlichen Blick und ein getrostes Herz zu haben. Gottes Gnade, das ist Geschenk. Man kann es festhalten und hüten. Im eigenen Herz und in der Gemeinde.

▪ Abschiede. Manches Holz ist schon vermodert … (Liederbuch „Singt Jubilate" Nr. 18), Oculi 12. Februar 2018

„Manches Holz ist schon vermodert, manches Holz ist frisch geschlagen. Bei dem Kreuz, mit Blick zum Himmel, sammeln sich in diesen Tagen Splitter der Erinnerung, Trauer, die wir in uns tragen." (aus: Singt Jubilate, Nr. 18)

Der Krebs ist wieder da – die Chemotherapie wird wieder heftig, doch sie wird eine Tür für eine Wegstrecke mit Kindern und Enkeln öffnen. Darauf freut sie sich. Das Kind lacht und fängt an zu sprechen und versteht immer besser, dass es zwischen Vater und Mutter hin und hergerissen wird. Doch es freut sich immer wieder – auf Beide. Wehmut und Freude berühren sich. Die Passionszeit ist Frühlingszeit. Überall spürt man, wie sich mit Macht das neue Leben durchsetzt. Doch die Sonne bringt auch unsere Trauer und Lebenswehmut ans Licht: Trauer, die vermodert und Platz macht für Neues – und neue Trauer, die in diesem Frühling das Leben bestimmen wird.

Leben ist Abschied nehmen, und Abschied ist mit Wehmut und Traurigkeit verbunden. Und trotzdem: Jeder Abschied birgt Lebendigkeit und Aufbruch. Und von jedem Abschied bleibt ein Splitter, mit dem wir weiterleben. Passionszeit ist die Zeit des Abschieds. Jesus und die Seinen sind auf dem Weg nach Jerusalem, zum Passahfest. Das wird der Durchbruch, so fühlen es die, die ihm nahe sind. In Jerusalem wird sich entscheiden, wem sie sich anvertraut haben. Vorfreude in bangen Herzen. Und Jesus? Erfüllt von Liebe zu den Seinen und denen, die ihm vertrauen, geht er weiter.

Hingabe – den Menschen, der Liebe und Gott zuliebe. Wer wird ihm nahe bleiben? Wer wird es verstehen? Dass die Osterfreude nur lebt, wenn wir die unermessliche Wucht und Traurigkeit des Leidens, das Jesus zugefügt wird, aushalten, ist unser bleibender Glaubensschmerz. Wir trauern um die Leidenden in der Welt und unsere zu kleine Macht, dem Elend und der Gewalt etwas entgegen zu setzen.

Christus spricht: Ich bin die Auferstehung und das Leben. Wer an mich glaubt, wird leben, wenn er stirbt. Traut der Liebe, traut dem Leben! Das ist – immer wieder – unser Trost. „Mancher Trost ist tief verborgen, mancher Trost will Hoffnung wagen, bei dem Kreuz, mit Blick zum Himmel leuchten auf in diesen Tagen Träume der Erinnerung, Gottes Worte, die uns tragen." (SJ 18)

(Geschrieben am Beginn des Ruhestandes – zwei Jahre vor eigener Leukämie – M.K.)

Gebete

- ### Gebete zu Ostern
  ### (aus verschiedenen Ostergottesdiensten der 90er Jahre)

Herr Jesus Christus, du bist auferstanden, dass wir leben können. Gott ist dein Vater und unser Vater, dass wir einander lieben können. Der Weg ist frei, dass wir hoffen können.

Hilf uns, das Leben zu finden, hilf uns, das Leben mit dir zu finden. Suche uns, Gott, damit wir dich finden und nicht verlieren.

Gott, wir danken dir für die Menschen, die Jesus folgen und uns – oft überraschend – Liebe schenken.

Gott, wir danken dir für unsere Kinder. Schenke uns Worte und Bilder, ihnen immer wieder von dir und von unserem Glauben zu erzählen.

Wir bitten dich für alle Opfer von Krieg und Gewalt, die heute traurig und ohne Hoffnung sind. Laß sie Wege zu anderen Menschen finden.

Wir bitten dich für alle, die Angst vor der Zukunft haben – hilf ihnen, sich umzuwenden und Vertrauen zu wagen.
Wir bitten dich für alle, die von Tränen blind sind, tröste sie und rufe sie bei ihrem Namen, dass sie wieder ins Leben finden.

Gott, schenk uns die österliche Freude, die uns neue Wege weist, in unserem Leben und unserem Wirken in der Welt. Wir bitten dich: Bleibe bei uns mit deinem Segen.

Christus, deine Auferstehung ist ein großes Versprechen. Unsere Sehnsucht soll gestillt werden, dass Sünde und Tod, Gottlosigkeit und Menschenfeindlichkeit für immer gebannt werden. Dass Gottes Reich sich Bahn bricht.

Christus, deine Auferstehung ist ein Ruf. Leidenschaftlich mitzuwirken an deinem Kampf gegen Unterdrückung und Unrecht.

Christus, deine Kraft ist in den Schwachen mächtig. Reiß uns aus Kleinmut und Gleichgültigkeit. Christus, stärke unsere Hoffnung und unseren Glauben. Öffne uns für deine Wirklichkeit.

Christus, bleibe bei uns mit deiner Liebe und deiner Kraft, dass wir dem Leben trauen und nicht verzagen.

Christus, lass dein Licht leuchten in unserem vom Tod überschatteten Leben. Ermutige, tröste, bewege uns – und zeige uns Wege, einander im Glauben zu stärken.

Gott, festhalten möchten wir dich – aber es geht nicht. Du willst bei uns sein mit deiner Liebe, mit deinem Trost, mit deiner Hoffnung.

In Menschen kommst du uns nahe. Die Jünger und Jüngerinnen hast du verwandelt – und um Verwandlung bitten wir dich:
– reiß uns heraus aus unserer Gleichgültigkeit,
– ermutige uns, die Augen zu öffnen für all das, was wir ungern sehen.
– stärke in uns die Kraft, die uns leben und handeln läßt.

Gott, wir bitten dich: Laß uns auferstehen zu neuem Leben. Und zeige uns unsere Wege in dieser Welt und zu den Menschen, die Hilfe und Solidarität brauchen.

Gott, führe uns zurück ins Leben mit dir.

Gott:
Wir feiern, was wir kaum verstehen:
daß aus dem Ende ein neuer Anfang wurde;
daß Hoffnung wuchs, wo alles verloren schien;
daß neues Leben den Tod besiegte.

Gott:
Laß uns erleben, was wir kaum verstehen;
bewege unser Herz durch deine Liebe;
öffne uns die Sinne für deine Wunder;
stecke uns an mit deinem Leben.

Gott:
Laß für uns Ostern werden – heute und an jedem Tag.

- **Gebet im Rahmen der ACAT (Action des Chrétiens pour l'Abolition de la Torture – eine auf den Waldenserpfarrer Tullio Vinay zurückgehende ökumenische Vereinigung (1974) zur Abschaffung von Folter und Todesstrafe) 1992**

Gott, Bruder und Gefährte von Männern und Frauen,
wir kennen dich durch Jesus von Nazareth, Gott der Liebe:
Vor dir denken wir an die Mächtigen der Welt, die ihre Macht
missbrauchen, Frauen und Männer, die foltern und Frauen,
Männer und Kinder misshandeln.

An sie denken wir vor dir und bitten dich, Gott: Lass in ihnen Mut
wachsen, damit sie die Kette der Gewalt brechen, schenk ihnen Kraft,
dass sie in die Augen derer blicken, die leiden, damit sie ihre eigene
Brutalität erkennen.

Gott, nähere dich ihnen, damit ihre Gewissen erwachen
und zeige du ihnen Auswege aus ihrem Leben als Unterdrücker.

Gott, manchmal fällt es uns schwer, so zu beten –
Aber wir vertrauen deiner Gnade und deiner Macht.

Sonstige Texte

- **Für eine neue, bessere Welt. Bericht von der Weltjugendversammlung im Rahmen der 5. Vollversammlung des Lutherischen Weltbundes in Thonon/Genf, Abiturzeitung „Copihue", Deutsche Schule Santiago de Chile 1970**

Weltjugendversammlung Genf / Thonon - vor dem Völkerbundpalast (1970)

Thonon, eine kleine Stadt am Genfer See, strahlende Sommersonne, eine moderne Kirche und hinten dran ein heller Raum, in dem man nur ein paar Holztische findet und auf diesen bei jedem Sitzplatz einen Kopfhörer. Morgens kam Leben in diesen Raum. Lachend und sich unterhaltend trafen sie ein, Jugend aus aller Welt: eine Farbige in ihrem langen Kleid und dem schön geschwungenen Kopfschmuck, ein langer Norweger in kurzen Hosen und Holzschuhen, ein dunkler Inder in weißer Tracht, ein Dirndl aus den Alpen und Amerikaner in Blue Jeans. Den Anschluss bildeten die Übersetzer.

Ich spreche von dem Welttreffen der Lutherischen Jugend, die sich zehn Tage lang hier traf, um sich mit dem Hunger, der sozialen Ungerechtigkeit, der Unterentwicklung allgemein und den Studentenunruhen und ihren Hintergründen zu beschäftigen und die Aufgaben des heutigen Christen neu zu sehen und sich wirklich als „gesandt in die Welt" (Thema des Treffens) zu fühlen. Der Schwerpunkt lag diesmal auf Lateinamerika, zur genaueren Vorbereitung waren Teilnehmer aus anderen Kontinenten zwei Wochen in zwei Ländern Lateinamerikas gewesen, aber diese Zeit hatte natürlich nicht gereicht, sich ausreichend zu informieren, und es gab einige harte Auseinandersetzungen, vor allem, weil wir Lateinamerikaner protestiert haben, dass man uns „so mal schnell kennenlernen" wollte und dann aber auch meinte, nun wisse man genauso Bescheid. Europäer und Nordamerikaner waren sehr beeindruckt, als sie die Dinge nun einmal „in natura" sahen, während Asiaten und Afrikaner feststellen konnten, wie verschieden auf der einen Seite die Probleme sind, aber die sozialen Ungerechtigkeiten, die Unterentwicklung und die ausländische Ausbeutung weitgehend die gleiche ist. Vielleicht kann man sagen, dass die Probleme in etwa dieselben sind, aber die Menschen, die mit ihnen leben, verschieden sind, und deshalb auch verschiedene Ansichten und verschiedene Erwartungen haben. Sehr interessant war auch der Eindruck, den ein Inder von den Vereinigten Staaten hatte, vor allem das Rassenproblem betrachtend („Ihr solltet nicht immer so viel von den unterentwickelten Kontinenten reden, denn ihr habt zu Hause eine eigene dritte Welt").

Wir hörten verschiedene Ansichten über die lateinamerikanische Situation: Padre René Garcia ist der Meinung, nur die Revolution könne die Freiheit (von dem ausländischen Imperialismus) für unseren Kontinent bringen. Er arbeitet in seiner Heimat, Kolumbien, in der Richtung des bekannten Camilo Torres. Favre, ein mexikanischer Wirtschaftler, gab uns die historischen Hintergründe der heutigen Situation, die wir alle kennen sollten, wenn wir etwas aus den Historiastunden gelernt haben, und meinte, eine Zukunft sei Industrialisierung. Wir hörten und diskutierten über das neue Schulsystem des Brasilianers Pablo Freire, dessen Grundlage die Bewusstseinsbildung der unteren Schicht ist. Hierbei ging die Diskussion dann auch in internationale Themen der Erziehung über, z.B. warum Erziehung mit Zwang verbunden sein muß.

Anschliessend an die offenen Diskussionen folgten Arbeiten in kleinen Gruppen, immer ein Teilnehmer aus jedem Kontinent. Hierbei machten wir die traurige Feststellung, dass wir doch alle, trotz aller Bemühungen, eine andere Sprache sprachen; ich meine dies in einem tieferen Sinn, jeder von uns sah die Probleme und die Lösungen anders. Immer noch spürten wir die traditionelle Trennung zwischen weiss und schwarz und die „typischen" Eigenschaften, die jeder Gruppe zugeteilt werden. Aber die dritte Welt (Afrika, Asien, Lateinamerika) hat sich in den letzten Jahren menschlich entwickelt, wir haben eingesehen, dass wir wirtschaftlich noch nicht so weit wie die anderen sind, aber wir haben nicht mehr unsere Eigenschaften verneint. Der Schwarze ist stolz darauf, in den schwarzen Kontinent zu gehören, jeder Kontinent ist längst nicht mehr davon überzeugt, dass nur die schlauen Europäer und Nordamerikaner das Weltschiff schaukeln können.

Deswegen haben gerade die Teilnehmer aus diesen weiterentwickelten Kontinenten oft sehr unangenehme Überraschungen und harte Kritiken auf sich nehmen müssen. Erst einmal harte Kritik an dem nordamerikanischen Imperialismus und dann an der europäischen Mission in Afrika und Asien. Aber die Jugend war offen, sie hat nicht nur die Kritik geschluckt, sondern auch Fehler eingesehen und so ist sie heimgegangen und sie wird nun da bei sich zu Hause die Wurzeln des Übels bekämpfen.

Zwei Dinge kann man als klare Resultate nennen: erstens ist die „dritte Welt" erwachsen geworden, und will sich nicht weiter kommandieren lassen von den „Schlauen dieser Welt". Zweitens hat jeder eingesehen (vor allem für Leute aus Europa und Nordamerika war es am Anfang sehr schwer), dass jeder bei sich zu Hause arbeiten muss, denn eine Entwicklungshilfe hat bis jetzt nichts Positives zur wirtschaftlichen Entwicklung der Länder beigetragen.

Trotz langer Diskussion und vielen Meinungsverschiedenheiten sind wir doch Freunde geworden und nachts sassen wir unter französischem Sternenhimmel und sangen Lieder aus Indien, Norwegen, Argentinien und Chile. Bei französischem Rotwein hörten wir von den Problemen einer japanischen Universität und Gedichte aus Hong Kong. So international sah auch unsere Abschiedsabendmahlfeier aus. Lieder, Bibeltexte und das neue, vertonte Vaterunser in 12 verschiedenen Sprachen, aber durch Wein und Brot fühlten wir uns eng verbunden, und mit diesem Bewusstsein gingen wir auseinander: es gibt etwas, was uns trotz allem zusammenfügt und was uns eine gemeinsame Aufgabe gegeben hat auch für einen Weg, der für alle verschieden ist, aber für alle gleich schwer. Und für jeden gibt es ein Ziel, für das sich die Mühe lohnt: für eine bessere humanere Welt lasst uns werken. (Thema der Vorträge und Diskussionen: Toward a more human world).

Viola Wilcke Klasse VI B

■ **Abschied von der Schule. Abiturzeitung „Copihue",**
Deutsche Schule Santiago de Chile 1970

Mit dem Verlassen der Schule bin ich froh, die erste Etappe meines Lebens abgeschlossen zu haben. Ich bin nicht traurig darüber, das schulische Leben hinter mir zu lassen, welches im Vergleich zu dem, was uns außerhalb dieses Gebäudes erwartet, nur wenige ernsthafte Verpflichtungen bereithielt.

Die Schule hat mir sehr viele wertvolle Erkenntnisse gegeben, wir haben Kameradschaft und Freundschaft kennengelernt – auch wenn meistens nur in der Theorie, aber das zählt ja auch, genauso wie (bei) Physik. Ich glaube, dass 12 Jahre ausreichend sind, um unbesorgt das Leben kennenzulernen, und ich würde keinen Tag länger bleiben wollen. Wir sind eine geeinte Gruppe (haben Zusammenhalt in der Gruppe), und jetzt werden wir sehen, ob wir wirklich Freunde sind oder ob uns einzig die Angst vor der Prüfung bei Frau

VIOLA WILCKE. Al dejar el colegio me siento feliz de haber completado la primera etapa de mi vida. No me siento entristecida por tener que dejar una vida escolar con pocas preocupaciones comparadas con las que nos esperan fuera de este edificio.

El colegio me ha dado muchísimos conocimientos valiosos, hemos conocido el compañerismo y la amistad, aunque la mayoría de las veces sólo en la teoría (pero también vale, como la física).

Creo que doce años es suficiente para aprender despreocupadamente de la vida y no me quedaría ni por nada ni un día más. Somos sí un grupo unido y ahora veremos si somos realmente amigos, o si sólo nos unía la desesperación por la prueba de la Sra. Martinolli.

Como cualquier otro espero mucho de mi futuro, quiero empezar a estudiar lo más pronto posible y realizarme en mi profesión. Dejo el colegio con alegría, el pasado ya pasó, el futuro es lo que vale. Quiero estudiar teología en Alemania.

Abiturzeitung „Copihue", Deutsche Schule Santiago (1970)

Martinolli (Physikarbeit) eint. Wie jeder andere auch, erhoffe ich mir viel von meiner Zukunft. Ich möchte so schnell wie möglich anfangen zu studieren und mich in meinem Beruf verwirklichen.

Ich verlasse die Schule mit Freude, die Vergangenheit ist schon vorüber, die Zukunft zählt jetzt. Ich möchte Theologie in Deutschland studieren. (Übersetzung: Matthias Kennert)

▪ Erinnern – wahrnehmen – hoffen (10 Jahre Mauerfall). Beitrag bei der Podiumsdiskussion auf der Landessynode der EKiBB 1999

Ich bin im Ausland groß geworden. In der deutschsprachigen Umgebung – auch in der deutschen Grundschule – lernten wir Deutschland als ein geteiltes Land kennen. Als ich vor 25 Jahren hierher kam, fand ich zwei verschiedene deutsche Staaten vor, die BRD und die DDR. Man hatte – bis auf private Beziehungen – wenig miteinander zu tun. Das war zuerst befremdend. Die DDR lernte ich vorerst nicht kennen. Ich erfuhr, dass diese beiden deutschen Staaten sich als getrennte und voneinander unabhängige Staaten begegnen müssen, denn nur darin läge die Chance, dass es zwischen ihnen „normal" würde. …

In den achtziger Jahren lebte ich eine kurze Zeit in Berlin. Ich lernte Mauer und Transitfahrten kennen und stellte fest, dass die Hoffnungen (die ich mit den Transitabkommen erträumt oder auch eingebildet hatte), nicht erfüllt worden waren. Am 9. November 1989 lebte ich bereits einige Jahre in Luxemburg. Am Morgen des 10. November 1989 begegneten wir deutschen Kolleginnen und Kollegen uns im Lehrerzimmer der dortigen Europa-Schule. Wir kamen aus dem ganzen Bundesgebiet, vier von uns aus Berlin (West). Es war eine gewisse Verlegenheit. Sollten wir unsere Freude zeigen?

Hier im europäischen Lehrerzimmer? Der Bann wurde von den anderen gebrochen: Ihr könnt stolz auf euch sein, ihr Deutschen! Dass ihr das geschafft habt! Und ohne Blutvergießen! Der herzliche Glückwunsch hat viele von uns verunsichert. Denn: Wie viel hatte man als Bundesbürger im Ausland mit Berlin zu tun? Ihr könnt stolz sein! Was hatten wir dazu beigetragen? Die Identifikation war nicht so selbstverständlich. Als Deutsche stolz sein – das klang gerade in Luxemburg sehr bedenklich. In einem Land, das durch Hitler besetzt wurde und wo die Wunden der Zwangsrekrutierung noch sehr spürbar sind. In aller Freude über die Ereignisse in Berlin vergesse ich auch nicht den Satz eines Luxemburgers: Ihr Deutschen seid stark in der EU, und jetzt kriegt ihr noch mehr Auftrieb. Ein großes Deutschland in diesem Jahrhundert reicht! Doch die meisten ermutigten uns, der Freude freien Lauf zu lassen – und eine Flasche Sekt wurde geöffnet, die einer der „Berliner" verstohlen mitgebracht hatte. ... Ich selber habe in diesen Tagen eine Erweiterung meiner sich bildenden Identität als Deutsche erfahren: Die DDR gehört dazu, oder anders herum: Ich gehöre auch zu diesem Teil von Deutschland.

Seit 1992 lebe ich wieder in Berlin. In das alte neue Berlin kamen wir zurück. Seitdem habe ich viele Geschichten gehört. Lebensgeschichten von Ost und West, die ich nicht geahnt hatte. Ich bin bedrückt über die tiefen Wunden, die nicht heilen, über Missverständnisse, über die Erfahrungen des „Sich-Nicht-Mehr-Verstehen-Können". Daneben erlebte ich das Bauen einer neuen Stadt (Potsdamer Platz). Die nächste Generation wächst schnell heran und stellt neue Herausforderungen. Als Christen sind wir gefordert, uns zu den Fragen der Menschenrechte, der Gewalt und des zusammenwachsenden Europas zu stellen.

Mein Weg in den letzten fünf Jahren war ein Weg des Rückblicks. Mit viel Respekt habe ich die Erfahrungen von Christen in der DDR gehört und aufgenommen. Unsere Erfahrungen kann man nicht vergleichen, und die christliche Existenz in der DDR war ungleich schwieriger als in der BRD. Dennoch wage ich es heute, mich und uns kritisch zu fragen, ob wir uns nicht in beiden Teilen Deutschlands – in ganz unterschiedlicher Weise – in Nischen zurückgezogen haben. In die Nische einer relativ geschützten und überschaubaren kirchlichen Welt. Jetzt machen wir die gemeinsame Erfahrung, dass unsere kulturelle und politische Umwelt weitgehend säkularisiert ist. Das ist eine Folge des Sozialismus und des Kapitalismus. Unsere alten Strukturen taugen nichts mehr. Wir müssen die „Mission" neu lernen.

Europa ist sehr klein geworden im Blick auf die ganze Welt. Der Einfluß des Abendlandes ist geringer. Das kann uns in der christlichen Verbundenheit wieder näher bringen und Perspektiven entwickeln lassen. Ich empfinde einen Zwiespalt: Wir brauchen Zeit, um Neues wachsen zu lassen. Aber die Zahl derer, die gleichgültig sind und nichts mehr von den christlichen Kirchen erwarten, wächst. Wir haben nicht viel Zeit. Wir waren immer eine einladende

Kirche. Jetzt müssen wir auf die Straße und auf die Menschen zugehen und sie einladen. Wir müssen uns klar werden, ob und welche Rolle wir in der Öffentlichkeit unserer Gesellschaft einnehmen wollen. Wenn Glaube und Religion zur Privatsache wird, geht meines Erachtens einiges verloren.

Wir brauchen ein christliches Profil, also ein ökumenisches. Das ökumenische Gespräch wird unter uns immer wichtiger, weil wir an unserer ökumenischen Gesprächsbereitschaft gemessen werden. Gleichzeitig müssen wir uns auf christliche Grundaussagen einigen, um (wieder) ein gesellschaftliches Gewicht zu bekommen. Menschenrechte, der Wert des Einzelnen und Solidarität als Grundlagen des gemeinsamen Lebens, wirtschaftsethische Fragen, Globalisierung, Gen-Technologie: Wir müssen aus unseren kirchlichen Nischen heraus und uns zu den Themen der Gesellschaft verhalten.

Seit Generationen leben wir davon, dass wir eine befreiende, gute Botschaft haben. Wir wissen alle, dass sie teilweise in unseren kirchlichen Strukturen kraftlos geworden ist. Wir brauchen gewisse Strukturen, die uns von einer Privatinitiative unterscheiden. Das ist die Gratwanderung, die wir in den nächsten Jahren bestehen müssen. Ich glaube, dass unsere verschiedenen Geschichten und unterschiedlichen Erfahrungen uns bei dieser Gratwanderung helfen können. Auch dabei, dass wir nicht vergessen, dass wir in erster Linie mit am Reich Gottes bauen wollen – eine perfekte Kirche ist nicht unser wichtigstes Ziel.

Ich wünsche mir, dass wir Abende wie diese haben, nicht nur auf der Landessynode, dass wir zu uns selber finden. Ich wünsche mir genauso, dass wir immer wieder den Blick aus dem Fenster tun. Ich wünsche mir geistliches und theologisches Profil im ökumenischen und interreligiösen Gespräch, und ich wünsche mir auch, dass wir ein geistlich-theologisches Profil in der europäischen Gemeinschaft der Länder haben, dass wir von einer deutschen Kirchenkultur, die wir ja ganz gut pflegen, hinüberschauen und dann doch zu einer christlichen, abendländischen, europäischen Kultur kommen, wobei ich den geographischen Osten hier mit einbeziehe.

■ **Kann denn Liebe Sünde sein? „Kirche bei uns.", Gemeindeblatt der Ev. Friedensgemeinde Charlottenburg und Ev. Kirchengemeinde Neu-Westend, September 2003**

In New Hampshire (USA) gibt es eine neuen Bischof: Gene Robinson. Er wird ein guter Bischof sein, das sagen die Menschen, die ihn als Prediger, Seelsorger und engagierten Mann der Kirche kennen. Aber das war zweitrangig, als er laut sagte, dass er in einer homosexuellen Partnerschaft lebt. In Oxford (England) war Jeffrey John als Weihbischof nominiert. Seit 25 Jahren liebt er ein und denselben Mann. Als Priester darf er das offensichtlich – als Bischof ist er für zu viele untragbar. Er ist von seiner Nominierung zurückgetreten. Alle seelsorglichen und theologischen Gaben und Fähigkeiten zählen plötzlich nicht, wenn die sexuelle Prägung nicht stimmt. Was ist so beängstigend?

Eine heftige Debatte ist neu entbrannt – auch, nachdem das neue Dokument der vatikanischen Glaubenskongregation erschien, das jede Form von rechtlicher Anerkennung gleichgeschlechtlicher Partnerschaften ablehnt. Homosexualität ist in der Bibel kein zentrales Thema – von weiblicher Homosexualität ist überhaupt nicht die Rede. Wenn man die wenigen Stellen, in denen von bestimmten Formen homosexueller Praktiken die Rede ist (Luther: „Lustknaben und Knabenschänder", 1. Kor. 6,9–11), im Kontext der ganzen biblischen Botschaft liest, wird deutlich, dass weder die Autor/innen des Alten Testaments noch Paulus verbindliche homosexuelle Partnerschaften im Blick hatten.

Homosexuelle Menschen hat es immer gegeben. Sie sind auch Geschöpfe Gottes und haben lange genug (auch in der Kirche) demütigende und verletzende Erfahrungen gemacht. Seit Männer und Frauen ihre Homosexualität (auch in der Kirche!) offen leben können, ist immer deutlicher geworden, dass sie selbstverständlich gerne in (rechtlich) verbindlichen Partnerschaften leben wollen. Und als Christen wünschen sie sich für ihren gemeinsamen Weg Gottes Segen.

Im November hat unsere Landessynode beschlossen, dass Menschen, die in einer gleichgeschlechtlichen Partnerschaft leben und diese eintragen lassen, in der Gemeinde mit Fürbitte und Segen begleitet werden können. Voraussetzung ist, dass der Gemeindekirchenrat dem grundsätzlich zugestimmt hat und die Pfarrerin oder der Pfarrer dazu bereit ist. Sexualität ist eine gute Gabe Gottes. Und sie ist nicht ausschließlich an die Zeugung von Nachkommen gebunden. Für viele Christen ist sie besonders beglückend in einer liebevollen, verbindlichen, auf Gottvertrauen und Treue gegründeten Partnerschaft. Wir sollten in unseren Gemeinden alle ermutigen, die sich in Verantwortung vor Gott und in Liebe zueinander binden wollen!

Unsere Sexualität trennt uns dann von Gott (wird zur Sünde), wenn wir sie vergöttlichen, sie ein Götzendienst wird – oder wenn Menschen sexuelle Gewalt ausüben, den anderen / die andere demütigen oder missbrauchen. Einander in Liebe begegnen als von Gott geliebte Geschöpfe – als Mann und Frau, Mann und Mann, Frau und Frau – das kann keine Sünde sein.

■ **Über das Reden von Gott mit Kindern. Text für einen gemeindlichen Kita-Elternabend, Friedensgemeinde 2004**

Die Antworten, die wir geben, sollen dem Alter des Kindes entsprechen. Aber: nicht etwas sagen, was man später mal zurücknehmen muss. *(z.B.: Als du klein warst, habe ich dir gesagt, die tote Omi sitzt auf der Wolke, jetzt sage ich dir, sie ist bei Gott ...)*

1. Wichtiger als das Reden über Gott ist, dass die Eltern dem Kind etwas von Jesus erzählen. Denn in der Art, wie Jesus mit den Menschen umging, wird sichtbar, was Gott für die Menschen bedeutet.
2. Nicht Gott und Jesus vermischen. Von Jesus als dem Menschen reden, der uns Gott in besonderer Weise nahe bringt.
3. Was wir von Gott sagen, müssen wir selber vertreten können oder wenigstens als ernstzunehmende Meinung gelten lassen können. (Gott ist ein alter Mann, der auf der Wolke sitzt, wie ein lieber Opa, wohl eher nicht/ Gott ist eine Kraft, der die Welt zusammenhält, vielleicht doch)
4. Das Kind sollten wir nicht auf eine bestimmte Gottesvorstellung festlegen. Verfestigte Vorstellungen immer wieder auflockern. Keine abschließenden Antworten vortäuschen. Gott ist im Leben zu suchen und zu finden!
5. Von Gottes Tun und Gottes Eigenschaften nicht zu viel wissen. Nicht jede Frage muss eine Antwort haben. Gott darf für Kinder (und für uns!) etwas Geheimnisvolles bleiben, auch eine schwierige Wirklichkeit.
6. Von Gott nicht in theoretischen Lehrsätzen reden (Gott ist Geist), sondern in Zusammenhang mit kindlichen Erfahrungen. (Als ich Angst hatte, habe ich zu Gott gebetet, das hat mir geholfen/ Wenn ich einen Spaziergang mache, freue ich mich, dass Gott die Welt so schön gemacht hat).
7. Von Gott nicht als dem „Lenker der Geschichte" sprechen (Gott hat das alles gefügt), sondern von dem, der uns ermutigt, in das Geschehen einzugreifen, Welt zu verändern.
8. Manche Menschen können im Rückblick sagen: Gott hat mich den richtigen Weg geschickt. Davon kann man den Kindern vielleicht erzählen.
9. Von Gott nicht so reden, dass die negativen Seiten und Erfahrungen des Lebens zugedeckt werden. (Weil wir Gott haben, ist die Krankheit nicht so schlimm/ Aber: Weil wir Gott haben, trösten wir uns gegenseitig!)
10. Warum lässt Gott das zu? Es gibt viele Dinge in der Welt, die wir nicht verstehen, die grausam sind und viel Leid bedeuten. Manche kann man sich erklären (z.B. Krieg) und dann merkt man, dass die Menschen mit „verstrickt sind". Aber es gibt auch viele Dinge, wo die Menschen nicht verstrickt sind (Krankheit, Behinderung). Dann können wir uns gegenseitig sagen: Alles, was wir nicht verstehen, ist bei Gott „aufgehoben". Gott weiß eine Antwort, die wir jetzt nicht kennen. Aber wir vertrauen darauf, dass niemand aus seiner Hand fällt – auch nicht im Tod. Das hat Jesus versprochen.

Gott gehört zu unserem ganzen Leben, und nicht erst, wenn wir einen Mangel erfahren. Wenn Kinder „von Kindesbeinen an lernen", dass zum Abendgebet nicht nur Bitten für den kommenden Tag, sondern Dank für den vergangen gehört, werden sie selbstverständlicher Gott in „guten und in bösen Tagen" in ihr Leben mit einbeziehen.

Von Gott und von Jesus erzählen – wann und wo fängt man an? Am leichtesten geht es vielleicht im Kirchenjahr. Wenn diese Geschichten ganz selbstverständlich jedes Jahr auftauchen, wachsen sie von selbst in das Leben hinein – zusammen mit den Bräuchen!!

Wichtig: Kinderbibeln und biblische Bilderbücher gehören mitten unter die anderen Bücher – keine „heilige Ecke" im Regal. Und es ist sinnvoll, wenn die Kinder zuerst Geschichten des erwachsenen Jesus kennen lernen, die Weihnachtsgeschichte kommt von selbst!

Die Schöpfungsgeschichte, Arche Noah, Abraham, Josef sind ganz schöne Geschichten aus dem Alten Testament, die von Gott und den Menschen erzählen. Diese Geschichten müssen nicht alle erklärt und gedeutet werden – das erfahren die Kinder im Laufe ihres Lebens von selbst …

■ Gedanken zum Propstamt und zur Zukunft unserer Kirche. Bewerbung 2004

… Vor allem möchte ich als Pröpstin ordinierte Pfarrerin sein, und das heißt für mich: Predigerin und Seelsorgerin. Wanderpredigerin in allen vier Sprengeln unserer Kirche und Seelsorgerin für alle, an die ich gewiesen bin und für alle, die Seelsorge suchen.
Für unsere Kirche wünsche ich mir:

Ausstrahlung Die Botschaft von Gottes rettender Liebe durch Jesus Christus ist ein kostbarer Schatz, der Menschen zum Leben stärkt, zur Nächstenliebe ermutigt und zum Bekenntnis befähigt. Damit diese Botschaft strahlen kann, brauchen wir einen guten, vielfältigen Dienst der Verkündigung des Wortes Gottes.

Sich-Einbringen Wir haben Werte und Wertmaßstäbe einzubringen in unsere Gesellschaft, in die politische Kultur, in die Bildung, in den Dienst für die Benachteiligten und Armen. Die Weitergabe des christlichen Glaubens auf allen Ebenen (von der Kita bis zur Hochschule) ist eine zentrale Aufgabe der Kirche.

Vergewisserung Damit der Glaube wachsen kann und Früchte trägt, sind Zeiten und Räume für das Nachdenken nötig, für das Gebet und das persönliche Gespräch. Geistliches Leben und theologische Arbeit sind für die Stärkung eines klaren evangelischen Profils gleichermaßen wichtig. Das brauchen wir – z.B. für das Gespräch mit anderen Religionen.

Zuversicht Wir sind eine Landeskirche – und müssen es auch immer wieder werden. Für uns alle gibt es in unserer EKBO noch viel zu entdecken, wahrzunehmen, ernst zu nehmen und aufeinander zu hören. Auf diesem Weg wird Neues wachsen, weil Gemeinden auch voneinander lernen und sich gegenseitig ermutigen können.

Arbeit Missionarisches Handeln heißt: arbeiten. Konzepte entwickeln, ausprobieren, verwerfen, Neues wagen. Trösten, wo Abschiede bewältigt werden müssen, stärken, wo sich Enttäuschung ausbreitet. Zu fremden Menschen gehen, Ablehnung verkraften, Worte finden, die verstanden werden, immer wieder einladen, rechtzeitig die Stimme erheben, dialogfähig bleiben. Zuversichtliches Arbeiten in unserer EKBO – das wünsche ich mir in den vor uns liegenden Jahren. Weil Gott uns Zukunft schenkt, können wir zuversichtlich sein.

■ **Gemeinde – mit und für Familien. Theologische Profile der Familienbildungsarbeit, Thesen eines Vortrags vor der Kreissynode Steglitz 2005**

1. Seelsorge (Junge) Familien erleben eine intensive Zeit von Umbrüchen und Neuorientierungen. Sie müssen ihr Leben „neu sortieren". In dieser Zeit brauchen sie liebevolle Seelsorge und Orientierung. Die Gemeinde ist der Raum, in dem sie lernen und ihren eigenen Weg – ohne vorher festgelegte Rollenerwartung – für sich finden können. Hier bleiben sie gut aufgehoben, auch wenn Beziehungen in die Brüche gehen.

2. Verkündigung: Mission und Bildung Wenn dein Kind dich morgen fragt… Unser Glaube lebt von der Weitergabe der biblischen Glaubenstradition von einer Generation zur nächsten. Wenn Männer und Frauen Väter und Mütter werden, stellen sich die entscheidenden Fragen nach Leben und Tod, Sinn und Perspektive im Leben existentiell neu. Gemeinde ist der Ort, wo sie Kompetenzen erlernen, den eigenen Glauben in Worte für ihre Kinder zu fassen und den Glauben in den Alltag hinein zu leben. Sie lernen dabei auch praktische Kompetenzen für das Leben als Familie: Das Kirchenjahr ist ein immer wiederkehrendes Familien-Bildungsprogramm. An Ritualen wird gemeindliches Leben unterscheidbar von anderem. Der Gottesdienst am Sonntag ist Fest des Lebens. Die Taufe bleibt eine immer wiederkehrende Erinnerung, die verbindet.

3. Gemeindeaufbau Die (jungen) Familien von heute sind die, die morgen Kirche bauen und gestalten könn(t)en. Aus „Gemeinde für Familien" muss „Gemeinde mit Familien" werden. Zukünftig Verantwortliche suchen

– das muss eine klare Zielorientierung unserer gemeindlichen Arbeit sein. Es muss in der Gemeinde auch deutlich erkennbar sein, dass Gemeinde ohne eigenes verantwortliches Engagement nicht zu haben ist. Kirche ist kein Service-Unternehmen, sondern Gemeinde, in der mal der eine, mal die andere für die einen und anderen da sind. Gemeinde – das ist – hoffentlich! – für viele ein Zuhause, in dem man aufgehoben, aber nicht eingeengt lebt, in dem man Kompromisse schließt und in dem man immer wieder Neues lernen und das Leben feiern kann. Die Arbeit der Familienbildungsstätte übernimmt dabei einen spezifischen Dienst, der zum Leben der Gemeinde dazugehört.

■ **Wir sind alle Gast auf Erden. Biblisch-theologische Überlegungen zum Verhältnis von Glaube und Heimat, Missionstag 2006**

Vorbemerkung: Theologisch und biblisch sind drei Aspekte von Heimat in gleicher Weise wichtig: die räumlich soziale Heimat (Ort, Gemeinschaft, in der ich lebe), die geistliche Heimat (Kultur, Tradition, Herkunft), die himmlische/zukünftige Heimat.

1. Biblische „Streiflichter" zu Heimatverbundenheit und Glauben

Das Volk Israel sucht nach einem verbindlichen Land, das ihnen gehört, in dem sie sich beheimaten können – das ist der Duktus durch die Hebräische Bibel. Gleichzeitig erfahren sie immer wieder (als Ermutigung und Kritik), dass die Bindung Gottes an das Volk die tiefere Kategorie ist. Jesus von Nazareth ist ein Wanderprediger, der mit seiner Gemeinde unterwegs ist. In seiner Nachfolge ist die Kirche eher ein Schiff, das durch die Zeit fährt, als ein Haus, das fest steht.

Heimat ist die Gemeinschaft, die unterwegs ist, den Anbruch des Reiches Gottes zu verkündigen. Christen haben eine zukünftige Stadt, keine in dieser Welt (Hebr. 13,14).

2. Die Rolle von Sprache und Kultur für den Glauben

Man kann nur in einer Sprache beten. Schon immer haben sich Menschen, die in einem fremden Land leben, versammelt, um in ihrer Sprache zu beten und zu singen. Die Gefahr besteht dabei, dass die Gemeinde rückwärtsgewandt lebt: Die Erinnerung an Vergangenheit und die eigene Kultur des Glaubens werden zum eigentlichen Mittelpunkt.

Die Sprache und Kultur ist ein Schatz, der tröstet und stärkt. Aber die Übersetzung in die Gegenwart ist wichtig: in das gegenwärtige Leben in einer anderen Sprache und Kultur.

3. Die Ausrichtung des Glaubens auf Zukunft

Trachtet zuerst nach dem Reich Gottes… (Matthäus 6,33) Die Sehnsucht nach der Zukunft, die eschatologische Ausrichtung des Glaubens, droht immer wieder verloren zu gehen. Entweder, weil wir das Hoffen verlernen – oder weil wir satt und zufrieden sind.

Kirche ist die Gemeinschaft derer, die die Kultur der Gerechtigkeit im Blick haben. Diese Dimension schafft die Brücke, weil die Sehnsucht nach dem Reich Gottes, jenseits aller kulturellen und sprachlichen Dimension, tragend ist.

4. Gedanken zum Schluss

Gott nimmt durch Jesus Christus Wohnung bei den Menschen (Joh 14,23). Am Ende wird Gott alle Tränen abwischen und es wird kein Krieg mehr sein (Apk 21,34). Zwischen diesen beiden Bildern unseres Glaubens sind wir beheimatet.

Orte sind wichtig. Menschen sind wichtig. Sprache ist wichtig. Aber: Orte, Menschen, Sprache sind relativ. Alle drei stehen in einem Verhältnis zur Hoffnung auf Gerechtigkeit und Frieden, auf Gottes Reich – und zur Ökumene, verstanden als weltweite vielsprachige, multikulturelle Heimat des Glaubens. Wir sind Gast auf Erden: Das ist keine Einschränkung, sondern eine Erweiterung unseres Horizontes durch unseren Glauben. Unser Leben ist begrenzt – unsere Hoffnung nicht.

■ Geistliche Leitung I (Pastoralkolleg). Organisationsbezogene, soziale und geistliche Kompetenz verbinden; Coaching Ausbildung 2006/2007

Theologische Konzepte zu geistlicher Begleitung, geistlicher Leitung (Kurstag 13.10.2007)

Sieben Gedanken zum Thema:

I. Spiritualität und Frömmigkeit

Geistliche Leitung und geistliche Begleitung sind in unserer Kirche (wieder) ausdrücklich im Gespräch. Dabei ist der Blick sowohl auf geistliche Leitungsverantwortung gerichtet als auch auf geistliche Begleitung einzelner Menschen. Es wird nach den Ressourcen, die der Glaube gibt, gefragt. Bei den Fragen nach der christlichen Existenz geht es nicht nur um die Gestaltung des Glaubens, sondern ebenso darum, den Glauben konkret – auch in Leitungsverantwortung – zu leben. Spiritualität und Frömmigkeit – welche Rolle spielen sie für Leitungsaufgaben? Spiritualität ist die religiöse Haltung, die Gottes Wirken voraussetzt (allgemein). Frömmigkeit setzt die persönliche Beziehung zu Gott, der sich in Jesus Christus offenbart hat, voraus. Frömmigkeit ist eine Bestimmung von Spiritualität, ist Spiritualität im christlichen Kontext. Frömmigkeit ist christliche Spiritualität, die sich an Gott, Jesus Christus und an die biblische Tradition bindet, d.h eine Spiritualität, die an Raum, Zeit und Geschichte gebunden ist.

Personalität Gottes ist die theologische Voraussetzung für das geistliche Reden miteinander. Die Christologie ist der (einzige) Zugang zu Gott und zum Heiligen Geist. Karl Rahner spricht von drei Phasen des Christentums: christlich-jüdische Phase, europäisch-zentrierte Phase und globale Phase. Die letzte wird von der deutlich abnehmenden sozial-gesellschaftlichen Bedeutung von Kirche geprägt. Kirche muss ihren spirituellen Auftrag neu finden und definieren (Publik-Forum 18/2007 S. 36ff).

II.   Gott – trinitarisch

Gott ist christlich nur trinitarisch zu denken, zu glauben, anzubeten. Das ist schwierig, kompliziert und umstritten (die lange und komplizierte Geschichte der Trinitätstheologie soll hier nicht erörtert werden). Biblische Bilder, die für unser Reden über geistliche Leitung wichtig sind: Joh 16: Christus geht – und kündigt den Tröster an, der „wird euch in alle Wahrheit leiten" (Joh16,13); Mt 4: Jesus wird vom Geist in die Wüste geführt. Gottes Geist hat eine Kraft, die Menschen „führt, wohin sie nicht wollen" (auch bei Paulus!). Der Geist ist ein Selbständiges und unterscheidet sich von Gott und Christus.

III.   Leitung – Begleitung

Es gibt biblische – theologische Leitungsbilder, die uns bewusst oder unbewusst prägen/geprägt haben: Priester/in: Verwaltung des Heiligen für andere (Stellvertretung); Hirte/Hirtin: Für-Sorge; Apostel/in: auf die rechte Lehre achten, für den rechten Glauben streiten, auf den richtigen Weg weisen; Prophet/in: Mahnen, kritische Einbringung in den gesellschaftlichen Diskurs.

Geistliche Begleitung meint den/die persönliche Spiritual/in. Dies ist in unserer Kirche ein junges, neues Phänomen, das von der Tradition der Exerzitien ausgeht. Ziel: entdecken und fördern, was mich Gott näher bringt; entfernen, was mich von Gott trennt. Durch: Kontemplation, Meditation, Gebet.

Geistliche Begleitung hat die Gottesbeziehung ausschließlich und zweckfrei im Blick. Geistliche Begleitung will nicht die Lebenstüchtigkeit verbessern. Das ist ein sachlicher Unterschied zu Coaching und Supervision. Das Verhältnis von Coaching und geistlicher Begleitung/geistlicher Leitung ist eine neue spannende Auseinandersetzung und Kooperation. Coaching will Transparenz und Kräfte mobilisieren – Geistliche Leitung geht von der Voraussetzung aus, dass Gott sich nicht beeinflussen lässt – es geht umgekehrt darum, Gottes Weg zu finden (nicht: den eigenen Weg suchen). Wie beides praktisch und theologisch zusammengehört, ist immer wieder durchzubuchstabieren. Eine spannende Frage im Zusammenhang von Coaching durch Pfarrer/innen!

IV. Geistliche Leitung und Ordination

Ordination ist Ausdruck für die Aufgabe geistlicher Leitung. Ordination bewirkt diese Fähigkeit nicht und garantiert sie auch nicht, aber Ordination verpflichtet zur Suche und Qualifikation von geistlicher Leitung. Geistliche Leitung ist aber nicht auf Ordinierte beschränkt. Aber Ordinierte können sich ihr qua Amt nicht entziehen.

Geistliche Leitung ist eine Dreiecks-Beziehung. Der/die andere – Gott – ich: Geistliche Leitung setzt Gottes Gegenwart voraus und bezieht Gottes Wirken in Entscheidungen mit ein. Gebet spielt eine wichtige Rolle, dabei ist die Unterscheidung zwischen Fürbitte (für den/die andere/n) und Gebet um eigene Klarheit zu unterscheiden. Ebenso ist das ausdrückliche gemeinsam gesprochene Gebet, das gemeinsame stille Gebet und das eigene (stille und gesprochene) Gebet zu unterscheiden.

Dass Gott einbezogen ist, bedeutet in allen Leitungsaufgaben Entlastung und Distanz. Und es erfordert und bewirkt eine hohe Selbstreflexion, die vor allem das Ziel hat, die Gefahr der Verzweckung Gottes abzuwehren. Diese Verzweckung ist Machtausübung. Gott ist weder unseren Zielen unterzuordnen, noch kann man Glauben für Leitung nützlich machen. Das ist Machtausübung.

V. Gott. Nähe und Ferne

1. Geistlich Leitende müssen das eigene Gottesbild (immer wieder) reflektieren: Persönlicher Gott – Christus, menschgewordener Gott – Gott, universale (Schöpfer)Macht – Heiliger Geist – Liebe – Engel (Gott begegnet mir im Nächsten/in der Nächsten).

2. Geistlich Leitende müssen zum anderen Gottesferne reflektieren: Gibt es – theologisch denkbar – eine Abwendung Gottes vom Menschen? Gibt es – theologisch denkbar – gott-lose Räume und Zeiten? Willigis Jäger, ein Mystiker der Gegenwart, beschreibt die drei Ebenen der Religion: institutionelle Ebene (Glaubensgebäude z.B. Gebete, auch feste Räume), intellektuelle Ebene (das theologische Denken), mystische Ebene (mystische Versenkung). In der Mystik ist die Leere die letzte Gotteserfahrung. Das ist die nicht-theistische Gotteserfahrung, die von den christlichen Kirchen abgelehnt wird. Sie setzen hier den persönlichen Gott ein. Willigis Jäger macht das den christlichen Kirchen zum Vorwurf. Dagegen z.B. Saskia Wendel (katholische Philosophin): Gottesoffenbarung in Christus ist unser Ausgangspunkt. Gott setzt sich in Beziehung – ist also Person. Die Erfahrung von Leere entspricht Gottesferne. Es geht um die Beziehung, die fern und nah sein kann (Publik-Forum. 18/2007 S.36ff).

3. Geistliche Leitende müssen sich mit der Wahrheitsfrage auseinandersetzen: Gibt es nur den einen Gott? Geistliche Leitung geschieht nach eigenen theologischen Entscheidungen und Prioritäten. Der/die andere soll ihren/seinen

eigenen Weg finden – dennoch habe ich meinen Glauben, meine Werte, meinen Wahrheitsanspruch. Hilft mir mein Glaube auszuhalten, dass Menschen, die ich leite, „fremde" Wege gehen? Hilft mir mein Glaube, den richtigen Weg für den anderen/die andere zu finden? Orientierung am/an der anderen ist Nächstenliebe und Demut. Das ist dann an mich vielleicht die eigentliche Wahrheitsfrage.

VI. Geistliche Kompetenz

Diese wächst, entwickelt, qualifiziert sich durch Gebet – Meditation – Kommunikation an den Grenzen des eigenen Glaubens – In-Frage-Stellung der eigenen Glaubenswelt (Glauben besteht aus Bausteinen, die auch immer wieder neu zusammengesetzt werden. Mit diesem „Bausatz" umgehen ist so etwas wie „Kompetenz-Schulung") – Ständiges Arbeiten an den eigenen Werten und Wertvorstellungen. Dabei müssen die Grundlagen für die Begründungen immer wieder buchstabiert werden. Zum Beispiel:

Unverrückbares: Die Unantastbarkeit Menschenwürde und die Heilung der Gemeinschaft stehen in Konkurrenz („freie Fahrt für freie Bürger"). Mit der Begrenzung der Menschenwürde muss man sich immer neu auseinandersetzen. Die Endlichkeit des Menschen ist unantastbar, dennoch muss über die Grenzen immer nachgedacht und gestritten werden.

Verrückbares: Homosexualität und Gleichberechtigung. Wertvorstellungen haben sich grundlegend verändert. Aber auch die Frage, was unverrückbar und verrückbar ist, ist nicht zu klären, sondern immer wieder zu begründen. Geistliche Kompetenz erweist sich im konstanten Klären und darin Position beziehen – nicht im Formulieren von „endgültigen Positionen".

VII. Biblische Bilder von geistlicher Leitung

Sie können in dem Kontext von Coaching helfen und inspirieren: Gefunden habe ich zwei Zweierbeziehungen, in denen eine/r den/die andere/n leitet, Gottes Präsenz erfahrbar wird und ein Erkenntnisgewinn das Leben befördert. Interessanterweise wird dies letztere beide Male in Schwangerschaft ganz konkret …

Hanna und Eli (1 Sam 1,9–17). Hanna kommt zum Priester Eli (in seiner Nähe will sie beten). Eli begleitet, beobachtet sie, nimmt Anteil an ihrem Gebet, ohne die Worte zu verstehen. Eli versteht sie nicht, bleibt aber bei ihr. Das ist für Hanna wichtig. Hanna sagt ihm den Inhalt des Gebetes und daraufhin kann der Priester Eli die Situation deuten und ihr Gottes Zuwendung zusprechen (das kann sie sich nicht selbst zusprechen!). Gott handelt. Eli und Hanna machen eine Erfahrung, durch die Eli leitet, ohne den Weg zu bestimmen.

Elisabeth und Maria (Lk 1, 39–45). Maria be-sucht (also: sucht) Elisabeth, um die eigene Situation zu klären und zu verstehen. Als sich die beiden (schwangeren) Frauen begegnen, wird Elisabeth „vom heiligen Geist erfüllt" und erkennt die Situation von Maria und bestätigt das Wort des Engels. Das Kind von Elisabeth „hüpft im Leibe" (Luther-Übersetzung).

Menschen führen andere – damit diese Führer/innen sein können (also: Stärken stärken!). In diesen biblischen Bildern wird erzählt: Menschen decken auf, was Gott will – durch den Geist: geistliche Leitung.

- **Contra Dienstvereinbarung. Vor einem Pfarrkonvent 2007**

Sonntagabend. Es klingelt an der Tür des Pfarrhauses. Die vereinbarte Arbeitszeit des Pfarrers ist für diese Woche schon überschritten. Keine Chance für denjenigen, der mit einem kleinen Kummer oder einer großen Lebenskrise vor der Tür steht.

Ein Pfarrer, eine Pfarrerin muss immer Zeit haben. Das ist es, was ihren Dienst ausmacht. Wenn jemand in Not vor ihr steht, lässt sie alles in den Hintergrund treten und nimmt sich Zeit. Niemand hat das Recht zu wissen, wie lange ein seelsorgliches Gespräch gedauert hat und ob der Konfirmandenunterricht dadurch wesentlich gelitten hat, weil die Arbeitsmaterialien nicht mehr kopiert werden konnten. Die Prioritäten werden – manchmal von Tag zu Tag – neu gesetzt. Diese Eigenverantwortung zeichnet dieses Amt aus und macht es unabhängig von allem und allen, die mitreden wollen. Deswegen vertraut man der Pfarrerin, weil ihr keiner in die Karten guckt. Der gläserne Terminkalender und gar das gläserne Amtszimmer nimmt Menschen den Mut, sich vertraulich an den Pfarrer/die Pfarrerin zu wenden. Diese Freiheit und hohe Verantwortung wird mit der Ordination zugesprochen und übertragen. Der Pfarrdienst ist ganzheitlich und lässt sich nicht in Freizeit und Dienstzeit aufteilen. So lange der Pfarrer/die Pfarrerin in der Gemeinde anwesend ist, ist sie im Dienst. Schließlich wird eine Pfarrerin auch im Urlaub mal über den nächsten Weihnachtsgottesdienst nachdenken oder überlegen, wen man als Ehrenamtliche noch für den Kirchdienst ansprechen kann. Und gerne wird er oder sie bei der Dorfkirche am Urlaubsort mal nachfragen, wie die das denn so machen mit ihrer Jugendarbeit.

Eine Dienstvereinbarung ist unsinnig, denn Verkündigungs- und Seelsorgearbeit lassen sich nicht quantifizieren. Der Pfarrdienst ist ein ganzheitlicher Beruf. Freizeit und Dienst lassen sich nicht wirklich trennen. Pfarrer/innen entscheiden in eigener Verantwortung, was sie wann und mit wie viel Vorbereitung tun. Es kann für Predigt und Seelsorge keine zeitlichen Richtlinien geben. Da die Begabungen unterschiedlich sind, ist es unsinnig, Zeiten für Unterrichtsvorbereitung oder Predigtvorbereitung festzulegen. Festlegung von z.B. 54 Wochenstunden erstickt jede Kreativität. Der Pfarrdienst ist eine Berufung und kein Job. Jede Dienstvereinbarung führt dazu, dass aus dem ganzheitlichen Amt – einer Lebensaufgabe! – bestimmte Zeiten als Berufszeiten herausgefiltert werden. Der Pfarrer/die Pfarrerin ist der einzige Mensch, der die ganze Gemeinde im Blick hat und deswegen seine Zeit nach den Notwendigkeiten in der Gemeinde einteilen kann und muss. Ruhe und Arbeit werden von den Gegebenheiten des Dienstes in der Gemeinde gesetzt und nicht von einer Vereinbarung, bei der die Maßstäbe aus der des ordinierten Dienstes fremden Welt genommen worden sind.

- **Kirche in Berlin-Mitte. Aus der Vorstellung zur Superintendentenwahl Berlin-Mitte 2008**

Ich bin seit Kindesbeinen gerne ein Stadtmensch. Diese Lebenserfahrung bringe ich mit und gerne ein. Geboren und aufgewachsen bin ich in Santiago (Chile). Eine Stadt, die – wie alle Großstädte – von der Spannung zwischen Armen und Reichen, von der fröhlichen Lebendigkeit von Lebenskünstlern und dem traurigen Schicksal Gestrandeter geprägt war (ist). Kirche gehört in das Herz der Stadt.

Was mich von Jugend an – bis heute – prägt und trägt: Verwurzelung im Glauben an Jesus Christus geschieht und entwickelt sich in persönlichen Beziehungen in einer Gemeinde. Daraus wächst die Kraft, der Mut, sich zu engagieren – und hier geschieht das geistliche, theologische, seelsorgliche Gespräch über das, was zu tun ist. Diese Überzeugung hat meine langjährige Arbeit als Gemeindepfarrerin – in der Auslandsgemeinde in Luxemburg und dann in der Friedensgemeinde in Charlottenburg – geprägt. Der Aufbau der Gemeinde geschieht da, wo die Menschen leben, fragen, suchen: Kindergarten und Konfirmandenunterricht, in Seelsorge und Gottesdienst, in den vielen Gremien und Gruppen, die die Gemeinde prägen.

Die Gemeinschaft der Gemeinden ist seit biblischen Zeiten immer auch ein Ringen miteinander. Aber nicht nur ein Ringen, sondern auch ein Netz der Fürbitte und der Solidarität. Dies ist für mein Leben und Arbeiten als Gemeindepfarrerin immer auch prägend gewesen. Die Partnerschaft mit der Advent-Gemeinde, die über die Berliner Mauer verband, später mein Engagement in der Leitung des Kirchenkreises Charlottenburg, Mitarbeit in der Landessynode und in den letzten Jahren in der EKD-Synode und in vielfältigen ökumenischen Zusammenhängen – in allem dem wurzelt in meiner tiefen Überzeugung, dass wir als evangelische Gemeinden – in aller Unterschiedlichkeit – als Leib Christi zusammengehören. Wie wir uns als Gemeinde, Kirche, Ökumene verstehen, bleibt eine theologische Frage – bis die Zeit dieser Welt von Gott vollendet wird. Als Verantwortliche für die theologische Fortbildung von Pfarrer und Pfarrerinnen habe ich auch viele Gespräche und Prozesse der Veränderung begleitet.

Kirche leiten heißt für mich, die Kommunikation über Ziel und Wege zu führen, heißt biblisch-theologisch zu arbeiten und den sozialen, politischen, gesellschaftlichen Kontext wach und nüchtern in den Blick nehmen – und den Weg der Nachfolge Jesu, den Weg der Kirche gemeinsam suchen und gestalten. Das geht nicht ohne Konflikte und nicht ohne Kompromisse, wohl auch nicht immer ohne Enttäuschungen. Dass wir gemeinsam unterwegs bleiben – auch in Unterschiedlichkeit –, ist kirchenleitendes Handeln.

Ich habe nie an der Bedeutung von Theologie gezweifelt. Das Zusammendenken von uralten theologischen und geistlichen Grundfragen des Lebens und effektives modernes Organisationsdenken ist dennoch immer wieder vor allem eine theologische und geistliche Herausforderung. Nachfolge Jesu hat seit Jesu Zeiten etwas mit Bewegung, Veränderung – Umkehr zu tun. Aber auch mit Innehalten, Ruhen – mit Einkehr. Alles, was wir tun, hat etwas mit der Frage zu tun, wer Christus für uns ist – und welche praktischen Konsequenzen das für unser Leben hat. Damit sind wir nie fertig und nie am Anfang.

Die Anfrage, für das Amt der Superintendentin hier in Ihrem Kirchenkreis zu kandidieren, erreichte mich – zu meiner Überraschung und Freude – zu einem Zeitpunkt in meiner beruflichen Biografie, an dem ich Lust und Freude hätte, meine Erfahrungen einzubringen. So habe ich mich gerne und mit Freude auf den Weg zu Ihnen gemacht.

■ Fortbildung im Pastoralkolleg. Entwurf für den Visitationsbericht 2009 (Auszüge)

Einführung Pastoralkolleg meint eine Fortbildungsform für Pfarrer und Pfarrerinnen, die nach dem 2. Weltkrieg in Neuendettelsau ihren Anfang nahm: mehrtägige theologische Fortbildungen, die gleichzeitig auch eine Distanz zum gemeindlichen Alltag sein sollten. Bis heute ist EKD-weit die Arbeit der Pastoralkollegs von den drei „Säulen" geprägt: Theologie, gemeinsames geistliches Leben, persönliches Gespräch über Theologie und pastorale, kirchliche Praxis.

Pastoralkolleg meint darüber hinaus auch einen festen Ort in einer Landeskirche, der mit dieser Arbeit identifiziert wird. Templin (für Brandenburg bis 1996), Kreuzbergbaude (für die EKsOL bis 2004), Schwanenwerder (für Berlin-West bis 1996) sind die drei Orte gewesen, mit denen Pfarrer und Pfarrerinnen theologische Fortbildung, geistliche Leitung und Begleitung, Seelsorge, Nachdenklichkeit, Innovation für den Beruf und persönliche Stärkung verbinden. Seit 1999 ist der Ort des Pastoralkollegs die Dominsel in Brandenburg an der Havel (für die EKiBB) und seit 2004 für die EKBO.

Veränderungen in Kirche und Gesellschaft bringen neue Anforderungen für Pfarrer und Pfarrerinnen mit sich. Sie haben – in aller Wertschätzung der vielfältigen Verkündigungsdienste in unserer Kirche – nach wie vor die „Schlüsselrolle". Das Wirken von Pfarrer und Pfarrerinnen prägt das Bild und oft die Beziehung, die Menschen zur Kirche entwickeln. Die Rolle des ordinierten Dienstes in unserer Kirche ist so das berufsspezifische Grundthema der Arbeit im Pastoralkolleg.

1. Geschichte   In Brandenburg a. d. Havel kommen die Traditionen von Templin, Schwanenwerder und Görlitz zusammen und entwickeln sich weiter. Dabei ist vor allem der unmittelbare Ort – Dominsel – wichtig. Der Dom als geistlicher Ort für die dreimal täglich stattfindenden Gebetszeiten und das ein Pastoralkolleg abschließende Abendmahl und Reisesegen ist ein wesentlicher Ort für die Arbeit. Die Möglichkeit, sich für Meditation und Gebet an diesem schönen von der Geschichte getragenen Ort zu bergen, ist kostbar.

2. Darstellung   Theologische Aus- und Fortbildung ist der Sache nach eine innere Einheit. Die akademische Ausbildung an der Universität und die praktische Ausbildung in der Zeit des Vikariats sind darauf angelegt, sich lebenslang theologisch und praktisch fortzubilden. Theologische Fortbildung geschieht vor Ort am eigenen Schreibtisch, zu speziellen Herausforderungen des Dienstes und im theologischen Diskurs mit der sich weiterentwickelnden Theologie und in der Gemeinschaft der Ordinierten. In den letzten drei Jahren haben sich im Pastoralkolleg Schwerpunkte entwickelt: Pastoralkollegs für Kirchenkreise. Pfarrkonvente oder Konvente der Mitarbeitenden im Verkündigungsdienst kommen für 3–4 Tage nach Brandenburg. Pastoralkollegs für Zielgruppen. Fortbildung im 2. und 3. Amtsjahr (FEA), Kolleg für die letzten Amtsjahre und die ersten Ruhestandsjahre, Pastoralkolleg zu einem theologischen Jahresthema für die Theologischen Referenten und Referentinnen (Schlüsselkurs). Pastoralkollegs für gemischte Zielgruppen. Pfarrer/innen und Kirchenmusiker/innen, Vorsitzende von Gemeindekirchenräten und geschäftsführende Pfarrer/innen, Pfarrerinnen und Mitarbeiterinnen in der Frauenarbeit. Pastoralkollegs in Kooperation mit anderen Landeskirchen. Pastoralkolleg im Zusammenhang von ökumenischen Partnerschaften.

Das Thema „Zeit" ist konstitutiv für die Arbeit im Pastoralkolleg. Das Konzept eines befristeten „gemeinsamen Lebens" geht von einer gemeinsamen Woche aus, mindestens aber von Montag bis Freitag. Die Verkürzung der Gesamtzeit ist dem Druck geschuldet, Pfarrer/innen könnten nicht so lange vom Dienst weg sein. An dieser Stelle ist gesamtkirchlich nachzudenken und zu entscheiden. Theologische Fortbildung, die vertiefend sein möchte und dabei auch geistige Nahrung und geistliche Stärkung sein soll, braucht Zeit. Das ist kein Luxus, sondern Notwendigkeit, die eigene Mitte (wieder) zu finden und mit anderen zu teilen. Theologische Kompetenz ist auch eine Frage der Persönlichkeit. Es geht nicht darum, viel Wissen und Information aufzunehmen, sondern Theologie mit der eigenen Existenz zu „verweben". Das braucht Zeit und das kollegiale Gespräch.

3. Ausblick, Visionen, Zukunft, Probleme, Fragen Wertschätzung von Theologie. Dem Grundkonzept von Pastoralkolleg „Zeit für Theologie und geistliches Leben" haftet oft der Charakter des „Luxus" an. Praktische Fortbildungen, in denen man etwas für die Praxis lernt und „mitnimmt", werden bevorzugt. Das ist eine grundsätzliche Anfrage an die Rolle von Theologie für die pfarramtliche Praxis und das kirchliche Leben.

Themenfindung. Nicht nur: Was brauche ich für meinen Pfarralltag? Sondern: Welche theologischen Fragen sind spannend, kontrovers, interessant, gesellschaftsrelevant, neu entdeckt oder wieder entdeckt? Welche Themen kommen in der – europäischen und weltweiten – Ökumene vor? Welche Themen bestimmen den Dialog mit der römisch-katholischen Kirche? Welche Themen bestimmen den Dialog mit anderen Religionen? Welche sind aus evangelischer Sicht wichtig und einzubringen? Welche Themen sind in der EKD gegeben (Reformationsdekade)? Die Themenfindung sollte von Kirchenleitenden mitgetragen sein. Sie sollten regelmäßig Vorschläge machen, die dann im Beirat weiter beraten werden.

Pastoralkolleg. Ein guter Ort für Theologie, Spiritualität, Vergewisserung und Erneuerung der Gemeinschaft der Ordinierten, zu dem Ordinierte (gerne!) kommen. Zum einen sollte das Pastoralkolleg ein Ort sein, an dem jeder Pfarrer, jede Pfarrerin alle zwei Jahre eine einwöchige theologische Fortbildung macht – zum anderen könnte das Pastoralkolleg der Ort sein, an dem Fortbildung für Pfarrer und Pfarrerinnen konzipiert und dabei theologisch durchdacht wird.

■ Geistliche Leitung II. Zusammenfassende Thesen aus dem Pastoralkolleg „Gemeindeleitung" 2010

Leitendes Handeln ist Dienst
Kirche dient der Verkündigung, dient dem Menschen – und ist kein Selbstzweck. Darauf haben Leitende zu achten. Leitung dient dem Wachsen der Kirche/Gemeinde, das in Gottes Hand liegt (Der Sämann sät – das Wachsen liegt nicht in seiner Hand).

Diesem Dienst dient: Erkennbarkeit (Zeugnis geben, Bekenntnis); Erreichbarkeit (Bereit-sein zu helfen, Diakonie); missionarisches Wirken organisieren: Ziele verabreden, Wege beschließen, kritischer Blick auf getane Arbeit (Kontrolle) (der Berufung entsprechend leben) und der Blick nach innen –

Leitung ist kein Zweck an sich, sondern Dienst am Ganzen. Dazu muß ich meine eigene Haltung finden. Wir leiten durch persönliche Überzeugung – Autorität, nicht autoritär.

Theologie ist nötig, um das – gegebene! – Ziel nicht aus den Augen zu verlieren: Gottes Reich. D.h. etwas überspitzt – aber in Spitzen liegt auch Klarheit – : Leitung hat dafür zu sorgen, dass die Kirche nicht Selbstzweck ist/wird, dass sie sich nicht selbst zum Mittelpunkt macht. Darin liegt m.E. auch der Kern, weshalb Theologiestudium für die Ordination Voraussetzung ist: dass das Studium der Schrift als Orientierung für Leitung bleibt. Das ist so wichtig, dass dafür Menschen freigestellt werden. Und dazu gehört unbedingt, dass leitende Älteste darauf zu achten haben, dass Ordinierte dies auch wirklich tun.

Die Spannung der „Leitung im Plural" ist ein Wesensmerkmal unseres evangelischen Kirchenverständnisses. Diesem Dienstmerkmal müssen die Strukturen entsprechen. Aus der Unterscheidung der Aufgaben ergibt sich keine Hierarchie. Dafür hat letztlich leitendes Handeln in der evangelischen Kirche zu sorgen.

- **Bibel im Gespräch. Wer durch die Bibel wandert, entdeckt immer wieder das eigene Leben … Rückblick auf 15 Jahre Ökumenisches Bibelgespräch / Kreisfrauen Charlottenburg 2010**

Der Weltgebetstag bringt Frauen (und Männer) in Bewegung … Gehen – Sehen – Handeln – drei Bewegungen des Geistes, des Körpers und der Seele. Drei Impulse für Frauen aus Palästina, mit denen sie im Jahre 1994 die Liturgie für den Ökumenischen Gottesdienst zum Weltgebetstag gestaltet haben. Auch damals waren die Hoffnungen auf Frieden groß – und die Sorge um die Zukunft ebenso tief. Die Not von Frauen aus Palästina war in der Liturgie ausdrücklich formuliert und es gab eine heftige und sehr ernste Debatte, ob man sich in einem Weltgebetstags-Gottesdienst so eindeutig fürbittend mit den Palästinenserinnen solidarisieren darf. Gefährdet nicht gerade diese Haltung den Frieden im Heiligen Land?

Es waren schmerzliche Gespräche in der Vorbereitung auf diesen Gottesdienst. Und es wurde uns allen deutlich: Es geht um Politik, um unsere Geschichte, um die Chancen für Frieden und Gerechtigkeit – und: Es geht um Theologie! Was sagt Paulus in seinem Ringen um die Juden und Jüdinnen, die Gottes erwähltes Volk sind und in Christus nicht den Messias erkennen? „Wir wollen in Ruhe und mit Zeit den Römerbrief lesen – vielleicht verstehen wir dann mehr…" Das war der Beginn des Ökumenischen Bibelgespräches, das immer für alle Gemeinden beider Konfessionen im Kirchenkreis offen war. Wir haben gemeinsam die Bibel gelesen und anhand von unterschiedlichen Übersetzungen immer Überraschendes entdeckt.

Oft haben wir gestaunt: Das theologische Verhältnis zwischen Altem und Neuem Testament hat uns bei allen Texten beschäftigt. Ebenso die Frage nach verstecktem (auch offensichtlichem) Antijudaismus und der oft befreiende Blick feministisch-theologischer Auslegung. Die Übersetzung „Bibel in gerechter Sprache" hat uns in den letzten Jahren sehr sensibel für die Fragen der Bibelübersetzung gemacht!

Doch die schönste Überraschung war immer wieder diese: Bibeltexte, die Geschichten von liebenden, suchenden, starken und schwachen Menschen haben uns immer berührt. Immer wieder ging es um das, was uns unmittelbar angeht: Tod und Leben, Leid und Freude, Ungerechtigkeit und Hoffnung, Liebe und Enttäuschung, Glaube und Zweifel. Der theologische Hintergrund hat manchmal den Geist erhellt und manchmal das eigene „Bibel-Welt-Bild" durcheinander gewirbelt. Aber einig waren wir uns immer: Nur wenn man zusammen in der Bibel liest, versteht man den Sinn und die Zusammenhänge. Vielleicht auch deswegen, weil man alle Fragen stellen kann ...

Die Bücher Mose und vieler Propheten haben wir gelesen, Hiob und Paulusbriefe, Evangelien und die Johannesoffenbarung, Samuelbücher und das Hohelied der Liebe und viele Texte, die zu Ostern und Weihnachten gehören oder die die jeweilige Jahreslosung geborgen haben. Einige wenige waren 15 Jahre dabei, andere sind im Laufe der Zeit dazugekommen, andere waren eine – kurze oder längere – Zeit dabei. Für ein Bibelgespräch sind offene Türen wichtig – man kann jederzeit dazukommen und auch wieder weiter gehen ...

Das Gespräch um die Bibel hört nie auf, denn davon leben wir in der Gemeinde. Trotzdem gibt es auch Veränderungen, die einen gemeinsamen Bibel-Lese-Weg markieren. Als ich vor fünf Jahren aus dem Gemeindedienst zum Pastoralkolleg nach Brandenburg a. d. Havel wechselte, habe ich sehr gerne weiterhin einmal im Monat den Raum für dieses Ökumenische Bibelgespräch geöffnet. Ab 1. Juni dieses Jahres werde ich im Kirchenkreis Neukölln tätig sein und dies ist jetzt für mich der richtige Zeitpunkt, mich zu verabschieden.

Am Dienstag 18. Mai 2010 (um 19.30 Uhr im Gemeindehaus Tannenbergallee 6) treffen wir uns noch einmal und lesen den Propheten Maleachi und den letzten Abschnitt des 2.Chronikbuches. Es sind die Bücher, die für uns das Alte Testament abschließen und den theologischen Ausblick auf das Neue Testament geben wollen. Herzliche Einladung!

- **Gemeinde vor Ort – Orte für Gemeinde. Referat vor der Kreissynode Neukölln 2. Oktober 2010**

1. Wo ist Gott? Verortung für den Glauben

Die Menschen suchen und finden Orte, an denen sie ihren Glauben verorten, zu Gott beten, sich als Glaubende versammeln, einander dienen und Gemeinschaft haben. Zeugnis, Gottesdienst, Gemeinschaft und Diakonie (gegenseitige Hilfe) sind von Anfang an die Kennzeichen der Gemeinde.

Nach der biblischen Tradition entstehen solche Orte durch Erfahrungen, die aus dem Glauben gedeutet werden: Jakob ist auf der Flucht vor Esau und sieht im Schlaf den offenen Himmel. Der Stein, auf dem sein Kopf gelegen hatte, wird zum Grundstein: – Bethel – hier baue ich ein Haus dem Herrn (Gen 28,10–19). Der Gottesname kann übersetzt werden mit „ha makom" = der Ort. Im Gottesnamen ist Raum für Erfahrungen, die nicht in gebautem Raum untergebracht werden können. Gottes Name ist ein weiter, unabhängiger Raum. Mose erlebt Gott an einem konkreten Ort (im brennenden Dornbusch, Ex 3), und der Name Gottes ist ein Wortraum. Im Erlebnis von Mose ist die Konkretion und die Abstraktion von Gottesvorstellung präsent.

Gott ver-ortet sich in der Welt. Gott ist aber nicht auf eine Bezeichnung und nicht auf einen Ort festzulegen. Der Tempelbau ist immer auch umstritten. Das irdische Jerusalem und das himmlische Jerusalem sind zu unterscheiden. Auch das sind konkurrierende Stränge in der hebräischen Bibel. Dennoch ist der Tempel ein wichtiger, zentraler Ort: Jesus heilt am Tempel (Joh 5). Jesus setzt sich im Tempel mit den Händlern auseinander (Mt 21). Zu Pfingsten waren die Jünger „an einem Ort zusammen" – von der Beschreibung der vielen fremden Völker, die zu dem Wochenfest angereist waren, schließt man immer auf den Tempel. In der Apostelgeschichte wird auch erzählt, dass sich die Gemeinde in den Häusern sammelt und zum Gebet in den Tempel geht (Apostelgeschichte 2). Paulus sucht die Synagogen – die Orte der jüdischen Gemeinden – in der Diaspora auf und verkündigt den gekreuzigten und auferstandenen Christus – es bilden sich neue Gemeinden (Hausgemeinden). Der Gottesdienst ist der Ort der Gemeinde und der Gottesdienst kann an jedem Ort stattfinden. Der Tempel in Jerusalem bleibt nicht der Ort für die christliche Gemeinde – sie wandern in die Häuser – bis sie sich ihre eigenen Tempel bauen.

Wo ist Gott? Gott ist an einem konkreten Ort (Haus, Tempel, auch: Kirchen). Und: Gott ist an einem erfahrenen Ort in der Zeit: im Gottesdienst. Beides, der konkrete Ort und der Gottesdienst, sind biblische Zeugnisse. Sie dürfen nicht gegeneinander ausgespielt werden.

2. Wo ist Gemeinde? Verortung für das Leben

Gemeinde ist da, wenn sie sich am Kultort zum Gottesdienst oder zum Fest versammelt. Wer dorthin kommt, ist Gemeinde ("Wer zum Gottesdienst kommt, gehört zur Gemeinde" – das sagen wir manchmal auch heute!). Die Bindung an alte, heilige Orte, Pilgerorte, spielt in den Geschichten aus der Hebräischen Bibel eine wichtige Rolle. Doch schon die Propheten mahnen, dass das ganze Leben an Gott orientiert sein soll und die Konzentration auf den „heiligen Ort" nicht davon ablenken darf, dass Gott nicht auf diesen Ort festzulegen ist.

Eine ebenso wichtige Tradition ist das „Unterwegs-Sein". Der Auszug des Volkes Gottes aus Ägypten („mit dem Zelt unterwegs") ist eine existentielle Grunderfahrung – Gott ist mit unterwegs – alle Ziele und Besitzungen in dieser Welt sind vergänglich. Zwei biblische Bilder verdeutlichen und vertiefen diese Glaubenserfahrung: Ex 16: Manna und Wachteln – Speisung für einen Tag. Man kann nichts ansammeln für die Zukunft. Ex 12: Das Passamahl im Aufbruch essen. Letzteres nimmt Jesus auf, wenn er seine Jünger auf den Weg schickt: Jesus sandte sie aus zu predigen das Reich Gottes und die Kranken zu heilen. Und er sprach zu ihnen: Ihr sollt nichts auf den Weg nehmen, weder Stab nicht Tasche, noch Brot noch Geld… (Lukas 9, 1ff).

In der Apostelgeschichte – auch von Lukas – strahlt die Gemeinde so sehr, dass immer mehr dazu kommen (Apg 2) täglich!! Feste, vertraute Orte, Beheimatung, Behausung, heilige Orte und: Zelte, Unterwegs-Sein, leichtes Gepäck, wanderndes Gottesvolk, unterwegs zu den Menschen. Von Beginn gibt es diese beiden Grundbilder, die sich in der Kirchengeschichte fortgesetzt haben: Kirche als Institution und Kirche als Organisation.

Kirche ist Institution, weil sie etwas verwaltet, was über sie hinausweist. Sie hört nicht auf zu existieren, so lange diese Welt ist. Sie ist da. Sie gehört zu den Menschen, in die Welt, hat sich nicht selbst erfunden, hat ihren Auftrag nicht aus sich selbst heraus. Diese theologischen Grundbestimmungen haben sich seit der konstantinischen Wende fortgesetzt. Kirche gehört dazu. So verstehen viele heute Kirche (röm.-kath. und auch evangelisch). Viele sprechen (noch) vom „Christlichen Abendland".

Kirche ist Organisation, weil sie (von Anfang an) ein Ziel hat, das sie erreichen will: in alle Welt gehen und die Menschen zu unterweisen, zu taufen und zu Christus zu führen. Mission muss organisiert werden. Das kann man bei Paulus in der Apostelgeschichte und auch in der Missionsgeschichte studieren.

Kirche ist beides – und zwar aus biblisch-theologischem Grund: Sie hat einen auf die Weltzeit bezogenen Auftrag, den sie sich nicht selbst gibt (Institution). Und sie muss den Weg der Auftragsübermittlung organisieren und sich dabei Ziele setzen und die Erreichung der Ziele auch überprüfen und effizient mit Kräften umgehen (Organisation). Die Institution bewahren und die Mission und den Gemeindeaufbau organisieren. Diese beiden Aufgaben ergänzen sich – in kritischen Zeiten konkurrieren sie auch. Aus der Wanderbewegung Jesu ist eine Institution geworden. Dennoch hat es in der Kirche immer auch die Beweglichkeit (Kirche als Wanderbewegung) gegeben!

Man kann es auch an den beiden „Anfängern" von Kirche sehen: Petrus bleibt in Jerusalem, dem Ort der Auferstehung, und die Jerusalemer Gemeinde ist die wichtige Gemeinde der Brüder Jesu. Paulus organisiert die Mission, ist immer zu zweit oder dritt unterwegs: Planung, Reise, leichtes Gepäck. Paulus lebt sein Amt als Reise-Apostel, Petrus als „Fels". Zu uns gehört beides – feste Wurzeln und Bereitschaft, loszulassen. Existentiell haben wir die Sehnsucht nach Ankommen in festen Behausungen und die Sehnsucht nach Aufbruch, nach Neuem. Wo ist Gemeinde? In den festen Orten und Häusern oder auf den Straßen und Plätzen? Der Gottesdienst am 5. September auf dem Hermannplatz, den die Evangelische Jugend und der Gospelchor Senzig gestaltet haben, hat mich beeindruckt. Die Gemeinde, die sich dort versammelt hat, war zu einem großen Teil zufällig dort. Ein Ort, eine Zeit, Gemeinde entsteht – vorübergehend. Ebenso war es auf dem Richardplatz, zum Fest „650 Jahre Rixdorf".

Kirchlich konkurrieren beide Konzepte. Wenn man genau hinsieht, erkennt man diese Konkurrenz in allen 20 Jahrhunderten der Kirchengeschichte. Zu uns gehört das Ringen darum, welcher Weg (Häuser oder freie Plätze) der richtige ist – vor allem, wenn man sich nicht beides zu gleicher Zeit leisten kann. Schon zu biblischen Zeiten hat man sich auf die Ergänzung geeinigt. Petrus in Jerusalem, Paulus unterwegs. Und die Kollekten wurden geteilt.

3. Orte für den Gottesdienst und Orte für die Gemeinde

Die Feier des Mahles in den Häusern ist der Anfang für den christlichen Gottesdienst und für das gesellige Gemeindeleben. Im Laufe der langen Geschichte hat sich beides deutlich auseinanderentwickelt. Schon zu Beginn mussten sich Gemeinden eine Struktur geben. Dabei haben sie teilweise die Strukturen des Vereinswesens übernommen. Nach der sog. Konstantinischen Wende (4. Jahrhundert) wurde die christliche Kirche zu einer öffentlichen Institution, die für den öffentlichen Kultus zuständig war – mit Folgen bis zu unserer Volkskirchlichkeit. Die Gottesdienstorte waren Kirchen, Dome, Kathedralen. Orte der Anbetung, der Gottesdienste. Auch Orte der Zuflucht und Orte der öffentlichen Repräsentanz. Manchmal auch der Darstellung – Dome so groß wie Paläste... Zur Zeit der Reformation gewinnt das Pfarrhaus als Kristallisationsort an Bedeutung. Für Lehre, Geselligkeit, Versammlung spielt es bis in die Gegenwart hinein eine Rolle. In der jüngeren Geschichte, zu Beginn des 20. Jahrhunderts entstehen die Gemeindehäuser als Orte des „Gruppenlebens" und der christlichen Vereine.

Diese Differenz zwischen einem Ort für den Gottesdienst und einem anderen Ort für „Gemeindeleben" entspricht auch einer geistlichen Differenz zwischen Gottesdienst und Alltag. Zumindest müssen wir uns immer mal wieder die Frage stellen, warum wir Orte haben, die wir exklusiv für den Gottesdienst als liturgische Handlung nutzen, und andere, in denen Lehre, Seelsorge und Diakonie stattfindet. Die Lebensmittelausgabe von Laib und Seele als Gottesdienst zu verstehen – ist nicht eine Frage des Raumes, sondern der Theologie. Vesperkirche, Armenspeisung, Feste in einem Gottesdienstraum sind nicht eine Frage der Raumvergabe, sondern des Gemeindeverständnisses. Ein Ladenraum in den Gropiuspassagen oder die Beratung der Diakonie in der Morusstraße als Gottesdienstraum zu verstehen, bedeutet, über Gemeinde nachzudenken und zu reden – und praktisch-theologisch zu denken.

Es kann nicht darum gehen, Kirchgebäude gegen Diakonie-Räume auszuspielen. Aber es könnte uns doch darum gehen, sie miteinander zu sehen und weiter zu denken. Orte für die Gemeinde – Orte für den Gottesdienst. Die Gemeinde braucht Orte, um ihre Aufgaben zu erfüllen und Gott zu loben: Gottesdienst, Lehre, Diakonie, Gemeinschaft – Kennzeichen der Kirche: Dies alles kann aber auch in einem einzigen Raum stattfinden!

4. Orte als Beheimatung

Nach Lukas pilgert Jesus schon als Kind mit seinen Eltern zum Tempel in Jerusalem zum Passafest. Dort sammelt sich – nach Lukas – auch die erste Gemeinde. Der Tempel ist ein Ort, der Heimat ist. Nach Matthäus sammelt Jesus die Jünger auf dem Berg in Galiläa – und schickt sie in die Welt (wir lesen diesen Abschnitt bei jeder Taufe!). Lukas und Matthäus haben offensichtlich ganz unterschiedliche Bilder von Ort, von Beheimatung (im Tempel bzw. in der Aufgabe).

Orte sind identitätsstiftend. An ihnen macht sich eine ganze Geschichte über Generationen fest – das ist eine öffentliche Geschichte, eine über-zeitliche Dimension. Aber sie haben auch einen Nutzen, und wenn sie nicht mehr nutzen, werden sie abgerissen, verkauft oder vergeben (so z.B. die Schutzengel-Kapelle in Britz, die abgegeben werden soll).

Wir haben oft auch eine persönliche Geschichte, die unsere Identität gebildet hat: Die Kirche der Konfirmation oder Taufe, besondere Zeiten der Blüte oder Bedrängnis, Initiativen, Ideen – das ist schön, das ist wichtig. Doch kirchliche Häuser sind Häuser mit gelebtem Leben, keine Museen oder Geschichtshäuser, sie beheimaten das gegenwärtige Leben.

Die Bindung an Gebautes erleben viele Menschen, die eigenen Grund und Boden haben und darauf ein eigenes Haus – oft mit der eigenen Hände Arbeit – bauen. Doch die Mehrheit der Menschen lebt nicht im eigenen Hause, auf eigenem Grund und Boden. Vielleicht sind gerade deswegen die kirchlichen Orte so wichtig – eine Heimat, ein Symbol für eine Beheimatung, die über mein eigenes Leben hinausweist. Diese Sehnsucht ist legitim. Aber wir singen, lesen und hören immer wieder, dass wir hier keine bleibende Statt haben. Unser Glaube beflügelt uns, Räume und Häuser zu bauen – und unser Glaube bewahrt uns, unser Herz daran zu hängen. Woran du dein Herz hängst, das ist dein Gott – so Martin Luther.

Gemeinde vor Ort – Orte für Gemeinde. Ausblick

Wenn wir über Orte und Gemeinde reden, reden wir über Glauben – Gottesdienst – Diakonie – Mission. „Gemeinde vor Ort" ist eine diakonisch-missionarische Aussage. Christliche Gemeinde soll da sein, wo die Menschen sind: in der Schule, im Kiez, niedrigschwellig, sichtbar, erreichbar, in der Nachbarschaft. „Orte für Gemeinde" ist eine Aussage über Beheimatung für die „Kerngemeinde", die Treuen, die schon länger dazugehören: der Mütterkreis, der sich seit 40 Jahren trifft, oder die Junge Gemeinde, die jetzt „55 plus" sind.

Die Christen-Gemeinde, die Menschen beherbergt, die Armen speist, mit Kindern Hausaufgaben macht, Fremden unsere Sprache beibringt, mit Jugendlichen diskutiert, braucht einen Ort, in dem sie sich sammelt, betet, hört, sich durch die Auslegung der Schrift Wegweisung holt. So leben Kommunitäten und Klöster. Von ihnen können wir dieses lernen: Gemeinde vor Ort können wir nur sein – wenn wir auch Orte für die Gemeinde haben, die vor Ort für die Menschen da sein will. Die Gemeinde, die unterwegs ist, braucht auch Rückzugsorte, Herbergen, Häuser.

Wenn wir über Orte, über Räume, Kirchen und Häuser sprechen, dann sprechen wir miteinander über Gemeindeverständnis, Mission, Diakonie, Gottesdienst. Und insofern ist ein Gebäudebedarfsplan nicht in erster Linie ein Finanzthema, sondern es ist unser theologisches Thema, wie wir an den Orten in unserem Kirchenkreis vor Ort sein wollen und gemeinsam für Orte sorgen, an denen Gemeinde sich geistlich stärken kann.

Ein weiteres biblisches Bild für Gemeinde ist das des Leibes mit vielen Gliedern (1. Korintherbrief). Gemeinde vor Ort – mit allen Gaben, die wir haben, den Menschen in der Welt dienen. Ort für Gemeinde – einen Ort haben, an dem der Leib sich stärkt und Gott lobt. Wenn die Gemeinde wächst, braucht man neue Räume – und wenn die Gemeinde kleiner wird, braucht man auch andere – oder: weniger Räume. Die Häuser und Räume sind vergänglich, der Leib Christi, die Gemeinde Jesu Christi nicht. Das ist die Verheißung, die uns trägt in unseren Orten und die wir weitersagen – vor Ort.

- **Wie viele Brote habt ihr? Werkstatt Weltgebetstag Chile 2011, Charlottenburg, 29. Januar 2011**

Chile, ein offenes tolerantes Land

Ich möchte Ihnen anhand meiner eigenen Biografie von Chile erzählen.

1. Mitte des 19. Jahrhunderts entschied die Regierung, den noch urwaldüberzogenen Süden Chiles zu roden und urbar zu machen. Dazu wurde eine gut vorbereitete systematische Anwerbung von deutschen Siedlern betrieben: Sie mussten einen Beruf haben und bereit sein, erst ohne Familie auszuwandern (Den ersten der Tod, den zweiten die Not, den dritten das Brot). Man kam ihnen entgegen, mit billigem Land und – in der 3. und 4. Generation – der Freiheit, ihre Kultur zu entfalten zu können. So wurden z.B. auch evangelische Gemeinden gegründet und Kirchen gebaut. Die Auflage war, dass nicht missioniert werden durfte. Deutsche Einwanderer sind im ersten Jahrhundert der Entfaltung sehr stark davon geprägt gewesen: Wir sind Gäste in diesem Land und breiten unseren Glauben und unsere Kultur nicht aus.

Anfang des 20 Jahrhunderts gab es bereits viel Land, das von Deutschen bewirtschaftet wurde, sie hatten Häuser gebaut und lebten nun zwischen Chile und Deutschland. Sie waren wirklich ausgewandert, dennoch wollten sie Sprache und Kultur erhalten. Gleichzeitig hatte sich so etwas wie eine „deutsche Kolonie" in den südlichen Städten entwickelt: Läden, erste Schulen, evangelische Gemeinden, eine Filiale der Deutschen Bank.

So kam meine Großmutter väterlicherseits (aus Schwerin) als Hauslehrerin auf ein abgelegenes Gut, mein Großvater (aus Magdeburg) als Bankangestellter nach Chile. Als sie nach Ablauf ihrer Zeit zurückwollten, war der 1. Weltkrieg ausgebrochen – und sie sind nie wieder nach Deutschland zurückgekommen. Meine Großmutter gründete – mit anderen – die Diakonie und sorgte dafür, dass alle Neugeborenen in einer Klinik eine Erstausstattung bekamen – das war ein bewusstes Engagement für die Armen – ohne sie missionieren zu wollen.

2. Nach der Machtergreifung durch Hitler begann die Auswanderung von jüdischen Familien. Chile war eines der letzten Länder, die noch jüdische Migranten aufgenommen haben. Deswegen haben sich in Chile die gefunden, die ihre Flucht hinausgezögert haben. Meine Großmutter mütterlicherseits war mit ihrem zweiten Ehemann, der Jude war, nach Italien emigriert, in der Hoffnung, in Europa bleiben zu können. Beide sind buchstäblich mit dem letzten Schiff im August 1938 nach Chile emigriert. Sie haben auf dem Schiff geheiratet – das war in Italien nicht mehr möglich gewesen, haben sofort die deutsche Staatsangehörigkeit gegen die chilenische eingetauscht, Spanisch gelernt und mit der Hilfe anderer jüdischer Emigranten sich eine neue Existenz aufgebaut.

Chile hat in der Zeit des Nationalsozialismus die Spannung ausgehalten: jüdische Emigranten und Deutsche, die bereits gut eingewurzelt waren, zu beherbergen. Dennoch wurden in Chile weder die Schulen noch die deutschen Vereine geschlossen. Die nationalsozialistisch Gesinnten blieben eine Minderheit, dennoch haben sie eine Rolle gespielt.

3. Nach dem 2. Weltkrieg sind wieder Menschen eingewandert, die dem zerstörten Europa entkommen wollten und neu beginnen wollten. Dazu gehörte auch meine Mutter. Die deutsche Kultur und der deutsche Protestantismus hat nach dem 2. Weltkrieg eine andere Dimension bekommen: Die neue BRD wollte gerne im Ausland auch kulturell präsent sein. Ärmere Deutschstämmige wurden durch hohe Beiträge ausgeschlossen. Es entwickelte sich ein Wohlstand und Reichtum, der den Wohlstand der BRD widerspiegelt.

4. In den 90er Jahren – in der ausklingenden Diktaturzeit – hat Chile (1993) Erich Honecker Asyl gegeben. Es ist nicht vergessen gewesen, dass die DDR sehr viele Flüchtlinge nach dem Militärputsch aufgenommen hatte. Augusto Pinochet und Erich Honecker haben ein Jahr in Santiago gelebt, beide politisch unvereinbar in ihrer vita – in Chile war Raum für beide. Das war für viele sehr schmerzlich, aber ist auch ein Bild für Weite. Dass Augusto Pinochet erleben musste, dass Frau Bachelet Präsidentin wurde, gehört für mich auch noch zu diesem Gedanken. Pinochet hat sehr spät, aber dann doch diese politische Demütigung erlebt.

Kirchliche ökumenische Situation

1. Seit der Eroberung ist Lateinamerika, auch Chile, römisch-katholisch geprägt. In Chile konzentriert sich die offizielle Kirche stark auf die Mittel- und Oberschicht – in den wachsenden Armenvierteln im 20. Jahrhundert ist sie nicht mehr so präsent. Dennoch werden alle getauft, und das Land gilt insgesamt als „katholisch".

Seit Beginn des 20. Jahrhunderts gab es viele missionarische Initiativen aus den USA, die den „verlassenen" Kontinent missionieren wollten. Darüber gab es auf der Weltmissionskonferenz Streit, denn Lateinamerika gehörte zu den christlichen Kontinenten, deswegen wurde es nicht als Missionsgebiet deklariert. Dennoch kamen Missionare aus den USA, Presbyterianer und Methodisten, Baptisten – und die Pfingstbewegung hat auch große Erfolge. Diese evangelischen Initiativen konzentrieren sich auf die Mission und die Unterstützung der Menschen in den Armenvierteln. Es bleibt die Beziehung in die USA, trotz Selbständigkeit. Deswegen fallen sie eigentlich nicht besonders ins Gewicht. Das ändert sich Mitte des letzten Jahrhunderts.

2. In den sechziger Jahren (meine Schulzeit) in der Regierungszeit von Eduardo Frei gab es wichtige Reformen: Bildungsreform – 8 Grundschuljahre; Landreform – unbearbeitetes Land wurde auf Druck Landarbeitern zur

gemeinsamen Bearbeitung gegeben; Baureform – große Neubauten sollten die Slumsiedlungen ersetzen.

Evangelische Kirche (deutschsprachig): Die Spannung zwischen denen, die die deutsche Sprache und Kirchenkultur pflegen wollen, und denen, die dem Evangelium entsprechend sich für soziale Gerechtigkeit einsetzen wollen (und nicht nur mildtätig sein wie meine Großmutter), wächst. Die Beziehungen zur EKD sind klar geregelt – man ist Auslandsgemeinde. Es beginnt auch in der evangelisch-lutherischen Kirche die Idee einer spanischsprachigen Arbeit zu wachsen. Ein theologischer, kirchlicher Konflikt entzündet sich – auch bedingt durch die befreiungstheologischen Impulse: Wie reagieren wir auf soziale Ungerechtigkeit und Verelendung: mit Mildtätigkeit oder durch politisches Engagement?

Die römisch-katholische Kirche war schon seit der Eroberung eher auf der Seite der Besitzenden, wiewohl insbesondere die Orden (Salesianer) sehr konsequent die Bildungsarbeit für die Armen befördert haben. Der „Riss", der schon immer durch die Kirche geht, hat sich auch in Chile gezeigt. Am deutlichsten und schmerzlichsten in der Zeit der Diktatur, als die katholische Kirche die Vicaria de la Solidaridad gegründet hat – und andrerseits auch die Militärdiktatur unterstützt hat.

3. Dieser Riss hat auch die Evangelische Kirche gespalten (1974). Diese Spaltung hat nicht nur eine politische, sprachliche Facette, es ist auch der Urkonflikt – seit biblischen Zeiten: Sollen sich Christen in die Politik einmischen – oder sich um den Kultus kümmern? 1970 wurde Helmut Frenz als Bischof gewählt. In Concepción war eine sehr sozial engagierte Arbeit entstanden. Er wurde nach einer Urlaubsreise nach Deutschland 1974 an der Einreise nach Chile gehindert. Seine faktische Ausweisung hat die Spaltung zementiert.

4. In der zweiten Hälfte des 20. Jahrhunderts haben mehrere Faktoren die Entwicklung des Protestantismus gefördert: Die nächste Generation sprach kein Deutsch mehr – man brauchte spanisch sprechende Pfarrer/innen. In Brasilien und vor allem Buenos Aires hatten sich theologische Schulen und Fakultäten entwickelt, die auch stark befreiungstheologisch orientiert waren/sind. Schließlich sind in den 80er und 90er Jahren auch in Chile evangelische Fakultäten gegründet worden und es haben sich neue evangelische Gemeinden gegründet, und in diesem Jahr nun der Weltgebetstag in diesem Land, das nach wie vor überwiegend römisch-katholisch geprägt ist.

„Wie viele Brote habt ihr?"

Die Speisung der 5000 ist meine biblische Leib- und Magen-Geschichte geworden: Es ist genug für alle da, wenn sorgsam geteilt wird. Es ist für mich bis heute eine der brisanten politischen biblischen Geschichten geblieben. Sie geht durch Leib und Seele und stimmt nachdenklich.

■ Es ist genug für alle da. Einbringung auf der EKD-Synode 2013

Unser tägliches Brot gibt uns heute. Was heißt tägliches Brot? Alles, was not-tut für Leib und Leben, wie Essen, Trinken, Kleider, Schuh, Haus, Hof, Acker, Vieh, Geld, Gut, fromme Eheleute, fromme Kinder, fromme Gehilfen, fromme und treue Oberherren, gute Regierung, gut Wetter, Friede Gesund-heit, Zucht, Ehre, gute Freunde, getreue Nachbarn und desgleichen. So schreibt Martin Luther im Kleinen Katechismus. Grundnahrung schließt würdiges Leben ein – und meint auch die Würde, das eigene Brot erarbeiten zu können. Es lohnt sich, die Erklärung zur vierten Bitte aus dem Vaterunser in unsere Situation zu übersetzen. Vielleicht ist unsere Synode ja so ein Über-setzungsprozess.

Liebe Mitsynodale, es ist genug für alle da. Der erste Gesprächsgang setzte ein Fragezeichen hinter diesen Satz. Die Weltbevölkerung steigt stetig an – ebenso steigt der Bedarf nach Fleisch und gutem Essen. Wir verbrauchen immer mehr Energie – und dazu wird immer mehr Land genutzt. Die Globa-lisierung macht auch vor dem Einkaufskorb nicht halt: Früchte aus aller Welt zu jeder Zeit, preiswerte Lebensmittel in großen Mengen, viel, viel Fleisch (und Fleischprodukte) und das nicht nur bei uns. Überall in der Welt wollen die einen gut, gesund und reichhaltig essen – und die anderen hungern oder sind mangelernährt. Wir kennen die Bilder und das Thema seit vielen Jahren. Das Recht auf Nahrung und sauberes Trinkwasser ist ein elementares Men-schenrecht, das stündlich missachtet wird. Wir haben technische und wissen-schaftliche Möglichkeiten, noch mehr zu produzieren. Die Agrarindustrie, die Landwirtschaft ist wieder im Fokus von Politik und Forschung. Und wir brau-chen Land, um unseren Energiebedarf zu befriedigen. Wir brauchen mehr.

Gleichzeitig wird die Frage lauter – nicht nur in unserer Vorbereitung: Haben wir, auch konkret wir, die wir in diesen Tagen hier verhandeln, nicht schon mehr als genug? Muss nicht Genügsamkeit, eine Ethik des Genug auf unsere Tagesordnung? Wachstum kann auch anders definiert werden. Wie können wir Wachstum von Solidarität, von sozialer Gerechtigkeit, von Ge-meinsinn, von Glauben stärken? Es ist genug für alle da!

Der zweite Gesprächsgang setzte ein Ausrufezeichen (hinter diesen Satz). In den Industrieländern werden fast so viele Lebensmittel jährlich weggewor-fen, wie in Afrika südlich der Sahara produziert werden. Die verschwendeten Lebensmittel und die, die auf dem Weg vom Produzenten zum Verbraucher ungenießbar werden, könnten die Hungernden sättigen. Teilhabe, Gerechtig-keit, technische und politische Stärkung der Landwirtschaft in den ärmeren Ländern sind wesentliche Schritte, mit denen manches erreicht, aber der Hun-ger nicht beseitigt worden ist. Hungernde Menschen – und die Abwertung von Lebensmitteln zu billigen Verbrauchsmitteln ist der Skandal, der uns auf-rüttelt.

Die weiteren Gesprächsgänge in der Vorbereitung haben auf Satzzeichen verzichtet. Nachdenklich, kontrovers und engagiert sind wir zu Erkenntnissen/ Schlussfolgerungen gekommen, die wir Ihnen jetzt vorlegen. Die wichtigste Erkenntnis ist, dass wir den Diskurs, die Debatte brauchen. Denn es geht um Leben.

Ich bin das Brot des Lebens – die Hingabe Jesu als Brot des Lebens rückt die Frage nach Welternährung zurecht: Ernährung ist nicht die Zuteilung von Lebensmitteln, sondern die Fülle des Lebens mit dem, was zum Leben ausreicht. Von der Hingabe Jesu her wird unser Anspruch an das Leben immer wieder relativiert, in Frage gestellt und kritisch konnotiert. Welche Haltung bestimmt unser Handeln, unsere Argumente, unsere Konsequenzen?

Bilder von bäuerlicher Landwirtschaft und moderner Agrarindustrie prägen die mediale Wahrnehmung der Lebensmittelproduktion. Sie sollten nicht gegeneinander ausgespielt werden, sondern verantwortungsvoll miteinander im Gespräch sein. Nur so kann sich zeigen, ob sie Konkurrenten bleiben oder ob es ein produktives Miteinander geben kann – und ob wir als Kirche im Gespräch eine Rolle spielen (wollen). Wir brauchen die Kompetenz der Wissenschaft, um nicht in kirchlichen Träumen von einer besseren Welt zu verschlafen. Die Wissenschaft braucht unsere ethisch wachsame Haltung, um nicht in wirtschaftliche Abhängigkeiten zu geraten. Das Gespräch über Welternährung und Nachhaltigkeit ist unser gemeinsames Thema …

Aus unserer Vorbereitungsarbeit haben sich die drei Schritte ergeben: Sehen – die Situation wahrnehmen. Urteilen – biblisch-theologisch begründet eine Haltung finden. Handeln – Mut fassen, sich zu ändern und/oder für anderes eintreten.

Veränderung heißt nicht „mehr". Solidarität, Gemeinschaft und Lebensqualität können wachsen, wenn genug da ist. Das heißt für die einen mehr und für die anderen weniger, das ist dann: genug für alle. Transformation meint die Veränderung der einzelnen und der ganzen Gesellschaft – so ist es auch beim Transformationskongress in Berlin postuliert worden. Entwicklung als Transformation begreifen hin zu einer neu gestalteten Genügsamkeit. Wachstum der Genügsamkeit – ein neues Wachstumsziel für uns?

Unser tägliches Brot gib uns heute. Und vergib uns unsere Schuld. Das Brot und alles, was unser Leben lebenswert macht, sind uns gegeben, und wenn Teilhabe für alle daran nicht möglich ist, betrifft es auch uns. Die Vergebung Gottes ist die Ermutigung, neu zu leben und auch: Neues zu wagen. Umkehr ist immer der Schritt nach vorne und ist die Antwort auf die Vergebung. Vergebung verändert uns. Transformation beginnt bei uns. Umkehr, Transformation – es ist immer wieder ein erster Schritt. Und damit beginnt jeder Weg. Weil Christus für uns Brot des Lebens ist, ist kein Weg vergebens, kein Schritt umsonst.

▪ Erinnerungen an Christiane Markert-Wizisla, 26. November 2014

Als wir uns kennenlernten, war Christiane Gemeindepfarrerin in Mühlenbeck und Schildow – als sie starb, hatten wir gemeinsam in der Landessynode gearbeitet, und Christiane Markert-Wizisla hatte die Frauenarbeit in unserer Landeskirche zusammengeführt und neu im Amt für kirchliche Dienste verwurzelt. Dazu gehörte, dass sie die altehrwürdigen Möbel aus Potsdam mitbrachte. Nicht nur, weil sie schön sind. Sondern weil sie von der Geschichte der Frauenarbeit erzählen.

Zur Existenz der/einer Pfarrerin gehört die Gemeinde und – ein theologisches Konzept für das Miteinander und das Gegenüber von ordiniertem Dienst und auskunftsfähiger, mündiger Gemeinde. Dieses Gegenüber und Miteinander ist von Lernen und Seelsorge geprägt – eine Pfarrerin verbindet in der Predigt die Sorge für die Seelen mit theologischen Arbeitsergebnissen. Das Reden über den Glauben, das Weitererzählen der biblischen Geschichten und die Fähigkeit, aus den biblischen Geschichten heraus das Leben zu verstehen und über das Leben hinauszublicken, dafür hat sie als Pfarrerin mit ihrem Dienst an den Menschen in der Gemeinde geworben. Lernen ist bereits ein Ausdruck, eine Vokabel, die Glauben ausdrückt.

Dabei ging es ihr stets darum, die Worte sorgfältig zu wählen. Nicht nur, weil sie Sprache und überhaupt sorgfältiges Arbeiten liebte – sondern auch, weil sie um die Verletzbarkeit menschlicher Herzen und Seelen wusste. Worte, unbedacht gewählt, können kränken und die Hilfe versagen, die der Glaube geben kann. Mit genau dieser liebevollen Präzision hat sie dann in leitender Verantwortung als Pfarrerin gewirkt.

Ich erinnere mich an die ersten Überlegungen zum Projekt „Großmütter erzählen ihre Glaubensschätze". Es ging Christiane um die Wahrnehmung von Frauen und deren Fähigkeit, zu leben und Leben zu interpretieren, Glaubensschätze zu heben noch viel mehr, als solche Schätze zu produzieren. Die Zuversicht und Gewissheit, dass diese Schätze da sind – waren durch ihre Biografie gesetzt und geprägt. Das habe ich damals gespürt und heute verstehe ich es. Wir hatten nicht genug Zeit, einander von unseren Wurzeln und Verwurzelungen zu erzählen. Dass Christiane voraussetzte, dass Menschen Gottes Geist erleben und durch das Leben getragen werden, hat sie für mich auch zu einer Brückenbauerin zwischen Ost und West in unserer Landeskirche gemacht. Ein Faltblatt der Arbeit im Beirat für Opfer von Menschenhandel steckt heute noch auf meinem Schreibtisch – ebenso die kleine Nadel von den Großmüttern der Plaza de mayo in Argentinien. Geplagte und mutige Frauen – Opfer und Gestalterinnen von Kirche und Gesellschaft.

In der Kirchenneubildungszeit (mit der EKsOl) saßen wir zusammen in der Landessynode. Die Görlitzer Frauenarbeit war anders – und doch ein Schatz. Ob und wie Pfarrerinnen Leitungsämter anders gestalten als Amtsbrüder, hat uns beide immer wieder beschäftigt. Eine kurze Zeit waren wir gemeinsam – sozusagen Seite an Seite – leitend unterwegs – in diesem einen Amt für kirchliche Dienste (sie als Leiterin der Frauen- und Familienarbeit und ich als Leiterin des Pastoralkollegs). Zu unseren Berufsbiografien gehörte die Selbstverständlichkeit, Pfarrerin zu sein. Doch wenn Pfarrerinnen der Kirche ein Gesicht geben, regt sich Widerstand. Das hat uns verärgert und nachdenklich gemacht.

Was ist die Qualität, die wir als Pfarrerinnen einbringen? Vielleicht eben doch dieses, was Großmütter tun und was von Maria in der Bibel festgehalten wird: Schätze bewahren – im Herzen und sich nicht zu schämen, das Herz sprechen zu lassen.

Schweige und höre, neige deines Herzens Ohr, ... dem Frieden. Mache dich auf und werde Licht... In dir ist Freude in allem Leide. Christiane hatte eine begnadete Stimme. Weil sie – im Unterschied zu mir – im gesungenen Glauben zuhause war. In den Liedern und Chorälen, die sie von ihrer Großmutter kannte und in dem Schatz der ökumenischen Lieder, die ihr zugewachsen waren. Manchmal kann man nur singen, was man glaubt. Und manchmal singen wir Worte, die wir nicht glauben können. Dass Lieder und Choräle tragen, habe ich von ihr gelernt – aber sie tragen auch nur, wenn man gemeinsam singt. Wir haben als Pfarrerinnen in dieser Landeskirche zusammengearbeitet. Predigen – das ist theologische Arbeit und Sorge für die Seelen – und auch immer Arbeit an der eigenen geistlichen Existenz.

- **Reformation und die eine Welt. Vortrag Centre Jean XXIII, Luxemburg (Ökumenischer Forumskreis) 10. Mai 2016**

Vorbemerkung: Zwischen Himmelfahrt und Pfingsten
Die Kirchenjahreszeit zwischen Himmelfahrt und Pfingsten ist eine zehntägige Spannungs- und Wartezeit. Das Abschiedsszenario findet draußen vor der Stadt statt. Die Bibel erzählt von einer fast intimen Situation, in der Jünger und Jüngerinnen mit dem Weggang des Auferstandenen konfrontiert werden. Und es klingt auch deutlich an, dass dies unfreiwillig geschieht. Sie hatten kein Mitspracherecht – sie werden verlassen mit der Aussicht, dass der Geist sie weiter begleiten und ihnen die Richtung weisen wird. Bekannt ist das Wort aus der Apostelgeschichte: dass die Seinen gen Himmel sahen, wie er unwiederbringlich verschwand, bis der Engel auftaucht und ihnen sagt: Geht zurück nach Galiläa – Er ist dort, wo ihr auch lebt. Das alles geschah vor den Toren der Stadt Jerusalem.

Das Kommen des Heiligen Geistes dagegen geschieht mitten in der Stadt. In dem bunten Miteinander und Nebeneinander der Kulturen, der Sprachen, im Tempel, dem öffentlichsten Ort, den man sich theologisch vorstellen kann.

Der Geburtstag der Kirche geschieht mitten in der Urbanität und soll sich auch in der Stadt bewähren. Kirche gehört in die Stadt, d.h. in das Leben, in die Kontroverse um Lebensraum und um die Deutungshoheit über die zentralen Fragen des Lebens. Man kann die Spannung dieser zehn Tage auch so übersetzen: Hinter uns liegt das Paradies, aus dem die Menschen unfreiwillig gegangen sind (Abschied). Vor uns liegt das himmlische Jerusalem. Der Weg dahin ist vage, aber wir ahnen manchmal doch sehr klar, wie er sein könnte. Und mit dem Heiligen Geist erhalten die Seinen Mitspracherecht und auch Mitsprachepflicht. D.h.: Worte und Taten müssen verantwortlich begründet sein – vor Gott, vor Christus und vor den Menschen.

Den großen Bogen von Genesis 1 zu Offenbarung 21 kann man in dieser zehntägigen Wartezeit wiederentdecken. Das Paradies liegt hinter uns – vor uns das neue Jerusalem. Es ist die Zeit zwischen Abschied und Aufbruch, die immer wieder neu eine Bedenkzeit ist. Abschied von der Illusion, den Auferstandenen immer zur Verfügung zu haben, und dem Kirche-Jesu-Christi-Sein in dieser unheilen, zerstrittenen, gebeutelten und: vielfältigen Welt. Insofern finde ich es sehr inspirierend, zum Thema „Reformation und Eine Welt" mitten in diesen 10 Tagen zu sprechen.

1. 2017 – Was wird eigentlich gefeiert?
Kirchengeschichtlicher und weltgeschichtlicher Kontext

Es war innerhalb der EKD vor knappen zehn Jahren ein wichtiger – aber nicht ganz leichter – Prozess, vom Lutherjubiläum zum Reformationsjubiläum „umzuschwenken". Die Menschen, die sich in „publicity" auskennen, haben deutlich gemacht, dass sich Luther als Symbolfigur, als sichtbare und fassbare Figur einfach besser macht als „Reformation" wo man an alles Mögliche denken kann (einschließlich Reformhaus), aber nicht an ein großes kirchliches Fest. Ich bin mit der Entwicklung zufrieden (in Frieden). Reformationsjubiläum hat sich durchgesetzt, und mit den vielen Lutherbildern, einschließlich des inzwischen millionenfach verkauften Playmobil-Luthers, habe ich mich versöhnt und Frieden geschlossen.

Wir haben nun in den vergangenen neun Jahren (Reformationsdekade) gelernt, dass Reformation mit vielen Namen von Männern und Frauen verbunden ist, dass es ein langer historischer Prozess ist, der einen Kairos (so würde ich vorsichtig das Jahr 1517, auch den 31. Oktober benennen) hatte, der aber undenkbar ist ohne die Aufklärung und Emanzipation in Philosophie und Politik, ohne den Buchdruck, der eine Revolution der Partizipation war, vergleichbar mit den social medias heute (im Vergleich zum rein gedruckten Wort) und mit dem Aufbruch über das alte Europa hinausgehend in die sog. „Neue Welt". Die Etappe der Eroberungen anderer Kontinente zur Absicherung europäischer Herrschaft und Wirtschaftsmacht gehören auch zu diesem Aufbruch, in dem eine kirchliche Revolution gut genutzt werden konnte, um sich gegen Kaiser und Papst aufzulehnen. Der geschichtliche Kontext der Kirchengeschichte ist nicht unerheblich.

Reformation – jetzt meine ich die im 16. Jahrhundert, am Ausgang des Mittelalters – war ein langer Prozess, bei dem es viele Vorläufer gab. An unterschiedlichen Orten in Europa (Tschechien, Böhmen, Schweiz, Niederlande, Frankreich) haben sich Frauen und Männer gegen dogmatische und klerikale Herrschaft Roms aufgelehnt. Vorrangig war fast immer der Protest gegen den Reichtum (letztlich war schon Franz von Assisi und die Bewegung der Beginen ein Protest gegen den Papst). Luthers wesentlicher, politisch wirksamer Protest war der Protest gegen den Ablasshandel, den er aber theologisch, nicht ethisch begründete. (Ethisch: Jesus war arm, die Kirche sollte arm sein. Theologisch: Die Kirche hat keine Macht über die Erlösung, die in Christus geschehen ist – nach Paulus). Die Kirche als dogmatische Institution, die das Heil verwaltet und die Menschen nicht an theologischer Lehre und Entwicklung beteiligt – das war die zentrale Kritik von Martin Luther. Reformation steht für die Partizipation an Bildung. In Letzterem war Luther nicht der erste, aber mit ihm setzte es sich durch – dank politischer Unterstützung durch die Fürsten.

Aus heutiger Sicht wissen wir nicht, ob es je einen Thesenanschlag an der Tür der Schlosskirche am 31.Oktober 2017 gegeben hat. Was aber – aus heutiger Sicht – m. E. wichtig und bedeutsam ist, ist die Erkenntnis, dass Luther offensichtlich mit seinen theologischen Thesen in die Öffentlichkeit und in die öffentliche Konfrontation gegangen ist. Das war etwas Neues, das – durch die politische Unterstützung der Fürsten – umgesetzt wurde: eine öffentliche Kritik, die zur öffentlichen Auseinandersetzung führte. Dabei hat Luther auch mit seinem persönlichen Leben nicht hinterm Berg gehalten. Das macht ihn liebenswert.

Für unsere heutige Themenstellung „Reformation und die eine Welt" – Thema des Jahres 2016 in der Vorbereitung auf das Reformationsjubiläum – möchte ich zum Abschluss dieses sehr skizzenhaften Überblicks hervorheben:

(1) Es ging bei diesem Ereignis um eine öffentliche Auseinandersetzung, an der alle beteiligt werden sollten. Die Voraussetzung dafür ist Bildung – und dafür machen sich die Kirchen der Reformation bis heute stark (Beispiele aus der sog. Missionsgeschichte: Im arabischen Raum haben die Missionare der prot. Kirchen gute, druckbare Schrift erfunden – denn sie wollten, dass alle die Bibel in der eigenen Sprache lesen konnten. Das wurde dann der protestantische Beitrag zur Kultur. In Indien haben missionarische Kirchen die Inklusion der Ausgeschlossenen praktiziert, das war ein hochpolitischer Beitrag. Die Alphabetisierung der Menschen steht immer im Vordergrund, und die Bibel wurde in die jeweilige Sprache – z.B. Quechua in Lateinamerika – übersetzt. So haben prot. Kirchen auch zur Erhaltung von Sprachen beigetragen).

Die Partizipation an Bildung als Voraussetzung für Emanzipation und Mitspracherecht auch in der Kirche ist von den Kirchen der Reformation in den Missionsbewegungen stark gemacht worden.

(2) Es ging um eine öffentliche Auseinandersetzung. Nicht mehr in den Räumen der Universität oder der Klöster, es ging den Reformatoren um eine Auseinandersetzung in und mit der Welt, auch mit den politischen Strukturen – mit allem, was das auch an Fehlentscheidungen bedeutet und nach sich gebracht hat (z.B. Luthers Position zu den Bauern und Juden). Damit wird Kirche auch verletzlich und angreifbar, wenn sie keine festen, starken Mauern mehr hat, wenn sie nicht sagen kann: Das versteht ihr da draußen ja nicht mehr, wenn sie auf Augenhöhe ist mit denen, die kritische Anfragen haben. In der historischen Situation des ausgehenden Mittelalters war das vornehmlich eine innerchristliche Auseinandersetzung – heute ist es im besten Sinn des Wortes eine weltweite, innerweltliche Auseinandersetzung mit anderen Kulturen und Religionen (Die Bedeutung des Individuums ist eine Errungenschaft der Moderne/Aufklärung). Reformation hat das aufgenommen. Die röm.-kath. Kirche hat dies auch kritisch gesehen. Die Bedeutung von individueller Entfaltung ist letztlich auch der Ursprung für die große ökumenische Vielfalt. Denn die neuen Konfessionen entstanden aus Überzeugung und ließen sich nicht in ein Schema pressen.

2. Ecclesia semper reformanda –
Die Kirche Jesu Christi lebt aus, von und in der Veränderung

Das ist kein Satz der Reformation. Sondern er gehört eigentlich zu Pfingsten. Die Gründung der Kirche in einer nichtkirchlichen Welt ist zuerst der Anfang eines Weges gewesen – nicht die Installation einer Institution. Die Kirchengeschichte lehrt uns, dass es bis zur Konstantinischen Wende (die der Luxemburger Theologe Fränz Koedinger den „Sündenfall der Kirche" nannte) unterschiedliche Strömungen und Weisen im Christentum gegeben hat, die sich theologisch, aber auch kulturell unterschieden.

Biblisch dokumentiert sind: die Kirche, die sich in Jerusalem um den Tempel um Petrus sammelte (Petrus der Fels). Entscheidend war der Tempel als Ort. Die paulinische Mission im Mittelmeerraum, die von einem dynamischen Gemeindeverständnis ausging – der Gemeinde als dem lebendigen Leib, der sich in der Feier des Abendmahls konstituiert, die johanneische Gemeinde, die, die als geistige Gemeinschaft lebte und offensichtlich nicht primär eine Abendmahlsgemeinschaft war und auch nicht Institution (Im Prinzip finden wir bis heute in unseren etablierten Kirchen diese drei Formen in vielen Varianten wieder).

Ein erneuter Einschnitt ereignet sich, als die politische Macht als Preis für die Anerkennung der Religion ein eindeutiges Bekenntnis verlangte, und gleichzeitig damit auch den Ausschluss derjenigen verlangte, die sich nicht zu dem Bekenntnis hielten. Die Formulierung von Bekenntnis war (und ist!) immer auch ein Akt der Inkulturation und eine Beschreibung von Inklusion (wer gehört dazu) und Exklusion (wer muss ausgestoßen werden). Das Apostolische Glaubensbekenntnis ist stärker von einem hellenistischen Kontext her zu verstehen als von dem jüdischen Kontext. Unsere Christologie und die dazugehörende Trinitätslehre sind vom hellenistischen Umfeld her nachvollziehbar, nicht aber für den jüdischen Kontext.

Wichtig finde ich die Erkenntnis, dass das Christentum sich sehr bewusst in dieser Welt inkulturiert hat. Das heißt: Die Welt war (und ist) nie Gegenüber. Durch die Menschwerdung Gottes hat Gott sich in Christus „verweltlicht". Das theologisch zu erklären war und ist schwer, bleibt aber eine lebendige Herausforderung und bedarf der Auseinandersetzung. Die Reformator*innen haben daran angeknüpft, indem sie vor allem Partizipation an Theologie gefordert haben.

Der Weg der Kirche begann (im 4. Jahrhundert) in einem Wechselspiel von Opposition und Einverständnis mit den Herrschenden und der jeweiligen Kultur. Die Folge war aber nicht ein Nebeneinander von Verschiedenem, sondern die Vertreibung oder Auswanderung – wenn man mal auf die weitere Geschichte sieht. Die räumliche Trennung von unterschiedlichen Wahrheitsbereichen hat nie wirklich funktioniert – auch wenn es manchmal im Rückblick heute so aussieht. Ecclesia semper reformanda ist die christliche Kirche, weil Gott sich in die Welt inkulturiert hat – durch Menschwerdung, Jesus Christus. Und weil die Welt Gottes Schöpfung ist, in der die Menschen als Ebenbilder Gottes wirken. Das ist der komplizierte theologische Rahmen, in dem wir uns bis heute bewegen (Vielfalt ist pfingstlich gewollt. Das ist heute auch interreligiös und interkulturell zu deuten und theologisch zu bearbeiten. Das weltweite Christentum existiert sehr vielfältig und gleichzeitig – das ist ein großer Schatz).

3. Die eine Welt – Die neue Rede von der einen Welt

Gegenwärtig sprechen wir von der „Einen Welt" und meinen Multikulturalität, Pluralität und Globalität, die auch vor Ort erkennbar ist. Es geht nicht mehr darum, den globalen Blick zu haben, sondern vor Ort Globalisierung zu gestalten (praktisch, konkret im Zusammenleben in der Stadt (polis) und ebenso mental: jeweils beim tagespolitischen Handeln die ganze Welt (ökologisch, wirtschaftlich) im Blick zu haben). Die Reformation hat sich in der Welt ausgebreitet. Auch, weil sie gehen musste, weil sie das Bekenntnis der Fürsten oder Könige nicht teilen konnte. Das herrschaftliche Prinzip, dass die Religion der Herrschenden auch für die Untertanen galt, ist eine bittere Folge der Reformation im 16. Jahrhundert gewesen. Wenigstens hat man sie ziehen lassen – doch wenn sie nicht zogen, wurden sie verfolgt. Bei der Eroberung Lateinamerikas wurden ganze Völker zwangsgetauft. Bartolomé de las Casas und die Jesuiten, die das Christentum mit Überzeugung (das heißt: Bildung) überbringen wollten, waren die Ausnahmen.

Die Missionswerke der Kirchen der Reformation haben durch Bildung und medizinische Hilfe gewirkt. Sie haben dabei aber auch die moralischen und kulturellen Wertmaßstäbe Europas (oder auch z.B. Deutschlands) umgesetzt. Dabei wurden fremde Kulturen als minderwertig eingestuft (Die spanischen Eroberer zwangen die Indios, Spanisch zu lernen, die Missionare übersetzten die Bibel in alle vorhandenen Sprachen; Reformator*innen – dafür gibt es viele Zeugnisse – haben sich immer als erstes bemüht, die Bibel zu übersetzen, um auf Augenhöhe mit den Menschen fremder Kulturen zu kommunizieren. Alphabetisierung und Übersetzungsmühen sind der erste Schritt einer Inkulturation). Ich will nicht schönreden, mit welcher kulturellen und auch politischen Gewalt auch der Protestantismus Anteil an Unterdrückung und Imperialismus hat. Dennoch: Die Zeugnisse und Erinnerungen an die vielen Frauen und Männer, die in der Tradition der Reformation Bibel übersetzt haben und sich bemüht haben, Kulturen ernst zu nehmen, sind vielfältig. Aber sie waren unter dem kulturellen imperialen Interesse verschwunden. In diesem Jahr sind sie – auch durch die Missionswerke – hervorgehoben worden.

Die Vielfalt der Konfessionen ist noch vielfältiger geworden. Das Wachsen der charismatischen Bewegungen ist – auch bei gebotener Kritik mancher Entwicklungen – doch auch ein Zeichen emanzipatorischer Bewegung als Loslösung von dem kulturellen und religiösen Imperialismus der historischen Kirchen. Im 20. Jahrhundert – bezeichnenderweise dem Jahrhundert der ersten beiden Kriege, die als Weltkriege bezeichnet werden – hat sich der Blick auf die eine Welt verändert. Bekanntermaßen begann im letzten Jahrhundert die internationale Ökumene sich bewusst und gemeinsam in das Leben der Welt einzumischen – als weltweite Ökumene. Und das waren zuerst die Kirchen, die aus den von uns historisch als reformatorisch bezeichneten Kirchen hervorgingen.

1934 hat Bonhoeffer erstmalig einen Weltkongress der Kirchen zum Frieden gefordert, dies ist 1983 vom ÖRK aufgenommen worden. Gerechtigkeit, Frieden, Bewahrung der Schöpfung, unter diesen Begriffen begann vor jetzt 30 Jahren die Globalisierung der Ökumene. Oder/und: die Politisierung der Ökumene (der Konflikt zwischen Ökonomie und Ökologie ist auch ein theologisches Thema: Wachstum als Prinzip der Ökonomie und Stabilität als Lebensbedingung der Natur). Die Übersetzung des Taufauftrages kann man im 21. Jahrhundert in Kenntnis der Vielfalt in der Welt nicht mehr so übersetzen, dass alle Christen werden sollen, sondern dass es ein Miteinander geben muss, dass alle leben können. Das ist theologisch durchaus umstritten. Nachhaltigkeit und Genügsamkeit sind notwendig für das Überleben Aller. Doch das Christentum hat in der Geschichte mit dazu beigetragen, dass Kulturen erobert und zerstört wurden. Die Erkenntnis, dass die Welt vielfältig geschaffen ist, nicht damit sie christianisiert wird, sondern damit Gottes Wille umgesetzt wird in unterschiedlicher Form, ist eine theologische Erkenntnis, die auch umstritten ist.

Der konziliare Prozess hat Gerechtigkeit, Frieden und Bewahrung der Schöpfung mit dem Taufauftrag in Verbindung gebracht, manchmal auch ersetzt. Im Blick auf das biblische Zeugnis ist es m. E. legitim. Die Eine Welt ist nicht zu erobern, sondern zu gestalten. Das Projekt Weltethos von Hans Küng ist jetzt schon Geschichte, aber noch nicht überholt. Die starke Konzentration auf die Ethik ist immer wieder problematisiert worden. Die Frage, ob Menschen sich mit einem unterschiedlichen Wahrheitsbezug auf eine Ethik einigen können, war schon in den siebziger Jahren des vergangenen Jahrhunderts zwischen Christen und Marxisten in der Befreiungstheologie ein heftig diskutiertes Thema. Was ist die Wahrheit? Und wie könnte man erkennen, wer sie gefunden hat? Können wir uns erst über ein Miteinander in der Welt verständigen, wenn wir uns geeinigt haben? Unterschiedliche Wahrheiten nebeneinander – dafür gibt es kein wirkliches Modell. Dennoch brauchen wir Modelle, um in dieser Welt miteinander und auch nebeneinander leben zu können. Wie kann das weltliche Miteinander gestaltet werden?

Was hält uns zusammen? Der Blick in die Geschichte der Kirche lässt erkennen: Es gibt das Dogma der Einheit – gemeint ist eine einheitliche Gestalt – Römisch-katholische Weltkirche. Es gibt Bekenntnisse (reformatorisch), die einander nicht das Kirche-Sein absprechen (ÖRK). Geistbewegte, charismatische Kirchen haben eine subjektive Ekklesiologie. Was hält uns zusammen? Wo ist der Geist spürbar?

„Reformation und die Eine Welt" – die ökumenische Bewegung, die in den letzten vier Jahrzehnten sehr stark von den Kirchen des Südens geprägt worden ist, hat zu einer innerkirchlichen Auseinandersetzung geführt, die die Vormachtstellung Europas deutlich in Frage stellt. Die eine Welt zu gestalten ist nicht mehr ein moralischer Auftrag Europas, sondern das Überlebensthema auch für Europa. Gleichzeitig wächst die ausdrückliche Kritik an der sozialen und wirtschaftlichen Differenz, an Ausbeutung, die u.a. auch die Flüchtlingsbewegungen erklären. Ein Gemeindeglied aus Tansania berichtete zu Hause von seiner Teilnahme bei einer Konsultation in der Kirche in Deutschland. Es ging um gerechte Weltwirtschaft und er wurde gefragt, was er dazu tue, um den Fleischkonsum zu verringern. Er antwortete sehr verwundert: Als relativ gut bezahlter Buchhalter können er und seine Familie einmal in der Woche Fleisch essen. Die meisten Gemeindeglieder essen wochenlang kein Fleisch, weil sie es sich nicht leisten können. Was bitte soll er reduzieren? In solchen Zusammenhängen wird deutlich, dass der Blick auf die eine Welt – „wir müssen den Fleischkonsum reduzieren, um von der Massentierhaltung wegzukommen" – immer noch sehr eurozentrisch ist. Wir gehen davon aus, dass unser mittelständischer Standard maßgeblich sein müsste.

In den letzten Jahrzehnten hat sich herausgestellt: Es ist genug für alle da – aber nicht an einem europäischen oder nordamerikanischen Durchschnittsverbrauch an Ressourcen gemessen. Das ist alles nichts Neues – doch Reichtum wird verteidigt, inzwischen auch in den sog. Schwellenländern, wo eine reiche Schicht ihre Privilegien verteidigt. Die Rolle der christlichen Kirchen ist rein zahlenmäßig weniger relevant. Die großen charismatischen Bewegungen, die sich auf das Christliche beziehen, nehmen zu und sind aus meiner Sicht oft fundamentalistisch gesteuert. Mwombeki, Lutherischer Weltbund in Genf, spricht von der neuen Kommerzialisierung der Erlösung. Gezahlt wird für die Prediger, die ihnen das kommende richtende Reich Gottes ankündigen und sie vor dem Strafgericht schützen können.

Wenn wir auf die Internationalität des Christentums sehen, erleben wir die römisch-katholische Weltkirche, die in den sozialen Fragen beispielhaft vorangeht und in den theologischen dogmatischen Themen konsequent exklusiv bleibt. Das ist ihre Stärke und Schwäche zugleich. Die nicht-römisch-katholische Ökumene – vertreten durch den Ökumenischen Rat der Kirche – lebt ein starkes profiliertes Bekenntnis zu den Armen in dieser Welt und zerreibt sich an den theologischen Fragestellungen, da sie immer wieder neu um Einigkeit ringen muss. Das ist ihre Stärke und Schwäche zugleich. Der Beitrag der Kirchen der Reformation war und ist – wenn auch nicht immer gelungen! – die Partizipation durch Bildung zu ermöglichen. Das führt dazu, dass Kontroversen nicht entschieden werden – sondern unterschiedlich gelebt werden. Das hat auch belastende Folgen. In der weltweiten Ökumene streiten wir nach wie vor und immer wieder über die Fragen der Rolle der Frau und der Sexualität (Selbstbestimmung und freie Entfaltung). Doch bleibe ich dabei: Die Debatte und auch „Kurskorrekturen nach theologischer Arbeit" gehören zum Wesen des Christentums.

4. Partizipation an der Transformation – Herausforderungen für die weltweite Ökumene

Als überzeugte Protestantin glaube ich, dass wir ohne das Ringen nicht weiterkommen. Es gehört von Anfang an zu unserem Bekenntnis und ist für mich begründet in der Menschwerdung Gottes in Christus. Diese vielfältige – auch religiös vielfältige – Welt ist Gottes Schöpfung. Wer am Ende auf welchem Weg nach Zion kommen, pilgern wird – das wissen wir nicht. Es geht nicht ohne Ringen, Aushandeln, Neues probieren. Und: Verantwortung vor Ort und darin in die ganze Welt sehen – das ist Globalisierung.

Kulturell heißt das für mich konkret: in einer Stadt wie Berlin auszuhandeln, auf welchen Grundlagen wir interkulturell oder multikulturell leben wollen. Für mich heißt es neu darüber nachzudenken, ob Gleichberechtigung zwischen Männern und Frauen auch mit Kopftuch gelebt werden kann und ob ich lernen muss, dass es andere Begrüßungsformen gibt als Händeschütteln. Und es heißt, zu teilen, statt unseren Lebensstandard als gegeben und gerechtfertigt zu verteidigen. Die Tausende von Menschen, die nach Europa fliehen, kommen, weil sie Anteil haben wollen an dem, was wir ihnen verwehren. Und das heißt, dass wir letztlich die Alternative haben, uns in Europa mit einer Mauer zu schützen oder Weltwirtschaft so zu gestalten, dass alle Anteil an den Gütern der Welt haben können (Wissend, dass eine Mauer uns nicht schützt, ist es politisch klug, Neues auch im kleinen Kontext auszuprobieren). Reformation und die eine Welt heißt im Rückblick, die Vielfalt des Engagements wahrzunehmen und sich gegenwärtig mit Transformation, Weltklimazielen zu befassen.

Schlussbemerkung: Ökumene zwischen Himmelfahrt und Pfingsten
„Reformation und die Eine Welt" ist auch eine Frage nach der Ökumene. Es wird immer wieder betont, dass dies das erste Reformationsjubiläum ist, das wir nicht alleine feiern. Die internationale Ökumene wird nach Wittenberg kommen und beginnt die Feierlichkeiten in Lund. Und es wird immer noch gerungen, wie die römisch-katholischen Glaubensgeschwister einbezogen, eingeladen werden können. Ja, es stimmt, dass es viele Verletzungen gegeben hat, und es ist richtig, dass Luther exkommuniziert wurde und dass es in der Folge furchtbare kriegerische Auseinandersetzungen gegeben hat. Dennoch glaube ich, dass Kriege immer aus politischen Machtinteressen geführt werden und die Religion dann genutzt wird, um diese durchzusetzen. Alle ökumenischen Bestrebungen zielen auf die Einheit im Geist (Pfingsten), aber nicht (mehr) auf die Einheit in der Gestalt der Kirche. Ziel kann nicht sein, die Einheit einer katholischen (also allgemeinen) Kirche herzustellen. Und zwar auch deswegen, weil es diese Einheit nie gab.

Schon im 4. Jahrhundert wurden Christen, die dem apostolischen Glaubensbekenntnis nicht folgen konnten, ausgestoßen – sie bildeten eigene Kirchen z.B. in Ägypten. Das heißt: Die Eine Weltkirche, die durch Martin Luther und die vielen Anderen „geteilt" wurde – hat es nie gegeben. Es gab zu Luthers Zeiten auch schon die orthodoxe Kirche! Es ist keine Spaltung zu heilen. Reformation war ein historischer Aufbruch, bei dem längst nicht alles gut gelaufen ist, der aber unumkehrbar ist. Bußandachten in der Passionszeit des kommenden Jahres und Versöhnungsgesten sind sicher in Deutschland angebracht. Dennoch sehe ich es kritisch, weil der Eindruck entstehen kann, wir müssten uns entschuldigen, dass die Reformator*innen die Kirche gespalten haben. Das ist historisch und theologisch nicht richtig.

Die Kirche lebt von der Veränderung und in der Veränderung. Und Vielfalt ist gewollt. Seit Pfingsten. Die Bitte um den einigenden Geist und die Suche nach dem Geist, der uns zusammenhält, wird bleiben bis zur Vollendung des Reiches Gottes. Ein Fortschritt ist, dass wir gelernt haben, einander zu akzeptieren: die Kirche, die in ihrer äußeren Gestalt die Einheit dogmatisch und programmatisch einhält, und die Ökumene, die Vielfalt per se sein will. In der einen Welt leben wir alle und kommen nicht darum herum, uns auseinanderzusetzen. Und dabei ist immer wieder zu prüfen, welche Abschiede wir umsetzen müssen, um das himmlische Jerusalem nicht aus den Augen zu verlieren.

10 Tage ist eine der wirklich sehr kurzen Kirchenjahreszeiten – für mich immer wieder die Ermutigung, dass wir Zeit haben, uns zu sortieren. Und es bleibt der Trost: Auch mit „unsortiertem geistlichen, theologischen Gepäck" kann man pfingstlich aufbrechen. Das war vor 2000 Jahren auch so.

▪ Pfarrer*innen im 21. Jahrhundert. Erfahrungen aus dem Berufsleben als Pfarrerin, Theologinnenkonvent 14. September 2016

Vereinbarkeit von Familie und Beruf   Aus familiären Gründen haben wir mehr als 20 Jahre als Paar eine Stelle geteilt und in der Dienstwohnung gewohnt. Konzept: ergänzend gearbeitet – nicht zusammen. Gremienarbeit für beide gleichzeitig: GKR, Pfarrkonvent, Mitarbeitenden-Besprechung. Bei familiärer Verhinderung nur einer. Aufteilung der Wochentage für Amtshandlungen und Präsenz/Ansprechbarkeit. Arbeitsbereiche aufgeteilt, KU jahrgangsweise abgewechselt (Dieses wurde nach ca. 5 Jahren insofern schwierig, weil Menschen sich den einen oder die andere für die Beerdigung gewünscht haben. Dem haben wir nachgegeben).

Insgesamt funktioniert Stellenteilung gut und ist nicht nur bei miteinander verheirateten Paaren denkbar. Wenn man nicht in einer Lebensgemeinschaft lebt, muss die familiäre Situation anders betrachtet werden. Wichtig ist, dass die Verantwortung für bestimmte Arbeitsbereiche streng geteilt ist, dass man sich nicht gegeneinander ausspielen lässt, bei unterschiedlicher Meinung Loyalität verabredet und darauf achtet, dass jede/r ein eigener Mensch ist. Stellenteilung heißt nicht, dass man eigentlich „eins ist". Nur in dieser Situation ist m. E. Stellenreduzierung sinnvoll.

Der Pfarrberuf müsste perspektivisch (21. Jahrhundert) für Männer und Frauen mit 100% Dienstumfang mit Familie möglich sein. Da – trotz aller Organisation – zu diesem Beruf viel Arbeit mit Ehrenamtlichen gehört und diese sich nicht in Kita-Öffnungszeiten und Schulzeiten treffen können, muss man ein gutes System von außerschulischer Betreuung haben. Unterstützt werden kann dies durch eine geräumige Dienstwohnung, die Au-Pair oder andere Personen beherbergen können.

Organisation: Terminfreier Tag (bei bleibender Erreichbarkeit) muss selbstverständlich sein. Durch die Pflicht zur Erreichbarkeit (und nicht mehr Präsenz) sind auch neue Freiräume entstanden. Da die familiäre Situation mit Kindern aber verlässliche freie Zeit erfordert, sollte die Regelung, die z.Z. im

Sprengel Berlin gilt, weiter erhalten oder weiter entwickelt werden: 2 Tage Abwesenheit in Absprache mit Kolleg*innen und Mitteilung an Superintendent*in (7mal im Jahr).

Dienstwohnung   Das System „Dienstwohnung" sollte flexibel gehandhabt werden. D.h.: Es gibt Dienstwohnungen in einem Kirchenkreis, die genutzt werden können, wenn es für den/die Pfarrer*in sinnvoll ist. Perspektivisch müsste klar sein, dass man als Pfarrer*in wählen kann. Das setzt voraus, dass ein flexibler Umgang mit Dienstwohnungen gefunden, erfunden werden muss. Für bestimmte Lebenssituationen, insbesondere mit kleinen Kindern, ist es sinnvoll, eine geräumige, dem Dienstort nahe gelegene DW zu haben. Ab der Mitte des Berufslebens ist es oft nicht mehr so sinnvoll. Dies ist auch aus gesamtkirchlicher Perspektive ein sehr komplexes und schwieriges Thema. Schön wäre es, wenn es konzeptionell in den Sprengeln bedacht und es nicht durch zufällige Entwicklungen und Entscheidungen gestaltet wird.

Dienstwohnungen könnten von dem Kirchenkreis insgesamt als Wohnraum verwaltet werden. Dieser wird dann vorrangig an Pfarrer*innen vergeben und wenn kein Bedarf ist, mit Nutzungsverträgen z.B. an diakonische Träger für Wohnprojekte, die absehbar befristet sind, so dass die Wohnungen immer wieder frei gemacht werden können, wenn sie wieder absehbar als Dienstwohnungen gebraucht werden.

Wichtig ist, dass – auch im Sprachgebrauch! – die Dienstwohnung ein Teil des Gehaltes ist, die Pfarrer*innen zur Verfügung gestellt wird. Die Standards für die Erhaltung sollten übergemeindlich geregelt werden.

Selbstorganisation   Der Pfarrberuf wird ein stark selbstorganisierter Beruf bleiben. Das heißt, dass immer auch Prioritäten und Posterioritäten gesetzt werden müssen. Die Kriterien dafür können immer nur jeweils im Kontext der eigenen Gaben, der Situation in der Gemeinde/Sprengel/Kirchenkreis und der gesamtkirchlichen und gesellschaftlichen Lage gefunden werden. Deswegen sollte zur Kultur des Pfarrdienstes gehören: jährliches Gespräch im eigenen Kreis (kollegiale Beratung) über das, was weitergemacht wird, was losgelassen wird, und das, was dringend ausprobiert oder getan werden muss. Es entstehen immer neue Aufgaben, die übernommen werden, ohne andere zu beenden. Das ist m. E. der Hauptgrund für das Gefühl von Überlastung. In den gemeindeleitenden Gremien darf das Beenden von Aktivitäten kein Tabu sein. Neue Initiativen müssen nach einer Weile darauf geprüft werden, ob sie sich selbst organisieren können und sollen – andernfalls werden sie beendet.

Die Rolle der Pfarrperson muss im Gespräch bleiben. Dabei ist die Ausrichtung außerhalb der Kerngemeinde wichtig. Gute Kollegialität und ein von der Gemeinde unabhängiges Freizeitleben (Boot, Musizieren) bewahrt vor der persönlich-privaten Bindung innerhalb des eigenen Berufsfeldes. Insofern sind alle Initiativen von kollegialer Beratung, Konventsarbeit unter diesem Aspekt zu fördern

Der Kulturwandel könnte m.E. damit gefördert werden, dass Pfarrer*innen sich als gesamtkirchliche Akteur*innen verstehen, die im Laufe ihrer Berufsbiographie an unterschiedlichen Orten Dienst tun. Das erfordert aber auch eine Umgestaltung unserer Kirche. Die (Kern)Gemeinde vor Ort kann sich selbst organisieren. Pfarrer*innen sind eher die Unterstützenden. Das schafft Freiraum und entlastet das Präsenzzeitbudget. Ein neues Gleichgewicht muss gefunden werden: Pfarrer*innen erfüllen einen selbstgewählten und selbstbestimmten Dienst, aber sie sind nicht Diener*innen von Gremien.

- **Geschlechterrollen. Podiumsgespräch bei einer Fachtagung der Ev. Akademie Berlin zu Geschlechterrollen*, Ehebildern, Liebe 2016**

„Ist es ein Junge oder ein Mädchen?" „Das wird unser Kind selbst herausfinden!" Die Antwort der jungen Frau auf die allzu bekannte und vertraute Frage irritiert die Umstehenden. Die Irritation macht gleichzeitig sensibel, genauer hinzuhören: Die junge Frau hat ihr Leben in der Hand, selbständig, beruflich anerkannt, erlebt eine gleichberechtigte erfüllende Liebesbeziehung – und dann die unerwartete Erfahrung, dass die Schwangerschaft alle sozialen Bezüge beeinflusst. Die werdende Mutter wird nur noch als (werdende) Mutter gesehen. Die entgegengebrachten Erwartungen und lebensdienliche Hinweise beziehen sich nur noch auf das Muttersein, während ihr Partner sein Leben weiter lebt – Vatersein, das kommt dann schon. Sie ist irritiert und erlebt – für sie völlig unerwartet –, dass sie auf eine Rolle, die mit ihrem Geschlecht zusammenhängt, festgelegt wird. Ihr Kind soll nicht festgelegt werden. Deswegen die irritierende, zum Nachdenken provozierende Antwort.

Rollenfestlegungen sind Machtinstrumentarien. Der Geschlechterdualismus ist ein Werkzeug für die Einordnung der Menschen und für die Entwicklung von Erwartungen an die Geschlechterrollen. Die Einteilung der Menschheit in Männer und Frauen war lange Zeit untrennbar verbunden mit patriarchalischen Ordnungen, in denen jedes Geschlecht eine klare Rolle hatte – und die Frauen (meistens) das Nachsehen. Lebensdienliche Rollen, die sich unabhängig vom biologischen Geschlecht entfalten, und die Offenlegung der Vielfalt von sexuellen Identitäten sind die Errungenschaft der Emanzipation, die

---

* Vgl.: „Traut euch": Schwule und lesbische Ehe in der Kirche / Eva Harasta (Hg.); Evangelische Akademie zu Berlin, Evangelische Kirche Berlin-Brandenburg-Schlesische Oberlausitz. – [1. Aufl.]. – Berlin Wichern-Verlag, 2016.

dem Individuum Deutungshoheit für das eigene Leben zubilligt. Die biblisch begründete Gottesebenbildlichkeit meint das Individuum, die Person, und diese theologische Erkenntnis öffnet Herz und Sinn für die Vielfalt. Denn Gott liebt uns Menschen, vor aller sozialen und sexuellen Prägung.

Geschlechtervielfalt und die Vielfalt von Partnerschaftsbeziehungen irritieren immer noch. Die Vielfalt von Partnerschaftsmodellen hat einen großen Lebensspielraum eröffnet, der aber im Einzelfall dennoch immer wieder neu erstritten und ausgehandelt werden muss. Diese Vielfalt dekonstruiert patriarchale Ordnungen. Emanzipation ist ein ständiger Prozess, kein Zustand. Ordnungen entstehen auch nach emanzipatorischen Bewegungen, doch sie sind auch dann immer nur vorübergehend. Das theologische Kriterium, Ordnungen zu verändern, entwickelt sich aus dem Liebesgebot: Liebe Gott, deine Nächsten und dich selbst.

Wie viel Ordnung ist nötig, um die Vielfalt der sexuellen Identitäten und Lebensformen zu schützen? Das ist der Maßstab für unser Lernen und für unsere Debatte. Wir sind als Kirche und Gemeinde unterwegs und lernen, dass die Sehnsucht nach gesegneter und anerkannter Zweisamkeit von allen Menschen – unabhängig von ihrer sexuellen Orientierung – empfunden wird. Dies entspricht der Grundsehnsucht nach einem Gegenüber – und diese Zweisamkeit ist auch von Gott gewollt. Weil es nicht gut ist, dass der Mensch allein ist. Im vielfältigen Geflecht der Nächstenliebe ist die Zweierbeziehung eine Gabe, die erfreut, stärkt und erfüllt. Sie ist in beglückender Weise verbindlich, treu, verantwortlich und öffentlich. Es ist jetzt an der Zeit, dies weiter zu ordnen – in der Weise, dass alle öffentlich geschlossenen Ehen von zwei Christenmenschen in einem Traugottesdienst gesegnet werden.

Eine andere Frage ist es, wie Kinder in das Leben hineinwachsen – und ob wir dafür eine neue Ordnung brauchen. Wir sind unterwegs und lernen, dass Kinder unabhängig von ihrer biologischen Mutter und ihrem biologischen Vater zur Welt kommen können und voller Liebe und Zuwendung von ihren Eltern, die sie gewollt haben, empfangen werden. Dass Sexualität unabhängig von Zeugung neuen Lebens gelebt werden kann und darf, ist noch nicht lange selbstverständlich. Dass Kinder liebevolle Eltern haben, die nicht ihre biologischen Eltern sind, ist vertrauter (z.B. Adoption).

Inzwischen ist es akzeptiert und medizinisch machbar, dass homosexuelle Paare Eltern werden und auch heterosexuelle Paare Väter und Mütter werden – unabhängig von ihrer Fruchtbarkeit und Zeugungsfähigkeit. Die Zeugung von Kindern hat sich noch nie exklusiv an den „Ordnungsrahmen Ehe" gehalten. Den Makel hatten die Kinder und vor allem die Frauen zu tragen, die „uneheliche Kinder" geboren haben und großgezogen haben. Wir haben es – Gott sei Dank – verlernt, Kinder so „einzuordnen". Kinder werden geboren und um sie herum entsteht Familie, die sich unterschiedlich konstituiert. Rollen von Vätern und Müttern werden ausgehandelt und Möglichkeiten gesucht und gefunden, gut und den eigenen Gaben entsprechend miteinander zu leben. Die „Großfamilie" (oder: Patchwork-Familie) bekommt neue Dignität. In der Bibel gehören zur Sippe oder zum Haus alle, die zusammen leben und arbeiten – nicht nur die durch Gesetze der Eheschließung Verbundenen. Familie stärken heißt heute das Zusammenleben von Generationen stärken – das ist viel mehr als die Zuordnung von (minderjährigen) Kindern.

Kinder brauchen schützende Ordnungen, die sie vor Missbrauch und Willkür schützen. Sie haben ein Recht zu wissen, zu wem sie gehören und was ihnen zusteht. Die Institution Ehe regelt vor allem auch die Erbfolge. Deswegen ist die bürgerliche Ehe entstanden. Die Liebe war dem untergeordnet. Schützende Ordnungen und Gesetze regeln Unterhalt und Umgangsrecht. Dabei sind die Rechte der Kinder genauso maßgebend wie die der Erwachsenen. Kinder bedürfen dabei des Schutzes und der Fürsorge der Gemeinschaft.

Kinder sind vor allem eigenständige Menschen und kein Besitz. Das zu feiern und zu ordnen ist vornehmliche Aufgabe kirchlicher Arbeit. Mit der Geburt eines Kindes entsteht eine Lebenssituation, die geordnet werden muss – und das in unterschiedlicher Weise. Es muss ausgehandelt werden, wer welche Aufgabe für welchen Zeitraum übernimmt und wie das Leben kinderförderlich gestaltet wird. Das ist ein Perspektivwechsel, der noch nicht selbstverständlich ist – den wir als Kirche fördern können und sollten.

Kinder werden geboren – und können sich entfalten – und ihre eigene Identität finden und entwickeln. Dazu braucht es viele – nicht nur eine oder zwei Bezugspersonen. Gemeindliche und diakonische Arbeit mit Kindern und Jugendlichen ist ein weiter Bezugsrahmen, der Entfaltungsspielraum eröffnet und eben nicht einengt. Menschen verlieben und begehren sich. Dieses Wunder geschieht und wird öffentlich gefeiert. Zu ordnen ist, dass Leben und Liebe geschützt wird und Menschen stark bleiben zu lieben. Weil Gott die Menschen zuerst geliebt hat.

Gott schuf den Menschen zu seinem Bild – als Mann und Frau. Dass diese beiden gleichberechtigt sind, und nicht die Frau dem Mann untertan, haben wir inzwischen gelernt. Dass „als Mann und als Frau" Vielfalt und nicht Dualismus meint, zeigen schon die biblischen Geschichten, in der es mehr Liebe gibt als die zwischen Mann und Frau. In der schöpferischen Eröffnung „… als Mann und als Frau" birgt sich eine große Lebensvielfalt, die entdeckt und entwickelt werden kann. Kinder und Jugendliche brauchen, um sich selbst zu finden, keine Schablonen, denen sie entsprechen müssen und an denen sie scheitern können. Sie brauchen Identifikationsfiguren: Menschen, die sich selbst gefunden haben.

Das Loslassen von festgelegten Geschlechterrollen und Ehebildern stärkt das Individuum und schwächt die strukturellen Machtinteressen. Letztere wollen oft eine Moral durchsetzen – Individuen ringen um ethisches Handeln, das immer wieder begründet werden muss. Auf dem Weg zur Gleichberechtigung von heterosexuellen und homosexuellen Ehen werden uns viele Themen des Miteinanders begegnen. Christliche Ethik und christliches Miteinander orientiert sich am Liebesgebot. Die Einsicht, dass nur lieben kann, wer zuerst geliebt wurde, ist biblisch. Die Liebe eröffnet Wege – die Moral will etwas durchsetzen.

In der Debatte um die Gleichberechtigung der Trauung von heterosexuellen und homosexuellen Paaren geht es um den Wert der Liebe. Im Laufe der Geschichte ist immer wieder aus der Liebe Gottes eine christliche Moral geworden. Das zu erkennen und aufzudecken, das ist Anspruch und Aufgabe von Theologie. Theologie ist Arbeit, Gespräch, Diskurs, Auseinandersetzung und Verständigung über das, was wir gemeinsam verantworten, damit Leben gelingt. Leben im Angesicht des menschgewordenen Gottes.

▪ Gebeutelte Kirche. Tischrede Frauenmahl, Nikolaikirche Eisenach, 21. Oktober 2016*

Wie sehen Frauen auf eine Kirche, die selbst der Vergebung bedürftig ist? Wie sieht frau auf die Kirche, die von der Vergebung lebt? Es gibt ein paar Stationen in meiner Biografie, die mich gelehrt haben, genau hinzusehen. Das ist manchmal eine Schwäche, denn: Es kostet Zeit. Es ist gleichzeitig eine Stärke, weil Ambivalenzen auch von der Freiheit erzählen, sich nicht – jedenfalls nicht zu schnell – festlegen zu lassen.

Vor 500 Jahren war die ganze Welt im Umbruch. Die Reformation von Martin Luther ist nur ein Aspekt, der den ungeheuren Aufbruch in ein neues Zeitalter markiert. Die neue Welt, Amerika, wurde entdeckt. In Lateinamerika (Sie kennen meine biografischen Verbindungen dorthin) gibt es keine Rede von der Entdeckung. Dort kennt man nur die Eroberung Amerikas (la conquista). Die Geschichte in Europa entwickelte sich mit der Macht, einen Kontinent entdeckt und sich zu eigen gemacht zu haben. Die Geschichte Amerikas hat eine lange Geschichte vor der Eroberung. Und mit der Eroberung beginnt die Zerstörung von Kultur und kulturellen Identitäten, von gestaltetem Leben und gelebter Religion.

Die christliche Kirche hat im Zuge, oder: im Windschatten, der Zerstörung durch die Kolonialherren ihren Machtbereich ausgebaut und wild und willkürlich das Christentum mit europäischen Werten und Moral vermischt und (oft mit Gewalt) ausgebreitet, implantiert. Doch: Die christliche Kirche hat auch sensibel auf das Leben der indios geachtet, mit ihnen gelebt und sie oft

---

* Diese Tischrede wurde gehalten im Rahmen einer Veranstaltung, zu der die Landesbischöfin Ilse Junkermann, Magdeburg und die Evangelischen Frauen in Deutschland e. V. (EFiD) eingeladen hatten. Vgl. auch bei Google: Tischrede von Viola Kennert in Eisenach 2016 – Frauenmahl.

auch geschützt. Fromme Männer und Frauen haben sich in ihren Überzeugungen nicht einschüchtern lassen und haben die neuen Kulturen wertgeschätzt und sie vor den Unterdrückern geschützt. Missionar*innen haben sich die Mühe gemacht, die vielen Sprachen zu lernen, und haben Gebete und Bibeltexte übersetzt. Eine Wertschätzung, die in diesem Jahr (Reformation und eine Welt) besonders geachtet wird.

Gott als Herrn der Welt zu verkündigen, heißt der Vielfalt unter den Menschen Raum geben. Auch das hat Kirche gelebt und dieser Faden wurde einige Jahrhunderte später von Befreiungstheolog*innen aufgenommen. Es ist und bleibt die große Hoffnung, dass die biblische Botschaft, die mit den Eroberern mit Unterdrückung, Gewalt und Macht verbreitet wurde – immer auch andere dazu befähigt hat, widerständig gegen das Unrecht aufzustehen. Das berührt mich und stärkt meine Zuversicht. Ich erzähle es, weil es mich gelehrt hat, die Opfer-Perspektive zu achten, den Widerstand und die Aufbrüche wertzuschätzen. Und es hat mich gelehrt, in der Kirchengeschichte, die ich später gelernt habe, immer diesen „roten Faden" zu suchen (wobei rot für lebendigmachendes, pulsierendes Blut steht).

Dazu noch zwei Erinnerungen: In den 70er Jahren wurde in der weltweiten christlichen Ökumene – gegen den Widerstand der sog. „großen etablierten" Kirchen – die „strukturelle Gewalt" als Macht entlarvt, die Menschen einschränkt, begrenzt und festlegt. In Südafrika, Lateinamerika, Asien, Nordamerika und Europa – überall wurde deutlich gesagt, dass Frieden mehr ist als die Abwesenheit von Krieg, dass weltwirtschaftliche Strukturen die einen zu Armen und die anderen zu Reichen machen, dass festgefahrene Strukturen der Geschlechterordnung ungerecht sind, dass Frieden und Gerechtigkeit nicht zu trennen sind, dass die Armut in der Welt mit wirtschaftlichen Strukturen zugunsten der Reichen zusammenhängt. Das hat sich langsam, aber sehr stetig in Theologie und kirchliches Leben eingebrannt. Schließlich: dass Ordnung – geordnetes Leben – eine gewisse Stabilität bedeuten kann, aber meistens um den Preis der Gerechtigkeit.

Es waren die Rufe aus dem Süden gen Norden, wobei es auch im Süden Reichtum und Privilegien gab und gibt und im Norden Armut und Unterdrückung. Doch: Dass das Nord-Süd-Gefälle nicht nur von Politiker*innen, sondern eben auch von Theolog*innen als Herausforderungen benannt wurde – das war ein Ergebnis weltweiter ökumenischer Zusammenarbeit. Der andere „rote Faden", der lebt.

Die zweite Erinnerung: Die erste europäische ökumenische Versammlung zum konziliaren Prozess „Gerechtigkeit, Frieden, Bewahrung der Schöpfung" fand in den achtziger Jahren in Basel statt. Zur Abschlussversammlung überbrachte Heino Falcke aus Erfurt eine Grußbotschaft der dortigen – osteuropäischen – Versammlung. Die Verbindung über und durch die Grenze, des sog. Eisernen Vorhangs, hat mich tief bewegt. Es war eine in dem Augenblick spürbare Erkenntnis, dass die weltweite Armut ein Unrecht ist, an dem auch Christen strukturell beteiligt sind. Es ging um Norden und Süden in der Welt, nicht um Ost und West. Da war er wieder: der andere „rote Faden", der lebt.

Nur ein Jahr später hatten wir in unserem Land die friedliche Revolution. Mit Freudentränen und großer Hoffnung fielen nach und nach die Grenzen zwischen Ost- und Westeuropa und in unserem Land. Sprachlich ist daraus die „Wende" geworden. Es war keine Wende – es war ein mutiger Aufstand und Widerstand in unserem Land gegen ein unterdrückendes System, um Gerechtigkeit, Freiheit und Frieden neu zu gestalten. Christen aus Ost und West waren in der Friedensbewegung in beiden Teilen unseres Landes – sichtbar und hörbar. Der konziliare Prozess hat viele Menschen bewegt. Der andere „rote Faden", der lebt. Wir haben uns in unserem Land zu wenig Zeit genommen, einander davon zu erzählen. Da und dort habe ich es erlebt – dass diese Erfahrungen re-formuliert wurden. Dann war und ist er spürbar, der andere „rote Faden", der lebt. In diesen Wochen und Monaten, die schon zu Jahren geworden sind, sehe ich auf die Vielen, die treu und engagiert Flüchtlinge beherbergen, ihnen helfen, unsere Sprache zu lernen und unsere Kultur zu verstehen – und mit ihnen auch neue lebendige Vielfalt zu entdecken. Das ist schön und anstrengend.

Kirche setzt sich aus, wird gelobt und kritisiert, fühlt sich schwach und kämpft um gesellschaftliche Anerkennung – und ist nach wie vor stark, oft im Verborgenen. Der andere „rote Faden", der lebt.

Kirche ist gebeutelt. Gebeutelte Kirche. Kirche: Wie ein Beutel, in dem viel drin ist. Von außen sieht man auf das, was man sich wünscht. So haben die Mächtigen der Geschichte, die Sieger, sich die Kirche auch zu Eigen gemacht. Sie haben ihr etwas geboten, wenn sie sich anpasst. Das begann sehr früh: Die Anerkennung durch den Kaiser war mit der staatlichen Forderung nach klaren Abgrenzungen verbunden. Eine geordnete Außensicht. So ist Kirche nutzbar und kalkulierbar. Auch die Geschichte der Reformation ist eine Geschichte von Angeboten der Mächtigen – und von der Standhaftigkeit der Ohnmächtigen. Drinnen – sozusagen im Beutel – ist es bunter, vielfältiger, strittiger und uneinheitlicher. Ich möchte das Bild nicht überstrapazieren, obwohl es mir wirklich gefällt. Denn: Gebeutelt sein ist Unruhe, Erschöpfung – und auch Energie, etwas zu ändern.

Und vergib uns unsere Schuld – wie auch wir vergeben unseren Schuldigern. Das ist die Verbindung von Vergebungsbedürftigkeit und Vergebungsbereitschaft in unserem täglichen Gebet. Vergebungsbedürftigkeit ist der Mut zur dünnen Haut und zum ehrlichen Blick. Die Feststellung, dass die Kirche mehr Verständnis für schuldige Täter als für unschuldige Opfer hat, hat mich getroffen. Dieser Vorwurf übersieht den „roten Faden", den Fluss der unermüdlichen Solidarität der Kirche für die Armen und Entrechteten. Übersieht das, was nicht in den Schlagzeilen steht.

Mir ist gegeben alle Macht im Himmel und auf Erden… Das sind Worte, die Jesus in den Mund gelegt sind. Die Macht, die eine wirtschaftliche, soziale oder moralische Machtstruktur durchsetzen will, hat eigene Interessen – und meistens auch schon ein ordnendes Bild, eine Ordnung, die sie durchsetzen will. Legitime Macht wird so auch zur strukturellen Gewalt. Die Macht, dynamis, oder: empowerment, die Neues will, auch Unbekanntes ermöglichen – ist die andere Weise, Macht zu haben und zu leben. Auch innerhalb unserer Kirche können, müssen wir Macht neu buchstabieren, re-formulieren. Macht kann uns korrumpieren – und Macht kann Not abwenden und Neues ermöglichen.

Der entscheidende Unterschied ist die Vision: Wollen wir eine Ordnung oder einen Spiel-, Denk- und Lebensraum? Wollen wir geordnete Stabilität oder ein bleibendes faires Ringen um Gerechtigkeit und Frieden? Re-Formulieren. Neue Bilder, neue Worte, neue Wege suchen und finden. Sorgsam mit der Sprache umgehen, und das heißt auch, vor-sichtig, umsichtig Sprache zu nutzen und zu entwickeln, genau klären, was wir meinen und wie wir es meinen. Macht – Frieden – Gerechtigkeit: Diese drei brauchen immer eine Definition, einen Kontext. Welchen Kontext bieten wir als Kirche diesen Worten? Kirche ist eine Struktur, die sich ihren Raum schafft und auch verteidigt, um Gutes zu bewirken. Dabei ist die Kirche wie jede andere Struktur auch anfällig, ihre Interessen losgelöst von den ursprünglichen Zielen zu verteidigen und um Anerkennung zu ringen. Doch – von wem will sie anerkannt werden?

Ich entdecke blinde Flecken bei unserer Kirche (das sind die Ecken in Herz und Sinn, die wir übersehen): Sehnsucht nach Anerkennung in der Welt – die Strukturen der Mächtigen werden kopiert. Sehnsucht nach Ordnung und Stabilität – beides wird mit Frieden verwechselt. Sehnsucht nach klaren Strukturen – darin lauert die Gefahr, dass Strukturen unabänderlich hart und ungerecht werden. Sehnsucht nach Heimat – übersehen wird die Gefahr, Heimat mit nationaler Identität und Recht auf Eigentum zu verwechseln.

Vergebungsbedürftigkeit wird spürbar, wenn die eigenen blinden Flecken erkannt und gespürt werden. Wenn Kirche spürt, dass sie in einem Beutel steckt und nicht in einer geschützten Truhe. Die Stöße und Anstöße der Zeit sind spürbar. Das bewahrt Sensibilität. Ich sehe in den Beutel hinein. Wer den Inhalt eines Beutels ordnen will, hat ein Bild vor Augen und muss rigide sortieren und räumen, manchmal auch aussortieren. Wer den Inhalt eines Beutels lässt, muss immer suchen – und findet auch immer das, was gebraucht wird. Es dauert nur länger. Dieses Bild inspiriert mich, um noch einen letzten Gedanken zu wagen: Gemeinsames Leben, Gemeinschaft, Sozialität entsteht, geschieht und lebt aus und durch Verhandlungen. Verhandeln ist angesagt – nicht ordnen. Verhandlungen sind ergebnisoffen. Wer ordnen will, hat schon ein Ziel. Kirche Jesu Christi ist frei, zu verhandeln mit und in der Welt.

Herausfinden, was der Liebe Gottes entspricht, Wege und Umwege wertschätzen, Fehler einsehen und Neues ausprobieren. Verhandlungen brauchen Zeit. Zeit neu zu formulieren, Zeit zu verhandeln, Zeit zu beten.

Am Ende – eine Einsicht und ein Bild: Das Paradies ist ein schön geordneter Garten – das liegt hinter uns. Vor uns das himmlische Jerusalem – die Stadt. Die Perspektive biblischer Zukunftshoffnung ist die Stadt. Laut, unbequem – der Raum, in dem das Leben miteinander ausgehalten und verhandelt wird. Himmlische Aussicht ist ein miteinander ausgehandeltes Leben: Das ist ein Wortbild für Gerechtigkeit. Erfüllte Sehnsucht ist ein Gleichgewicht von Gewinn und Verzicht: Das ist ein Wortbild für Frieden. Gebeutelt Kirche sein. Ich spüre – dann ist Kirche mir vertraut, ist liebenswürdig und wertvoll. Das Bild von der Kirche im Beutel nehme ich mit und ich lege es uns allen ans Herz: geschubst, vernachlässigt, in die Ecke gestellt – und doch voller Lebensmittel, die satt und froh machen.

■ „Hier stehe ich!" Frauen, Reformation und die eine Welt. Statement für eine gendergerechte Kirche auf der Landessynode der EKBO, 28. Oktober 2016

Vision: Bunte Reihe.

Das Logo, das mich in die Frauenarbeit unserer Kirche eingeführt hat, ist ein kleines eindrückliches Bild: Eine Schildkröte geht recht vergnügt ihren Weg, sie ist groß und kräftig, denn sie trägt eine kleinere, aber aus vielen Steinen gebaute Kirche mit einem recht ansehnlichen Turm. „Frauen tragen die Kirche" – doch: Diese merkt es kaum, denn sie ist ja mit sich und ihrem Kirchenraum befasst und merkt gar nicht, dass sie getragen wird von der täglichen Arbeit und Engagement von vielen Frauen – die sich (auch davon erzählt das Bild) – wie in einem gut geschützten Schildkrötenpanzer sicher bergen: in Frauenkreisen, in Fraueninitiativen, feministischen theologischen Gesprächen, vergnügt und selbstbewusst – aber eben doch irgendwie versteckt in der großen Schildkröte mit dem vergnügten Gesicht. Schließlich – es ist fast überflüssig zu sagen –, es ist ein Bild von großer Langsamkeit und ebenso großer beständiger Fortbewegung. Und: Wir sind vorangekommen.

Inzwischen haben wir den Gender-Atlas der Evangelischen Kirche in Deutschland – also: heraus aus dem Schildkrötenpanzer in die öffentliche Statistik – und das hat doch viele gefreut. Es hat sich viel getan, Frauen werden nicht nur wahrgenommen, ihre Arbeit wird wertgeschätzt – und in unserer Kirche werden Theologinnen auch selbstverständlich ordiniert und in Leitungsämter gewählt. Nicht nur unsere Synode wird von einer Frau geleitet, ebenso die EKD-Synode. Und doch sind sie da, die „blinden Flecken" (das sind die Punkte in Herz und Verstand, die wir gerne ausblenden): Bei den geistlichen Leitungsämtern hapert es noch und in unserer europäischen ökumenischen Nachbarschaft ist es noch nicht oder nicht mehr möglich, dass Theologinnen für das Pfarramt ordiniert werden. Die Situation unserer Schwestern in Lettland und in Polen war bei dieser Synode und bei der ökumenischen Frauenkonsultation ein nachdenkliches Thema. Unsere Sprache hat sich inzwischen verändert, wir haben seit 10 Jahren eine Bibelübersetzung in gerechter Sprache, die nicht immer erwähnt, aber doch oft gebraucht wird.

Frauen haben in Gesellschaft und Kirche etwas durcheinandergebracht. Manche sagen auch: in Unordnung gebracht.

Sie haben Ideen, wie man Familie und Beruf in einem Leben unterbringen kann und dennoch etwas schaffen kann. Sie fordern andere Leitungsstile, wollen mehr Kommunikation, weniger Anweisung. Sie verstehen Macht eher als „empowerment" und das ist etwas anderes als Interessen durchsetzen: Kommunikation fördern und Auseinandersetzung zulassen. Was schon „immer so war" – das wollen sie nochmal diskutieren. Und: Sie achten sehr genau auf die Sprache. Sie sind beständig und geduldig, im Protest, wenn inklusive Sprache als kompliziert, redundant, überflüssig degradiert wird. Im kirchlichen Alltag gibt es inzwischen Stellenteilungen, und die Reduzierung des Arbeitsumfanges für die Pflege von Angehörigen und für die Möglichkeit vorübergehend mehr Lebenszeit mit heranwachsenden Kindern zu teilen.

Es ist also alles da? Ja, aber … Aber – es klingt noch zu oft nach komplizierter Ausnahme.

Ich träume davon, dass alles Neue, geschlechtergerechte Innovative nicht zuerst als Störung, sondern zuerst als Chance gesehen und durchdacht wird. Ich träume von einer Gesellschaft und Kirche mit Verhandlungsmut. Wir diskutieren in unserer Gesellschaft und Kirche über Wertegemeinschaft und Werterhaltung, von der Verteidigung und Vermittlung abendländischer und christlicher Werte. Flucht, Migration und Globalisierung stellen alle Kulturen in einen Frage-Horizont, in einen Kommunikationsraum, in dem Plausibilität voneinander gefordert wird und Zusammenleben ausgehandelt werden muss. Verhandeln ist anstrengender als ordnend einzugreifen. Sozialgeschichtlich und kulturgeschichtlich haben Frauen eher lernen müssen, sich verhandelnd und mit vielen Kompromissen einen Weg zwischen den Erwartungen aller an sie bahnen zu müssen. Im interreligiösen, interkulturellen und auch im ökumenischen Gespräch sind Verhandeln und das Aushalten von Vielfalt notwendig. Die Gratwanderung zwischen „nebeneinander" und „miteinander" ist zu gestalten.

In unserer Gesellschaft, auch in unserer Kirche wächst an manchen Orten der Unmut. Unser universalistischer Anspruch – „was für uns gilt, muss für alle gut und richtig sein" – wird gerade erschüttert. Von der Debatte um richtige und nicht korrekte Begrüßungsgesten bis zu der Erkenntnis, dass für Frauen Bikini erlaubt, aber Burkini verboten werden muss – es ist alles da.

Vor allem: Irritation (Über Männerbekleidung und deren Outfits wird eher selten gestritten.).

Ich lerne: Die Verteidigung der Freiheit kann auch zur Bevormundung – hier gerade auch von Frauen – werden. Freiheit kann als Ideologie missbraucht werden, wenn sie mit egoistischen Interessen verteidigt wird. Ich lerne, dass Emanzipation von Frauen und von Männern jenseits von Begrüßungsgesten und Kleidungstraditionen entschieden wird. Ich bekenne mich dazu, dass die Gleichberechtigung für mich nicht zur Disposition steht, aber ich lerne auch, dass Werte nicht durchzusetzen, sondern zu verhandeln und durch Überzeugungsarbeit weiterentwickelt werden müssen.

Und in der Vorbereitung auf dieses Statement habe ich mich noch einmal gefragt – wie sieht es unter uns – in unserer Kirche aus mit der Geduld zu verhandeln und dem Drang, möglichst zügig etwas umzusetzen? Gerechtigkeit, Frieden und Freiheit kann man nicht durchsetzen, sondern muss sie durch Leben füllen. Die Kompetenz des geduldigen Verhandelns geschieht eher im Schatten – die glanzvollen Siege gehören ins Licht. Ich wünschte mir, dass wir Licht und Schatten anders verteilen – und ich glaube, dass es auch etwas mit Frauen und Männern zu tun hat.

Schließen möchte ich mit einem anderen Bild, das ich mir für unsere Kirche wünsche: „Bunte Reihe". Die schöne alte Manier, die Tischordnung streng als Mann und Frau abwechselnd zu organisieren, mag eine verstaubte Konvention sein, die obendrein oft auch Alleinlebende diskriminiert hat. Doch: Für unsere Kirche träume ich überall und immer von echten bunten Reihen. Mathematisch-theoretisch bedeutet es allerdings, dass in allen Gemeindegruppen, Leitungsgremien, Synoden und Konventen, Bischofs- und Bischöfinnen- und Kirchenkonferenzen gleichviel Männer und Frauen sein müssten.

Dazu müsste man zuerst Männer für die Besuchsdienste, als Erzieher in den Kitas, für die rührigen Arbeitsgemeinschaften, die für Gemeindefeste kochen und backen suchen – und bei Frauen vor allem für die bischöflichen Ämter. Aber irgendwann wären wir soweit, dass wir uns immer und überall in „bunten Reihen" setzen und wieder finden könnten. Bunte Reihe in der Kirche – Männer und Frauen in dieser Weise bunt gemischt. Man würde uns zusehen, wie wir es machen, und spüren, dass es uns lebendig, flexibel, vielfältig und vielleicht auch überraschend unkompliziert macht.

Ich habe in diesen Tagen erlebt und erfahren, dass diese bunten Reihen auch in der weltweiten Ökumene noch nicht selbstverständlich sind. Die erste Verständigung dafür unter uns – das ist unumgänglich – muss allerdings sein: ob wir es wollen, und wie viel Anstrengung uns dieser Traum wert ist. Möge dies – und diese Konsultation – ein Doppelpunkt sein, und kein Punkt.

■ Lasst die Kinder zu mir kommen …
Theologischer Beitrag zum Thema „Familie" 2017*

Mit diesen Worten beginnt die Segenshandlung Jesu an den Kindern, die von ihren Vätern und Müttern zu ihm gebracht werden. Es geschieht auf dem Weg nach Jerusalem. Die seelische Situation ist angestrengt, denn auf dem Weg nach Jerusalem müssen sich die Frauen und Männer noch einmal neu für Jesus entscheiden. Ehen sind gefährdet. Jesus konzentriert sich auf die Kinder, denn diese Kleinen brauchen Segen und schützende Zugehörigkeit.

Familie: Das ist zum einen der juristische Schutzraum, der Verbindlichkeiten regelt und die Schwächeren vor Willkür schützt; und zum anderen eine nicht festgelegte Form von Zusammengehörigkeit und Verantwortungsgemeinschaft. Kinder haben das Recht auf Bildung und Schutz vor Willkür. Auch pflegebedürftige Alte brauchen Schutz vor Willkür. Deswegen ist Familie nie reine Privatsache. Es ist die Sehnsucht aller, dass Familie durch Liebe gehalten und getragen wird, dass in Notzeiten zueinander gestanden wird und familiäre Liebe bedingungslos ist und bleibt. Die Realität ist anders. Familiäre Beziehungen zerbrechen, Ehen werden geschieden und neue entstehen, Kinder werden in Pflege genommen oder adoptiert, Kinder haben mütterliche und väterliche Bezugspersonen, die nicht immer auch ihre biologischen Eltern sind. Manchmal ist die familiäre Buntheit durch gute, verlässliche und transparente Beziehungen geprägt und manchmal tragen Menschen lange an den Verletzungen zerbrochener Liebe.

Lasst die Kinder zu mir kommen … Jesus eröffnet einen neuen größeren Raum. Der Segen eröffnet einen weiten Lebensraum, in dem für die Schwächeren, die der Sorge bedürfen, gesorgt werden kann – und das unabhängig von ihren jeweiligen privaten familiären Beziehungen. Jesus Christus moralisiert nicht. Jesus eröffnet durch seinen Segen einen weiten Raum, in dem alle, die sich als Familie fühlen, leben können. Geschützt und unterstützt, gestärkt und gut beraten. Das macht Mut, Familie zu wagen. In diesem Lebensraum findet man Trost, wenn Enttäuschungen zu ertragen sind. Familie leben – das ist Verantwortung übernehmen und sich tragen lassen. Beides zusammen macht Gotteskindschaft aus.

Lasst die Kinder zu mir kommen und wehret ihnen nicht, denn solchen gehört das Reich Gottes (Markus 10). Familienformen gibt es viele im Reich Gottes – und den Segen, der alle birgt.

---

* Aus: Diakonie für Sie 1/2017 (Verbandszeitschrift des Diakonischen Werkes der EKBO).

- **Berufen und ordiniert – Pfarrdienst in der EKBO.**
Referat vor dem Pfarrkonvent Neukölln 6. September 2017

I. Einstieg

„Gemeinde als Anders-Orte, Inspirationen aus der Ordenstheologie". Unter dieser Überschrift entfaltet Nicole Grochowina ihre theologischen und praktischen Erfahrungen aus dem Leben der Selbitzer Gemeinschaft (Pfarrblatt 6, 2017). Gemeinde als Ort, in der Welt-Zugewandtheit eingeübt wird. In der Welt sein, aber nicht von der Welt, bezugnehmend auch auf Papst Franziskus, der mit zwei Fragen die Gemeinden (heraus-)fordert: Was lernen wir von der Welt? Worin besteht unser Dienst an der Gesellschaft? Wenn wir über unseren Beruf nachdenken, geht es nicht ohne den Ort Gemeinde, oder: die Kirche vor Ort. Wobei Gemeinde nicht einfach nur existiert – sondern eine Aufgabe hat – erstens. Und zweitens: Gemeinde vielfältiger ist als unser Parochie-Verständnis. Eine Ordensgemeinschaft, die weder Konfirmandenunterricht, noch Christenlehre, weder Gemeindekirchenrat noch Seniorenkreise anbietet – sondern ihre beruflichen Dienste in der Welt erfüllt (Schule, Krankenhaus, Obdachlosenunterkunft) – ist auch Gemeinde. Anders-Orte, also Gemeinde, muss immer wieder neu beschrieben werden – nicht: bewahrt werden, was da ist. Soweit Selbitz, Nicole Grochowina.

Wenn wir heute noch einmal unter einem berufspolitischen Blickwinkel über uns Ordinierte nachdenken, gehen wir implizit auch von der pastoralen Frage aus: Für wen, für welchen Zweck sind wir ordiniert und was brauchen wir für unseren Dienst? „Die Neuen kommen"… Unter dieser Überschrift wurden in der letzten Ausgabe „Die Kirche" exemplarisch drei Vikarinnen und ein Vikar vorgestellt, die jetzt ihren Entsendungsdienst beginnen – und sich auf ihren Dienst freuen. Faszination von Verkündigung und Lehre, Verwaltung und Seelsorge, immer nah am Leben dran, Menschen in Krisensituationen begleiten, Glauben stärken. Berufsfaszination Pfarrer*in. Im Mittelpunkt der Mensch, die Gemeinschaft, nahe dran sein. Mitten im Leben bei den Menschen (in der Gemeinde).

Die Lektüre dieser beiden Texte hat mir deutlich gemacht, wie groß der Bogen ist, in dem wir uns als Ordinierte verstehen: nah an denen, die da sind, die zu uns kommen – und einen Auftrag für und in dieser Welt zu haben. Manchmal spielen wir beides gegeneinander aus – manchmal versuchen wir alles zu verbinden. Ich habe gelernt – und Sie sicher genauso – dass in unserer Ordination auch etwas über Nähe und Distanz ausgedrückt wird. Der gesamtkirchliche Auftrag – ganz uniert auch an die Gemeinde gewiesen – ist ein Ausdruck davon. Nähe und Distanz auszutarieren ist unsere persönliche Aufgabe als Ordinierte. Nah an den Menschen, der jeweiligen Gemeinde – doch auch in der Distanz. Nähe zur Welt – und auch Distanz.

Fazit: Wenn wir über berufspolitische Entwicklungen reden, geht es darum zu prüfen, welche Rahmenbedingungen wir brauchen, erbitten und/oder erstreiten, um den Raum zu haben, Nähe und Distanz immer wieder auszutarieren und nicht in Abhängigkeiten zu geraten.

Ordiniert – berufen. Ordination ist ein geistlicher und rechtlicher Akt, in dem die Berufung durch Gott – die nur persönlich wahrgenommen und angenommen werden kann – öffentlich durch die Kirche bestätigt wird. Die Ordination ist ein Teil der berufsrechtlichen Verbindung zur Kirche – dazu kommt dann die Berufung ins Pfarramt – auf Lebenszeit. Mein Anliegen ist es, dass wir unseren Beruf ganz konkret als ordinierte Verkündigende, die in einem lebenslangen rechtlichen Verhältnis zu unserer Kirche stehen, vielfältig gestalten, dabei auch die längst selbstverständliche Vielfalt in Ordnungen/Gesetze/Verabredungen umsetzen. Und diese Vielfalt nicht zu einer Hierarchie von „besser" und „schlechter", „eigentlich" und „uneigentlich", „richtig" und „falsch" machen.

II. Konkretionen
Drei Aspekte: 1) Berufunsgzeiträume, 2) Dienstwohnungsrecht und Pflicht, 3) Vielfältige Zugänge zur Ordination – Unterscheidungen gestalten.

1) Berufungszeiträume Wir ordinierten Pfarrer*innen und Gemeindepädagog*innen haben ein Rechtsverhältnis mit der Landeskirche und bekommen Pfarrstellen für eine bestimmte Zeit übertragen. Geordnete Vielfalt: Gemeindepfarrstellen (Klassische Parochie) werden für 10 Jahre übertragen, ab 48. Lebensjahr bis zur Pensionierung. Kreispfarrstellen (unabhängig von dem Auftrag) sind zeitlich nicht festgelegt, aber die 6 Jahre sind schwer zu verändern. Es gibt m. E. ein unerklärliches Bedürfnis festzuhalten, dass Gemeinde einen längeren Zeitraum haben muss, bzw. man bei Kreispfarrstellen schon nach 6 Jahren prüfen muss, ob der oder die Stelleninhaber/in richtig am Platz ist. Die Praxis zeigt, dass in der Regel für weitere 6 Jahre beauftragt wird. Ausnahme: Die Kreispfarrstelle für das Superintendentenamt wird für 10 Jahre übertragen, auch wenn danach noch ein oder zwei Jahre Dienst sind (Unterschied zur Gemeindepfarrstelle).

Krankenhaus, Schule, Jugendarbeit, Gefängnis, inzwischen auch Gemeindedienst, Beauftragungen Diakonie, interreligiöser Dialog, Religionsunterricht sind durch Kreispfarrstellen besetzt – es ist m.E. inhaltlich nicht zu verstehen, warum man sich in diesen Arbeitsbereichen schneller einarbeiten soll oder leichter wechseln kann. Die Argumente, die ich kenne, sind: Parochie ist die „Basis", die „eigentliche Gemeinde"; die 6-jährigen Beauftragungen galten ursprünglich auch dem Ziel, dass Pfarrer*innen danach unbedingt wieder in die „eigentliche Gemeinde" sollten. Aber Gefängnis, Schule, Krankenhaus, Jugendarbeit sind Gemeinden in anderen (nichtkirchlichen) Strukturen, in die man sich auch hineinfinden muss und Zeit braucht. Und: Sie sind auch Gemeinde. Die Frage an uns ist, gilt diese „wertende" Unterscheidung für uns: die „eigentliche Gemeinde" (Parochie) und die „anderen" Dienste? Wenn ja – wie begründen wir pastoraltheologisch diese Unterscheidung?

Mein Anliegen ist: zehnjährige Berufungen für alle (Optionen zu Veränderungen gibt es in jedem Fall) und für alle Dienste ab einem bestimmten Alter bis zur Pensionierung – oder (noch besser!) gute Chancen, in den letzten Amtsjahren attraktive Aufträge zu bekommen. Befristungen haben – so sagen es manche – das Pfarramt geschwächt, weil Leitende dadurch viele Pfarrer erleben und somit auch die Autorität geschwächt wird. Pfarrer*innen kommen und gehen – wir bleiben. Ich sehe es anders: Pfarrer*innen sind die, die „unterwegs sind" und darin liegt ihr Stärke. Und auch ihre Distanz zur Gemeinde – bei gegenwärtiger Nähe. Es stärkt auch die Gemeinden, die perspektivisch sich selbst organisieren, und Pfarrer*innen konzentrieren sich auf die geistliche Ausrichtung der Gemeinde. Sie sind die geistlich Leitenden, die aber nicht vereinnahmt werden können.

Fazit: Befristete Beauftragungen sind sinnvoll, müssen aber für alle gleich sein.

2) Dienstwohnungen   Bei dem Workshop-Tag der Initiative Pfarrer*innen im 21. Jahrhundert war ein Ergebnis eindeutig widersprüchlich: Dienstwohnungen unbedingt erhalten – Dienstwohnungen unbedingt abschaffen. Manchmal hilft dann doch ein Blick in die Geschichte: Die Wohnung/das Haus war Teil des Gehaltes, manchmal auch das Gehalt (in der Ökumene manchmal immer noch so). Acker, Garten, Dach über dem Kopf – als Gegenleistung: pastoraler Dienst. Daraus entwickelt sich die Dienstwohnungspflicht für Gemeinden (eine DW vorzuhalten) und in der Folge die Residenzpflicht für Pfarrer*innen – auch um die DW halten zu können. Als nächster Schritt der Anspruch: Pfarrer sollen verfügbar und in der Gemeinde präsent sein. Es hat sich gewandelt – inzwischen haben wir keine Präsenzpflicht, sondern Erreichbarkeitspflicht und die DW-Situation hat sich – vor allem in den Städten – sehr gewandelt.

Kirchenkreis Neukölln: 25 Gemeindepfarrstellen, 18 DW, einige DW sind frei vermietet worden, und als Wohnraum „verloren". Inzwischen gibt es wieder mehr Pfarrer*innen, die eine DW möchten, weil der Wohnraum, insbesondere in den Städten, teuer geworden ist. Ich finde, es lohnt sich, vielfältig und kreativ zum Wohle von Gemeinden und Pfarrer*innen über DW nachzudenken.

(a) Berufsbiografisch: In der Berufsbiografie gibt es Phasen, wo eine räumliche Nähe zur Küsterei und Kirche sinnvoll ist oder eine DW eine gute Möglichkeit ist, oft mit Platz, das eigene familiäre Leben zu entfalten, wissend, dass es vorübergehend ist. Es gibt Phasen, wo es gut ist, einen langfristigeren Lebensmittelpunkt zu schaffen, der unabhängig von dem beruflichen Lebensmittelpunkt ist. Ordinierte müssen die Balance selbst finden und organisieren zwischen privat und beruflich. Dazu ist eine DW manchmal hinderlich – oder auch dienlich. Mit DW verbindet man immer noch vorwiegend: Haus neben der Kirche, dauerndes Klingeln, Gemeindebüro mit Blick auf den privaten Wohnzimmerbereich. Man kann DW auch als guten Wohnraum verstehen, der in der Nähe zum Arbeitsort liegt. Der Ortszuschlag ermöglicht es manchmal, eine angemessene Wohnung zu mieten. Das ist dann günstiger, als ohne Ortszuschlag auch noch den Mietwert der DW zu versteuern. Plädoyer/Ziel: DW erhalten, sie an die vergeben, die eine wollen /brauchen.

(b) Gemeinde-Perspektive: DW müssen erhalten werden – das ist auch ein flexibler Finanzeinsatz – insofern ist es günstiger, als den Ortzuschlag auszuzahlen. GKRs wollen aus inhaltlichen, praktischen Erwägungen Pfarrer*innen in der Nähe haben. Andrerseits können manche DW auch lukrativ vermietet werden, andere nicht (oder man plagt sich mit einem Mieter, der sich konstant über Lärmbelästigung im Gemeindehaus beklagt).
Ideen: Wohnungen definieren, die sinnvollerweise als Dienstwohnungen (also gebunden an einen Dienst, nicht nur Ordinierte!) vergeben werden sollten. Dabei flexibel auf die größere Region sehen. Einen Pool von Wohnungen – und diesen zur Entlastung der Gemeinden gemeinsam verwalten, somit können alle Ortszuschläge solidarisch allen zugute kommen. Wenn eine ausgewiesene DW nicht genutzt wird, mit Nutzungsverträgen an Diakonie vergeben.
Aus Gemeindesicht: Verantwortungsvoll mit Wohnraum umgehen, ihn einsetzen auch für Menschen, die keinen oder nur schwierigen Zugang zu Wohnraum haben, und gleichzeitig DW sinnvoll denen geben, für die es gut ist (nicht nur Pfarrer*innen). DW bedeutet immer, dass der (geringste) Mietwert versteuert werden muss.

(c) Berufsbild: Inzwischen ist ein unterschiedliches Berufsbild im ordinierten Dienst denkbar und vervielfältigt sich gerade durch virtuelle Kommunikation noch mehr. Unsere Verordnungen sehen nach wie vor ein Amtszimmer in einer Dienstwohnung vor – der Anspruch auf ein Büro oder Arbeitszimmer ist nicht eindeutig geregelt. D.h.: Die Arbeitsbedingungen unabhängig vom privaten Wohn- und Lebensbereich müssen geregelt werden. Im KK Stadtmitte ist vor einiger Zeit eine DW in 3–4 Arbeitszimmer für Pfarrpersonen eingerichtet worden – auch ein Modell, das man weiterdenken kann. Im ländlichen Bereich kann die Pfarrperson nicht in 7 oder mehr Gemeinden gleichzeitig sein. Denkbar ist ein Arbeitsbereich, in dem er/sie sich tageweise aufhalten kann – und den Lebensmittelpunkt an einem anderen Ort gestaltet. Die Realität zeigt, dass pastorale Dienste sich nicht mehr ausschließlich im

Amtszimmer oder Büroraum abspielen – dennoch muss Arbeitsplatz gestaltet werden. Das ist eine wichtige Aufgabe.

Grundsatzfrage: Kann die Frage, wie groß die räumliche Distanz zwischen Lebensmittelpunkt und Arbeitsplatz sein soll, individuell entschieden werden? Ich kann mir sehr Unterschiedliches vorstellen. Ich kenne Situationen, in denen Pfarrer*innen nicht in einer DW leben und dennoch erreichbar und präsent sind – und kenne Situationen, in der Pfarrer*innen so viel unterwegs sind, dass sie die DW kaum sehen (meine eigene Erfahrung). Damit es aber nicht dem Zufall und den jeweiligen Gemeindesituationen überlassen ist, brauchen wir gesamte Regelungen und Absprachen im Kirchenkreis. Man muss auch davon ausgehen, dass in einer Kirchengemeinde nach einer Pfarrperson, die eine DW nutzte, jemand kommt, der Büro braucht und keine DW. Mit gutem Willen und Fantasie ist m. E. so eine Vielfalt zu gestalten.

Eine Idee ist, alle verfügbaren DW in einen Pool zu nehmen und soweit möglich nach Bedürfnissen zu verteilen. Dabei muss durch die Solidarität im KK geregelt werden, dass keine Gemeinde einen Vor- oder Nachteil hat, wenn sie eine DW erhalten will (und womöglich nicht besetzt bekommt) – oder sich keine DW mehr leisten kann (und nur noch einen Pfarrer*in bekommt, wenn eine DW angeboten wird).

Ein Argument für DW ist auch, dass Pfarrer*innen sich nicht privat im Bereich der Gemeinde niederlassen und somit ein wichtiges Argument haben, die Gemeinde nicht mehr zu verlassen und auch noch nach Eintritt in den Ruhestand präsent bleiben. M. E. müssen wir diese Fragen durch berufspolitisches Wirken an uns selbst steuern. Es spricht viel dafür, bei der Suche nach einem persönlichen und/oder familiären dauerhaften Lebensmittelpunkt nicht die augenblickliche Berufssituation als Kriterium zu nehmen, denn die wird/kann/soll sich verändern.

3) Vielfältige Wege zur Ordination Wahrscheinlich wird es langfristig mehrere Wege zur Ordination geben. Nicht alle Ordinierten werden als Pfarrpersonen eine Pfarrstelle übertragen bekommen und in einem Dienstverhältnis zur Landeskirche stehen. Insofern muss berufspolitisch und theologisch auf die Voraussetzung für das rechtliche Berufsverhältnis gesehen werden: Zugang über Gemeindepädagogik (Fachhochschule), Theologisches Examen (Hochschule), privatrechtlich, öffentlich rechtlich. Der Ruf nach einer (kürzeren Ausbildung) für den 2. oder 3. Bildungsweg (Paulinum) wird lauter.

III. Schluss
Die drei Themen Berufungszeiträume, DW als eine Option oder ein Merkmal pastoralen Dienstes und Zugänge zur Ordination ermöglichen und drängen m. E., Vielfalt in unserem Beruf zu gestalten und dabei nicht zu hierarchisie-

ren. Grundfragen scheinen immer wieder zu sein: Wohin gehören wir? Wie ist es mit der Nähe und Distanz zu den Menschen, für die und mit denen wir arbeiten? Wie verstehen wir unseren Auftrag? An wen binden wir uns? Was tut kirchlichem Wirken in der Welt gut? Wie gestalten wir Unabhängigkeit der Verkündigung?

Wir können uns nicht losgelöst von Ekklesiologie definieren. Biblisch komme ich immer wieder auf die Anfänge von Gemeinden und Kirche: Petrus hat sich fest in Jerusalem verwurzelt; Paulus hat sich entwurzelt und war unterwegs – immer im Gespräch, aber gehörte nirgends hin – nur zu Christus. Das galt auch für Petrus. Gemeinden können – das zeigt die Ökumene weltweit – sich geistlich und faktisch organisieren. Sie brauchen Geistliche, die sie im Blick haben, ihnen helfen, Wegweisung (auch Korrektur) geben, trösten und beistehen. Das alles geht auch ohne Residenzpflicht und ständige Präsenz. Und auch an wechselnden Orten.

Von daher speist sich immer wieder mein Mut, die Vielfalt des Verkündigungsdienstes angemessen zu gestalten: dem Dienst und Auftrag angemessen und denen angemessen, die den Dienst tun wollen. Das ist nie für alle Ewigkeit geregelt – und nur das immer wieder neue Gespräch bewahrt uns vor Egoismus und wenig hilfreichem Verzicht auf Lebensqualität. Erster Schritt – das Gespräch unter uns. Zweiter Schritt – das Gespräch in und mit den Gemeinden. Jetzt erster Schritt!

- **Fremdheit als Heimat. Biblische Perspektiven und kirchliche Erfahrungen in Neukölln. Theologischer Impuls bei der Tagung „Fremdheit als Substanz der Stadt" der Ev. Akademie Berlin, Französische Friedrichstadtkirche 27. bis 28. September 2018 (gekürzt)***

Ein paar Assoziationen zum Einstieg

Heimat ist ein hochexplosives politisches Wort geworden – jedenfalls für mich – seit wir ein Ministerium haben, das sich um diesen Begriff kümmern möchte/soll. Mit dem deutschen Wort Heimat assoziiert sich ein „Daheim-Gefühl", das – so meine Erfahrung – auch von Egoismus und Ansprüchen geprägt ist. In den Sprachen, in denen ich mich ein wenig auskenne – Französisch (la patrie) und englisch (native place oder native country), wird Vaterland als politische Größe evoziert oder nüchtern: Geburtsland. Im Spanischen bin ich zuhause – da ist „patria" die Identifikation mit Nation, mit einer Befreiungs-Geschichte. Der Wortklang in der deutschen Sprache: Heimat ist m.E.

---

* Vollständiger Text auf der Homepage der Ev. Akademie Berlin (https://www.eaberlin.de/aktuelles/2018/fremdheit-als-heimat/vortrag-kennert-fremdheit-als-heimat.pdf).

etwas besonderes – es ist auch ein zusätzlicher Begriff zu Nation, Vaterland und Geburtsland. Es ist emotional und auch irrational.

Kazim Erdogan, Psychologe, Mitbegründer der Vätergruppe in Berlin Neu-kölln – inzwischen weit darüber hinaus bekannt – hat einmal gesagt: „In Berlin bin ich zuhause, die Türkei ist meine Heimat. Nach einiger Zeit in der Heimat bin ich froh, wieder zuhause zu sein – und ich freue mich auch, dass ich immer wieder mal meine Heimat besuchen kann." Diese Ambivalenz oder Ambiguität kennen wir – wahrscheinlich – alle. Auf einer persönlichen Ebene wissen wir, dass wir uns an bestimmten Orten, in Milieus, Kulturen, Chorälen heimisch fühlen und doch dort nicht verharren wollen. Es ist möglich, an mehreren Orten beheimatet, zuhause zu sein.

Die Forderung (politisch, moralisch, gesellschaftlich), sich entscheiden zu müssen, ist deswegen unfreundlich, unnötig und fördert nicht das Zusammenleben. Da beziehe ich mich auf die politische Forderung „nur einen Pass" und ebenso auf kulturelle Forderungen: Entscheide dich, ob du zu uns (Sprache, Land, Religion, Konfession) gehören willst oder eben nicht.

Für den politischen und für den kirchlichen Sprachgebrauch bin ich mit Heimat vorsichtig geworden. Heimat lässt sich leicht ideologisieren – und auch der Glaube (oder die Glaubensgemeinschaft) als Heimat kann Anspruchs-gefühle wach halten oder auch wecken, die ich für problematisch halte.

Sehnsucht gehört ebenso zu unserem Leben wie Fremdheit. Sie sind so etwas wie seelische Grundstoffe, die uns wach und lebendig halten. Die österlichen biblischen Zeugnisse – die Begegnungsgeschichten mit dem Auferstandenen – erzählen in unterschiedlicher Weise von der Befremdung der Jünger*innen, dass Jesus gekreuzigt wurde und von der in der Begegnung punktuell erfüllten Sehnsucht, Jesus mitten unter sich zu haben. Die Sehnsucht nach diesen Momenten der Nähe zum Auferstandenen bewegt nach wie vor Christ*innen – in der bleibenden Befremdung, der Fremdheit, in der Brutalität der Machtverhältnisse, in denen wir leben. Fremdheit und Sehnsucht nach Beheimatung sind Grunderfahrungen, die unsere geistige, geistliche, politische und kirchliche Produktivität in Gang halten. Deswegen sind sie weder zu überwinden, noch dauerhaft zu erfüllen, sondern zu gestalten.

Wer sind die Fremden? Das Faszinierende des Fremden und das Beängstigende des Fremden sind Extreme, die uns manchmal in Wunsch bzw. Angstträumen beschäftigen. Doch Fremd-Fühlen, Befremdung, Entfremdung sind alltägliche Formen, um den Unterschied zwischen mir und Anderen festzustellen. Fremd-Sein, Fremdheit ist etwas Alltägliches, Notwendiges. Die Bedrohlichkeit würde ich gerne enttarnen. Fremdheit ist Alltag. Normal.

Ein erster Gedankengang: Biblische Geschichten

Die Fremden und das eigene Fremdsein spielen biblisch eine wichtige Rolle. Es ist ein immer wiederkehrendes Motiv, das menschliche Existenz beschreibt und deutet. Die Sehnsucht nach einer einheitlichen Sprache wird schon in der Urgeschichte mit der Zerstörung des Turmes in Babel zunichte gemacht (Gen 11). Die Vielfalt der Sprachen steht für die Notwendigkeit, Verständigung zu lernen – und auch für die Gleichberechtigung unterschiedlicher Sprachen. Das ist eine Ur-Befremdung: Es gibt kein Recht, dass ein*e Fremde*r meine Sprache verstehen können muss. Es gehört zu uns, Lernwege für eine Verständigung zu gehen, gehen zu müssen. Das ist dann Pfingsten (Apg 2): Es gibt die Chance, sich trotz unterschiedlicher Sprachen zu verständigen, wenn man sich auf den einen Geist einlässt und bereit ist zu lernen. Diese beiden Geschichten haben der ökumenischen Tradition ihr Gesicht gegeben und ich glaube, dass sie auch über das Christentum hinausgehendes Potential hat. Fremdheit – darin bin ich zuhause, beheimatet: Ich bin ich (anders als andere) und trete in Kommunikation, um Fremdsein konstruktiv zu gestalten.

Teilhabe zu gewähren und die Erfahrung einer bedrohlich empfundenen Sprachenvielfalt spielen in der Stadt eine zentrale Rolle. Unter diesem Aspekt finde ich es nochmals neu interessant, uns klar zu machen, dass die Geschichte Gottes mit seinem Volk, in die wir durch Christus einbezogen sind, von Fremd-Sein geprägt ist. Israel – das Volk Gottes – ist fremd in Ägypten, war fremd auf dem Weg ins gelobte Land und muss sich mit den Fremden (im gelobten Land) immer wieder neu und anders auseinandersetzen. Fremd sein und mit Fremden und Fremdem (Kultur, Religion) umzugehen ist ein immer wiederkehrendes Thema der biblischen Erzählungen, um religiöse, kulturelle und politische Identität zu entwickeln und zu erhalten. Das Ringen um Verständigung und Erhalt der eigenen Identität ist ein roter Faden durch die biblischen Geschichten, und ich finde sie wieder in der Realität, die unserer Stadt ein Gesicht geben. Integration, Assimilation sind Wege, mit denen Menschen sich in der Fremde beheimaten – und auch fremd bleiben, ja: auch fremd bleiben wollen. Oder auch ungewollt fremd bleiben, weil auch die beste Assimilation sie nicht schützt, wenn Fremdenfeindlichkeit politisch gestärkt wird.

Welche Rolle spielt Religion? Rainer Bucher („Geborgen und unbehaust"; Beitrag in Publik-Forum 14/2018) hebt hervor: Religion ist die Einsicht in die eigene Heimatlosigkeit. Gottes Reich (für das Christentum) ist immer nur punktuell zu erleben. Es ist die Sehnsucht nach Gottes Reich, die Menschen bewegt. Die Welt ist nicht in Heimat umzubauen. Auch wenn das Leben ein ständiger Versuch der Wieder-Beheimatung ist. So kann man die biblischen Geschichten lesen. Unser Leben – ein Versuch der Beheimatung (oder: eine immer wiederkehrende Erfahrung von Beheimatung) in der Welt, in der wir fremd bleiben.

Ich war fremd und ihr habt mich aufgenommen – gehört zu den Werken der Barmherzigkeit (Mt 25,35). Der Fremde bleibt fremd, er wird aufgenommen und gut behandelt. Das ist viel. Doch was ist, wenn er dazugehört, weil er bleibt, wenn er teilnimmt und teilhat am Leben? Was ist, wenn ich als

Fremde teilnehme, mich einbringe? Ihr seid nun keine Fremdlinge mehr, sondern Hausgenossen und Mitbürger/innen (Eph 2, 19). Der Sprung in eine neue Identität in Christus schafft neue Fremdheit in der Welt und schenkt Beheimatung der Unterschiedlichen, der einander Fremden, die sich auf Christus einlassen.

Der Befremdung des Zöllners Zachäus (Lk 19), dass Jesus ihn besucht, steht die Befremdung der Zuschauenden gegenüber, dass Jesus Zachäus besucht. In dieser allgemeinen Fremdheit wird deutlich, wie die Sehnsucht nach einem beheimatenden Tisch es möglich macht zu verstehen, wozu Jesus ermutigt: Verständigung und Versöhnung zu wagen durch gemeinsame Teilhabe an dem, was auf dem Tisch steht. Dieses Wagnis ist Beheimatung im Fremdsein – und geschieht täglich, von der Presse unbemerkt. Diese Grundform des Fremd- und Behaustseins kann man auch im 23. Psalm spüren. Der Weg ist immer wieder überraschend (Aue und frisches Wasser) und befremdend (finsteres Tal) – und gerade darin wird die göttliche Heimat als gedeckter Tisch punktuell erlebt.

Es ist ein Grundthema unserer menschlichen, irdischen Existenz, dass wir fremd und behaust sind – und dass wir immer wieder in Versuchung geraten, um die Macht zu kämpfen, zu bestimmen, was fremd ist und was in Folge dessen gemaßregelt, verändert, integriert oder auch ausgegrenzt werden soll. Dabei spielt die Angst, nicht mehr Wert-bestimmend zu sein, die entscheidende Rolle. Emanzipatorische Aufbrüche werden kulturell immer auch zuerst als Wertverlust bekämpft und müssen sich langsam als wichtige notwendig zu verteidigende Werte entwickeln (z.B. Gleichberechtigung von Mann und Frau, Wertschätzung von Kindern und ihren Rechten, reformatorische Einsichten).

Die Menschwerdung Gottes ist auch ein Weg der Integration in menschliches, soziales, politisches Gefüge, in die Welt; und das bei bleibender Fremdheit – Christus hat seine Göttlichkeit nicht aufgegeben. Dass unser Herr Jesus Christus kein Nest hat, wo er sein Haupt hinlegen und ausruhen kann, ist ein sensibles Bild für diese systematisch-theologische Grundlage unserer christlichen Tradition.

Zweiter Gedankengang: Fremdsein (für mich stimmiger als Fremdheit) als Heimat. Erfahrungen und kirchliche Perspektiven

Wenn man Fremdheit oder Fremd-Sein als normal, (Norm)-Zustand, beschreibt (nicht als etwas, was überwunden werden muss), macht man sich neu auf die Suche nach Werkzeugen und Lebenshilfen.

Sprache als Vielfalt und Mehrdeutigkeit aushalten und mitgestalten: Gibt es ein Recht, dass ich in deutscher Sprache bedient werde? Gibt es ein Recht, dass auf dem Schulhof bestimmte Sprachen nicht gesprochen werden dürfen? Gibt es ein Recht, dass alle Menschen, denen ich auf der Straße begegne, meine Sprache verstehen und mir darin antworten können? Was tue ich, um in mehreren Sprachen zuhause zu sein? Bewerte ich mein Gegenüber danach, wie gut er oder sie Deutsch spricht oder dass er oder sie manchmal als 3. oder 4. Sprache auch Deutsch so gelernt hat, dass er/sie sich in Berlin verständigen kann? Das ist eine kleine Auswahl der Fragen, die mir in solchen Situationen durch Herz und Sinn schwirren. Sie haben mit Sprache und Teilhabe zu tun.

Zuerst – und das ist inzwischen in unserem Bildungssystem ein Standard: Es ist sinnvoll, mehrere Sprachen zu sprechen. Fremdsprachenunterricht ist gut. Es ist sinnvoll, in einer Schule oder in einem Krankenhaus, in der Kita sich auf Umgangssprachen zu verständigen. Und ich spreche mich auch ausdrücklich dafür aus, dass Menschen gute Chancen bekommen, schnell Deutsch zu lernen. Doch damit darf nicht einhergehen, dass die Herkunftssprache von Eltern oder Großeltern missachtet wird. Mehrsprachige Hinweise in Kitas, Familienzentren und Schulen sind nicht nur sinnvoll, sondern auch eine Form der Teilhabe und des Respekts. Sprachliche Verständigung ist unentbehrlich, doch der Weg dahin kann nicht sein, dass alle sofort und schnellstens Deutsch lernen – sondern dass Mehrsprachigkeit gefördert und wertgeschätzt wird. Sprachliche Vielfalt ist Gestaltungsraum, der Wert von Sprachen spiegelt ein Machtgefüge wider. Gerade letzteres wurde in Babel zerstört und an Pfingsten neu sortiert.

Konsens in fortwährender Kommunikation erneuern – Vielfalt immer wieder neu ausloten

Rolle von Religion für die Stärkung von Ambivalenz und Ambiguität: Als Religion(en) der Schriften haben wir eine lange Tradition von Auslegung. Und kennen die durch Generationen gesammelte Erfahrung, dass Schriftauslegung sich verändern kann und sog. „Eindeutigkeiten" von der nächsten Generation zu Recht in Frage gestellt werden. Wir haben eine lange Erfahrung von Ambiguität und mehreren Möglichkeiten in unserer theologischen Tradition. Wir sind vorsichtig mit Eindeutigkeiten, die oft in die Irre weisen. Die theologische Grundlage der (Schrift-)Religionen ist die Kommunikation: Miteinander – Verständigung untereinander – und mit Gott. Doch diese Kommunikation ist nicht eindeutig, sondern in der Ausrichtung auf Transzendenz vielfältig und offen, nicht festlegbar. Wenn diese Ambiguität schwindet, verliert Religion ihre Mitte, nämlich das Bewusstsein, dass der Glaube kein sicheres Wissen vermittelt, doch Wegweisung für ein Miteinander gibt. Je eindeutiger Religion sich festlegt (Fundamentalismus), desto marginaler wird sie.

Eine fundamentalistische Auslegung bietet Heimat und eine scheinbar berechtigte Abgrenzung zum Rest der Welt. Doch damit wird die Kommunikation abgebrochen, und dann gibt es nur noch den Kampf, wer sich durchsetzt. Religion – nicht nur die christliche – lebt davon, dass letztlich nicht alles erklärt und geklärt werden kann und doch die Kraft zu spüren ist – dass die Zuwendung Gottes zu den Menschen die stärkste Motivation ist, Egoismen zu minimieren. Oder: die Sucht nach Heimat klein zu halten.

Zu der Ambiguität, der Mehrdeutigkeit gehört auch, dass der/die einzelne sich nicht festlegen muss: Nationalität, „Mutter"-Sprache, Kultur, Essen, Singen, Religion, Geschlechtszuschreibungen. Für dieses Leben in Mehrdeutigkeit oder in mehreren Kulturen können Religionen Menschen stärken, weil die Kommunikation über Möglichkeiten, Existenz vielfältig zu gestalten, Menschen beieinander hält. In Ambiguität und Ambivalenz, Vielfalt und Mehrdeutigkeit braucht man einen Konsens. Der muss immer wieder erneuert werden. Unabhängig davon, was gesetzlich bereits untermauert ist. Auch Religionsfreiheit muss immer wieder neu buchstabiert werden.

Die Sprache ist dafür das vorrangige Instrument.

Ein dritter Gedankengang: Kultur von Sozialität und Individualität – unsere theologischen und geistlichen Ressourcen
Fremdheit (oder: Fremd-Sein) als Substanz der Stadt: Ja – so ist es und so war es und so wird es bleiben. Das ist ein banaler Satz, doch er ist tröstlich. Weil so ein Satz davor bewahrt, mit eigenen Mitteln und Interessen das Reich Gottes auf Erden schaffen zu wollen. Es ist auch ein Satz der Demut.

Unsere theologischen und geistlichen Ressourcen sind nicht exklusiv, sie sind Türöffner für die Gestaltung von Fremdsein und Beieinander-Sein. Da ist der gemeinsame Tisch, das gemeinsame Essen. Nicht umsonst sind die Orte des gemeinsamen Essens die selbstverständlichen alltäglichen Zeichen der Balance von Fremdsein und Zuhause-Sein. Die kulinarische Vielfalt will niemand missen – auch nicht die dazugehörenden kulturellen Prägungen, die nicht die eigenen werden. Gastfreundschaft ist eine interkulturelle Gabe, die wir bewusst auch religiös nutzen können. Der gemeinsame Tisch hat in unserer christlichen Theologie noch eine systematisch-theologische Pointe: Die Gemeinschaft beim Abendmahl ist nicht die Addition der Anwesenden, sondern wird durch Christus konstituiert. Hier ist kein Jude, kein Grieche, kein Mann, keine Frau – ihr seid alle in Christus (Gal 3, 28). Im Abendmahl sind wir ein Leib von unterschiedlichen Gliedern. Wir kommen zusammen und gehen wieder auseinander. Hier liegt in unserem theologischen System eine geistliche und konkrete Situation vor, in der ich immer mit Fremden rechnen muss. Das Abendmahl ist der Ort, an dem die Unterschiedlichkeit bei bleibender Gleichwertigkeit auszuhalten ist. Das ist theoretisch und auch praktisch immer wieder befremdend.

Die Taufe – andrerseits – ist das bedingungslose Ja Gottes zu uns als Individuum. Die Gemeinschaft der Getauften ist die Tisch-Gemeinschaft derer, die von Gott angenommen sind, doch konkret einander auch immer wieder fremd sein können, bleibend fremd sind. Von dieser theologischen Einsicht ausgehend lässt sich Fremdheit (in der Welt) und Beheimatung (in Gott, in

Christus) in vielfältiger Weise entfalten. Ein weiterer religionsverbindender Gedanke – und Erfahrungselement: Unterwegssein ist eine elementare existentielle Erfahrung, die uns Menschen jenseits von Kultur und Religionszugehörigkeit verbindet. Wer wird alles zum Zion wandern? Für mich ist ermutigend, dass ich wahrscheinlich überrascht sein werde, wer alles unterwegs ist – und: dass dort kein sakramentales Abendmahl, sondern eher ein gemeinsames Essen sein wird.

Blitzlicht aus meiner erlebten Praxis in Neukölln: Kirchenkreis-Fest Herrfurthplatz: Kommt und seht, wie freundlich der Herr ist. Beheimatung in der Fremdheit ist der Moment, in dem wir gerechtes und friedliches Miteinander feiern. Das ist das Potential der Religionen, wenn Menschen den Weg finden, sich an einen Tisch zu setzen. Frieden und Gerechtigkeit voraushoffend zu feiern und konkret im gesellschaftlichen Alltag stark zu machen – das ist das Potential, das Religionen einbringen können. Und dabei lernen, dass diese punktuell erlebte Sehnsuchtserfüllung immer ein erster Schritt ist.

Kirchliche Perspektiven liegen in der Mitgestaltung und Einbringung unserer religiösen Schätze und unserer theologischen Einsichten – auf dem Marktplatz oder in weit geöffneten Kirchräumen. Inklusive, einladende Christologie ist m. E. ein theologisches Feld, auf dem es noch etwas zu entdecken gibt. Wer einlädt, kennt sich selbst und will sich bekannt machen. Theologische Lernbereitschaft und auch: Fehlerfreundlichkeit wünsche ich kirchlicher Praxis, Sorgfalt und Vielfalt in der Sprache und Mut, der Teilhabe etwas zuzutrauen.

Mein letzter Satz: Sprache und Teilhabe – als biblische Impulse für kirchliches Handeln – darauf habe ich mich konzentriert. Sprachliche Vielfalt aushalten und sorgfältig gestalten und praktische Teilhabe wagen – das zusammen ist immer wieder ein guter Anfang. Wir wollen immer fertig werden. Doch es geht darum, immer wieder anzufangen. Fremdheit gestalten – realistisch, demokratisch, partizipativ, geistlich. Und die Hoffnung nicht aufgeben, auf einem guten göttlichen – oder auch: gottgewollten – Weg zu sein.

• **Abschied vom Amt. Tischrede vor dem Pfarrkonvent Neukölln 14. Februar 2018**

Juni 2009 – Gott – lebendig und trinitarisch – Pastoralkolleg mit Prof. Dr. Winfried Härle: Ein 90 Sekunden langer Beitrag für den Rundfunk und ein Glaubensbekenntnis in indianischer Symbolsprache – das war beim Pastoralkolleg mit dem Pfarrkonvent des Evangelischen Kirchenkreises Neukölln. Dem etwas wehmütigen Superintendenten Bernd Szymanski hatte ich empfohlen, für den letzten Abend ein Glas Wein auszugeben. Er brachte Wein aus seinem heimischen Keller mit. Es war ein intensives Pastoralkolleg, und ich habe mich im Anschluss über das Echo der Teilnehmenden, aber auch über das Echo von Winfried Härle gefreut. Der Termin für das Gespräch mit der Wahlvorschlagskommission stand schon in meinem Kalender. Wie viele diesen Termin und die Namen der Eingeladenen auch schon kannten, habe ich nicht erfahren.

Ein paar Tage nach meiner Wahl sagte ein kirchenleitender Mensch unserer Landeskirche, der mich mit einem gewissen Wohlwollen begleitet hatte, zu mir: Esche – Gerbeit – Szymanski – Kennert – das ist eine gute Reihe für Neukölln! Nun ja, dachte ich – dann mache ich mich ans Werk! Und nun blicke ich bereits zurück: Dreizehn von Ihnen haben mich hier schon empfangen, zehn von Ihnen sind nach wie vor an dem Ort, an dem Sie damals gewirkt haben, drei von Ihnen habe ich in diesen Jahren verabschiedet und sehr kurze Zeit danach an einer anderen Stelle im Kirchenkreis eingeführt. Alle anderen habe ich hierher geleitet, beworben, das Besetzungsverfahren begleitet und dann mit Ihnen Einführung gefeiert. Wenn ich richtig zähle, dann haben wir 42 Kirchen-Kanzeln. Bis auf fünf (Geflügelsteig, Schmöckwitz, Waltersdorf, Groß-Kienitz und Rotberg) habe ich mindestens einmal auf jeder Kanzel gestanden und freue mich sehr, dass ich Sie auch immer mal wieder vertreten konnte.

Immer mal wieder werden wir Superintendenten gefragt, wie man es denn aushalte, dass man in diesem Amt vor allem mit Verwaltung und Konflikten und kaum mit Theologie zu tun hat. Ich habe immer vehement widersprochen. Zuerst hat man mit Theologie zu tun. Denn die Prioritäten und die dauernde Frage, wohin geht der nächste Schritt, sind ohne theologische Reflexion und geistliche Besinnung nicht zu beantworten. Für die Verwaltung gibt es kluge Frauen und Männer, denen man sich anvertrauen kann und mit denen man die Grundlinien festlegt. Und dann, ja, es kostet dann auch eigene Zeit, zu verwalten. Konflikte gehören zur Kirche dazu und das seit biblischen Zeiten. Sie kosten Zeit und Kraft und viele vordenkende, nachdenkliche und durchdenkende geistliche Wege. Diese Gedankenarbeit hat auch keinen Feierabend gekannt.

Womit ich nicht so deutlich gerechnet hatte, ist, wie schwer die Personalverantwortung und die beruflich leitende Fürsorge für Menschen sich auf das Herz legen kann. Sie, liebe Schwestern und Brüder, Sie waren für mich das wichtigste Netzwerk in diesen Jahren. Ich habe mich auf die Konvente gefreut und gerne Zeit investiert, sie so gut wie möglich vorzubereiten. Alle Themen habe ich immer zuerst hier bei Ihnen eingebracht. Ich brauchte Ihr Echo. Der Konventsrat hat eine gute Struktur weiterentwickelt, so dass alles in der kurzen Zeit zu seinem Recht kommt. Nicht allein unterwegs zu sein ist für alle Berufsgruppen in unserer Kirche wichtig. Doch für uns Ordinierte in besonderer Weise. Das Ja zur Ordination hat ein anderes Gewicht. Und bindet uns anders aneinander. Es gibt keine pastorale Existenz außerhalb der Dienstgemeinschaft der Ordinierten. Wir sind alle kleine und große Individuen –

doch nur wenn wir uns als Dienstgemeinschaft verstehen, werden wir ernst-
genommen und wertgeschätzt.

Berufsbild – Ekklesiologie – Auftrag. Zu diesen dreien möchte ich ein paar
rückblickende Gedanken sagen

Berufsbild. Das Reden von und über unseren Beruf hat sich in den vier
Jahrzehnten, die ich überblicke, verändert. Als gelernte Westfälin habe ich es
erlebt, dass es absolut unüblich war, dass man nach einer intensiven Vikariatszeit gemeinsam ordiniert wurde. Nein, man wurde bewusst vereinzelt!
Ein paar von uns haben es damals durchgesetzt, zu zweit oder dritt in einer
Region ordiniert zu werden. Und natürlich nicht durch den Präses (Bischof),
sondern einen Superintendenten. Wobei in meinem Fall jemand gesucht werden musste, da der Dortmunder Superintendent keine Frauen ordinierte –
und dazu auch nicht verpflichtet werden konnte (Als ich die erste Einladung
zum Pfarrkonvent erhielt, habe ich in der Superintendentur angerufen, und
gefragt, ob ich wirklich eingeladen sei, denn der Brief sei nur an die lieben
Brüder gerichtet. Die Antwort war lapidar – natürlich, Frauen sind auch gemeint, wenn man von Brüdern spricht).

Vor ungefähr 15 Jahren begann der Leitbildprozess, Dienstvereinbarungen
und das Gespenst der 54 Stunden-Woche geisterte durch unsere Kirche und
pastorale Gemüter. Schuld waren die sog. Teilzeitstellen, die man irgendwie
beschreiben muss. Ich habe diese Debatte unter uns sehr begrüßt. Wir müssen
unseren Beruf nicht alle in gleicher Weise strukturieren, aber wir müssen voneinander wissen und uns wohlwollend und kritisch dazu befragen können.
Denn an uns entscheidet sich die Zuneigung zu Kirche. Die KMU (Kirchen-
mitgliedschaftsuntersuchungen) haben das herausgestellt und mit „Kirche der
Freiheit" wurde plötzlich der Druck spürbar. Inzwischen ist daraus ein guter
Prozess geworden – und ich bin froh, dass wir diese eine Runde zum Pfarr-
Leitbild hatten. Das Gespräch war konstruktiv.

Das bleibende Thema unseres Berufes ist das von Nähe und Distanz zu
Menschen und zu gemeindlichen Strukturen, Teil der Gemeinschaft in der
Gemeinde sein und ebenso ein bleibendes Gegenüber – das ist neben der
Theologie das zentrale Thema pastoraler Existenz, die wir nur kollegial ge-
schwisterlich beraten können. Diese Beratung gehört zu unseren Pflichten,
die manchmal so schön und anregend wie eine Kür sind.

Ekklesiologie. Was ist Gemeinde? Ich finde es tröstlich, dass die Fragen
bleiben. Krankenhausgemeinde, Kita-Gemeinde, Parochie, Sprengel, Region.
Die Falle, in die wir immer wieder tappen – es müsse doch geordnet sein.
Was ist die „eigentliche Gemeinde"? Gemeinde ist eine subjektive Festlegung,
eine juristische oder eine geistliche. Ebenso sind die Partizipation und der
Grad der Zugehörigkeit eine subjektive Entscheidung. Alle Ordnung, die wir

erzwingen, müssen wir klug bedenken und auch alle paar Jahrzehnte mal wieder überprüfen. Gliedschaft, Mitgliedschaft, Zugehörigkeit, Partizipation – was muss wirklich geordnet werden – und was darf leben, wachsen, sich entwickeln? Die weltweite ökumenische Vielfalt blüht jenseits der konfessionsgebundenen Kirchen. Für die öffentliche Wirkung ist eine transparente Struktur wichtig. Doch innerhalb einer transparenten Struktur können Unterschiede gestaltet werden. Das ist m. E. jetzt dran. Wir können aus der erlebten und gelebten Praxis eine vor-sichtige Ordnung machen (Abendmahlszulassung, Pat*innen/Taufzeug*innen-Wesen, Zugehörigkeit durch ein konkretes Engagement, u.a.m.).

Schließlich der Auftrag. Kirche ist kein Selbstzweck, und was wir tun und machen, steht in Verbindung mit dem Auftrag, den der Herr seiner Kirche gegeben hat. Warum tun wir das? Und auch: Was würde Jesus dazu sagen? sind simple, oft auch belächelte Fragen. Ich habe sie selten laut ausgesprochen. Aber sie haben mich immer wieder erwischt und diese Fragen waren immer wieder kluge Begleiterinnen. Sie halten etwas wach, was in der Kirchengeschichte immer mal wieder verlorengeht.

Dass Kirche die Hoffnung wach hält und die Zuversicht, und den Dienst an denen, die Opfer werden, über alles stellt. Wohin geht meine Kraft, wohin meine Ressourcen? Wie rechtfertige ich es vor Gott und meinen Nächsten? Das ist in unserer globalen Welt eine komplizierte Fragestellung, der man sich nicht entziehen kann. Wir sind in unserem Kirchenkreis auf einem guten Weg, Unterschiedliches nebeneinander wachsen zu lassen. Ich glaube, dass Vielfalt eine echte Chance ist – doch darüber müssen wir im Gespräch sein. Und ich habe unsere Gespräche dazu in guter Erinnerung. Es gibt sehr unterschiedliche kirchliche Arbeit an sieben Tagen der Woche in sehr unterschiedlichen Zusammenhängen. Dies darf nicht durch den Streit um die Deutungsmacht, was wichtiger und was weniger wichtig ist, zerredet werden. Doch – die theologische Arbeit, was denn unser Auftrag ist – die bleibt die Grundlage. Und das ist eben nicht nur der „Taufauftrag", sondern ebenso die Tischgemeinschaft mit den Ausgestoßenen, das Einfordern von Gerechtigkeit und Demut, die Kritik an Kriegstreibenden und ein ehrlicher Blick auf ökonomisches Unrecht.

Ich möchte Ihnen danken. Es war eine Ehre und ein Privileg, meine letzten Dienstjahre hier mit Ihnen zu arbeiten. Als ich mich im Pfarrkonvent vorgestellt habe, sollte oder wollte ich (das weiß ich nicht mehr so genau) etwas über mein Leitungsverständnis sagen. „Ordination ermutigt uns, durch das Wort, das uns selbst leitet, zu leiten – Leiten: Fördern, entscheiden, aufmerksam sein und bleiben. Vorangehen, den „frischen, heftigen Wind" als erste abkriegen, achten, dass alle mitgehen können …" (Das ist eine Notiz, die ich in meinen Unterlagen wiedergefunden habe).

Ich danke Ihnen, dass Sie sich haben leiten und begleiten lassen. Ich spüre die Enttäuschung, nicht alle Wünsche erfüllt zu haben. Und den Schmerz der Differenzen, die geblieben sind. Doch durch alles hindurch webt sich die erinnernde Freude. Unsere Reisen nach Prag, Görlitz, Hamburg und Pullach, Pastoralkollegs und Sommerkonvente, Gespräche am Rand und Orientierungsgespräche, theologisches Nachdenken und gemeinsam Gottesdienste feiern.

Ein wenig enttäuscht war ich, dass Sie vor ein paar Jahren meine Idee mit einem allgemeinen Kanzeltausch-Sonntag nicht aufgegriffen haben. Vielleicht nehmen Sie es ja doch noch mal auf… Ich bin Ihnen umso mehr dankbar, dass Sie sich auf Vertretungen eingelassen haben, wenn ich meine hilfesuchenden Emails geschickt habe, dass Sie mich unterstützt haben, als ich für unsere Diakonie Simeon Wohnraum für Geflüchtete gesucht habe, dass Sie mich durch diese Jahre vielleicht manchmal ertragen und vor allem getragen haben.

Und deswegen freue ich mich, wenn Sie mich im Gottesdienst am 25. Februar auch zusammen talartragend verabschieden. Was spürbar ist, dass die Menschen in unserem Kirchenkreis sich auf uns verlassen können, das soll auch mal wieder sichtbar sein. Wir sind gemeinsam für die pastorale Arbeit im Kirchenkreis Neukölln verantwortlich. Dafür sind Verabschiedungen von Superintendenten gut. Wir waren gemeinsam unterwegs und bleiben unterwegs, denn dazu sind wir berufen.

Sie haben mich als Kollegin und Superintendentin kennengelernt, doch auch als Pfarrerin und Seelsorgerin. Als Seelsorgerin bleibe ich gerne für Sie erreichbar. Und wenn Sie eine Amtsschwester für eine Gottesdienstvertretung suchen, dann können Sie auch sehr gerne anfragen, das allerdings erst ab dem 1.3.2019, das eine Jahr „Kanzelschweigen" will auch ich einhalten.

Den Weg weitergehen, die Weggemeinschaft in den Blick nehmen, für Wegzehrung sorgen. Mit diesen drei Überschriften habe ich mich im November 2009 präsentiert. Wir sind ein gutes Stück weitergegangen. Ich werde Sie vermissen – und ein anderer wird für Wegzehrung sorgen. Doch unterwegs bleiben wir alle und wer weiß, wo man sich wieder trifft.

- **Dankrede im Verabschiedungsgottesdienst in der Magdalenenkirche Neukölln 25. Februar 2018**

Es war in den letzten Tagen ein wunderbares weihnachtliches Gefühl – für mich. Um mich herum Vorbereitung für diesen Tag – und ich habe nichts mitbekommen, ein ganz klein wenig geahnt und allerdings das schon gemerkt; da wird echt gearbeitet. Ich danke Ihnen allen, die Sie dieses Fest vorbereitet, geplant, mit Ihren Beiträgen und der perfekten Organisation – dieses Fest uns allen und besonders mir geschenkt haben. Ich ahne, dass viele mitgedacht, und vorbereitet haben – wahrscheinlich noch viele mehr als ich ahne – und dabei haben sich alle – und den Namen möchte ich jetzt doch nennen – Frau Pätzel anvertraut – Sie hat schon allein für mich eine grandiose Vorbereitung geleistet – schon beginnend bei meinen Einladungslisten, bei denen ich immer noch Namen ergänzt habe … DANKE. Ihnen, liebe Frau Pätzel und den Mitwirkenden: Herzlichen Dank!

Ich danke für alle Worte, die ich im Herzen bewahren werde, gesprochen und geschrieben, für alle Umarmung, die mir gut getan haben, für so vieles mehr. Ihr habt mich überrascht, berührt und von Herzen froh gemacht! Für alle Geschenke, die ich jetzt in Ruhe auspacken und genießen werde (dazu wurde vielleicht ja auch der Ruhestand erfunden). Ich danke Ihnen und Euch allen, die Ihr gekommen seid, um dieses Abschiedsfest mit mir zu feiern.

Menschen, die mit mir Theologie studiert und das Pfarrer*innen-Leben in Westfalen mit mir begonnen haben (Dortmund). Aus meiner Anfangszeit in Berlin-Wilmersdorf in der Familienbildungsarbeit. Und auch aus Luxemburg seid Ihr gekommen, um diesen Tag mit mir in diesem ganz besonderen Neukölln zu feiern. Die Friedensgemeinde in Charlottenburg hat erlebt und vorgelebt, wie man gut mit einem Pfarrerehepaar leben kann, das sich die Arbeit teilt. Dort haben wir als Pfarrfamilie gelebt und gearbeitet und in dieser Zeit habe ich mich in die Landeskirche (Synode) hinausgewagt. Manch eine und manch einer, mit denen ich synodal zusammengearbeitet habe oder in anderen Bezügen in unserer Landeskirche und darüber hinaus zusammen gearbeitet habe, sind heute hier gewesen. Aus meiner Zeit im Pastoralkolleg in Brandenburg, als Studienleiterin im Amt für kirchliche Dienste – das in dieser Zeit gegründet und entwickelt wurde – sind Kollegen hier – und manche, die ich dort kennen gelernt und begleitet habe. Freunde, Freundinnen, Kolleg*innen, Familie – das ist wunderbar, dass Ihr alle hier gewesen seid.

Und nun zu Euch, Ihr lieben Neuköllner. Es waren gute, schöne knappe acht Jahre, die wir zusammen hatten. Es war – Ihr wart! – der krönende Abschluss meines Berufslebens. Viel von unserer gemeinsamen Arbeit, unserer geteilten Freude war heute zu spüren. Ideen, die uns beflügelt haben und Projekte (drei Kreiskirchentage!), die wir gelebt und gefeiert haben. Doch habe ich in den letzten Tagen auch an das gedacht, was nicht gelungen ist, an die Menschen, die ich enttäuscht habe, und auch an die Begegnungen, die überschattet waren und geblieben sind.

Den Weg weitergehen, die Weggemeinschaft in den Blick nehmen und für Wegzehrung sorgen, mit diesen drei „Überschriften" habe ich mich Ihnen, der Kirchenkreisgemeinschaft, damals vorgestellt. Heute habe ich dankbar gespürt, dass es da und dort gelungen ist. Ich danke Ihnen für Ihr Vertrauen, für faire Auseinandersetzungen, auch dafür, dass Sie sich haben leiten und begleiten lassen. Unterwegs sein – gehört zu unserem Kirche-Sein. Gottes Segen wünsche ich Ihnen, der großen, bunten und vielfältigen Kirchenkreisgemeinschaft. Und dazu gehören alle, die sich in unseren Kitas und

Familienzentren, in unseren diakonischen Einrichtungen, Projekten und WGs, in unseren Gemeindehäusern und Kirchen, in unseren Verwaltungs-büros und Arbeitsstrukturen wohl und zuhause fühlen! Ich bin zuversicht-lich, dass vieles blühen wird, was wir in diesen Jahren gesät haben.

Meinen Dank möchte ich schließen, indem ich stellvertretend für viele drei Namen nenne, denen ich besonders danken möchte. Frau Kramm, Frau Kah-lenberg und Frau Pätzel waren meine täglichen Begleiterinnen. Sie haben Un-mengen von Pfefferminztee gekocht und unzählige Wasserkrüge gefüllt, damit niemand durstig aus meinem Büro gehen muss. Sie haben Akten bereit ge-halten, das Schokoladenkonto verwaltet und viele Tafeln Schokolade ver-packt, Termine sortiert und dafür gesorgt, dass es mir auch an manchen an-strengenden Tagen gut ging: Herzlichen Dank!

Danken möchte ich heute auch meiner Familie, die akzeptiert hat, dass ich in den letzten Jahren dem Dienst fast immer den Vorrang gegeben habe. Ich danke unseren Söhnen mit ihren Partnerinnen, die mir den Rücken ge-stärkt haben. Zu der herzerfreuenden Rückenstärkung gehört seit einem hal-ben Jahr auch unsere Enkelin. Danken möchte ich heute auch mal ausdrück-lich meinem Mann, der mir den Rücken freigehalten und gestärkt hat, ge-duldig gewartet hat, bis ich irgendwann zu Hause aufgetaucht bin, erschöpft oder euphorisch – er hat sich alles angehört – und im letzten Jahr zusätzlich (mit Unterstützung einiger Handwerker) ein Haus gebaut, in das wir dem-nächst einziehen können. Lieben Dank.

Nun, Ihr Lieben, alle, ist es soweit. Das Fest geht zu Ende und unsere alltäglichen Wege trennen sich. Doch wer weiß, wie und wo man sich wiedersieht. Lasst uns, bevor wir gehen, Gott um Seinen Segen bitten. Gott wird schon dafür sorgen, dass wir uns nicht aus den Augen verlieren. Adieu.

- **Suchet den Frieden und jaget ihm nach … Impulse zu einem Ökumenischen Gesprächsabend und Referat. Ökumenischer Frauenkreis Luxemburg 8. Oktober 2019 (Letzter von Viola verfasster Text)**

Sölle: „Als ich einmal sehr deprimiert war, hat mir ein Freund, ein Pazifist aus Holland, etwas sehr Schönes gesagt: ‚Die Leute im Mittelalter, welche die Kathedralen gebaut haben, haben sie ja nie fertig gesehen. 200 oder mehr Jahre wurde daran gebaut. Da hat irgendein Steinmetz eine wunderschöne Rose gemacht, nur die hat er gesehen, das war sein Lebenswerk. Aber in die fertige Kathedrale konnte er nie hineingehen. Doch eines Tages gab es sie wirklich. So ähnlich musst du dir das mit dem Frieden vorstellen.'"

(1) Globalisierung und Individualisierung haben autoritäres politisches Han-deln stärker gemacht. Nationalismus und Patriotismus sind wieder „salon-

Gruppe des Ökumenischen Forums, Luxemburg (2019)

fähig" … gibt es eine konstruktive Alternative, die wir theologisch, kirchlich einbringen können?

These: Aus feministischer Sicht verstehe ich den Nationalismus als einen Verbündeten im Kampf gegen den Individualismus, zuungunsten einer Person, die die Solidarität der menschlichen Freiheit empfinden kann.

Teresa Forcades (Katalonien, Spanien) (Junge Kirche, 1/2019, S.43 ff) stellt fest, dass Nationalismus absolut negativ konnotiert ist und „Patriotismus" eher als offene, demokratische Form beschrieben wird. Sie positioniert sich (aus feministischer Sicht): Nation kommt von natus (geboren werden). Nation – dazu gehört alles, was ich von Natur aus bin und nicht veränderbar ist. Patria von Vater – Herrschaftssymbol – dazu gehört alles, was dazu gekommen ist. Das Eingeständnis, dass vieles „naturgemäß" an/in uns ist, ermöglicht und stärkt, Diversität zu wollen und zu fördern.

Nation ist ein Projekt der Zukunft, ein kollektives diverses „Sein wollen". Die Realität, die hinter „Nation" steht, muss einen Platz bekommen: Sprache, grundlegende Erzählungen (Tradition) und einen Raum, den sie mit anderen gestalten wollen (soweit Forcades).

Mich hat dieser Ansatz inspiriert, weil er sprachlich argumentiert und unterschiedliche Nationen akzeptiert, ohne sie zu bewerten – und einen exklusiven territorialen Anspruch ablehnt. Es ist ein Impuls, National-Denken positiv zu konnotieren und als konstruktive Alternative zur allgemeinen

Globalisierung zu verstehen, und dann kann Nation ein Lernort für Solidarität, Identität und Toleranz werden. Vor diesem Hintergrund ist Multikulturalität denkbar, wenn dann auch eine gemeinsame Sprache gefunden wird.

Globalisierung ist positiv: Wir haben das Ganze im Blick (global denken, lokal handeln). Negativ: Es ist undurchsichtig, wie sich z.B. globale Konzerne entwickeln. Neu ist die Thematisierung der Angst, „unterzugehen" – wobei das im bürgerlichen Sinn auf Moral und Kultur bezogen ist, die Mehrheit geht Tag für Tag „unter" …

Ökumene geht davon aus, dass „in Christus" Unterschiedliches in guter Kommunikation und auch Zusammenleben möglich ist, sein muss (Ritus, Tradition, Kult). Insofern bleibt ökumenisches Arbeiten wichtigste Voraussetzung, um unterschiedliche Kulturen, Nationen, Traditionen miteinander zu gestalten und auszuhalten – und dies nicht als Selbstzweck, sondern als Partizipation in der Weltgestaltung! Freundschaft, Gastfreundschaft kommen neuerdings immer wieder als theologische Kategorie vor. Das Denkmodell ist einfach – und faszinierend: Altlateinisch ist *hostis* doppeldeutig: Feind*in und Freund*in. Das heißt: Gastfreundschaft ist ein Risiko, stellt mich in Frage – nicht den anderen (im Fremden begegnet uns Gott/Christus). Das heißt: Die Spielregeln, die Grundlagen, der gesellschaftliche/soziale/politische Konsens ist immer zu kommunizieren und zu verhandeln

(2) Versöhnte Verschiedenheit ist in den letzten drei Jahrzehnten insbesondere interkonfessionell theologisch bedacht worden. Heute geht es um internationale, inter-religiöse und inter-kulturelle Verschiedenheit – wo stecken dafür theologische Potentiale (Trinität, Gastfreundschaft, Heiligkeit …)?

Jürgen Schraten (Was wird aus der Hoffnung? S. 59 ff) wagt eine historisch-soziologische Analyse, warum ausgerechnet das Christentum vor 2000 Jahren so erfolgreich war – und überlebt hat. Er nennt dazu 6 Gründe: 1 Universalismus: Die Juden des ersten Christentums erkannten alle anderen Menschen an. Es werden keine Unterschiede hinsichtlich der Herkunft oder möglichen Zugehörigkeiten gemacht. Also: Bereits 60–100 n. Chr. gab es eine Ideologie, die Arme, Alte, Kranke, Frauen, Männer gleichermaßen ansprach. 2 Bildung: Das frühe Christentum war eine Bildungsbewegung. Die Briefe, die geschrieben wurden, hatten bildenden Charakter. Das Christentum trat ins Gespräch z.B. mit der Stoa (Begriff: pneuma). Das betrifft auch die kultische Praxis – Liturgie aus anderen Kulten (z.B Osiris) hat Kommunikation möglich gemacht. Universalität und Bildung haben Christentum interessant gemacht. 3 Es gibt einen enormen literarischen Ertrag. Alle Schriften, Briefe, Literatur (ca. 5000, von denen nur ein Bruchteil kanonisiert wurde) bilden ein aus soziologischer Sicht imponierendes Netzwerk des frühen Christentums – frühe mediale Präsenz! 4 Die sozialen Knotenpunkte – Hausgemeinschaften – waren egalitär organisiert, zusammengehalten nicht durch ökonomische Interessen, sondern von der Idee des „guten Lebens". Hier wurde nicht konsumiert, sondern geteilt – das war/ist attraktiv. 5 Wahrhaftigkeit in der Übereinstimmung von verkündeter Überzeugung und sozialem Handeln. Das Netzwerk der Hausgemeinschaften, die sich in der jüdischen Diaspora gehalten haben, waren entscheidend für das Überleben des Christentums. 6 Die maßlose Verheißung des Christentums (der selbst Gläubige manchmal nicht trauen) ist wirksam, weil sie einer deprimierten Bevölkerung einen sinnstiftenden Ausbruch aus einem Untergangsszenario ermöglicht.

Fazit: Die Hoffnung „in uns" ist kollektiv und reflexiv angelegt. Jede soziale Interaktion beruht schon auf der Etablierung eines gemeinsamen Verständigungshorizontes.

Die interkonfessionelle Ökumene – da können wir alle mitreden – basiert auf der Grundlage (inzwischen), dass uns das gemeinsame Bekenntnis zu Christus nicht genommen werden kann – es steht nicht zur Verfügung. Wir streiten und ringen um die Konsequenzen (kultisch, moralisch, theologisch, kirchlich), die sich daraus ergeben. Die interkonfessionelle Ökumene ist seit mehr als 30 Jahren „überrollt" worden von der interreligiösen gaia („Gottheit Erde"; Begriff bei Moltmann gefunden): die Erde (genauer noch: die Stadt) als Raum der Begegnung und Zusammenarbeit der Weltreligionen. Das ist m.E. ein Weiterdenken der Idee des Weltethos (Küng). Das heißt: gemeinsame Verantwortung für den begrenzten Lebensraum (nicht: wir sichern uns unseren Lebensraum) – das ist gefühlt primär eine rationale Variante und nicht getragen von der gemeinsamen Christus-Gemeinschaft.

Freundschaft als trinitarische Kategorie: Jesus und Gott sind freundschaftlich verbunden – das geht nur in einem anderen (neutralen?) Raum: dem des Geistes.

Trinität – das Gottesbild ist offen für Interpretation (siehe Theologiegeschichte) – und ein Bild für immerwährende Kommunikation. Theologie ist nie am Ende!! Hier liegen Potentiale. Wenn wir das Christentum verteidigen (der neue Ruf nach Apologie!), ist zu klären, was wir verteidigen: die Lehre oder die geistliche Praxis, die Moral und Institution mit Ämterlehre – oder die lebensdienliche Gemeinschaft. Gastfreundschaft ist ein noch stabileres Band als Gottes-Debatten!! Freundschaft wäre als geistliche Kategorie zu gestalten.

Themen (einige), die bleiben und ausgehandelt werden müssen: Gleichberechtigung der Geschlechter, Digitalisierung und Überwachung, Verhältnis zur Natur, Menschenbild (Organtransplantation).

(3) Diktatur und Kapitalismus sind vereinbar – das lernen wir heute. Ist Demokratie und Kapitalismus (noch) vereinbar? Wie lernt und wie lehrt man Partizipation und Demokratie? Wie fördern oder behindern Religionen demokratische Strukturen? Was muss gestärkt werden? Das Ringen um das Klima

einerseits – und das Leugnen, dass Menschen Einfluss auf das Klima haben, ist ein aktueller bitter geführter Streit – mit vielen Varianten. Gelegentlich spüre ich, dass die demokratischen Strukturen schwächer sind als wirtschaftliche/kapitalistische Interessen. Die alten Debatten mit oder über Marx können wir jetzt nicht führen – aber sie haben noch Geltung! Doch die Frage, ob der Kapitalismus, weil er immer auf Steigerung ausgerichtet ist, dämonisch ist, das ist indirekt und direkt immer wieder präsent: Digitalisierung, Überwachung, Vernetzung als Mangel an individuellem Schutzraum – transnationale undurchsichtige Beziehungen.

Es ist auch in den letzten drei Jahrzehnten immer wieder erbittert gestritten worden, ob der Sozialismus von der Tagesordnung der Welt gestrichen worden ist, weil er endgültig als unbrauchbar „entlarvt" wurde – oder ob noch kein richtiger Weg gefunden wurde, Sozialismus und Demokratie zu verbinden. Ich meine, dass wir diese Debatten weiter führen müssen – und sie haben mit Menschenbild, Hoffnung, Weltbild zu tun. Warum ist die solidarische Gesellschaft nicht wirklich attraktiv? Die Frage darf nicht verstummen – jedenfalls dürfen wir Christen nicht aufhören, so zu fragen.

Helder Camara (zu Ivan Illich): Du darfst niemals aufgeben. Solange ein Mensch lebt, irgendwo unter der Asche gibt es ein bisschen des verbliebenen Feuers, und alles, was unsere Aufgabe ist, du musst pusten, vorsichtig, sehr vorsichtig pusten… und pusten… Du wirst sehen, ob es sich entzündet. Sorge dich nicht, ob es nochmals Feuer fängt oder nicht.

Das, was du zu tun hast, ist anfachen. Also: Ist Solidarität wirklich nicht attraktiv? Wie erklären wir uns Fridays for future? Partizipation und Demokratie – lernen wir es in der Christenheit? Christliche Religion ist immer auch integrativ in die Welt hinein. Was bedeutet die Situation auf der Schwelle zwischen dem religiösen Schutzraum und den christentums-ablehnenden Weltstrukturen? Christentum leugnet nicht das Leid – das zu ertragende und das erlittene Unrecht. Was sind unsere Vorbehalte gegenüber einem christlich gelebten Sozialismus? Anfachen – ohne auf den Erfolg zu spekulieren!!

(4) Frieden muss gewollt werden. Freiheit und Menschenrechte müssen manchmal mit Gewalt verteidigt werden. Gerechter Friede und gerechter Krieg sind biblisch theologische Streitthemen – diskutieren wir sie heute anders als vor 30 Jahren? Wie leben wir mit den dämonischen Kräften? Die „Jagd nach dem Frieden" ist anstrengend. Wir können, dürfen nicht müde werden, den Frieden mit der Gerechtigkeit immer wieder zu verknüpfen. Das ist klassische theologische Arbeit. Friedensstiftende Maßnahmen sind genauso wichtig wie die Verteidigung der Schwachen (womöglich mit Gewalt).

Die drei friedensethischen biblischen Traditionen (Junge Kirche 1/2019, Scherle S. 1ff): Gewaltverzicht (Mt 5) – Kultur der Gewaltfreiheit; Begrenzung von Gewalt (Röm 13) – Kriterien von Gewalt – Pflicht der Begründung liegt bei denen, die den Krieg führen wollen; Monopolisierung von Gewalt „Heilige Gewalt" – Mythos der „erlösenden Gewalt". Das eine ist die immer wieder neu zu führende Debatte um die Einsetzung von Gewalt – einschließlich der enormen wirtschaftlichen Bedeutung des Waffenhandels. Zivile und militärische Interventionen sind nicht gleichwertig! Weltweit gehören 84% der Menschen einer Religion an. Religion sollte nicht als Problem, auch nicht als „Kirsche" auf der Torte gesehen werden – sondern als wesentlicher Teil des Tortenrezeptes.

Auseinandersetzung mit dem „Bösen". Und es gibt vielleicht auch (wieder) eine Auseinandersetzung mit dem „Bösen", das in der Welt durch Menschen wirkt. Luise Schottroff und andere haben schon vor längerer Zeit die apokalyptischen Texte als Texte der Entlarvung von machtvollen, zerstörerischen Strukturen gelesen und als Ermutigung, diesen Strukturen nicht die Deutungsmacht für die Welt und das Leben zu geben. Die zur Zeit zunehmenden autoritären, patriarchalen politischen Strukturen und Sehnsüchte nach starken Führern ist auffällig. Vielleicht sind sie mit Tricks, aber eben doch auch über Wahlen an die Macht gekommen.

Christliche Reaktion könnte sein: angstfreie Entlarvung im Wissen, dass sie nicht die Macht behalten werden – Hoffnung … Geht das? Kann man das Böse in Schach halten? Theologisch sehe ich zwei Denkwege: Dass Gott letztlich Herr über das Böse ist – darüber möchte ich auch mit anderen Religionen ins Gespräch kommen. Das ist eine gemeinsame Hoffnung. Religiöser Gehorsam (Hören auf Religion) ist konstruktiv, nicht defensiv und destruktiv.

Versuchung – Übersetzungsdebatte. Gott versucht uns auf einen guten Weg zu bringen – und wir versuchen, dem auszuweichen. Das ist die Versuchung, in die wir bitte nicht geführt werden möchten.

(5) Hoffnung ist die spirituelle Ermutigung, nicht aufzugeben. Wo(rin) steckt sie? Lasst uns am Ende zusammen Hoffnungsgeschichten aus der Bibel lesen! Denn wir wissen nicht, was wir hoffen sollen – Marianne Gronemeyer (Was wird aus der Hoffnung S. 33 ff). In einer schönen sprachlichen Phänomenologie der Hoffnung schreibt M. Gronemeyer: Man macht sich Hoffnung, think positive, die neue Hoffnung, Hoffnung als Erwartung – Es geht, so ihre Pointe, nicht um die Hoffnungen, die wir haben, die wir uns machen, sondern um die Hoffnung, die es dazwischen zu entdecken gibt. Zwischen allen Hoffnungen, die wir uns machen, gibt es die – unzerstörbare Hoffnung, die es gibt. Sie gilt es zu entdecken. Sie entsteht zwischen allen unseren gemachten Hoffnungen. Sie ist nicht zu haben … – man kann sich überraschen oder überwältigen lassen. Und auch wenn wir uns ihrer nicht bemächtigen können – ohne uns kann sie nicht blühen.

„Die Zeit drängt …“ Mit diesem Weckruf hat Carl Friedrich von Weizsäcker 1986 die ökumenische Christenheit aufgefordert, eine Weltversammlung zum Thema Gerechtigkeit, Frieden und Bewahrung der Schöpfung auf dem Weg zu einem Konzil des Friedens einzuberufen. Gleichzeitig haben in vielen osteuropäischen Ländern die Kirchen Aufbruchsbewegungen unterstützt und mitgestaltet – in Deutschland hat die Friedliche Revolution 1989 maßgeblich den „Mauerfall“ bewirkt. 30 Jahre leben wir in bedrängender Zeit – seit 30 Jahren drängt die Zeit – in diesem Jahr hat die Jugendbewegung „Fridays for Future“ mit dringlichen Slogans dieses Drängen für den Klimawandel aufgenommen. Die Christenheit beteiligt sich – doch die Bewegung ist davon unabhängig. In diesem Kontext leben und streiten wir, suchen Orientierung und theologische Impulse.

Zusammenfassung und Theologische Impulse – für die Diskussion

Globalisierung und Individualisierung haben autoritäres politisches Handeln stärker gemacht. Nationalismus und Patriotismus sind wieder „salonfähig“ … gibt es eine konstruktive Alternative, die wir theologisch, kirchlich einbringen können? Versöhnte Verschiedenheit ist in den letzten drei Jahrzehnten insbesondere interkonfessionell theologisch bedacht worden. Heute geht es um inter-nationale, inter-religiöse und inter-kulturelle Verschiedenheit – wo stecken dafür theologische Potentiale? (Trinität, Gastfreundschaft, Heiligkeit …)

Diktatur und Kapitalismus sind vereinbar – das lernen wir heute. Ist Demokratie und Kapitalismus (noch) vereinbar? Wie lernt und wie lehrt man Partizipation und Demokratie? Wie fördern oder behindern Religionen demokratische Strukturen? Was muss gestärkt werden?

Frieden muss gewollt werden. Freiheit und Menschenrechte müssen manchmal mit Gewalt verteidigt werden. Gerechter Friede und gerechter Krieg sind biblisch theologische Streitthemen – diskutieren wir sie heute anders als vor 30 Jahren? Wie leben wir mit den dämonischen Kräften? Die „Jagd nach dem Frieden“ ist anstrengend.

Hoffnung ist die spirituelle Ermutigung, nicht aufzugeben. Wo(rin) steckt sie? Lasst uns am Ende zusammen Hoffnungsgeschichten aus der Bibel lesen!

■ Zum Beschluss noch ein – auch persönliches – Zeugnis aus der privaten Sphäre, weitergegeben anlässlich der Hochzeit eines befreundeten Pfarrerehepaars

Rezept (jahrelang erprobt) für eine Nachtmahlzeit für einen Pfarrer und eine Pfarrerin in ehelicher Gemeinschaft

Man sorge dafür, immer da zu haben:

- Käse (gibt es in lang haltbaren Packungen, die man immer im Kühlschrank haben kann, oder: auch noch spät an jeder Tankstelle zu kaufen)
- Kräcker (schmackhaftes Knäckebrot oder ewig haltbare leicht gesalzene Kekse)
- Bier und/oder Wein

(Wenn der Vorrat sich dem Ende neigt, unbedingt auf die nächste Einkaufsliste schreiben!)

Man nehme
- einen schönen (!) Teller für den Käse
- eine Schale für das Gebäck
- zwei stilvolle Gläser für Wein und/oder Bier

Käse je nach Beschaffenheit in Scheiben oder Würfel schneiden.
Gebäck unbedingt auspacken und in die Schale legen.
   Gläser bereitstellen, Wein- bzw. Bierflasche öffnen und alles auf einem Tisch arrangieren, an dem man gerne sitzt.
   Der Platz sollte nicht in einem der Amtszimmer sein!
   Wichtig: Zubereitung (ca. 10 Minuten) kann im Stehen in der Küche vollzogen werden.

Danach unbedingt:
- Hinsetzen,
- tief durchatmen,
- nacheinander erzählen, fragen, kommentieren, schimpfen, lachen
- Wein, Gebäck, Käse, Bier genießen

Man sollte so lange reden, bis eine/r zu der Erkenntnis kommt: Es gibt im Leben noch anderes außer Kirche und Gemeinde, Gremien und unlösbare theologische Aufgaben. Meistens greift diese Überzeugung dann schnell auf den/die andere/n über.
   Und danach: Gute Nacht – am nächsten Morgen sieht die Welt wieder steuerbar aus!

Viola und Michael

Texte von Weggefährtinnen und Weggefährten

Begegnungen

Von früh an hat Viola vielfältige Begegnungen mit anderen Menschen erlebt, sei es als Kind im gastfreundlichen Elternhaus mit vielen Besuchern in Santiago oder auf den Schiffsreisen nach Deutschland und den Besuchen bei der Familie hier, sei es in Schule, Studium und Vikariat an den verschiedenen Orten oder später dann in den überaus zahlreichen Begegnungen in Gemeinde, Pastoralkolleg, Synoden, Superintendentenamt und anderen kirchlichen Zusammenhängen. Sie hat ihre Kontakte sehr bewusst gepflegt, auch wenn die eigentliche Begegnung z.T. jahrelang zurück lag. So wurden ihr Menschen auch zur Heimat. Die Begegnungen haben mannigfaltige Eindrücke und Spuren hinterlassen – davon zeugen die Zeilen von Freunden und Weggefährtinnen, wie sie im Folgenden in Auswahl wiedergegeben sind und in denen Violas Persönlichkeit auf besondere Weise lebendig wird. Einiges musste aus Platzgründen geringfügig gekürzt werden; die überwiegende Mehrzahl der Beiträge stammt aus dem Jahr 2021 und wurde eigens für dieses Buch verfasst.

Aus Kindheit und Jugend in Chile (1952–1970)

- **Ingrid Hartwig-Dilly, Viola – wie ich sie erinnere**

Ich bin Viola das erste Mal in der Grundschule begegnet und war mit ihr in den Klassen 1, 2, 4. Später trafen wir im Jahre 1966 wieder aufeinander und zwar in der 8. Klasse. Damals half sie mir bei der Vorbereitung im Fach Spanisch, da ich frisch aus Deutschland kam und mich auf die spanische Staatsprüfung vorbereiten musste.

Viola war als Jugendliche in meiner Erinnerung eine ruhige Schülerin. Sie war sehr hilfsbereit und gut strukturiert. Wenn ich heute an sie denke, sehe ich sie mit der damals obligatorischen weißen Schürze über der Uniform, zurückgekämmtes offenes Haar mit einem Stirnband oder einen Pferdeschwanz.

Sie war eine sehr gute Schülerin. In meiner Erinnerung hatte sie alles immer dabei, was wir brauchten. In der Klasse genoss sie die Anerkennung von Seiten der Lehrer und Mitschüler auch aufgrund ihrer sehr guten Leistung. Sie gehörte keiner „Clique" an. In den Pausen trafen sie und ich uns immer mal. Wir sprachen oft über ernstere Themen wie Religion oder andere „Weltthemen“. Es störte sie aber nicht, auch mal alleine in die Pause zu gehen.

Wenn ich Sorgen oder Kummer hatte, wusste ich, dass ich mit ihrem Rat und Trost rechnen konnte. Als bei mir altersbedingt Fragen und Unsicherheiten (Pubertät) auftauchten, fing ich an, ihr kleine Briefe zu schreiben, in denen ich meinen Kummer loswurde. Sie antwortete mir verlässlich. Sie war für ihr Alter ernst, interessiert an philosophischen und religiösen Themen. Dieses passte gut in die Klasse, da es eine leistungsstarke Klasse war, die sich auch mit ernsteren Themen auseinandersetzte. Ihre Meinung, Rat und ihr Wissen waren sehr geschätzt. Sie war dann und wann auch etwas für sich und zählte, wie ich auch, eher zu den „deutscheren“ Schülerinnen. Wir wurden aber in dem Sinne nicht ausgegrenzt.

Viola war durch ihr Wissen und ihre unauffällig hilfsbereite, ruhige Art bei den Schülern anerkannt und geschätzt. Sie war nicht zu emotional, sondern eher eine „Beobachterin“ und „Beraterin“ und gab in ihrer ruhigen Art einen wertvollen Beitrag zu Diskussionen. Für mich war es ein Gewinn, sie als Freundin zu haben, und ich bin sehr dankbar, dass sie mit mir die Schulzeit geteilt hat.

Ingrid Hartwig-Dilly, ehemalige Mitschülerin in Santiago, ist Diplom-Biologin und staatlich geprüfte Erzieherin – sie lebt in Bingen.

■ Monica Tilly, Immer positiv

Viola siempre fue una prestativa, ideas claras, y muy emprendedora. Mantuvimos mucho contato por cartas que al leerlas siempre fueron momentos de refleccionar y me hacian pensar. Eso tambien ocurria las veces que ella me visito aqui en Brasil con Michael y los ninos. Haciamos paseos, conocimos lugares lindos y siempre lleno de conversaciones y reflecciones. Otro momento muy lindo fue cuando pude ayudar y acoger a su hijo Matthias, que vino a hacer un trabajo social (en cambio al servicio militar).

Siempre positiva, llena de planos, lista para ayudar. Senti mucho su muerte tan prematura.

Viola war immer hilfsbereit, mit klaren Vorstellungen und unternehmungsfreudig. Wir hatten einen intensiven Briefkontakt, Briefe, die bei der nochmaligen Durchsicht zur Reflexion und mich zum Nachdenken brachten. Das passierte auch, als sie mit Michael und den Kindern hier in Brasilien zu Besuch waren: Wir machten gemeinsam schöne Ausflüge angefüllt von guten Gesprächen und Reflexionen. Ein anderes schönes Ereignis war, als ich ihren Sohn Matthias bei mir aufnehmen konnte, damit er sein Freiwilliges Soziales

Jahr hier in Brasilien leisten konnte. Sie war immer ein positiver Mensch, voller Pläne und stets bereit zu helfen. Ich habe ihren frühzeitigen Tod sehr bedauert. (Übersetzung: Ingrid Hartwig-D.)

Monica Tilly, ehemalige Mitschülerin in Santiago, ist Physiotherapeutin in Sao Paulo, Brasilien.

- **Dieter Becker, Klassenbeste**

Er erinnert sich u.a. bezugnehmend auf eine DVD mit Aufnahmen aus dem Jahr 1968:

… In dem Teil der DVD über das Schullandheim Rio Colorado werden Sie zweimal eine ganz mutige Schwimmerin entdecken, wie sie als Einzige die Ehre der Mädchen ihrer Klasse rettete.

Viola war nicht nur Klassenbeste meiner Zeit, sondern auch für mich als „Gringo" in Chile eine große Stütze. Familie Wilcke wohnte in unserer Nachbarschaft. Mutter wie Vater Rodolfo berieten uns, wofür ich allen Wilckes jetzt noch danke. Vielleicht sollte ich Ihnen noch sagen, dass Viola kurz vor dem Abi meine Klasse mit fünf anderen freiwillig verließ, weil die Schulleitung dieses anordnete, ohne einzelne Schüler allerdings zu bestimmen. Die Klasse war zu groß …

Dieter Becker, damaliger Klassenlehrer an der Deutschen Schule Santiago, lebt in der Nähe von Bremen.

- **Werner Fuchs, Viola Wilcke – Ein Rückblick**

Viola war Jugenddelegierte der chilenischen Kirche auf der 5. Vollversammlung des Lutherischen Weltbundes mit dem Thema „Gesandt in die Welt", die im Juli 1970 in Porto Alegre/Brasilien stattfinden sollte und sechs Wochen vorher nach Evian/Frankreich verlegt wurde. Der Hauptgrund war, dass verschiedene internationale Delegationen, besonders aus Skandinavien, sich weigerten, dem Militärregime Brasiliens durch diese Veranstaltung Anerkennung zu verschaffen. Menschenrechtsverletzungen, Folter politischer Gefangener und Genozid an Indigenen waren im Ausland besser bekannt als in Brasilien, wo die Medien scharf zensiert wurden. Die brasilianische Kirchenleitung hatte zur Eröffnung den Bundespräsidenten General Medici eingeladen.

Für die Woche vor der Vollversammlung war eine Begegnung der ca. 50 Jugenddelegierten aller Kontinente vorgesehen, an dessen lokaler Vorbereitung ich als Abgeordneter der Kirche Brasiliens beteiligt war. Unser Thema war der Hunger in der Welt, eine Herausforderung, die uns veranlasste, vorher in die soziale, wirtschaftliche, politische und kirchliche Wirklichkeit Lateinamerikas einzutauchen. Eine Gruppe sollte in Brasilien, die andere von Mexiko aus in verschiedenen Ländern Sozialprojekte kennenlernen. Wegen der Verlegung wurde nur noch letzteres ausgeführt.

Die Debatten während der Vorbereitung und des Treffens selbst in Thonon, einem Nachbarort von Evian, mussten sich folglich mit politisch heißen Themen befassen, wie z.B. die Dependenztheorie: Unterentwickelte Regionen und Länder sind nicht einfach „zurückgeblieben", sondern werden in diesem Zustand gehalten durch Abhängigkeit und Ausbeutung. Auch in kirchlicher und theologischer Hinsicht war Lateinamerika wegweisend: auf römisch-katholischer Seite die positiven Erfahrungen des „aggiornamento", bereits vor dem 2. Vatikanum und danach in immer breiterer Konkretisierung. Auf evangelischer Seite verschiedene Initiativen um das Thema Kirche und Gesellschaft. Die Spannungen gegenüber konservativen Haltungen waren groß. Wir protestierten z.B. mit einem schwarzen Armband, als der Präsident des LWB in seiner Eröffnungsrede der Vollversammlung die brasilianische Regierung für wirtschaftliche Fortschritte lobte.

Mehr als eine bedeutsame Erinnerung, hat das Treffen unser Leben geprägt und in Richtung auf einen kritischen und kontextgetreuen Dienst im Reich Gottes geleitet. Wegen ihres Studiums und Pfarrdienstes in Europa konnte Viola in diesen fast 50 Jahren mit verschiedenen der damaligen Teilnehmer Kontakte pflegen. Und wegen ihres lateinamerikanischen Ursprungs war der Austausch mit ihr immer eine Bereicherung für mich, auf die ich dankbar zurückblicke.

(Vgl. zum Thema auch: „Evian 1970 . Fünfte Vollversammlung Lutherischer Weltbund" epd Dokumentation Bd. 3, 1970)

Werner Fuchs, Teilnehmer am LWB-Treffen in Thonon 1970, ist Pfarrer i. R. in Brasilien und war Dozent für praktische Theologie und Referent für Studentenaustausch an der Theologischen Hochschule in São Leopoldo-RS sowie Übersetzer theologischer Literatur und Berater vom verschiedenen sozialen und ökumenischen Initiativen und Bewegungen. Er war von 2004 bis 2016 im nationalen Ernährungssicherheitsrat ehrenamtlich tätig. Er stellte dankenswerterweise eine größere Anzahl von Briefen Violas aus der Zeit des Studiums zur Verfügung.

- **Eric Shafer, Entschlossenheit**

To respond to your request for personal impressions about Viola in 1970: She was intelligent, beautiful, quiet (but not shy), all those things but the one term I would use to describe her was determined. Even at age 18 she knew exactly what she wanted to do with her life – college and seminary in Germany and then become a pastor. So, determined is my one word description for Viola at that time.

During the LWF assembly in Evian, the Latin American youth often gathered for meals and I got to tag along. Although my Spanish was limited, it was clear that, almost to a person, the Latin American Lutheran youth were NOT conservative politically or theologically. They were certainly different from the youth from Africa and Asia who were more theologically conservative.

Was Deine Frage nach persönlichen Eindrücken von Viola in 1970 betrifft: Sie war intelligent, hübsch, still (aber nicht schüchtern), alles das, aber der zutreffendste Ausdruck wäre entschlossen. Obwohl erst 18 Jahre alt, wusste sie genau, was sie im Leben wollte – Hochschule und Universität in Deutschland und dann Pfarrerin werden. Also, Entschlossenheit ist meine Kurzbeschreibung von ihr damals.

Während der LWB-Versammlung in Evian versammelten sich die lateinamerikanischen Delegierten oft zum Essen und ich kam dazu. Obwohl mein Spanisch nicht sehr gut war, wurde mir doch klar, dass fast alle lutherischen Jugendlichen aus Südamerika NICHT konservativ waren, weder politisch noch theologisch. Das war sicher ein Unterschied zu den Jugendlichen aus Afrika und Asien, die theologisch konservativer waren. (Übersetzung: Michael Kennert)

Eric Shafer, Teilnehmer am LWB-Treffen in Thonon 1970, ist Pfarrer in Santa Monica, California, und war lange in leitenden Stellungen der ELCSA (Evangelical Lutheran Church of America) tätig.

- **Manfred Herrendörfer, Pfarramtliches Zeugnis 1971**

Santiago, den 21.Januar 1971

Pfarramtliches Zeugnis
fuer Fraeulein Viola Wilcke

Fraeulein Viola Wilcke , geb. am 8.August 1952 zu Santiago de Chile,
ist mir aus meiner Taetigkeit als Pfarrer an der Ev.-Lutherischen
Kirchengemeinde in Santiago persoenlich bekannt. Frl. W. war
Konfirmandin in der Konfirmandengruppe, die ich nach Beginn
meiner Arbeit hier an dieser Gemeinde uebernahm.
Frl.W. war hier in der Kinder- und Jugendarbeit ehrenamtlich
taetig.
Seit 1964 hat sie unter Anleitung der Gemeindehelferin Mithilfe
im Kindergottesdienst geleistet, spaeter selbstaendig den
Kindergottesdienst gestaltet und geleitet.
An den Aktivitaeten der Jugend , sei es im Rahmen der Gemeinde ,
sei es im Rahmen der Schule (Religionsunterricht, Arbeitsge-
meinschaft Religion) nahm Frl. W. regen Anteil; ihrer Initiative
verdanken wir nicht weniges.
Frl. W. besuchte - sofern nicht durch die Leitung des Kinder-
gottesdienstes verhindert- gern die Gottesdienste unserer Gemeinde.
Im Jahre 1970 nahm Frl. W. als Jugenddelegierte der Ev.-Lutherischen
Kirche in Chile an der Vollversammlung des Lutherischen Weltbundes
in Evian teil.
Das besondere Interesse des Frl. W. gilt der oekumenischen Bewegung
und den Sozialen Fragen innerhalb der Dritten Welt.
Frl. W. pflegte Kontakte zu hiesigen Gemeinden der Presbyterianischer
und Anglikanischen Kirche, auch zu katholischen Jugendgruppen.
Frl. W.

Frl. W. ist unter uns bekannt durch ihr hohes Verantwortungs-
bewusstsein, ihre Verlaesslichkeit und Treue zur Sache.
Wir haben Frl. W. fuer manche Initiative und auch die Phantasie,
mit der sie einmal aufgenommene Aufgaben und Arbeit bewaeltigte,
zu danken.

Herrendörfer
Pastor

Pfarrer an der Ev. Luth. Kirchengemeinde
zu Santiago de Chile

Pfarramtliches Zeugnis, Erlösergemeinde Santiago de Chile (1971)

Manfred Herrendörfer (†) war aus Berlin entsandter Pfarrer der Erlösergemeinde in Santiago und Konfirmator von Viola.

Ausbildung in Bethel, Bielefeld, Soest (1970–1980)

- **Jürgen Bahrenberg, Die Pfarrerin trägt die Kirche**

Kirchliche Hochschule Bethel, Theologenball (1972)

Das Foto stammt aus der Studiumsanfangszeit WS 1971/72 bis Wintersemester 1972/73 in Bethel. Ich habe es ausgewählt, um einen Eindruck zu vermitteln, wie brav der Tanztee oder Semesterball seinerzeit war. Viola hat dabei mit Ansagen durch den Abend geführt. Der eine Gitarrist ist später auch mit im Vikarskurs gewesen.

In diesem Kurs gab es eine heiß diskutierte These: „Früher trug die Kirche den Pfarrer; heute trägt die Pfarrerin/der Pfarrer die Kirche." Ich denke, daß aus dem Wissen um die Wichtigkeit persönlicher Seelsorge heraus Viola in die Krankenhausseelsorge gegangen ist. Ich glaube, daß dies eine Grundeinstellung der meisten Vikarskollegen und -kolleginnen war, wie auch für Viola.

Kirche und Gemeinde ist nur dann für die Menschen relevant und lebenswichtig, wenn ihre Mitarbeitenden als Menschen und Personen glaubwürdig und vertrauenswürdig sind. Das ist uns allen auch besonders in Sizilien und Italien bei den Waldensern deutlich geworden.

Ich habe Viola immer als eine Frau erlebt, die dies und die persönliche Zuwendung zu den Mitmenschen gelebt hat und damit die Gemeinde und die Kirche getragen hat.

Jürgen Bahrenberg, Studien- und Vikarskollege, ist Pfarrer im Ruhestand in Westfalen.

- **Rolf Wischnath, Treu und ausdauernd**

Viola Kennert, geb. Wilcke, lernte ich Anfang der 70er Jahre in Westfalen kennen. Wir trafen uns in den Zusammenhängen des sog. „Gladbecker Kreises". Der „Gladbecker-Kreis" war eine Gruppe von Theologiestudierenden der Westfälischen Kirche, die sich gegenseitig in die Hand versprochen hatten: „Wir lassen uns nicht als Einzelne in die Gemeinden vom Minden-Ravensberger Land (im Norden) bis nach Wittgenstein (im Süden) einweisen, sondern *nur* zusammen." Wir wollten nicht als Einzelkämpfer in die „Praxis". Damals herrschte „Pfarrermangel" und das Landeskirchenamt in Bielefeld musste werben, um die Stellen zu besetzen. So konnten Einige von uns das Versprechen durchsetzen.

1990 kam ich nach Berlin in die Reformierte Bethlehemsgemeinde in Neukölln. Weil ich zum Moderator der Reformierten Kirchenkreise gewählt wurde, war ich von Anfang an Mitglied der Kirchenleitung. In den mehreren Personalentscheidungen, die damals von der KL zu treffen waren, tauchte auch verschiedentlich der Name „Viola Kennert" auf. Ihre Arbeit und ihre Eignung für ein leitendes Amt wurden herausgestellt. Sie wurde sodann auch angefragt, ob sie sich nicht in dieser oder jener Leitungsfunktion zur Verfügung stellen könne. Viola hat das charaktervoll abgesagt und ist ihrer Friedens-Gemeinde in Charlottenburg treu geblieben.

Wir sahen uns nun öfters und wunderten uns über die providentia Dei specialissima, die uns beide in die EKiBB gebracht hatte. Zu besprechen gab es Alles – ohne Ende. In kirchlichen und politischen Fragen waren wir uns zu 99% einig. Und wir waren nachdrücklich der Meinung, dass es jetzt nach der Friedlichen Revolution interessanter und notwendiger sei, in Berlin zu sein und nicht westfälisch in Minden oder Bad Berleburg. Eine nicht zu vergleichende Chance sei es, das Zusammenwachsen von Ost und West mitzugestalten.

Zu einer besonderen Beziehung zwischen Viola und mir kam es dann durch meine Erkrankung. Ich erlitt 1992 eine sog. „Endogene depressive Episode". Der Ausdruck benennt eine der schlimmen Krankheiten, die einen in die Abgründe der Seele reißen. Ich war in der Waldhausklinik in Zehlendorf untergebracht.

An Viola Kennert erinnere ich mich mit dankbarsten Empfindungen. Viola kam beinahe jede Woche einmal zum Krankenbesuch – treu und ausdauernd. Wir gingen dann raus. Und sie hielt mich aus: mein Schweigen und Klagen, meinen Jammer und das Selbstmitleid. Viola versorgte mich nicht mit Ratschlägen und Aufmunterungen, die sowieso in keinerlei Hinsicht geholfen hätten. Sie war schlicht da: treu und ausdauernd.

Nach meinem Ausscheiden aus dem Dienst 2004 wurde Viola – ich hatte dieses Amt vierzehn Jahre lang inne – meine Nachfolgerin als Delegierte unserer Kirche bei der Synode der Evangelischen Kirche in Deutschland (EKD). Das war nicht vergnügungssteuerpflichtig.

Dr. Rolf Wischnath (1948, jetzt im Ruhestand), Studien- und Vikarskollege, war in der EKiBB Pfarrer, Reformierter Moderator (1990–1995) und Generalsuperintendent des Sprengels Cottbus (1995–2004).*

- **Ulrike Kastner, Viola – Vikarin in Ostwestfalen**

Als Viola 1975/76 in unseren Bielefelder Vorort in Ostwestfalen kam, war eine Pastorin noch etwas ganz Besonderes. Dazu hatte sie als Kind in Südamerika gelebt, eine weitere Eigenschaft, die in unserer Gemeinde nicht alltäglich war, und ich denke, sie wurde von den konservativen Gemeindemitgliedern durchaus kritisch empfangen.

Doch Viola schaffte es durch ihre offene, verbindliche, zugewandte Art und ihr Selbstbewusstsein in ihrer Arbeit, in Heepen schnell akzeptiert zu sein und war besonders bei uns Jugendlichen sehr beliebt. Sie zeigte uns, dass sie für uns da war und uns unterstützte, machte uns aber auch sehr deutlich, wir alle sind die Gemeinde, jeder und jede einzelne und dafür verantwortlich, was dort geschieht. Wir machten Jugendarbeit in verschiedenen Gruppen, diskutierten beim Tee über die unterschiedlichsten Themen und lernten ganz nebenbei, dass Gemeindearbeit Konzepte erfordert, die nicht nur der Pastor und das Presbyterium hinter geschlossenen Türen entwickeln, sondern wir alle dafür mitverantwortlich sind, auch und gerade die „Jungen Menschen der Gemeinde".

Kurz, wir erlebten mit Viola, dass Gemeindeleben sehr bunt und anders sein kann, als sonntägliche Predigten von der Kanzel, die damals gefühlt noch wenig mit unserem Alltag zu tun hatten. Mit unserem Abschiedsgeschenk, einem bunten Patchworktalar, zeigten wir Viola, was wir von ihr gelernt hatten. Christliche Gemeinde ist Gemeinsamkeit, Verschiedenartigkeit und bunt wie das Leben selbst.

Gemeindevikariat in Bielefeld-Heepen, mit Patchwork-Talar der Jugendgruppe (1978)

Ich verdanke Viola einen großen Teil meines Verständnisses für den christlichen Glauben und unsere Kirche, doch noch viel tiefer berührt mich die Erinnerung an Violas große Stärke, persönliche Bindungen nicht einschlafen zu lassen. Nicht nur war in jeder Begegnung ihre Freude am Wiedersehen und ihre große Zugewandtheit spürbar, nein, sie ließ auch nie den Faden der Beziehung abreißen und nahm immer wieder Kontakt auf. So manches Mal drohte durch Beruf, Familie, unterschiedliche Alltage in verschiedenen Städten, dass wir uns aus den Augen verloren. Wenn mein Gewissen wieder kurz davor war zu sagen, nun ist es zu spät, um mich bei Viola zu melden, dann kam eine Postkarte von ihr – oft aus den Ferien – voll Wärme und Herzlichkeit und es fiel ganz leicht, darauf zu antworten.

Es ist nicht vorstellbar, dass nicht eines Tages wieder eine Postkarte von Viola in meinem Briefkasten ist. ... Möge Viola immer behütet sein.

Ulrike Kastner († 2022), Jugendgruppe im Gemeindevikariat, war Systemprogrammiererin in Hamburg.

Berlin – Wilmersdorf (1981–1983)

■ **Marianne und Hubert Benert, Freundlich und zugewandt**

Zum ersten Mal begegneten wir Viola im Frühjahr 1981 in der Evangelischen Familienbildungsstätte Wilmersdorf (Detmolder Straße). Wir nahmen teil an einem Vorbereitungskurs für werdende Eltern, wir erwarteten unser erstes Kind. In diesem Kurs wurden wir auf die neue Familiensituation vorbereitet. Vier Frauen gehörten zum Leitungsteam, Viola war eine von ihnen. Sie war als Pastorin kurz zuvor in den Kirchenkreis Wilmersdorf gekommen und wurde nun zur Ansprechpartnerin für theologische Themen, wie z.B. Taufe und christliche Erziehung. Ein Jahr später trafen wir uns in der Kirchengemeinde Am Hohenzollernplatz auf Initiative von Viola in der dortigen Eltern-Kind-Gruppe, wo sie zusätzlich Gesprächsabende zu Themen der religiösen Erziehung anbot.

Schon in den Anfangszeiten unseres Kennenlernens zeigte sich Viola so, wie wir sie auch jetzt in Erinnerung behalten werden, freundlich und zugewandt. Mit ihrer offenen Art ging sie auf Menschen zu. Sie beeindruckte uns schon damals mit ihrem großen Wissen und ihrer Klugheit, zeigte sich kritisch, liberal und tolerant.

Marianne und Hubert Benert (Katholische Gemeinde Heilig Geist, Berlin-Charlottenburg) waren Kursteilnehmer in der Ev. Familienbildungsstätte Wilmersdorf.

- **Gisela Lattmann-Kieser, Freundschaft mit Bestand**

Als ich Viola kennenlernte, standen wir beide noch am Beginn unserer beruflichen Tätigkeit. Die beiden Kirchenkreise, in denen wir als Pfarrerinnen tätig waren: Wilmersdorf und Berlin Stadt I, trafen sich Anfang der 80er Jahre zu einer Ost/Westbegegnung. Violas Mann Michael war ebenfalls Pfarrer im West-Berliner Kirchenkreis Wilmersdorf. Es war ein interessanter Gedankenaustausch und wir wollten ihn gern fortsetzen. So verabredeten wir drei ein weiteres Treffen, diesmal in unserer Wohnung im Prenzlauer Berg. Ich wollte unbedingt, dass auch mein Mann das Ehepaar Kennert kennenlernte, aus diesem Anfang entwickelte sich eine langjährige Freundschaft, die auch die Jahre ihrer Luxemburger Zeit überdauerte. Anfangs lernten Viola und Michael durch uns einige Landschaften in der DDR kennen, Paddeln im Spreewald, Besuch der Dornburger Schlösser waren z.B. touristische Ziele. Besonders für unsere Kinder war zudem das Fahren im Westauto immer ein besonderes Vergnügen. Ich persönlich profitierte von Gemeindeerfahrungen von Michael und durch Viola wurde ich auf Erkenntnisse feministischer Forschung aufmerksam. So manche Arbeitshilfe und Neuerscheinung passierte den Grenzübergang Richtung Osten.

Damals ahnte noch niemand, dass am Ende dieses Jahrzehnts die Mauer über Nacht durchlässig und wenig später abgebaut werden würde. Manche Ost/West-Freundschaften haben den Mauerfall bzw. die Jahre danach nicht überstanden. Unsere Freundschaft hatte Bestand. Vielleicht lag es daran, dass wir von Anfang an offen und vertrauensvoll miteinander kommuniziert haben, kritisch und selbstkritisch waren. So blieben Kennerts auch für unsere ganze Familie wichtig. Wir wurden Paten eines Sohnes, damals noch in Luxemburg, Viola taufte viel später unsere Enkelin in Berlin. Für Viola und mich waren die konziliaren Themen Frieden, Gerechtigkeit und Bewahrung verbindende Themen, und wir haben versucht, sie in unserem beruflichen und privaten Umfeld zu beleben. Ich bin dankbar, dass mir Viola nicht nur nach dem Mauerfall umgehend ein Jahresabo von „Publik Forum" geschenkt hat, sondern auch Jahr für Jahr den Kalender „Der andere Advent". Außerdem hat sie es ermöglicht, dass ich in „ihrem" Kreiskirchenrat Neukölln „meine" Initiative Netzwerk Friedenssteuer vorstellen und diskutieren konnte. Es ist bisher eine der wenigen Kreissynoden, die einen diesbezüglichen Antrag an die Landessynode gestellt hat.

Es sind nur einzelne Erinnerungen, die ich nenne. Eine 40-jährige Freundschaft kann nicht in wenige Worte gefasst werden. Eins ist sicher: Wir sind sehr traurig, dass Viola gestorben ist. Sie fehlt uns als eine sehr zuverlässige, interessante und vertrauenswürdige Freundin.

Gisela Lattmann-Kieser aus dem Pfarrkonvent Berlin Stadt I war von 1978 bis 2004 Pfarrerin der Adventgemeinde Berlin-Friedrichshain.

Luxemburg (1984–1992)

- **Elisabeth Werner, Für Viola**

Zum ersten Mal sind wir uns im Januar 1990 zur Gelegenheit des 1. ökumenischen Forums im Centre Jean XXIII begegnet, im Anschluss an die Baseler Versammlung zum konziliaren Prozess „Friede, Gerechtigkeit, Bewahrung der Schöpfung". Im Mai desselben Jahres fand schon die Folgeveranstaltung statt – die vorbereitende „Kellergruppe" war schnell gegründet. 9 weitere Foren fanden in den kommenden Jahren statt. Dank Deiner inspirierenden Begleitung erfuhren wir die Kraft der Zusammenarbeit, des gemeinsamen Nachdenkens und der bunten Gastfreundschaft im Oktav-Zelt. Die Lebensthemen, die uns damals beschäftigten, haben heute nicht an Brisanz verloren: Es ging um die Gemeinschaft von Frauen und Männern in Gesellschaft und Kirche, um den Umgang mit Macht, Ohnmacht und Verantwortung, um Veränderung, Konfliktlösung, Versöhnung und Frieden, u.a.m. In Deiner klaren Sprache wusstest Du uns neue theologische Denkweisen, ja Horizonte, zu eröffnen. Wir erzählten und teilten Geschichten von biblischen Frauen, Geschichten aus dem Leben, von gekrümmten Rücken und aufrechtem Gang.

Dein aufrechter Gang, Viola, war uns Vorbild und Motivation. Ich erinnere mich gut an Deinen Vortrag zum Exodus; Du sprachst von Befreiung, Wüstenzeit, Unterwegs-Sein, Ankommen und von einer guten Zukunft für alle, auf persönlicher wie auch auf gesellschaftlicher Ebene. Deine Notizen lassen die Tiefe und die Herausforderung erkennen, die Du meintest: „Wir brauchen Wüstenzeiten, um zu uns selber zu finden. Wir brauchen Wüstenzeiten, um Gott zu begreifen und uns wieder seinem Weg anzuvertrauen – und nicht den Wegweisern der Menschen. Gott geht mit, auch durch die Wüste. Er trägt Sorge, dass wir jeden Tag unser Manna bekommen. Wir können uns auf das konzentrieren, was wirklich wichtig ist. (…) Wenn Hoffnung konkret werden soll, dann müssen wir uns ändern und Neues wagen. Gott schenkt uns Ankunft – aber die Zukunft gilt allen. Wir müssen sie miteinander teilen. Das sollte uns in der Wüste klar geworden sein: Der Friede Gottes gilt allen – und das hat Konsequenzen."

Auch nach den Foren zog es Dich immer wieder nach Luxemburg, um Vorträge zu halten und Freunden zu begegnen. Wir als (ehemalige) „Kellergruppe" erlebten im Gespräch mit Dir einen immer wieder frischen, lebendigen Austausch, dem die Jahre nichts anhaben konnten bis hin zur letzten Begegnung bei Sylvie und Heng im Oktober 2019.

Für mich war Januar 1990 der Beginn einer 30-jährigen Freundschaft. Es waren Lebensthemen, die uns beschäftigten während unseren Gesprächen in Luxemburg oder in Berlin. Jedes Mal wuchs der Baum der Freundschaft – immer lag viel Zeit dazwischen, eine oder mehrere Jahreszeiten, aus der

Lebensmitte hin zum reiferen Alter. Die Äste der Lebensthemen entwickelten sich weiter – „Erzähl doch mal…!" Du hast vielen Menschen neue, gute Horizonte eröffnet, Menschen aus fremden Horizonten hast Du unterstützt und begleitet. Dann war plötzlich die Enge des Krankenzimmers da, die Perspektiven engten sich ein und die Einschränkungen waren schwer zu tragen, Du wolltest wieder Landschaft – Horizont – sehen. Jetzt hat Gott Dir Ankunft geschenkt. In Seinem guten Horizont bist Du geborgen. Danke für alles.

Elisabeth Werner, Theologin, leitende Mitarbeiterin bei Caritas Luxemburg und im Pastoralamt der Erzdiözese Luxemburg (i. R.), gehörte zum Ökumenischen Forum Luxemburg.

- **Matthias Schiltz, Zentrum der Ökumene**

C'est un nombre impressionnant de personnes qui m'ont fait part du décès de Viola. C'est une preuve de la place centrale qu'elle a occupée parmi nous durant sa présence au Luxembourg. Elle a été le pôle de l'action oecuménique à cette époque. Et notre large communion dans le deuil de son trépas montre que l'enthousiasme pour la réconciliation des chrétiens qu'elle avait su allumer est encore vivant. Bien que, hélas, il me semble qu'il n'arrive pas, présentement, à trouver son angle d'attaque au Luxembourg où l'oecuménisme traine les pieds. Je garderai de Viola un souvenir inaltérable d'estime et de sympathie.

Es ist eine beeindruckende Zahl von Menschen, die mich über den Tod von Viola informiert haben: Dies ist ein Beweis für den zentralen Stellenwert, den sie während ihres Aufenthalts in Luxemburg unter uns besessen hat.

Sie war damals das Zentrum der Ökumene. Und unsere große Trauergemeinschaft um ihren Tod zeigt, dass die Begeisterung für die Versöhnung der Christen, die sie zu entfachen wusste, noch immer lebendig ist. Obwohl es mir leider so scheint, dass der Geist der Versöhnung in Luxemburg zur Zeit kaum gefördert wird. Ich werde Viola eine unveränderliche Erinnerung an Wertschätzung und Sympathie bewahren. (Übersetzung: Bernadette Jung)

Monsignore Matthias Schiltz war von 1977 bis 2011 Generalvikar des Erzbistums Luxemburg.

- **Roland Bieber, Die Urne**

Die sonnendurchflutete Kirche eines Schweizer Dorfs war mit Gartenblumen geschmückt. Diese umgaben auch die Urne aus hellem Holz. Zur Beerdigung war Frau Kennert aus Berlin angereist. Als der vereinbarte Anruf sie erreichte, hatte sie ohne Zögern ihre Arbeit unterbrochen, Vertretung organisiert und sich auf den Weg gemacht. Und sie hatte sofort ein Netz aufgebaut, um für eine ihr unbekannte internationale Trauergemeinde einen Gottesdienst in einer fernen unbekannten Kirche zu halten: Sie sprach mit dem örtlichen Pfarrer, der Organistin, die aus einer anderen Stadt kam, meinem Sohn, der Texte für das Liedblatt in mehreren Sprachen zusammenstellte. Unerwartet kam diese Reise nicht. Denn nur wenige Wochen zuvor hatte sie die Gestorbene getroffen, zum ersten Mal nach 17 Jahren getrennter Wege. Wegen ausfüllender neuer Aufgaben hatte man sich aus den Augen verloren. Frau Kennert war mit ihrem Mann von Luxemburg nach Berlin gezogen, die Gestorbene lebte inzwischen mit ihrem Mann in der Schweiz und in Straßburg. Doch als es „ernst wurde", erinnerte man sich an die Nachwirkungen der Predigten und der Gottesdienste in Luxemburg. Man hoffte darauf, zu verstehen und verstanden zu werden. Die richtige Telefonnummer wurde schnell gefunden. Und das unvergessliche „ich komme zu Ihnen nach Straßburg" wurde nach wenigen Momenten gesagt. So besuchte Frau Kennert die Kranke, der das Sprechen schon schwer fiel, hielt anfangs nur deren Hand. Am nächsten Tag ein Gespräch mit der Kranken, bei dem offenbar Gleichklang entstand, ein kleiner Gottesdienst zu dritt im Wohnzimmer. Wir sangen und sie segnete uns. Meine Frau flüsterte: „Danke, dass Sie gekommen sind." Vor der Rückfahrt nach Berlin sagte Frau Kennert nur: „Rufen Sie mich oder meinen Mann, wenn Sie mich brauchen." Diesen Anruf erhielt Herr Kennert am 9. Juli 2007. Sie rief zurück und bestätigte ihr Kommen. Am Abend des 12. Juli traf sie in Basel ein. Sie umarmte mich wortlos. Wir setzten uns auf den Friedhof und sie versprach, mich durch den nächsten Tag zu führen.

Am Ende des Gottesdienstes, die Teilnehmer versammelten sich vor der Kirche zum gemeinsamen Gang auf den Friedhof, kamen die Bestatter zum Altar. „Was wollen Sie tun", fragte Frau Kennert. Die Antwort: „Wir nehmen die Urne und fahren mit ihr zum Friedhof." Darauf Frau Kennert: „Dann fahre ich mit." Die Bestatter: „Das ist hier nicht üblich und es geht auch nicht, im Auto können nur zwei Personen sitzen."

Frau Kennert wurde deutlich: „Die Urne steht bis zum Grab unter meinem Schutz. Entweder Sie tragen die Urne vor mir zum Friedhof oder die Urne wird im Auto befördert und ich fahre mit. Einer von Ihnen geht zu Fuß." Die Bestatter murrten, sie hätten ihre Anweisungen, doch Frau Kennert duldete keinen Widerspruch und so fuhr sie im Begräbniswagen, die Urne bei sich. Sie erwartete die Trauernden am Grab.

Seit der Wiederbegegnung und dem Begräbnis spürte ich Seelsorge. Sie sandte Fragen nach meinem Befinden, schickte Botschaften, kürzer oder länger, gelegentlich einen Predigttext. Anfang Juli kam in jedem Jahr ein Brief mit Gedenken an meine Frau. Wurde ein Treffen in Berlin möglich, dann nahm sie sich immer Zeit. Sie hat mir das Weiterleben erleichtert.

Ich hätte mir gewünscht, dass sie auch mich an meinem Lebensende begleitet.

Roland Bieber, Dr. iur., o. Professor (em.), Universität Lausanne/Schweiz; ehem. Rechtsberater des Europäischen Parlaments war früher in der Ev. Gemeinde Luxemburg.

■ Henriette Tourne, Viereinhalb Jahre in einem Haus

Es ist ein wenig schwierig zu erzählen, wie unsere Familie (mein Ehemann, Pfarrer, ich und unsere 3 jüngeren Töchter) uns mit Viola und Michael im großen Haus der Deutschen Gemeinde 4 ½ Jahre lang getroffen haben. Im Erdgeschoss befand sich ein großer Versammlungsraum, der für Gottesdienste in deutscher Sprache oder andere Versammlungen oder Konzerte genutzt wurde. Die französischsprachige protestantische Gemeinde hat davon profitiert. Der erste Stock war die Wohnung von Viola und Michael und der zweite Stock war von unserer evangelischen Kirche für uns gemietet worden. Es war daher eine ausgezeichnete Gelegenheit, sich zu treffen, einzuladen und sich gegenseitig kleine und sogar große Dienste zu leisten, als Eltern und Freunde aus Frankreich ihre Gästezimmer im 2. Stock bezogen.

Wir hatten die Gelegenheit, Simon zu treffen, aber Matthias wurde nach unserer Abreise im Juli 1988 geboren. Wir hatten die Gelegenheit, gemeinsame Verpflichtungen einzugehen. Insbesondere in der ACAT (Aktion der Christen für die Abschaffung der Folter) und der jüdisch-christlichen Freundschaft, Gruppen, die unsere evangelische, katholische und jüdische Gemeinde zusammenbrachten. Dank der sprachlichen Fähigkeiten und der Nähe zueinander innerhalb derselben europäischen Institutionen wurden die Kontakte leichtgemacht.

Viola war trotz ihrer vielfältigen Aufgaben immer erreichbar und lächelnd: Europäische Schule, Gottesdienst, Besuche, Anregungen und Moderation mit Luxemburgerinnen zu verschiedenen Themen. Es ist sehr betrauert worden, dass sie nach Berlin ging, so wie auch heute.

Danke für dieses Vertrauensverhältnis, das sie geschaffen hat und das wir genutzt haben. Meine Kinder und ich vergessen sie nicht.

Henriette Tourne ist die Ehefrau des damaligen Pfarrers der Französischen protestantischen Gemeinde in Luxemburg Pierre Tourne (†) und lebt heute in Orléans.

- **Bernadette Jung, An den Tisch der Gerechtigkeit**

Viola, Du hast uns nach einer kurzen und schrecklich anstrengenden Krankheit verlassen und unsere Herzen weinen. „Nun ist sie heimgekehrt in die Stadt des Friedens, an den Tisch der Gerechtigkeit und in den Garten der Heilung"; diese literarische Interpretation der Johannes-Apokalypse, die ich auf einer Deiner Todesanzeigen gelesen habe, fasst für mich Dein Leben zusammen, Dein Engagement für den Dienst an Gott und an Anderen.

Als ich Dich 1984 in Luxemburg zum ersten Mal traf, konnte ich mir diesen langen Weg, auf dem Du mich begleiten würdest, nicht vorstellen. Du warst Pastorin, eine anerkannte, geschätzte Theologin, eine gläubige Frau, die es verstanden hat, Zeugnis von einem glaubhaften Gott abzulegen, der in unserer Welt über alle religiösen Grenzen hinweg präsent ist. So habe ich Dich kennengelernt: Pfarrerin der evangelischen Gemeinde deutscher Sprache in Luxemburg, dann Mitarbeiterin in der theologischen Arbeit von ACAT Luxembourg, dann Initiatorin und Anregerin der „Kellergruppe", einer Art ökumenischen Think Tank, den Du bis vor kurzem zusammengebracht hast und in deren Kontext Du uns durch Deine theologischen Beiträge und die Diskussionen, die Du angestoßen hast, so viel gegeben hast.

Mit Michael hast Du, als Pastorin, dann Freundin, die großen Ereignisse des Lebens meiner Familie, glücklich wie unglücklich, immer mit großer Großzügigkeit, Fürsorge, Einfühlungsvermögen begleitet.

Vor allem hast Du mir Deine Freundschaft, die ich im Laufe der Zeit in Luxemburg und erst recht in Berlin erfahren habe, als außergewöhnlichen Reichtum, als großartiges Geschenk gegeben. In den letzten Jahren waren unsere Treffen oft nach oder vor Deinen Arbeitstreffen im Konsistorium in Berlin für mich glückliche, zuversichtliche Momente, auch wenn die Themen, die wir besprachen, nicht unbedingt ermutigend waren.

Ich erinnere mich an ein Gespräch, das wir über den Tod führten. Ich sagte Dir damals, dass ich wollte, dass Du mich beerdigst, und Du hast gelächelt und genickt. Es schien uns angesichts unseres Altersunterschieds so offensichtlich!

Aber Du bist vor mir gegangen. Du bist gegangen, als Du noch so viel zu sagen und Anderen zu bringen hattest. Warum so früh? „Du bist jetzt in der Stadt des Friedens am Tisch der Gerechtigkeit und im Garten der Heilung", könnte man sagen. Ich möchte es glauben. Aber Du, die außergewöhnliche Freundin, der ich so viel verdanke, Du bleibst und wirst immer in meinem Herzen lebendig und gegenwärtig bleiben.

Dr. jur. Bernadette Jung, pensionierte Lehrerin, ehemalige Vorsitzende von ACAT Luxembourg und Mitglied des Vorstandes der ACAT Deutschland, ehemaliges Mitglied der Beratenden Kommission für Menschenrechte (Commission consultative des droits de l'Homme) in Luxemburg, früher: Gemeinde der Jesuiten, Luxemburg u.a.m.

Berlin – Friedensgemeinde, Pastoralkolleg, Synoden (1992–2005)

- **Volker Klepp, Um die Friedensgemeinde verdient gemacht**

Unser erstes Zusammentreffen mit Euch in der Friedensgemeinde war kurz nach Eurer Ankunft in Berlin 1992. Ihr erzähltet von Eurer vorigen Pfarrstelle in Luxemburg. Wir sprachen über die dortige Gemeinde und deren Zusammensetzung aus mehrheitlich sozial besser gestellten Menschen. Viola meinte, daß diese doch kirchliche und seelsorgerischere Betreuung auch nötig hätten.

Eine intensivere Phase unserer Zusammenarbeit begann durch die vielen Dinge, die wir gemeinsam mit der Fusion unserer beiden Gemeinden „Frieden" und „Grünes Dreieck" zu bewältigen hatten. Violas Freundlichkeit und Entschiedenheit, ihr großes Wissen und ihre menschliche Erfahrung haben uns über alle Klippen hinweg geleitet. Ich sagte bei ihrer Verabschiedung 2005 – ein wenig pathetisch, aber ehrlich –, sie habe sich um die Friedensgemeinde verdient gemacht. Durch ihre Freundlichkeit und Ausgeglichenheit war die Zusammenarbeit zwischen dem GKR-Vorsitzenden und ihr zunehmend freundschaftlich. Besonders gerne erinnere ich mich an ihre Bibelarbeiten; sie hat aus den ihr anvertrauten Schätzen so viel herausgefunden, wie ich es selten erlebt habe. Unsere Landeskirche hat ihr dann folgerichtig weitere Aufgaben übertragen.

Ihr wart das erste (oder zweite?) Ehepaar in unserer Landeskirche, das gemeinsam eine Pfarrstelle geteilt und ausgefüllt hat. Auch dafür ein herzlicher Dank, ebenso für das Engagement im Freundeskreis unserer evangelischen Akademie! …

Ministerialrat a.D. Dr. Volker Klepp war Vorsitzender des Gemeindekirchenrates der Friedensgemeinde.

- **Hildegard Panzer (mit Elisabeth Gärtner), Erinnerungen aus Wilmersdorf und Charlottenburg**

Ich kannte Viola Kennert seit den 1980er Jahren aus ihrer Arbeit im Kirchenkreis Wilmersdorf, wo ich in der Diakonie tätig war, besonders aus der Zusammenarbeit mit der Familienbildungsstätte und den kreiskirchlichen Gremien. Schon damals lag Viola die Arbeit mit Eltern und Kindern sehr am Herzen. Ihre engagierten und fundierten Beiträge waren ein großer Gewinn. Viola war immer partnerschaftlich zu allen, konnte so herzlich lachen, zuhören und mit der Leitung der FBS zusammenarbeiten.

Als Kennerts 1992 von Luxemburg in die Friedensgemeinde Charlottenburg kamen (ich wohnte inzwischen dort), entstand sehr bald der Wunsch, nach längerer Pause wieder Kindergottesdienst zu haben. Frau Gärtner und ich meldeten uns als erste Helferinnen. Die Zahl der Kinder wuchs schnell, so daß schon bald verschiedene Gruppen je nach Alter der Kinder eingerichtet wurden. Der Kindergottesdienst fand 14-tägig parallel zum Erwachsenengottesdienst statt und hatte eine feste Liturgie. Auch die Anzahl der Helfer(innen) wuchs, die Vorbereitung im Team, deren Leitung bei Viola lag, war so intensiv und gewinnbringend, dass eine der Helferinnen später Vorsitzende des Gemeindekirchenrates und eine andere Pfarrerin wurde. Zur Gemeinschaft der Helfer trugen auch die Fortbildungen bei, die ganztägig teils in der Gemeinde, teils außerhalb (Haus Kreisau, Haus der Kirche) stattfanden.

Im Kindergottesdienst wurde auf Initiative von Viola auch Abendmahl gefeiert – mit Mazzen und Traubensaft. Eine Besonderheit im Kindergottesdienst war der Ostergarten, den Viola einführte und der über sieben Sonntage in der Passions- und Osterzeit von den Kindern gestaltet wurde – eine Aktivität, die bald auch von anderen umliegenden Gemeinden übernommen wurde und bis heute in der Friedensgemeinde existiert. Großen Zuspruchs erfreute sich auch die Kinderbibelwoche in den Großen Ferien, ebenfalls maßgeblich vorbereitet von Viola und Team.

Viola hat uns Ehrenamtliche immer einbezogen, ernst genommen und zu Wort kommen lassen. Wir haben die Bibel neu und tiefer erlebt und unendlich viel dabei gelernt.

Hildegard Panzer und Elisabeth Gärtner waren über lange Jahre Mitarbeiterinnen im Kindergottesdienst und anderen Bereichen der Friedensgemeinde Charlottenburg.

▪ Marit von Homeyer, Respektvolles Miteinander

Es war Viola Kennert wichtig, dass ich die Zeit des Vikariats nutze, die verschiedenen Aufgaben, die ich nach und nach bekam, gründlich vor- und nachzubereiten und alle 14 Tage mit ihr im Gespräch zu reflektieren, anstatt dass ich in Aktionismus verfallen sollte. So hatte ich viel Freiraum, mir Schwerpunkte zu setzen, auch Besuche zu machen und die Menschen kennenzulernen und ihnen zugleich offen und gut vorbereitet zu begegnen. Bevor ich eine Aufgabe bekam – wie zum Beispiel eine Amtshandlung eigenständig durchzuführen, Kindergottesdienst zu leiten oder Zugezogene zu besuchen, hat sie gründlich mit mir besprochen, wie das üblicherweise abläuft, und mir auch ggf. Material in die Hand gegeben, wie z.B. eine Liste, was zu bedenken sei. Sie fand es gut, wenn Menschen merken, die Pfarrerin/Vikarin hat Mühe in die Vorbereitung gesteckt – wichtiger, als dass sie besonders spontan/zugewandt auftritt. Das war für sie Ausdruck von Respekt gegenüber den

Menschen und auch gegenüber der Aufgabe. Sie selbst begegnete ihren Mitmenschen – so jedenfalls habe ich es erlebt – auch sehr bewusst, freundlich, aber keinesfalls aufdringlich oder übergriffig, so dass man sich gewertschätzt fühlte als Mensch und in der Aufgabe, die es vielleicht zu tun gab. Wir behielten während der Vikariatszeit das „Sie" – als Ausdruck einer freundlichen und zugleich respektvollen Distanz.

Sie betonte auch, wie wichtig es ist, Dienst- und Privatleben zu trennen und z.B. einen eigenen Freundeskreis (außerhalb der Gemeinde) zu pflegen, ebenso wie einen Studientag – und eben den freien Tag. Mit diesem Anspruch – innerhalb der Gemeinde keine Freundschaften zu pflegen – setze ich mich innerlich oft noch auseinander – und immer wieder unterschiedlich: Zum einen war es natürlich sehr schwierig, in der besonderen Situation der Pflege meiner Mutter Freundschaften neben dem Dienst aufrecht zu erhalten und zu pflegen – aber ich habe auch erlebt, wie kompliziert es ist, wenn privat und dienstlich ineinander übergehen, so dass ich Viola Kennerts Haltung dazu nachvollziehen kann und richtig finde als Ideal. Auch erlebe ich derzeit (nach dem Tod meiner Mutter), wie leicht man als Pfarrerin mit familiären Erwartungen konfrontiert ist, denn viele Menschen wünschen sich unbewusst eine „Mutter" oder „Tochter" und verlieren leicht den Respekt, wenn man darauf eingeht. Auch im Gemeindekontext betonte sie, es sei gut, einander zu siezen – eben um ein respektvolles gegenseitiges Miteinander zu unterstützen. Damals fürchtete ich, zu viel Distanz könnte auch „kühl" wirken, im Entsendungsdienst bestätigte sich aber Viola Kennerts Rat als gut.

Sie betonte, Pfarrerin sei ein einsamer Beruf – eben weil man sehr auf mögliches Konkurrieren etc. in der Gemeinde Rücksicht nehmen sollte, und da man auch Meinungen gegen die Mehrheit vertreten können muss. Es war ihr wichtig, dass ich den Beruf Pfarrerin ganz bewusst auch als Frau reflektiere. Dadurch, dass sie eine Pfarrstelle mit ihrem Mann teilte, lebte sie bewusst vor, dass es wichtig ist, Familie und Beruf vereinbaren zu können und wie das für sie gehen könnte.

Die Arbeit mit Kindern, Familien, der Weltgebetstag und der Mirjamsonntag, die Kinderbibelwoche – und ein bewusster Umgang mit der Sprache auch in der Liturgie – lagen ihr am Herzen, und vieles davon konnte ich fruchtbringend weitertragen. Sie vermittelte, wie wichtig es ist, sorgsam und behutsam mit sich selbst umzugehen, um die Voraussetzung dafür zu schaffen, den Mitmenschen dann ebenso zugewandt, respektvoll, interessiert und kompetent begegnen zu können.

Das sind Eindrücke, die ich aus dem Vikariat mitgenommen habe und die mich seitdem begleiten. Es war für mich eine interessante und angenehme Zeit in der Friedensgemeinde und mit Viola Kennert.

Marit von Homeyer, ehemalige Vikarin, ist Pfarrerin in Berlin-Köpenick.

Karen Hollweg, Herzlich willkommen

Als ich im Jahr 2000 auf der Suche nach einer Kirchgemeinde für mein Gemeindevikariat war, empfahl mir eine Kollegin die Evangelische Friedensgemeinde in Berlin-Charlottenburg. Dort teilte sich Viola Kennert die Pfarrstelle mit ihrem Mann Michael. Telefonisch verabredete ich mit Viola einen Termin zum Kennenlernen. Als ich an der Tür des idyllisch gelegenen Pfarrhauses neben der Friedenskirche klingelte, öffnete sie mir. Ich sehe sie noch vor mir, wie sie im Flur stand, mich anstrahlte und aus vollem Herzen sagte: „Herzlich willkommen!" Es waren die ersten Worte, die ich bei der persönlichen Begegnung aus ihrem Mund hörte – und so fühlte ich mich auch in der Folgezeit bei ihr, egal was ich auf dem Herzen hatte: willkommen.

Mit Umsicht, Aufmerksamkeit und klarer Strukturierung hat Viola meine ersten Schritte im Pfarramt begleitet, mich auf Gottesdienste, Amtshandlungen und Gemeindeanlässe vorbereitet und Predigten und Erfahrungen anschließend mit mir reflektiert. Dabei habe ich sie als interessierte Gesprächspartnerin – immer auf Augenhöhe – und engagierte Theologin erlebt. Ihr besonderes Augenmerk galt den Familien und Kindern, der Dienst im zur Kirchengemeinde gehörenden Kindergarten war ihr ein Herzensanliegen. Die Familien dankten es ihr mit reger Teilnahme an Familiengottesdiensten, Kindergottesdiensten und an Gesprächsabenden über religiöse Erziehung im Kindesalter. Die Vereinbarkeit von Familie und Beruf versuchte Viola zu fördern, wo sie nur konnte; so war sie mir auch in späteren Jahren, als ich selbst Familie gründete, eine treue Ratgeberin.

In Erinnerung bleiben mir ihre große Freude an der theologischen Diskussion und am übergemeindlichen Engagement, das für sie zum Pfarrdienst ganz selbstverständlich dazugehörte. Aber auch manch praktischer Rat von ihrer Seite ist mir – auch wenn mein Vikariat inzwischen zwei Jahrzehnte zurückliegt – bis heute im Ohr, wie zum Beispiel: „Hülle dich zum Schutz in deinen Talar!" Wichtig war ihr ein bewusster Umgang mit der Pfarr-Rolle und das Ringen um Klarheit und Transparenz im Pfarrdienst.

Berührt hat mich ihre ehrliche Bestürzung, als ihr bewusst wurde, dass meine Generation ein anderes Verhältnis zur Landeskirche hat als ihre und meiner Generation aufgrund unserer Erfahrungen während der Ausbildung das „Urvertrauen in die Kirche" fehlt, das ihr wichtig war. Als feinfühlige Zuhörerin und authentische Gesprächspartnerin war sie darin für mich auch eine Brückenbauerin zwischen den Generationen.

Nachdem ich acht Jahre mit meiner Familie in der Schweiz gelebt habe, war ich unendlich traurig, in eine Kirche zurückzukehren, in der es Viola nicht mehr gibt. Ihre Stimme fehlt. Für mich bleiben viele Erinnerungen an eine kluge, fleißige und engagierte Theologin, an eine Kirchenfrau mit Leib und Seele und an eine attraktive Frau in farbenfroher, schicker Kleidung. Ihre vielen, in den unterschiedlichsten Situationen mit der Hand geschriebenen Postkarten hüte ich wie einen Schatz.

Karen Hollweg, ehemalige Vikarin, ist Krankenhauspfarrerin im Kirchenkreis Charlottenburg-Wilmersdorf, Berlin.

▪ Ellen Ueberschär, Zeit der Freiheit und der Augenhöhe

Mein erster Weg in Richtung Friedensgemeinde, am Grunewald entlang, durch baumbestandene Alleen mit Villen und wildromantisch vernachlässigten Gärten endet an der Klingel des Pfarrhauses in der Tannenbergallee. Die schlichte Klinkervilla neben einer Kirche, die mit ihrer Ausstrahlung der 1930er Jahre sofort Assoziationen von Kirchenkampf und Bekennender Kirche anklingen lässt. Viola Kennert empfängt die neue Vikarin mit froher Offenheit, und, ja, mit Augenhöhe und Vorfreude auf gemeinsame Arbeit, auf theologischen Austausch. Alles keine Selbstverständlichkeiten in der Ausbildung zur Pfarrerin in den „Nuller" Jahren.

Wie jedes gepflegte pfarramtliche Zimmer war Viola Kennerts theologische Denkstube vollgestopft mit Büchern und handschriftlichen Unterlagen. Ich kam aus einer Zeit, in der mir das Laptop in Archiven und Bibliotheken quasi an Hirn und Hand angewachsen war. Viola hingegen verfügte über eine absolut leserliche, ihre Genauigkeit in Sachfragen spiegelnde gerade Handschrift. Bis heute sehe ich ihre darin geordneten Gedanken vor mir.

Das Vikariat bei Viola Kennert war eine Zeit der Freiheit und der Augenhöhe, des schwesterlichen Teilens von Gedanken und Einschätzungen, des Mitgehens – im doppelten Wortsinn der Füße und des Verstandes. Von ihr konnte ich lernen, Struktur und Klarheit in das schier unendliche Feld der Gemeindearbeit zu bringen. Von ihr konnte ich lernen, Theologie und Gemeindepraxis zusammenzuhalten. Von ihr konnte ich lernen, zugewandt und freundlich zu den Menschen zu sein, aber im Auftreten gleichwohl entschieden. Die Bemerkung eines Gemeindegliedes, es zahle so viel Kirchensteuer, dass es die Pfarrstelle praktisch allein bezahlen würde, nahm sie mit heiterer Gelassenheit. Weitere Ansprüche der betreffenden Person ließ sie entspannt ins Leere laufen.

Überhaupt ihre Nüchternheit im Blick auf die Menschen. Ihre gesunde Distanz zu allerhand Leuten, insbesondere zu denen, die meinten, sich aufspielen zu müssen, spiegelte sich im trockenen Humor, der nie verletzend, sondern wertschätzend und leichtfüßig war. In diesem Humor verbarg sich zugleich eine Professionalität, im Eigenen zu bleiben und sich als endlicher Mensch im unendlichen Pfarramt zu behaupten.

Und natürlich die Kinder! In den engen, kleinen Räumen der Friedensgemeinde, oder nennen wir sie besser „Stübchen", waren sie alle willkommen. Für mich als junge Mutter war das ein Paradies. Nirgendwo sonst wäre es so akzeptiert gewesen, dass das eigene Kind bei den Gottesdiensten der Vikarin in den Altarraum stürmt, sich um die Beine ihrer Mama klammert, um danach beruhigt wieder zurückzutrotten. Dass Kindergottesdienst mehr sein kann als eine halbe Stunde, in der die Kleinen bespaßt werden, habe ich bei Viola gelernt. Die Gründlichkeit der Vorbereitung, der Aufbau einer Stunde auf die nächste, die verschiedenen Konzepte für unterschiedliche Altersgruppen, das jährliche Projekt eines Ostergartens, den die Kinder Passionssonntag für Passionssonntag gestalteten und mit biblisch-österlichem Leben füllten – all das hatte so hohe Qualität, dass die Kinder zum Kindergottesdienst strömten und ihre Eltern mitbrachten, nicht umgekehrt.

Eingeflochten in die Gemeindepraxis mit ihren zahllosen Lernfeldern führten wir immer wieder Gespräche und tauschten Überlegungen aus über das Wohin der Institution, über die Vision einer Kirche, die für andere da ist, die sich einmischt, die diakonisch und exemplarisch mitten in der Welt wirkt, einer glaubwürdigen Kirche, in der Männer und Frauen gleichberechtigt sind: Welche Theologie, welche Ausbildung, welche Transparenz, welche Schritte zu mehr Geschlechtergerechtigkeit, welches Führungspersonal, welche Balance zwischen Haupt- und Ehrenamt würden gebraucht, um diesem Ideal nahe zu kommen?

Unsere Gespräche darüber sind nie abgerissen. In meiner Zeit beim Kirchentag trafen wir uns regelmäßig auf der EKD-Synode und setzten das Gespräch fort, als wären wir gestern auseinandergegangen. Auf der Bundesebene war Viola als scharfsinnige Theologin, als engagierte Pfarrerin mit weitem Horizont hochgeschätzt. Mir kam Jesu Satz in Nazareth in den Sinn von der Prophetin, die nichts gilt im eigenen Land. Sie wäre die geborene Pröpstin für die EKBO gewesen. Aber es wurde anders entschieden.

Bei ihrer Abschiedspredigt als Superintendentin in Neukölln hatte ich in der überfüllten Kirche einen Platz auf der Empore in kurzer Entfernung zur Kanzel ergattert. So war ich meiner theologischen Lehrerin noch einmal so nahe wie im Vikariat. Und wie immer hätte ich sofort in einen jener lebhaften Dialoge einsteigen mögen, die uns so lange verbanden.

Pfarrerin Dr. Ellen Ueberschär, ehem. Vikarin, war Generalsekretärin des Dt. Ev. Kirchentages und Vorständin der Heinrich-Böll-Stiftung, seit Juni 2022 Vorständin in der Stephanus-Stiftung.

▪ Bettina Jordanov, Erinnerungen an Viola Kennert

Im Mai 2002 bekam ich überraschend einen Vikariatsplatz in der Friedensgemeinde Charlottenburg. Obwohl diese Zeit mittlerweile schon bald 20 Jahre
zurückliegt, begleiten mich bis heute viele Erinnerungen an die Begegnungen
dort und besonders an meine Mentorin Viola Kennert.

Es war für mich in vielerlei Hinsicht Neuland, in dem mich Viola herzlich
empfangen hat. Schritt für Schritt hat sie mich geduldig und einfühlsam mit
den vielfältigen Aufgaben und Menschen in der Gemeinde vertraut gemacht.
Dabei konnte ich von ihren reichen Erfahrungen profitieren, aber sie hat mir
auch immer den Freiraum gegeben, meine Ideen einfließen zu lassen und ein
eigenes Profil zu entwickeln.

Indem sie mir Vieles zugetraut hat, hat sie mir geholfen, mein Vertrauen
in Gott, in andere Menschen und in meine eigenen Fähigkeiten zu stärken.
Für die Vor- und Nacharbeit von Predigten und Veranstaltungen und für
intensive Gespräche hat sie sich Zeit genommen. Es war ihr wichtig, Unsicherheiten, Probleme und offene Fragen zeitnah anzugehen, zu reflektieren und gemeinsam Antworten und Lösungen zu suchen. Sie gab gern weiter, was ihr selbst auf ihrem Weg als Pfarrerin geholfen hatte – aber nie als
Belehrung, sondern immer als eine Möglichkeit, die ich als Orientierung
nutzen konnte oder auch nicht. Doch nicht nur die innergemeindliche
Arbeit brachte sie mir nahe, sie gewährte mir auch einen Blick in die verschiedenen Gremien, in denen sie tätig war, z.B. im Theologischen Ausschuss der Synode.

In alledem erlebte ich sie als sehr souverän, professionell und gut organisiert, zuweilen in einer höflichen Distanz, die mich gelegentlich auch verunsichert hat. Sie hatte hohe Ansprüche an sich selbst und an andere. In ihrer
freundlichen und offenen Art, aber auch in ihrer Strukturiertheit und mit
ihrem Weitblick ermöglichte sie mir eine lehrreiche und lebendige Vikariatszeit, von der ich in meinem Pfarrdienst bis heute profitiere. Ich mochte sie
sehr und bin dankbar, sie als Mentorin gehabt zu haben.

Bettina Jordanov, ehemalige Vikarin, ist Pfarrerin in Boxberg/Oberlausitz.

▪ Karen und Jürgen Wehrmann, Lieb und wert

Das Wort „wert" kommt mir in den Sinn, wenn ich an Viola Kennert denke.
Sie war mir als Amtsschwester und Kollegin im Kirchenkreis Charlottenburg
lieb und wert: Eine Frau, die klar vermitteln konnte, worauf es ihr ankam.
„Egal" und „irgendwie" gehörten nicht zu ihrem Sprachgebrauch. Im Pfarrkonvent wusste ich nicht immer vorher schon, was sie sagen würde, aber

wie sie es sagen würde: ruhig, besonnen, nicht eifernd, nicht besserwisserisch, sachlich argumentierend, nachdenklich fragend, nie weitschweifig, knapp, klar, gedanklich möglichst genau. Möglichst konstruktiv, manchmal mit gewinnendem Lächeln oder auch mit feinem ironischen Unterton.

Sie ließ keinen Zweifel daran, worauf sie Wert legte: auf eine gepflegte äußere Erscheinung, auf ein gewisses Flair, das sie unverkennbar umgab, auf gepflegte Sprache und Umgangsformen, auf Weltoffenheit und -gewandtheit. Auch deshalb haben die im Kirchenkreis ehrenamtlich engagierten Frauen Viola gebeten, den alljährlichen, von Frauen aus aller Welt vorbereiteten Weltgebetstag miteinander zu bedenken und zu gestalten. Und weil ihr diese Gottesdienste über alle Grenzen hinweg selber lieb und wert waren, war sie bereit, sich sachkundig zu machen und uns etwas von den theologischen, traditionellen, kulturellen, sozialen und existentiellen Lebensbedingungen und Anliegen von Christinnen in den verschiedenen Erdteilen und Ländern zu vermitteln. Diese Zusammenarbeit hat es mit sich gebracht, dass sie uns bei unseren Aufgaben als Multiplikatorinnen in unseren Gemeinden stärkte und manche von uns auch hilfreich persönlich-seelsorgerlich begleiten konnte.

Herzhaft hat sie den Wortlaut und die Sache der Bibel mit der ihr eigenen kritisch-orientierenden maßgeblichen Kraft zu ihrer eigenen Sache gemacht. Was sie vor allem wertschätzte, war wohl, dass wir uns in einer Atmosphäre der gegenseitigen Wertschätzung begegneten, uns gegenseitig mit Benimm und Anstand freundlich respektierten. Dazu gehörte bei ihr auch ein feines Gespür für den nötigen Abstand, aus dem heraus wir uns nicht zu nahe traten, so dass die Erinnerungen an sie eher von Beobachtungen aus einer gewissen Distanz, nicht Distanziertheit, heraus geprägt sind als von Kenntnis aus vertrauter Nähe. Und gerade so hat sie uns im Pfarrkonvent wie auch im Präsidium der Kreissynode erfrischend gut getan.

Nah brachte sie mir, lieb machte sie mir, wenn zu spüren war, dass sie unter der Hülle der Selbstbeherrschung auch verletzlich sein konnte. Dazu ihr herzliches spontanes Lachen und ihre Freude daran, mit ihren Gästen zu genießen, womit sie ihnen den Tisch als Augen- und Gaumenweide gedeckt hatte.

Da ich Viola Kennert nicht ins Herz schauen konnte, kann ich nur mutmaßen, was sie zu ihrem Weg aus dem Gemeindepfarramt und über den Kirchenkreis hinaus bewegt hat: Sie hatte unsere gesamte Kirche im Blick, ihre Befindlichkeit, ihre Bedürfnisse und Angewiesensein auf gemeinsame Wegmarkierungen, Zielrichtungen, Visionen, auf Verteilungsgerechtigkeit und Erfahrungsaustausch. Sie wusste gut, dass leitende Ämter und Lehraufgaben nicht überflüssig, sondern notwendig sind. Dass es nicht genügt, über „die da oben" zu reden. Sie war bereit, nicht einfach immer nur andere machen zu lassen, sondern auch selber Verantwortung für die Gestalt unserer Kirche zu übernehmen, sie selber mit Fleiß und nach Kräften zu prägen und zu fördern. Wobei wir sicher nicht immer nur ein Herz und eine Seele waren in den Jahren, in denen sich die kirchenleitenden Gremien eher von den betriebswirtschaftlichen und strukturellen Vorgaben der Unternehmensberater eine Zukunft für unsere Kirche zu versprechen schienen als von biblisch-theologischen Impulsen und Kriterien für eine Gemeinschaft eigener Art. Jedenfalls war es für uns überaus wertvoll, Viola unter uns, bei uns, für uns in Charlottenburg zu wissen. Dafür sind wir von Herzen dankbar. (Pfingsten 2021)

Karen Wehrmann (Kreisfrauenarbeit) und Jürgen Wehrmann (ehem. Pfarrer der Gustav-Adolf-Gemeinde) aus dem Kirchenkreis Charlottenburg.

■ **Laura, Rosa und Erdmut Wizisla, Eine tröstende Freundin**

Ob, wenn liebste Menschen gegangen sind, Trost für die Zurückbleibenden möglich ist, können alle nur für sich selbst entscheiden. Der Schriftsteller Uwe Johnson hat in einem Nachruf für Werner Düttmann einen bemerkenswerten Satz gesagt: „Wenn es einen Trost gibt, wir können ihn beziehen von dem Menschen, dessen wir gedenken." Das hieße ja, dass Erinnern, Erzählen von denen, die schon voraus gegangen sind, den Schmerz lindern kann, vielleicht lindern kann.

Viola wusste darum. Sie war uns, als wir einen schweren Verlust erfahren haben, eine wirkliche Seelsorgerin und eine Lehrerin für das, was Trauern bedeuten kann. „Ihr dürft ungerecht sein!", war eine ihrer ersten Ermutigungen, als wir nicht wussten, wie wir uns gegen übergriffiges Mitgefühl wehren sollten. Und: „Schritt für Schritt" (gesprochen mit ihrem unvergesslichen „r"), das war eine andere Lehre. Denkt nicht an Weihnachten, nicht an den nächsten Sommer, wie der sein könnte, ohne mit eurer Liebsten unterwegs sein zu dürfen. Denk an das, was du in der nächsten Stunde zu tun hast, heute Abend, morgen. Das macht die Aufgaben fasslicher, nimmt ihnen etwas von der Schwere und es nimmt dem Schmerz das Unermessliche, Grenzenlose.

Viola, die tröstende Freundin, war eine Meisterin darin, Erinnerungen an Verstorbene zu verschenken. Sie vergaß kein für unsere Familie wichtiges Datum. Manchmal war es erst eine ihrer so feinen, so gut riechenden Karten, die darauf aufmerksam machte, dass jetzt dieser oder jener Jahrestag ist – alle kamen pünktlich, die Post war ihr und uns gnädig. Immer wieder fiel ihr eine Begegnung ein, ein Gespräch, ein Satz, gesprochen von der Verstorbenen zu ihr über uns. Woher hatte sie all diese Geschichten?

Wir denken an Viola mit Schmerz, dass sie nicht mehr bei uns ist, tiefer Dankbarkeit und der Hoffnung, dass das Erzählen von unseren Toten sie bei uns halten kann. Wenn es einen Trost gibt, wir können ihn beziehen von dem Menschen, dessen wir gedenken.

Dr. Erdmut Wizisla ist Literaturwissenschaftler, die Töchter Laura Wizisla Pfarrerin und Rosa Wizisla Juristin.

▪ Manon Althaus, Viola geht

Viola geht. Die Menschen drängen sich im neugebauten Gemeindehaus der Friedensgemeinde. Um 14 Uhr hatte der Abschiedsgottesdienst begonnen, in der Kirche mit ihr als Gemeindepfarrerin. Zum letzten Mal: In diesem Gottesdienst wurde sie aus dem Gemeindedienst 2005 verabschiedet, nach 13 Jahren. Lang war er gewesen, der Gottesdienst und dicht und voller Klänge. Dann nur über den Weg hinein ins Gemeindehaus. Und alle gingen mit: die Frauen und Männer und Kinder aus der Gemeinde, ihr Mann und die beiden Söhne, die Pfarrkolleg:innen aus dem Kirchenkreis und die Mitarbeitenden, Freund:innen und Weggefährt:innen. Und die Menschen, mit denen Viola in der Frauenarbeit, in der Ökumene aktiv war und in der Landessynode und der Synode der EKD gemeinsam Kirche leitete. Und noch viele mehr. Der große Saal im Gemeindehaus hatte sich immer mehr gefüllt: mit Menschen, mit Gesprächen, mit einem fröhlichen Gewusel.

Sekt gibt es und Saft, in schmalen Gläsern. Kaffee und Kuchen. Die Menschen stehen dicht und alle haben zu reden: von den gemeinsamen Zeiten, von dem, was gewesen ist. Von dem Glück der gemeinsamen Jahre, von den Ereignissen und Erlebnissen mit der Pfarrerin, der Theologin, der Seelsorgerin, der Freundin. Sie stehen und gehen, kommen zusammen und mischen sich neu, treffen sich wieder. Ein herrlich-trubeliges Gewusel. Dazwischen – wie Unterbrechungen – das, was zum festen Bestand gemeindlicher Abschiede gehört: Grußworte, Dankesworte, Lobesworte, geistliche Worte. Lieder, Vorführungen, Geschenke, Blumen. Lachen und ein paar versteckte Tränen. In der Mitte immer wieder sie: Viola, umgeben von der feinen Wolke ihres Parfüms.

Irgendwann an diesem Nachmittag schlägt eine Gabel gegen ein Glas. Mehrfach, deutlich. Irgendwann ebben die Gespräche ab, die Menschen bleiben an dem Ort, an dem sie sind. Und richten sich aus, sehen zu Viola hin, die einfach im Raum steht. Und zu sprechen beginnt, vielleicht mit einem Zettel in der Hand, vielleicht frei, in jedem Fall vorbereitet. Sie hebt ihr Glas und dankt allen, die gekommen sind. Und blickt sich um, nimmt Menschen in den Blick. Sie dankt allen für die gemeinsame Zeit in der Gemeinde, im Kirchenkreis. Klar die Stimme, deutlich und vernehmlich, in ihrem so eigenen Tonfall und Akzent. Jetzt könnte ihre Rede schließen.

Doch sie spricht weiter: „Ich möchte heute auch um Verzeihung bitten. Ich bitte diejenigen um Verzeihung, die ich nicht besucht habe, obwohl ich es versprochen hatte. Ich habe Menschen Unrecht getan. Ich habe Menschen übersehen. Ich war nicht immer da, wenn ich gebraucht wurde. Ich möchte all die um Verzeihung bitten."

Viola senkt ihr Glas. Kein Wort, keine Bewegung. Ein langer Moment Stillstand. Und dann Applaus, fast zögerlich erst, dann kräftig. Ja, Viola geht.

Manon Althaus, Kollegin und Weggefährtin, ist Pfarrerin in Neu-Westend, Berlin-Charlottenburg. Sie hielt die Trauerfeier zu Violas Beisetzung im August 2020.

■ Ulrike Metternich, Wir hatten doch noch so viel vor

Viola Kennert lernte ich 2005 kennen, als sie die Leitung des Pastoralkollegs in Brandenburg an der Havel übernahm. Zu der Zeit arbeitete ich als theologische Referentin für die Frauen- und Familienarbeit der EKBO (AKD). Die damalige Leiterin und Landespfarrerin für Frauenarbeit, Dr. Christiane Markert-Wizisla, hatte eine jährliche Kooperationstagung mit dem Pastoralkolleg in Brandenburg ins Leben gerufen, die sich mit Themen aus der Sozialgeschichte und der Feministischen Befreiungstheologie großer Beliebtheit erfreute. Wir hatten schon eine gute und erprobte Zusammenarbeit mit Frau Heilgard Asmus, der Vorgängerin von Viola Kennert, aufgebaut. Mit Viola Kennert entwickelte sich schnell eine wunderbare Zusammenarbeit und eine gegenseitige freundschaftliche Wertschätzung.

Wir hielten Kontakt zueinander, auch als ich mit meinem Mann 2007 in die USA ging. Ja, das Ehepaar Kennert besuchte uns sogar auf einer seiner Amerikareisen in unserem Haus in Lower Gwynedd, in der Nähe von Philadelphia. Was für ein schöner Zufall, dass der Pfarrer unserer Lutherischen Kirchengemeinde in Lansdale (USA), Eric Shafer, Viola Kennert schon aus ihrer früheren Zeit in Chile kannte. Irgendwie ist die Welt doch ein Dorf.

In unsere Zeit in den USA fällt der tragische und viel zu frühe Tod von Christiane-Markert Wizisla, mit der wir so viele Jahre zusammengearbeitet hatten. Voller Betroffenheit flogen mein Mann und ich zur Beerdigung nach Potsdam, die in sehr einfühlender Weise von Viola Kennert gehalten wurde. Viola Kennert war vielen eine einfühlsame und stärkende Seelsorgerin.

Als wir aus den USA zurückkamen, war Viola Kennert Superintendentin in Neukölln geworden und die gemeinsamen Stunden waren kostbar. Ich erinnere mich, dass Viola auf einer Sommerakademie-Tagung in Berlin-

Schwanenwerder erschien, mich umarmte und sagte: „Ich kann leider nicht an der ganzen Tagung teilnehmen, aber diesen Vortrag kann ich mir nicht entgehen lassen." Viola war warmherzig und klug. Sie hatte ein großes Gespür für Menschen und ihre Beziehungsstrukturen.

Als Viola pensioniert wurde, trafen wir uns öfter und entwickelten gemeinsame Pläne. Ich bat sie, in den Freundeskreis der Evangelischen Akademie einzutreten und sich in den Vorstand wählen zu lassen. Sie wäre eine große und wunderbare Bereicherung gewesen. Viola hätte es sehr gerne gemacht, doch dann kam die Nachricht, dass sie erkrankt sei und alle Pläne fanden ein Ende. Sie fehlt mir sehr, wir hatten doch noch so viel vor …

Dr. Ulrike Metternich ist Vorsitzende des Freundeskreises der Ev. Akademie Berlin.

■ **Margarete Möbius (mit Gabriele Fichtenhofer),**
Unterstützend parteiliche Gesprächspartnerin

Viola Kennert war für uns als Engagierte in der Frauenarbeit wichtig als immer anfragbare kompetente und in Gleichstellungs- und Geschlechterthemen reflektierte und im Sinne von unterstützend parteiliche Gesprächspartnerin. Sie war dabei nicht oder kaum ausdrücklich in Frauen- oder Gleichstellunggremien aktiv, sondern eben geachtete Gesprächspartnerin und Beraterin gerade vor dem Hintergrund ihrer vielfältigen Engagementfelder: Landessynode, dort Theologischer Ausschuss, EKD Synode, Missionsrat.

Sie war in all diesem theologische und spirituelle Lehrerin und Vorbild, gerade indem sie das (Kirchen-)Politische immer mit einer Wahrnehmung der Einzelnen und ihres jeweiligen Engagements und mit einer geistlichen Grundhaltung verband, die sich nicht zuletzt in immer auf den Anlass abgestimmten Andachten ausdrückte. Ihre liturgische Sprache war von einer Grundhaltung der Geschlechtergerechtigkeit durchdrungen.

In früheren Jahren war sie engagiert im Pfarrerinnenkonvent (Berlin-West). Zusammen mit meiner Vor-Vorgängerin Dr. Christiane Markert-Wizisla hat sie ein feministisch-theologisches Pastoralkolleg aufgelegt, das wir viele Jahre lang fortgeführt haben.

Zuletzt war sie auf meinen Horizont bezogen tätig: beratend für die neue Projektstelle im AKD „Leben in Vielfalt – Gender und Diverstät"; beratend und begleitend im Mentoringprojekt für ordinierte Frauen (2019), insbesondere in der Konzeption und in der Auswertung (Abschlussstatement) sowie als Gesprächspartnerin an einem Abendgespräch; sie wäre bereit gewesen, auch in Bezug auf die Familienbildung in einem Gremium Verantwortung zu übernehmen, dazu kam es durch die Erkrankung nicht mehr. In Bezug auf

Familienbildung hatte sie über die Jahre auch eine fundierte, unterstützende und visionäre Expertise erwiesen.

Margarete Möbius ist Studienleiterin für Frauenarbeit im Amt für Kirchliche Dienste (AKD) der Landeskirche; Gabriele Fichtenhofer ist Pfarrerin.

▪ Holger Bentele, Über den eigenen Tellerrand

Ein besonderes Anliegen von Viola Kennert war der Öffentlichkeitsbezug der Kirche, so habe ich das wahrgenommen. Ziel ist es, gerade auch die Menschen zu erreichen und anzusprechen, die nicht zu uns gehören. Als Kirche müssen wir daher über unseren eigenen Tellerrand hinausschauen und immer wieder daran arbeiten, wie wir sprachfähig in die Welt hineinwirken und in Netzwerken im Gemeinwesen in der Welt präsent sind. Eine Kirche, die sich nur um sich selbst dreht, die verfehlt ihren Auftrag. Und daher müssen auch Fort- und Weiterbildungen sich danach ausrichten.

Holger Bentele ist Leiter des Pastoralkollegs der EKBO.

▪ Martin-Michael Passauer, Eine Weggefährtin im kirchenleitenden Alltag

Begegnet sind wir uns seit 1996 immer wieder. Sie als Beauftragte für Ökumene und Mission und Pfarrerin im Kirchenkreis Charlottenburg und ich als frisch gewählter Generalsuperintendent des Sprengels Berlin. Zunächst stand in unserer Kommunikation ihr Mann Michael im Vordergrund. Wir kannten uns seit Anfang der sechziger Jahre. Aber je öfter wir uns auf synodaler Ebene trafen, umso mehr fanden sich gemeinsame Interessen, die unsere Gespräche bereicherten. Sie fragte – ähnlich wie ich – nach einer Kirche in der Hauptstadt, die dabei war, aus Ost und West zusammenzuwachsen. Sie fragte in erster Linie nach Inhalten, nach Schwerpunkten, Gewissheiten und dann erst nach Strukturen.

So war es für mich nicht überraschend, dass wir uns gemeinsam in einem von der Kirchenleitung berufenen Ausschuss befanden. Er sollte eine mögliche Fusion der Ev. Kirche schlesische Oberlausitz mit unserer Berlin-Brandenburgischen Kirche vorbereiten. Natürlich stehen am Anfang solcher Gespräche Befürchtungen, Ängste und Vorurteile. Unsere Landessynode hatte sich gerade mit einer Grundsatzerklärung zu Fragen gleichgeschlechtlicher Ehen beschäftigt. Für die eher pietistisch geprägte Kirche der schlesischen Oberlausitz eine fast unüberwindbare Hürde. Hier hat Viola Kennert mit viel

Einfühlungsvermögen, klugem Nachfragen und erkennbarem Verständnis Türen geöffnet. Es war ihr abzuspüren, dass es ihr vorrangig immer mehr um den Menschen und seine Lebensauffassungen als um Strukturen und Kirchengesetze ging. Ihre Authentizität war einladend und überzeugend. Auch dank ihrer Hilfe gelang die Fusion.

Diese Gaben haben sie auch qualifiziert, sich später um die Stelle der Pröpstin zu bewerben. Als sie das Pastoralkolleg unserer Kirche leitete, merkte man an den ausgedruckten Einladungen und Programmen, wie sehr ihr an inhaltlichen Diskussionen lag. Sie wollte eine Kirche mitgestalten, die mehr mit ihren Inhalten, ihrer Ausstrahlung und Glaubensgewissheit einlädt.

Dieses Interesse konnte sie sehr gut vor Ort umsetzen, als sie zur Superintendentin des Kirchenkreises Neukölln gewählt wurde. Ein Kirchenkreis, der seit Ende der neunziger Jahre versuchte, innerhalb seiner neu gesetzten geografischen Grenzen Gemeinden aus Ost und West in eine gute Gemeinschaft zu führen. Dass man heute von all den mit einer Fusion verbundenen Ängsten kaum noch etwas spürt und auch hier unsere Kirche immer als „Salz der Erde" erkennbar ist, bleibt eines ihrer großen Verdienste.

Sehr gerne war ich in ihrem Ruhestand an ihrer Seite, um Mitarbeitende in der Diakonie für das „Diakonische" in ihrer Arbeit zu sensibilisieren. Auch hier vermissen wir sie sehr. Sie hat viele Spuren hinterlassen.

Martin-Michael Passauer war von 1996 bis 2008 Generalsuperintendent des Sprengels Berlin.

- **Karl-Heinrich Lütcke, Natürliche Autorität**

Lieber Bruder Kennert, von 2001 bis 2002 hat der Theologische Ausschuss unter der engagierten Leitung Ihrer Frau an dem Thema „Frage der Segnung gleichgeschlechtlicher Lebensgemeinschaften" gearbeitet. Ihre Frau hat den Text unterschrieben, zu meiner Überraschung als „stellv." Vorsitzende. Da muss dann Prof. Gestrich offiziell noch Vorsitzender gewesen sein; aber bei diesem Thema hat Ihre Frau die Leitung übernommen, und später war sie dann „die Vorsitzende".

Zu Ihrer Frage nach dem Eindruck, den Ihre Frau auf mich gemacht hat, hier ein paar Gedanken: Sie hatte, wenn sie leitete, eine natürliche Autorität. Sie war sehr klar in ihren Ansagen und Darlegungen. Die sorgfältige theologische Reflexion der Sachthemen war ihr wichtig. Im Theologischen Ausschuss war sie sichtlich bemüht um Einbeziehung auch der abweichenden Meinungen und vergewisserte sich immer wieder, wie der Ausschuss insgesamt „tickte". Die Stärkung der Gemeinden war ihr ein wichtiges Ziel.

Dr. Karl-Heinrich Lütcke war von 1990 bis 2005 Propst der EKiBB/EKBO.

- **Gottfried Brezger, „Leitung wird begründet durch das unverfügbare Wort und wirkt durch Überzeugung" – von und mit Viola Kennert lernen**

Im Ausschuss der Landessynode der EKBO für Theologie, Liturgie und Kirchenmusik konnte ich als Stellvertreter von Viola Kennert viel von und mit ihr lernen. Ihre Handschrift finde ich wieder in einer Vorlage vom Juli 2008 zu Themen, die dem Ausschuss von der Synode zugewiesen worden waren.

(1) Gottesdienst.
Viola Kennert beschreibt als Ziel für den Gottesdienst die „Intensität und Vielfalt, die viele einlädt, zu kommen und auch mitzumachen", und sie legt großen Wert auch auf die äußere Gestaltung und „Sorgfalt bei der Raumgestaltung, Begrüßung und Verabschiedung".

(2) Gemeinde und Gemeinschaft der Gemeinden.
Ausgangspunkt ist der Gedanke: Gemeinde ist „nicht nur die verbindliche Gemeinschaft, sondern auch ein Ort, den man ‚bei Gelegenheit' aufsucht".

(3) Wahrnehmung von Leitung und Beauftragung.
Das bedeutet: „Leitung ist auf Verbindlichkeit (‚innere Leitung') begründet und wirkt darauf hin."

Viola hatte die Gabe, Offenheit für andere Sichtweisen und Beachtung der Voten von Minderheiten, Klarheit in der eigenen Positionierung und Ermutigung insbesondere von Frauen zusammenzubringen und zusammenzuhalten. Ihre Worte kamen aus der gut vorbereiteten Nachdenklichkeit und brachten unser Nachdenken in Gang. Sie konnte auch komplizierte Zusammenhänge auf den Punkt bringen. Langatmige Ausführungen im Ausschuss waren nicht ihre Sache. „Es ist ja mein ‚Dauerthema', dass wir nicht unsere eigene Fortbildung machen können" – das schrieb sie, obwohl sie so viel von der Notwendigkeit von Fortbildung hielt. Ihr ernsthaftes Dranbleiben vertrug sich mit ihrem entspannten Lachen. „Leitung setzt ‚geistliche' Kompetenz und Orientierung auch in ‚weltlichen' Dingen voraus" – auch dieser Satz steht in der Vorlage des Ausschusses.

Viola brachte reiche Erfahrungen aus übergemeindlichen und gemeindlichen Diensten mit, die sie auch in ihrer Leitungsfunktion als Superintendentin in der Gemeinschaft der Gemeinden und darüber hinaus in vielen übergemeindlichen Verantwortungsbereichen bis hin zur Leitung des theologischen Ausschusses der EKD-Synode einsetzen konnte. Bei ihrem Leitungsstil und ihrem Umgang mit der Theologie und der Bibel fällt mir das Gebäude der Philharmonie ein, bei dem Hans Scharoun das Bauprinzip verfolgte, von innen nach außen zu bauen. „Von innen", das bedeutet: „begründet durch das unverfügbare Wort", das nach außen „wirkt durch Überzeugung" (Ausschuss-Vorlage).

Von 1992 bis 2005 war Viola Pfarrerin in der Friedensgemeinde in Charlottenburg zusammen mit ihrem Mann Michael. Zu dieser Gemeinde gehört die Erinnerungs- und Begegnungsstätte Bonhoeffer-Haus in der Marienburger Allee 43. Im September 2019 waren beide mit dem Team des Bonhoeffer-Hauses, in dem Michael mitgearbeitet hat, unterwegs nach Breslau/Wroclaw zum Gespräch mit Verantwortlichen für die Ev. Kirche und für die Erinnerungsarbeit unter den schwierigen politischen Bedingungen in Polen. Es war die letzte gemeinsame Reise von Viola und Michael.

Pfr. i. R. Gottfried Brezger, ehem. Theol. Ausschuss der Landessynode der EKBO, ist Vorstandsvorsitzender der Erinnerungs- und Begegnungsstätte Bonhoeffer-Haus e.V. Berlin-Charlottenburg.

- **Sigrun Neuwerth, Wenn sie sich meldet, kommt etwas Wichtiges**

Sie war nicht zu übersehen. Hoch gewachsen, sicheren Schrittes, mit aufmerksamen Augen, immer chic gekleidet – wenn sie ans Mikrofon trat, war klar, dass man auch an ihren Argumenten nicht vorbei kommen würde. Mit charakteristisch rollendem R trug sie freundlich und entschlossen vor, was zu sagen war. Meistens zu einem ihrer Kernanliegen: Theologie, Mission, Gerechtigkeit – auch für die Rolle der Frau in Kirche und Gesellschaft.

In der Landessynode war sie eine der sehr wenigen Frauen, die sich neben diesen Anliegen auch zu den Themen Finanzen und Bauen äußerte. Besonders gern brachte sie die theologische Dimension ein, sie hatte in der vorherigen Synode den theologischen Ausschuss geleitet. Im Präsidium wussten wir: Wenn sie sich meldet, kommt noch etwas Wichtiges, vielleicht Entscheidendes, jedenfalls gut Formuliertes. Wir wurden nie enttäuscht. Sie brachte immer eine neue Perspektive ein, glaubwürdig und um der Sache willen uneitel, erforderlichenfalls auch strategisch durchdacht.

Kennengelernt habe ich sie in einem Gespräch zur Vorbereitung der Wahlen ins Generalsuperintendentenamt Berlin zum Ende der Amtszeit von

Martin-Michael Passauer. Aufgeräumt, reflektiert, neugierig ging sie die Überlegungen für dieses Amt an. Sie leitete damals das Pastoralkolleg in Brandenburg. Dann verlor ich sie aus den Augen, bis ich in die Landessynode kam, wo ich sie als Superintendentin und Vorsitzende des Ausschusses für Theologie, Liturgie und Kirchenmusik wiedertraf.

Viola Kennert hat mich gecoacht für meine Kandidatur zum Präsesamt. Nachdem ich mich spät und nach etlichen Anfragen zur Kandidatur durchgerungen hatte, nahm sie sich viel Zeit, um mit mir das Wie durchzugehen: Was erwartet mich, wie kandidiere ich in der Synode und: Wie weiter, wenn ich nicht gewählt werde? Von Anfang bis zu Ende durchspielen, Verhalten im Falle des Erfolgs wie des Scheiterns, so hat sie mich gestärkt und vorbereitet.

Frauen stärken und in ihrer Gleichwertigkeit wahrnehmen und achten, das hat sie immer umgetrieben, das verlangte sie von der Synode. Viel Intelligenz und Kraft hat sie eingebracht in Prozesse, um mehr Frauen in die Ämter der mittleren Ebene, vor allem als Superintendentinnen zu bringen.

Als Emerita nahm sie den Vorsitz der Kommission zur Aufarbeitung sexueller Gewalt an. Auch hier waren alle Fähigkeiten gefragt, von Empathie bis Strategie. Und sie war bereit und auch fähig, als aufmerksame Seelsorgerin zugleich eventuell nötige Distanz gegenüber dem eigenen Berufsstand einzunehmen. Hier fehlt sie uns nun besonders.

Sigrun Neuwerth, Dipl.-Ing. agr., Referatsleiterin im Bundesministerium für Ernährung und Landwirtschaft i.R., war Präses der Landessynode der EKBO von 2015 bis 2021.

▪ Irmgard Schwaetzer, Ihre kluge Weitsicht fehlt

Als Viola Kennert 2015 nicht wieder für die EKD-Synode kandidierte, wurde dies von vielen Synodalen als ein Einschnitt empfunden – und es war einer.

Viola Kennert hat in den 12 Jahren ihrer Mitgliedschaft die EKD-Synode mitgeprägt: als leidenschaftlich diskutierende Synodale, als Mensch mit viel Gespür für andere Menschen, als ergebnisorientierte Verhandlerin im Ausgleich zwischen verschiedenen An- und Einsichten, als Netzwerkerin zwischen Menschen mit unterschiedlichen Erfahrungen und Erwartungen. Ihr Wort hatte Gewicht, Ihre Wortmeldungen brachten Diskussionen voran und lösten stockende Prozesse in schwierigen Meinungsbildungen auf. Ganz selbstverständlich waren ihre Argumente theologisch geprägt, forderten Gerechtigkeit ein und zielten auf Veränderung der Situation von Menschen in Not, am Rande der Gesellschaft oder bei Problemen, die sie allein nicht lösen konnten. Als Vorsitzende des synodalen Ausschusses Schrift und Verkündigung setzte sie die Bindung allen Tuns der Christen an die Schrift in den Beschlüssen der Synode sichtbar um.

Einen Tag in unserer gemeinsamen Arbeit werde ich nie vergessen. Am Sonntag, den 10. November 2013 war ich so gegen 23.00 Uhr überraschend – nachdem die vorherigen Wahlen zwischen anderen Kandidaten nicht erfolgreich waren – zur Präses der EKD-Synode gewählt worden (und ich bin sicher, dass Viola dies intensiv gefördert hat). Am nächsten Morgen leitete ich die Verhandlungen der Synode zum Schwerpunktthema „Es ist genug für alle da – Welternährung und nachhaltige Landwirtschaft". Viola Kennert hatte den Vorbereitungsausschuss geleitet und brachte den Entwurf für einen Beschluss der Synode im Plenum ein. Kurz und präzise deklinierte sie alle Fragen der Gerechtigkeit und der Teilhabe in Nord und Süd und zwischen Nord und Süd, zwischen Wirtschaft und Landwirtschaft, Verschwendung und Nachhaltigkeit durch – nicht, um sie ausschließlich in einen Gegensatz zu bringen, sondern um sie aufeinander zu beziehen. Und am Schluss plädierte sie für ein „Wachstum der Genügsamkeit", einer Transformation auch unserer Lebenshaltung. Es wurde am Ende eine sehr gute Wegweisung für die Arbeit der evangelischen Kirche.

Viele Jahre war Viola Kennert eine der Sprecherinnen der „Gruppe offene Kirche". In den synodalen Arbeitsgruppen lernen sich Synodale über landeskirchliche Grenzen hinweg kennen und diskutieren die Meinungsbildung zu ethischen und theologischen Themen, von Zeit zu Zeit auch Strukturen und Personalfragen. Viola Kennert hat über viele Jahre diesen wichtigen Meinungsbildungsprozess in der größten Arbeitsgruppe der Synode geprägt, immer am Wort der Schrift ausgerichtet, an der Entwicklung einer lebendigen Kirche für menschliche Bedürfnisse ausgerichtet. Dabei verlor sie nie die gleichberechtigte Teilhabe von Frauen aus den Augen, sondern förderte sie nachdrücklich. Viola gab in diesen Prozessen Orientierung und hat damit den Zusammenhalt in der Synode gefördert. Schon in den letzten Jahren, in denen Viola nicht mehr Synodale in der EKD-Synode war, fehlte ihre kluge Weitsicht.

Auch nach ihrem Ausscheiden aus der Synode der EKD ließ sich Viola Kennert für die Themen anfragen, die ihr besonders am Herzen lagen. Sie wirkte mit großem Engagement im Vorstand von „Aktion Sühnezeichen – Friedensdienste" mit an dem Thema, das sie sehr bewegte: die Aufarbeitung der Schuld auch der evangelischen Kirche an den nationalsozialistischen Verbrechen und die Erinnerung daran. Die Generationen von Freiwilligen von Aktion Sühnezeichen – Friedensdienste, die seit der Gründung am Rand der Synode 1958 sich haben aussenden lassen, sind die tätige Bitte um Versöhnung. Sie tun Dienst in Israel, aber auch in vielen anderen Ländern, in denen Opfer des Nationalsozialismus leben.

Das zweite Thema, das sie nicht los ließ, war das Thema Nachhaltigkeit. Sie brachte ihren theologischen Blick auf die Bewahrung der Schöpfung genauso wie ihre leidenschaftliche Frage nach Gerechtigkeit in den „Diskurs Nachhaltige Entwicklung" der Evangelischen Kirche in Deutschland ein. In Foren und Netzwerken, in der Theologischen Werkstatt und vielen Gesprächen hat sie mit ihrer Klugheit und Weitsicht den strategischen Rahmen für die Entwicklung einer nachhaltigen Kirche mit gesetzt. „Freiheit zur Begrenzung – Strategischer Rahmen für die Arbeit der Evangelischen Kirche in Deutschland und ihrer Gliedkirchen im Bereich Nachhaltige Entwicklung" ist das Ergebnis dieser vielfältigen Impulse, die die Teilnehmer und Teilnehmerinnen am Diskurs eingebracht haben.

Viola Kennert war ein Segen für die EKD-Synode und für unsere Kirche. Mit dem, was sie bewirkt hat, bleibt sie bei uns.

Dr. Irmgard Schwaetzer, Bundesministerin a.D., war von 2013 bis 2021 Präses der Synode der EKD.

Berlin – Superintendentin im Kirchenkreis Neukölln (2010–2018)

▪ **Ulrich Helm, So, hier bin ich!**

Als die Frage der Nachfolge für Bernd Szymanski als Superintendent im Kirchenkreis diskutiert wurde, kam bald der Name Viola Kennert ins Gespräch. Viele wünschten sie sich als Superintendentin und einige baten mich, ich möge sie in einem Telefongespräch um ihre Kandidatur bitten. Wahrscheinlich hat sie einige solcher Gespräche geführt. Zum Glück hat sie kandidiert und wurde gewählt.

Als dann ihr erster Arbeitstag im neuen Amt kam, versammelten sich die Mitarbeitenden der „Superlaube" frühmorgens, um ihr mit Blumen einen gebührenden Empfang zu bereiten und ihr Glück und Segen für die kommende Zeit zu wünschen. Sie kam und betrat mit den Worten das Haus: „So, hier bin ich!" Und es klang ein klein wenig verlegen, vor allem aber lag die Einladung zur guten Zusammenarbeit in den Worten und sehr viel Zuversicht und ein strahlendes Lächeln in ihrer Stimme.

Und es begann eine Zeit, die ich als einer in ihrer Stellvertretung in der Zusammenarbeit beinahe bis zu meinem eigenen Ruhestand miterleben durfte.

Bald wurde deutlich, wie gut sie sich auf Neukölln vorbereitet hatte. Sie musste oft und lange, so schien es, „atemlos durch Neukölln" gereist sein, wie es zu ihrem Abschied in den Ruhestand gesungen wurde. Jedenfalls kannte sie nicht nur jede Gemeinde von Nord nach Süd bei Namen und wo sie liegt; auch Besonderheiten und wichtige Gemeindevertreter waren ihr geläufig. Ihr beachtliches Gedächtnis für Namen und Sachverhalte hat ihr geholfen, Menschen, Gemeinden und Strukturen zuzuordnen. Und sie strahlte aus, dass sie viele Situationen auch als Theologin durchdacht und durchdrungen hatte.

Sicher hat sie manches erfrischend anders gesehen als wir, die wir Neukölln seit Jahren kannten, aber sie hat wohl nicht wenige damit überrascht, wie bald sie „Wir" sagen konnte, wenn sie von unserem Kirchenkreis sprach und die Neuköllner meinte. Ich selbst habe wenige Menschen erlebt, die sich mit so viel Einfühlungsvermögen und einem solchen Arbeitspensum einen neuen Wirkungskreis erschlossen haben.

Dabei hatte sie, was das betrifft, keinen einfachen Start, denn sie kam ja „von außen". Nach zwei Amtsvorgängern, die wie ganz wenige als Ur-Neuköllner bekannt waren, war es nicht selbstverständlich, wie schnell sie sich ihre Neuköllner Heimat erschloss.

Sie setzte neue Schwerpunkte, hatte ihren eigenen Stil, erfasste blitzschnell überlieferte Konflikte und stand allen Pfarrerinnen und Pfarrern immer zum Gespräch oder zu einem guten Wort zur Verfügung – wenn es sein musste mit Trost, aber auch in geteilter Freude, in anderen Fällen mit sachlicher Kritik oder Rückenstärkung und Mutmachen. Jede einzelne Gemeinde hatte sie im Blick, genauso die Mitarbeitenden und sie kannte alle mit Namen. Es blieb beim „Atemlos durch Neukölln". Strukturveränderungen galt es zu begleiten und so begleitete Viola Kennert auch unsere Gemeindefusion in der Gropiusstadt und unterstützte unsere jahrelange Arbeit daran.

Persönlich verdanke ich ihr sehr viel: Vertrauen in der Zusammenarbeit, Solidarität und Zugewandtheit in persönlich und dienstlich schwierigen Situationen und das Erleben ihrer großen Gabe, Persönliches und Dienstliches auch auseinander zu halten. Für die ganztags oder auch kürzer angesetzten Klausuren unseres kleinen Superintendenten-Kollegiums hatte sie nicht nur Stärkung aus ihrer Küche parat, sondern – wie für die Sitzungen des Kreiskirchenrats – auch immer ein sammelndes und theologisch fundiertes Wort zur Eröffnung.

Als ich Viola Kennert Anfang Juli an der Seite ihres Mannes zufällig in Lichtenrade auf der Straße traf – natürlich zur Pandemie-Zeit mit Mund-Nase-Schutz –, da war es ein Moment der Überraschung und Freude und zugleich der Hoffnung, dass sie ihre böse Krankheit überwinden könnte. Groß war dann die Trauer wenige Wochen später, als die Nachricht kam, dass sie nicht geschafft hat, worauf alle gehofft hatten.

In aller Trauer bleibt uns mit ihrer Familie und allen, die sie lieben, der Glaube an und die Hoffnung auf den, der die Auferstehung und das Leben ist.

Neukölln hat Grund, sich vor ihrem Leben und Wirken zu verneigen.

Ulrich Helm war Pfarrer der Martin-Luther-King-Gemeinde, Berlin-Gropiusstadt, und stellvertretender Superintendent des Kirchenkreises Neukölln. Der Text war ursprünglich abgedruckt in KirchenkreisInfo Neukölln, September 2020.

- **Bärbel Schoolmann, Geduldig, behutsam und empathisch**

Ich bin sehr dankbar für die viele Zeit, die Viola uns geschenkt hat, für die gute Zusammenarbeit, die ich in der Kreissynode, im Kreiskirchenrat oder in den Präsidiumssitzungen im Kirchenkreis Neukölln erlebt habe, besonders auch in schwierigen Situationen. Ich erinnere mich gern an persönliche Gespräche mit ihr, die sie in besonderer Art und Weise immer wieder anders geistlich einleitete, mit einem kurzen Text, einem gemeinsamen Gebet, einem Gedicht. So konnte man im Gespräch gemeinsam Ruhe und Konzentration finden für komplizierte Fragen und Probleme in der alltäglichen Routine und trotz der gelegentlichen Hektik und Zeitnot. So wurde Raum geschaffen für das Nachdenken auf einer geistigen Grundlage. Ich fühlte mich gestärkt.

Geduldig, behutsam und empathisch hat sie mit uns und anderen gemeinsam Ideen entwickelt, ist neue Wege gegangen in unserem Kirchenkreis, unermüdlich unterwegs in Gemeinden und den vielen verschiedenen Arbeitsbereichen. Wichtig war ihr dabei das Hinhören, das Zugehen auf andere Menschen, aber auch konsequentes Handeln, wenn eine Entscheidung einmal getroffen war. Ich war immer wieder erstaunt, wie es ihr trotz der vielen beruflichen Verpflichtungen gelang, an die kleinen Dinge wie handgeschriebene Grußkarten, Schokoladenpräsente für Gäste (statt Blumen) und kleine Aufmerksamkeiten zum Geburtstag zu denken oder einen schönen Mantel zu bemerken und das auch zu sagen.

Ich bin sehr traurig, wenn ich daran denke, dass die Zeit, die sie im Ruhestand verbringen konnte, so sehr kurz war. Ich erinnere mich noch an den feierlichen, aber auch fröhlichen Gottesdienst, in dem wir sie als Superintendentin in den Ruhestand verabschiedet haben. Es war in der Fastenzeit, die unter dem Motto „Zeig Dich! Sieben Wochen ohne Kneifen" stand. An diesem Fastenmotto konnte ich damals vieles aus ihrer Tätigkeit im Kirchenkreis reflektieren. Sie hat nicht gekniffen und sich eingemischt gegen Fremdenfeindlichkeit und Ungerechtigkeit und für Geflüchtete; ich erinnere mich an eine gemeinsame Demonstration in Rudow gegen Neonazis, die aufmarschierten, um gegen ein Asylbewerberheim zu hetzen.

All das war manchmal sicher ziemlich anstrengend und bei einer der seltenen Gelegenheiten, bei denen Zeit und Raum für etwas Persönliches im Gespräch war, haben wir uns darüber ausgetauscht, wie froh und dankbar wir über die Unterstützung zuhause sind durch unsere beiden Männer im Ruhestand.

Viola konnte mit Charme, Klugheit und Besonnenheit und einer gehörigen Portion Pragmatismus überzeugend sein, besonders wenn es darum ging, dass Frauen selbstverständlich in Leitungspositionen gehören. Wir kannten uns ja schon aus der Landessynode, wo sie Vorsitzende des Theologischen Ausschusses war und auch EKD-Synodale, und von Frauentreffen bei den Tagungen, wo es um Beratungen und Absprachen zu wichtigen Entscheidungen der Landessynode ging.

Sie hat mich ermutigt, meine Erfahrungen aus vielen Jahren in kirchlichen Ehrenämtern im Kirchenkreis einzubringen und die Aufgaben einer Präses zu übernehmen. So konnten wir im Kirchenkreis gemeinsam viel gestalten.

Ich erinnere mich an eine Tagung auf Schwanenwerder zur „Kirche in der virtuellen Welt", die uns alle besonders sensibilisiert hat für den Einfluss und die Möglichkeiten der Neuen Medien, bei der auch Viola dabei war. Das wurde später auch zum Thema in der Kreissynode. Auch bei dieser Tagung wurde Violas weiter Blick deutlich in den Diskussionen, in denen eben auch die Risiken zur Sprache kamen und Fragen der Gerechtigkeit thematisiert wurden. Dafür habe ich sie sehr geschätzt, weil mir selbst diese Fragen des konziliaren Prozesses von Frieden, Gerechtigkeit und Bewahrung der Schöpfung am Herzen liegen, weil ich es wichtig finde, dass Kirche sich in gesellschaftlichen Prozessen zu Wort meldet.

Ich wäre gespannt gewesen, was sie zu unserer gegenwärtigen Situation zu sagen gehabt hätte. Doch ihr Tod hat alles verändert. So schreibe ich heute Zeilen in dankbarer Erinnerung für die Zeit, die ich mit ihr teilen konnte.

Bärbel Schoolmann, Präses der Kreissynode Neukölln.

- **Alix Rehlinger, „... den Blick weit halten!" Erinnerungen an das migrationspolitische Engagement Viola Kennerts im Kirchenkreis Neukölln**

Viola Kennert war als Superintendentin qua Amt unter anderem mit dem Vorsitz des Aufsichtsrats des Diakoniewerk Simeon, dem kreiskirchlichen Diakonischen Werk, beauftragt. Die Förderung des Bewusstseins für den gemeinsamen Auftrag von Kirche und Diakonie und daraus resultierend die Stärkung gemeinsamer Vorhaben als gesellschafts- und politisches Engagement waren ihr große Anliegen.

Regelmäßig wurden von ihr gemeinsame Konvente von Pfarrer*innen und Leitungsverantwortlichen unseres Diakoniewerks zu aktuellen sozialen Themen initiiert sowie Austauschtreffen in diakonischen Einrichtungen zwischen dem Kreiskirchenrat und diakonischen Mitarbeitenden durchgeführt, um die konkrete Arbeit vor Ort verständlicher zu machen. Diese institutionalisierten Begegnungen sorgten für einen steten Informationsaustausch und mehr Verständnis für die jeweilige Situation in Gemeinde, Kirchenkreis und Diakonie.

Viola Kennert vertrat unser Diakoniewerk im Kirchenkreis wie in kommunalen Kontexten an vielen Orten und unterstützte damit unsere Arbeit maßgeblich; es schien immer so, als wäre sie an vielen Orten gleichzeitig, sie hatte eine starke Präsenz und vertrat klare Forderungen und Haltungen, zum Beispiel, wenn es darum ging, ausreichende Mittel für soziale Projekte durchzusetzen. Mich beeindruckten ihre große Klugheit und Gelassenheit, die sie sich durch intensive inhaltliche Auseinandersetzungen und vielseitige Erfahrungen in ihrem bewegten Berufsleben angeeignet hatte. Insbesondere, wenn es um (strukturelle) Benachteiligungen von Frauen ging oder auch um die Bereitstellung konkreter Hilfen für Flüchtlinge, erlebten wir sie ungeheuer hartnäckig und durchsetzungsstark.

Es lag Viola Kennert von Beginn an sehr am Herzen, die interkulturellen Angebote unseres Diakoniewerks als ein Profil unserer kirchlichen Arbeit nach innen und nach außen hin zu stärken. Viele Male besuchte und unterstützte sie Veranstaltungen von Einrichtungen unseres Fachbereichs Soziales & Integration. Die Frauen des Stadtteilmütterprojektes nahm Viola Kennert sehr ernst, sie hörte zu und ließ sich auf die unterschiedlichen Perspektiven der Frauen ein. Für uns war spürbar, dass ihre eigenen biografischen Erfahrungen, in Chile geboren und zweisprachig aufgewachsen, in Deutschland studiert, im europäischen Ausland gearbeitet, sie sensibilisiert hatten für Fragen von Identität und Fremdheit, für Diskriminierung und Marginalisierung von Minderheiten.

Wohl auch deshalb nahm sie sich immer wieder Zeit, als Gast Sitzungen des bezirklichen Migrationsbeirats zu besuchen, um sich ein Bild zu machen von den Anliegen der migrantischen Vereine in Neukölln. Sie wollte vermitteln, dass es dem evangelischen Kirchenkreis bewusst und wichtig ist, im Bezirk aktive Verantwortung zu übernehmen für ein wertschätzendes Miteinander, für Demokratie, Respekt und Vielfalt.

Die große Zahl von Geflüchteten aus Syrien und Irak stellte in den Jahren ab 2014 unsere diakonischen Beratungsdienste vor riesige Herausforderungen. Es berührte uns sehr, wie zugewandt und unterstützend Viola Kennert viele Male individuell auf uns zukam, nachfragte, zuhörte und Kraft und Mut zusprach. Die Unterstützung von Flüchtlingen war für Viola Kennert in diesen Jahren ihrer Tätigkeit als Superintendentin äußerst anspruchsvoll und vielfältig. So wirkte sie auch über eine längere Zeit maßgeblich steuernd in einem großen heterogenen Kreis von Unterstützer*innen für die Gruppe der Flüchtlinge mit, die im Winter 2013 vor dem Brandenburger Tor in den Hungerstreik getreten waren, um auf ihre aussichtslose Lage aufmerksam zu machen. Nachdem die Gruppe kurzzeitig in Übergangswohnungen in Neukölln unterkam, sah sich Viola Kennert für den Kirchenkreis Neukölln in besonderer Verantwortung. Sie sprach mit vielen Gemeinden, vakante Pfarrwohnungen zur Verfügung zu stellen, sammelte Mittel für die Sicherung des Lebensnotwendigen für die Menschen, unterstützte die (Rechts)Berater*innen materiell und seelsorgerlich und warb in diversen Gesprächen mit politisch Verantwortlichen für eine wohlwollende Prüfung der Verfahren.

In starker Erinnerung ist mir ihre immer ruhige Art bei allem, ihre klare Strukturiertheit und ihre große Weitsicht – lange bevor die Stimmung im Land kippte, sagte sie, wir als Kirche müssten dran bleiben, müssten die Hilfe für Geflüchtete nachhaltig organisieren; Viola Kennert wusste um die Gefahr kurzlebiger Euphorie und setzte sich deshalb frühzeitig für stabile Strukturen ein.

Auch für viele persönliche Gespräche und ihre anregenden ermutigenden Predigten und Andachten, für ihre Empathie und ihren Trost in schwierigen Zeiten sowie ihre verbindliche Unterstützung unserer Arbeit im Diakoniewerk Simeon sind wir, die Kolleg*innen des Fachbereichs Soziales & Migration, bleibend sehr dankbar.

Viola Kennert stand für so vieles, eine größere und bewusste Offenheit und Öffnung für Diversität und interreligiöses Zusammenleben in Kirche und Diakonie waren dabei wesentliche Themen für sie; eine Zukunft unserer Kirche ohne diese Öffnung würde nicht bestehen können.

Alix Katharina Rehlinger ist Fachbereichsleiterin Soziales & Integration im Diakoniewerk Simeon gGmbH.

■ Almut Bellmann, Eine engagierte Lernende

Vieles habe ich an Viola Kennert geschätzt. Was für mich, denke ich, am meisten hängen geblieben ist und worin sie mir am meisten Vorbild bleiben soll, ist, dass sie eine engagierte Lernende war. Zum einen war sie sehr fleißig und belesen: immer auf der Höhe aktueller theologischer und kirchlicher Debatten, dabei differenziert und genau, durchdacht und klar – um das Gelesene dann einzusetzen für eine noch sinnvollere Hinwendung der Kirche zu den Herausforderungen der Zeit.

Zum anderen habe ich sie als Lernende erlebt aufgrund ihrer offenen Ohren und ihres offenen Herzens in Gesprächen: Sie hörte genau hin, stellte die wichtigen Fragen, interessierte sich wirklich für meine Antworten und meine Sicht, wenn ich ihr gegenüber saß. Nicht als wollte sie mich Jüngere mit ihrer eigenen klugen Meinung überzeugen, sondern eher, als wolle sie selbst in diesem Austausch klüger werden – und etwas hinzulernen, das sie nur von mir, ihrem Gegenüber, erfahren konnte: diese eine zusätzliche, ganz andere Perspektive.

In all ihrem Engagement – für die Kirche, für Frauen, für die jüngere Generation – muss sie sich sehr getragen gefühlt haben. Ich glaube, sie trug ein tiefes Vertrauen in sich: ins Leben, in Gott und bestimmt in Menschen. Im Nachhinein hätte ich sie gerne noch danach gefragt und wäre gespannt auf ihre Formulierung, ihre ganz persönliche Auskunft zu dieser Frage. Und ich vermute, ihre Antwort hätte nicht mit einem Schlusswort geendet. Wahrscheinlich wäre es eher die Eröffnung oder Vertiefung eines Gesprächs gewesen.

Almut Bellmann ist Pfarrerin der Ev. Kirchengemeinde Prenzlauer Berg Nord (Gethsemanekirche), davor in Neukölln und verfasste einen Nachruf auf Viola, der am 9. August 2020 in „die kirche" erschien.

■ **Beate Hornschuh-Böhm, „…die Gestalt dieser Kirche vergeht"**

Es sind diese kleinen, präzisen Bemerkungen, begleitet von lebhaften Gesten, die mir sofort einfallen, wenn Viola Kennerts Name fällt; Bemerkungen, mit denen sie einen komplexen Sachverhalt treffend auf den Punkt bringen konnte. Wie beispielsweise mit diesem abgewandelten Zitat aus dem ersten Korintherbrief anlässlich der Einführung in eine Pfarrstelle.

Die Gestalt dieser Kirche wird nicht bleiben, davon war Viola überzeugt. Diese Einsicht trieb sie an, unermüdlich auf allen kirchlichen Ebenen an der notwendigen Veränderung mitzuwirken, mit Intelligenz und Weitblick, mit Empathie und der gebotenen Kritik. Sie, die noch als Ruheständlerin beim Kamingespräch in Brandenburg schlicht resümierte, „ich liebe meine Kirche", und die sich deshalb auch das verantwortliche Träumen nicht nehmen lassen wollte – sie fand es höchst ärgerlich, wenn sie erlebte, dass in Gremien, Konventen und Gemeinden persönliche Interessen als kirchliche getarnt und damit Beharrungskräfte unterstützt wurden. Sie konnte auch nicht nachvollziehen, dass sich manche Amtsinhaber*innen für unentbehrlich hielten und hatte daher schon früh für sich entschieden: „Zwei Jahre nach dem Ruhestand ist Schluss mit allen Aufträgen und Ämtern, dann hat man den Bezug zur Realität verloren." Immer wieder warb sie dafür, dass die EKBO ihren Status als Minderheitenkirche offensiv annehmen möge und man Zeit und Energie nicht in defensive Traditionsbewahrung investiere, denn die Gestalt dieser Kirche vergeht. Die künftige Gestalt der Kirche konnte sie sich gut vorstellen als ein weitläufiges Netzwerk und nicht als großes Dach auf festen Pfeilern: „Denn was", fragte sie, „heißt es, in Evangeliums-gemäßen Strukturen Menschen zu binden? Und was in Vereinsstrukturen?"

Für Viola hieß es vor allem, den Blick von außen ernst zu nehmen und die Übergänge zwischen Kiez und Kirche, Gemeinde und Sozialraum beweglich zu halten. Und hier setzte sie Maßstäbe. Sie brachte sich ein im „Treffpunkt Religion und Gesellschaft" und suchte aufmerksam nach Bündnispartner*innen angesichts des wachsenden Rechtsextremismus. Sie lud regelmäßig Pastor*innen fremdsprachiger Gemeinden zu gemeinsamen Gottesdiensten ein und erzählte begeistert von einem interkulturellen Frauenfest mit Stadtteilmüttern, Bauchtanz und Jodlerinnen. Im Ephorenkonvent regte sie an, auf die religiöse Diversifizierung der Stadt mit einer Kurzausbildung zu kreiskirchlichen Sektenbeauftragten zu reagieren, um die Gemeinden in ihrer Rolle als Gastgeber für andere Religionsgemeinschaften kompetent beraten zu können. Sie mochte es nicht, wenn Neukölln im Berliner Stadtgespräch zuweilen schlecht geredet wurde. Sie entdeckte in dem bunten Bezirk vielmehr ein exemplarisches Lernfeld für Weltoffenheit und Toleranz zwischen den zahlreichen Nationalitäten, Kulturen und Weltanschauungen, die hier nachbarschaftlich zusammenleben. Durch die Vielfalt der Neuköllner Lebenswelten sah sie die Kirche deutlicher als anderswo herausgefordert, ungeschönt und nüchtern ihre Relevanz zu überprüfen: „Wo sind wir nötig? Und wo auch nicht (mehr)?" Je nachdem, wie die Antwort ausfällt, heißt dann die weiterführende Frage: „Und wo sind wir in der Pflicht?"

In die Pflicht nehmen ließ sich Viola als erste immer selbst. Wie z.B. 2015, im Jahr der großen Zuwanderung von Geflüchteten. „Migration ist ein Menschenrecht", erklärte sie ihrem Kirchenkreis und brachte zwei Dutzend der vorm Brandenburger Tor gestrandeten Menschen in Neuköllner Gemeinden unter: „Wir müssen uns kümmern, ohne der Stadt die politische Verantwortung abzunehmen." In vielen Ehrenamtlichen und Pfarrer*innen fand sie dafür tatkräftige Unterstützung.

Überhaupt die Pfarrer*innen, sie lagen der ehemaligen Leiterin des Pastoralkollegs in ihrem Superintendentinnenamt besonders am Herzen. Erfolgreiche Nachwuchsförderung, schärfte sie uns ein, gelingt nur, wenn wir den jungen Theolog*innen nicht bloß sagen: „Sie werden gebraucht!", sondern wenn wir uns umgekehrt als Dienstgeber*innen auch fragen lassen: „Was bieten wir an?" Es machte ihr große Freude, junge Pfarrer*innen in den ersten Amtsjahren zu begleiten. Sie verteidigte sie gegen unangemessene Vergleiche mit den „alten" Amtsvorgänger*innen und beklagte manches Mal, aus Zeitmangel die regionale Zusammenarbeit nicht genug fördern zu können. Für die Pfarrer*innen, die sich nach zehn Jahren wieder auf Stellensuche begeben mussten, forderte sie eine ausreichende Planbarkeit für sich und ihre Familien ein, gerade was den anstehenden Ortswechsel betraf. Ein gut ausgestattetes Amtszimmer, riet sie den Gemeinden, kann für die Attraktivität einer Pfarrstelle manchmal entscheidender sein als das Beharren auf der Dienstwohnungsverpflichtung.

Und Viola war schnell. Schnell im Denken, im Planen, bei Wortmeldungen und im Herstellen von Zusammenhängen. Da war sie uns Brüdern und Schwestern im Ephorenkonvent oft voraus. Wenn sie – wie immer glänzend vorbereitet – einen Vortrag oder Impuls als erste kommentierte, war die Richtung der Diskussion vorgegeben. Das behagte nicht allen, brachte die Meinungsbildung aber deutlich voran.

„Ich werde demnächst nur noch zu Einführungen gehen", verriet sie mir bei unserem letzten Treffen vor ihrer Erkrankung. „Neue Gesichter willkommen zu heißen ist doch viel schöner als immer diese Abschiede zu erleben. Und dann mache ich bei solchen Begrüßungen mit Isolde Böhm die Seniorenprominenz." Niemand konnte damals ahnen, dass sie es sein würde, von der wir als nächste Abschied nehmen mussten. Doch wenn in einem Zitat plötzlich die kleinen, präzisen Bemerkungen aufblitzen, mit denen sie große Themen auf den Punkt brachte, dann ist sie wieder da, mit ihren lebhaften Gesten und dem großen, strahlenden Lächeln.

Pfarrerin Beate Hornschuh-Böhm war Superintendentin des Kirchenkreises Berlin-Reinickendorf und ist seit 2022 im Ruhestand.

■ **Isolde Böhm, Herzlich, klug und hartnäckig**

Farbenfroh und herzlich in der Begegnung, klug im Diskutieren und hartnäckig im Nachfragen, zugewandt und verletzlich – wie Perlen reihen sich Violas Eigenschaften in der Erinnerung zu einer Kette auf (Schmuck konnte sie wunderbar tragen und hat es gern getan!). Und länger noch ist die Perlenkette der Menschen, die sie begleitet, beraten und mit denen sie zusammengearbeitet hat, und die der kirchlichen Bereiche, in denen sie tätig gewesen ist. Viola streckte sich aus in die Weite von Kirche und Welt. Sie hatte so viel Energie und hat sie so freigiebig verschenkt.

Die Leitungsverantwortung und erst recht das Eintreten für die Leitungsfähigkeit von Frauen waren ihr Anliegen durch alle kirchlichen Aufgaben hindurch. Ihr Streiten und Fechten für die Ermutigung der Jüngeren im Pfarramt spürten Einzelne und kirchlich Verantwortliche in ihrer Zeit als Pastoralkollegsleiterin und als Superintendentin. Das sind nur einige kostbare Perlen aus vier Jahrzehnten kirchlichem Dienst.

Zum Studium wollte sie unbedingt an eine deutsche Hochschule: Evangelische Theologie stellt schließlich Anforderungen und will ernst genommen werden, so erzählte sie einmal von ihrer Entscheidung. Auch das war etwas, was sie immer verkörperte und immer erleben ließ: Sie fragte theologisch nach und diskutierte mit theologischen Argumenten in den Debatten der Ephorenkonvente, der Landessynode, in Kooperation oder Auseinandersetzung mit dem Konsistorium, in zahllosen Vorträgen, Konferenzen und Konsultationen, an denen sie verantwortlich mitwirkte. Weltweit war ihr Horizont – möglicherweise als Geschenk in die chilenische Wiege gelegt? „Bunte Reihe" (Schmuck und Farben passen eben doch auch in Kirche und Theologie!) hieß die Internationale Frauenkonferenz, die sie mit dem Berliner Missionswerk organisierte.

Wäre es möglich, jetzt einen großen Gottesdienst für sie zu feiern, und könnten wir zusammensitzen und alle Erinnerungen aneinanderreihen – es kämen noch viele mehr dazu. Es wäre dann, als würden wir die Garben tragen, die aus Viola Kennerts gesätem Samen gewachsen sind: reiche Ernte, viel Brot für viele. Wir trauern um sie und wissen uns beschenkt.

Isolde Böhm war von 1999 bis 2016 Superintendentin des Kirchenkreises Berlin-Tempelhof und von 2006 bis 2013 stellvertretende Generalsuperintendentin im Sprengel Berlin. Gekürzte Fassung des am 9. August 2020 in „die kirche" erschienenen Nachrufs auf Viola Kennert.

- **Ulrike Trautwein, Ansprache zur Trauerfeier von Viola Kennert am 22. August 2020 in der Magdalenenkirche Neukölln**

Lieber Michael, Simon, Matthias, liebe Familie,
liebe Schwestern und Brüder,

Gut, dass wir heute zusammen sein und gemeinsam an Viola Kennert denken und miteinander und füreinander beten können. In Zeiten von Corona ist es schwer, gute Formen zu finden, in denen wir uns wiederfinden mit unserer Trauer, mit unserem Wunsch, uns angemessen von Viola Kennert zu verabschieden. Ihr als Familie konntet die Beerdigung aufgrund der Beschränkungen durch Corona nur in einem kleinen Rahmen gestalten. So ist es gut, dass der Kirchenkreis Neukölln uns eingeladen hat, heute alle miteinander zu gedenken.

Ich erinnere mich noch so gut an den liebevollen, kreativen, fröhlichen Abschied von Viola Kennert aus dem Superintendentinnenamt. Sie hatten sich alle so viel Mühe gegeben und man konnte spüren, wie fruchtbar, wie gut Viola Kennerts Arbeit für den Kirchenkreis Neukölln war. Ihr habt so viel miteinander erlebt und vorangebracht. Viola und ich haben damals ein langes Gespräch zur Vorbereitung des Abschiedsgottesdienstes miteinander geführt und sie wünschte sich, dass ihre Verabschiedung unter dem biblischen Wort aus Psalm 119, 105 steht: „Dein Wort ist meines Fußes Leuchte und ein Licht auf meinem Weg." In welchem kirchlichen Amt sie auch war, das war ihr wichtig: Sie hat sich zuallererst immer als Pfarrerin verstanden, als eine Theologin, die aus dem Wort Gottes lebt, sich davon geleitet und begleitet weiß und aus dieser Kraft ihre Arbeit gestaltet. Bei ihrer Verabschiedung im Februar 2018 haben viele gesagt: Ohne sie fehlt uns eine wichtige Stimme dieser Kirche! Aber so kam es dann gar nicht, Viola fehlte uns nicht, weil sie weiter ihre Stimme erhob und sich einsetzte für Menschen und für Projekte in unserer Kirche und darüber hinaus. Sie beteiligte sich zum Beispiel entscheidend bei der Erarbeitung einer richtig guten, brauchbaren Handreichung zur Begegnung zwischen Christen und Muslimen: „Dialog wagen"; sie engagierte sich in der Vorstandsarbeit bei Aktion Sühnezeichen und sie übernahm die schwere Aufgabe der Vorsitzenden in der „unabhängigen Kommission zur Aufarbeitung sexualisierter Gewalt" in unserer Kirche.

Eine wichtige Stimme dieser Kirche: Das ist weit mehr als ein schönes Kompliment. Es beschreibt zutreffend ihr Wirken in den vergangenen Jahrzehnten an den unterschiedlichen Orten in unserer Kirche und vor allem für unsere Kirche und ihre Menschen. Synode, Ökumene, interreligiöser Dialog und ganz wichtig: die Unterstützung und Begleitung von Frauen waren ihre Herzensanliegen. Und das wurde eindrücklich in unserer, ich nenne sie mal „Schwesternanzeige" im Tagesspiegel – 78 Frauen haben sich dort in ihrer Trauer zusammengefunden. Und wären nicht Ferien gewesen, wären wir noch mehr geworden.

Viola Kennerts Stimme bekam im Laufe der Jahre diese Bedeutung, weil sie so fleißig und genau in ihrer Arbeit war. Sie ist nicht mal eben schnell über Themen hinweggegangen, sondern hat sie immer gründlich durchdacht und strukturiert bearbeitet. Aber nicht aus Perfektionismus heraus, sondern weil es stimmig sein musste und gut werden sollte für die Menschen, für die sie Verantwortung trug. Ja, sie hatte einen genauen Blick und wurde dadurch oft zu einer Mahnerin, die den Finger in die wunden Punkte legte, damit wir auf dem Jesus-Weg bleiben, auf dem Gerechtigkeit und Frieden die entscheidenden Markierungen setzen. Für unsere Kirche vor Ort, aber eben nicht nur dort – sie hatte immer die Anderen auch mit im Blick. Und dadurch hatte ihre Stimme in allen Fragen nicht nur Tiefe, sondern auch Weite, und das machte sie so eindrücklich und wichtig für unsere Kirche, für uns. Diese Weite hat sicher etwas mit der Herkunft von Viola Kennert zu tun. Sie war in Chile geboren und aufgewachsen und erst zum Studium nach Deutschland gekommen. Geprägt von ihrem Pfarrer in der deutschen Gemeinde in Santiago de Chile, von Pfarrer Herrendörfer, wollte sie Theologie studieren und selber Pfarrerin werden; das ging damals dort noch nicht. So kam sie nach Deutschland, aber sie trug doch die Erfahrungen, die Traditionen, die Kulturen, die Bilder, Landschaften, Gerüche und Geräusche eines anderen Kontinents in sich.

Was das jeweils für ihr Leben bedeutete, wisst Ihr am besten, liebe Familie, aber es hat mit Sicherheit ihre Sensibilität von Anfang an geschärft und ihre Wahrnehmung erweitert. Zunächst studierte Viola Kennert in Bethel und kam so auf die Liste der westfälischen Kirche. Dort wurde sie später auch ordiniert und wurde Krankenhausseelsorgerin in Dortmund. Und das führte sie langfristig in unsere hiesige Kirche. Gott sei Dank! Für den Dienst als Krankenhausseelsorgerin braucht man eine klinische Seelsorge-Ausbildung. Und bei einem solchen Kurs lernte sie Michael Kennert, ihren zukünftigen

Mann aus der Berliner Kirche, kennen. Mit ihm ging sie dann nach Berlin und teilte später mit ihm über eine lange berufliche Wegstrecke die jeweilige Stelle, damit beiden ausreichend Zeit und Raum für die gemeinsame Familie blieb. Ihre erste Stelle 1980 hatte sie im Kirchenkreis Wilmersdorf. Dort war sie für Kitas, Familienbildung und Jugendarbeit zuständig. Und genau diese Arbeitsfelder waren für sie in ihrem Superintendentinnenamt auch wieder ein großes Anliegen und eine wichtige Aufgabe. Dann übernahm sie gemeinsam mit ihrem Mann die Pfarrstelle der deutschsprachigen Auslandsgemeinde bei den europäischen Gemeinschaften in Luxemburg. Achteinhalb Jahre waren sie dort. In dieser Zeit wurden die beiden Söhne Simon und Matthias geboren. Anschließend kehrten sie zurück nach Berlin, dieses Mal ging es nach Charlottenburg in die Friedensgemeinde. Über weitere 13 Jahre teilte sich Viola Kennert dort eine Stelle mit ihrem Mann. Von da an war sie immer synodal unterwegs. Es begann mit der Kreissynode, führte in die Landessynode und dann auch in die EKD-Synode. Im Vordergrund stand dabei für sie immer die theologische Arbeit, genau deshalb hat sie sich, in welcher Aufgabe sie auch unterwegs war, immer zuallererst als Pfarrerin verstanden. Ihr ganz eigenes Nach- und Durchdenken von Theologie mit ihren jeweiligen Positionen zu den Fragen unseres alltäglichen und gesellschaftlichen Lebens führte sie in den Vorsitz des theologischen Ausschusses unserer Landessynode und dann auch in den Vorsitz des theologischen Ausschusses der EKD-Synode. Und ich kann aus eigener Erfahrung, gerade aus der EKD-Synode bestätigen: Sie war eine großartige Vorsitzende. Umsichtig und klug hat sie die aufgeworfenen Fragen solange nicht vom Haken gelassen, bis sie sauber geklärt waren. Im Pastoralkolleg unserer Landeskirche konnte sie diese Talente dann über fünf Jahre in der Pfarrer*innenfortbildung fruchtbar machen. Im Juni 2010 haben wir sie als Superintendentin hier im Kirchenkreis Neukölln eingeführt. Und ich sage „wir" – und darin berührt mich dieser Abschied heute in besonderer Weise, weil ich damals bei der Einführung Assistierende war. Wir beide kannten uns aus der EKD-Synode und so hatte sie mich zu ihrer Einführung nach Berlin eingeladen. Ich war eine Assistierende, die gestaunt hat über diesen spannenden Kirchenkreis mit seiner Größe und seinen vielfältigen Aufgaben. Ich war beeindruckt von all den unterschiedlichen Themen, Gemengelagen, Lebenssituationen und Lebensgefühlen, die man in diesem großen Kirchenkreis vorfinden konnte. Nur eineinhalb Jahre später kam ich dann selbst nach Berlin und wir konnten nun auf vielen Feldern zusammen wirken. In all den Jahren habe ich Viola Kennert als treue Schwester erlebt, mit der zusammen zu arbeiten mich immer weiter geführt hat. Für eine Kirche, die, an den Menschen und an Gerechtigkeit orientiert, ihre Stimme in der Gesellschaft erhebt. Für eine Kirche, die immer ökumenisch gesinnt über ihren Tellerrand schaut und die anderen Geschwister hier und weltweit im Blick behält.

Viola Kennert, geb. Wilcke, 1952–2020

Viola Kennert war beides: stark und zart. Stark in ihrem Engagement, ihrer Standfestigkeit und Beharrlichkeit, zart, wenn sie (einfühlsam) den Menschen zuhörte, die ihr anvertraut waren und gemeinsam mit ihnen nach guten Wegen suchte; in ihrem beruflichen, aber auch privaten Leben. Sie war auch eine Beschützerin mit fürsorgendem Blick. Wie schön, dass sie erleben konnte, Großmutter zu werden. Im April wurde ihre schwere Erkrankung entdeckt. Vier Monate blieben, in denen sie – trotz großer Isolation – mit vielen Menschen verbunden blieb durch Briefe, Sms, durch Telefongespräche und andere freundliche Zeichen. Insbesondere liebevoll von ihrer Familie getragen.

Am 26. Juli ist sie dann gestorben.

„Dein Wort ist meines Fußes Leuchte und ein Licht auf meinem Weg." Dieses biblische Wort, das ihrem Leben Richtung und Helligkeit gegeben hat, soll auch unseren schmerzvollen Abschied heute beleuchten. Gott sendet dieses Wortlicht, sendet Lichtworte, um damit gerade die dunklen Ecken unserer Welt und unseres Lebens auszuleuchten, um zu erhellen, was wir nicht begreifen. Dieses besondere Licht brauchen wir auf Schritt und Tritt. Auch, um uns nicht korrumpieren zu lassen von all unseren selbstgemachten Beleuchtungen, von Stimmungen und Atmosphären, von Klüngeln und den Reden von „es war schon immer so" oder „das kann gar nicht funktionieren". Wir leben von diesem Licht, weil es uns den Weg zeigt, auch in dunklen Zeiten. Und die gab und gibt es in einem Pfarrerinnenleben – und auf besondere Weise in einem Leitungsamt wie dem Superintendentinnenamt immer wieder. Zeiten, in denen man um der Glaubwürdigkeit unserer Botschaft willen unbequeme Situationen auf sich nehmen und Widerstände aushalten muss. Das hat Viola Kennert bewusst in Kauf genommen und mit ihrer Haltung gezeigt, dass sie die Kraft dafür erbeten hat; und geschenkt bekommen hat. Göttliches Licht scheint nicht nur in der Finsternis; es setzt auch die hellen Momente ins rechte Licht und bringt sie zum Strahlen. Und davon gab es viele in den vergangenen Jahren hier und den Jahrzehnten davor.

Viola Kennert hat ihr Leben mit viel Strahlkraft geführt und es mit all seinen Schattierungen ausgekostet. „Dein Wort ist meines Fußes Leuchte und ein Licht auf meinem Weg." Verbunden mit diesem biblischen Wort, sehe ich ein ganzes Wegenetz aus Lichtpunkten, an denen sie gewirkt hat. Das Licht, das sie geschenkt bekommen und weitergegeben hat, strahlt dort weiter aus. Und ich freue mich immer weiter darüber, wenn es mir an vielen Orten wiederbegegnet und mich an ihre Arbeit erinnert.

Nun verabschieden wir uns, sie ist aus unserer äußeren Welt fortgegangen zu Gott, aber sie bleibt in unserer inneren Welt, dort leuchten die Punkte ihres Wegenetzes weiter: mal als Orientierung, wenn wir uns daran erinnern, was sie in einer bestimmten Situation gesagt hat; mal als Trost, wenn wir uns auf Situationen besinnen, in denen sie uns beigestanden hat; und als Halt, wo wir gemeinsam etwas durchgekämpft haben – und immer als Freude an dieser wunderbaren, klugen, schönen, starken Frau!

Wir danken Gott für sie und glauben sie geborgen in Gottes Schutz. Amen.

Ulrike Trautwein ist Generalsuperintendentin von Berlin.

Michael Kennert
Nachbemerkung

Die vorstehenden Zeilen wollten Violas Weg im Raum der Kirche – ihrer evangelischen Kirche, die sie liebte – nachzeichnen, von den Anfängen im Kindergottesdienst der deutschen Gemeinde in Santiago de Chile über das Studium in Westfalen und die Auslandsgemeinde in Luxemburg bis in die Zeit in Berlin-Brandenburg mit Gemeinde, Pastoralkolleg und Superintendentenamt. Vielen Menschen ist sie auf diesem Weg begegnet, vielen hat sie etwas gegeben, vielen etwas bedeutet – einige Stimmen haben das exemplarisch hier zum Ausdruck gebracht, viel mehr noch waren es nach ihrem so frühen Tod im Sommer 2020. Das hat uns, die hinterbliebenen Angehörigen, tief bewegt.

Geprägt war ihr kirchlicher Weg von ihrer Gesprächsfähigkeit und Gesprächsbereitschaft. Sie ist dem Gespräch nicht aus dem Weg gegangen. Das wird deutlich schon im eigenen Gespräch in ihren Tagebüchern über ihren zukünftigen Weg in die Theologie und ins Pfarramt. Im Gespräch(-skreis) in der Gemeinde hat sie die biblische Botschaft für viele neu und gewinnbringend erschlossen. Sie konnte scharf und weit denken, hörte die Botschaften hinter dem gesprochenen Wort, hatte ein ausgezeichnetes Gedächtnis. Sie hat ihr Gegenüber nie verletzt. Es gab nie ein Entweder-Oder. Auch andere Ansichten fanden Raum und wurden gewürdigt. Vielfalt sah sie nicht als Gefährdung des Bestehenden, sondern als Perspektive und Gewinn für Kommendes – festgefügte Positionen erfuhren so Auf-Brüche. Das gründete in ihrem Vertrauen auf Gottes Liebe zu unserer Welt, die sie auch als Auftrag verstand: Als reich Beschenkte dürfen und sollen wir weitergeben – gotteswürdig und menschenwürdig leben (wie sie es in einer frühen Pfingstpredigt sagte) – es ist genug für alle da! So stand sie aufrecht, und so verstand sie ihr kirchliches (Leitungs-)Handeln, das sie mit großer Disziplin versah: ernsthaft und nüchtern, fröhlich und zuversichtlich, liebevoll zugewandt. Selbstdarstellung lag ihr fern.

Sie selbst hat Dienstliches und Privates sehr bewusst voneinander getrennt gehalten. Für uns Angehörige kommen in der Erinnerung noch die persönlichen Seiten dazu: die liebevolle Zuwendung zu ihrer Familie, die Pflege des Freundeskreises, der Zusammenhalt über die Kontinente, das lag ihr am Herzen – dazu die Freude an Lektüre (z.B. Beauvoir, Wolf, Rinser, I. Allende u.v.a.) und Musik (z.B. Bach, Händel, Mozart, aber auch Cohen, Adamo,

Pastoralkolleg Brandenburg 2008

Beatles), an Theater und Film (z.B. Neuköllner Oper oder Bar jeder Vernunft, sonntags im Fernsehen gerne „Tatort" – aber wenn es zu schlimm kam, wurde „weggepilchert"), an Reisen in Europa und Übersee, immer wieder einmal auch nach Chile. Und Gäste wurden kulinarisch gern auch „heimisch" verwöhnt: mit empanadas und pisco sour. Nie hörte man von ihr ein schlechtes Wort, erlebte Ärger oder Launen, immer aber Geduld, Verständnis, Zuspruch, Klärung, ein weites Herz. Dazu gehörte auch ihre große Spendenbereitschaft für Menschen in Not. Wir dürfen zutiefst dankbar sein.

Und doch möchte ich einen Zusammenhang zwischen privatem und dienstlichem Leben sehen: Ich denke, Viola lebte mit ihrer gesamten Persönlichkeit aus dem Glauben heraus, der sie von früh an hielt und aus dem sie auch ihre Aufgabe fand: dem Glauben, geliebt und gehalten zu sein von Gott und der Aufgabe, diese Liebe weiter zu tragen zu den Menschen. Das hat sie dann als Theologin und Seelsorgerin auf so vielfältige Weise getan, mit ganzer Kraft und aus vollem Herzen, in großer Bescheidenheit, aber dennoch Bestimmtheit, zugewandt und offen. So baute sie Brücken, knüpfte sie Netze, zeigte sie Wege zu und zwischen den Menschen, im Dienst und privat.

In ihrer Bibel findet sich handschriftlich vorn von ihr eingetragen der Satz aus Psalm 62 – aus ihm erfuhr sie Stärkung und Trost: „Bei Gott allein kommt meine Seele zur Ruhe; denn von ihm kommt meine Hoffnung." Am 6. August 2022 hätten wir ihren 70. Geburtstag begangen. Vielleicht hätten wir auch gesungen. Dann hätte sie ihr Gesangbuch zur Hand genommen. Darin vermerkte sie ein weiteres Wort, das ihr wichtig war im Blick auf die Menschen und den Umgang mit ihnen: „Ein Mensch sieht, was vor Augen ist; der Herr aber sieht das Herz an" (1. Sam 16,7). Das hat sie ja auch als Einladung und Aufforderung gesehen, und so verstand sie Theologie und

Seelsorge: sich vom Wort der Schrift ansprechen und berühren zu lassen, es auf die Situation anzuwenden, hinter die Fassaden von Reden und Verhaltensweisen zu blicken und sich dann dem Gegenüber mit der gebotenen Sachlichkeit, aber doch liebevoll zuzuwenden. Vielleicht hat sie dabei auch das Wort aus Galater 5,22f im Sinn gehabt, das ihr Wirken so zutreffend kennzeichnet: „Die Frucht des Geistes aber ist Liebe, Freude, Frieden, Geduld, Güte, Rechtschaffenheit, Treue, Sanftmut, Selbstbeherrschung."

Mit in die Ehe brachte Viola vor 40 Jahren ein Poster der Organisation „terre des hommes" – es zeigt eine starke Tiger- (oder Löwen-)mutter, die sich schützend über ihr Kleines beugt. Das Poster trägt die Inschrift „Tendresse et Détermination". So haben wir sie erlebt. Vielleicht beschreiben diese beiden Worte – Zärtlichkeit und Entschlossenheit – Violas Wesen am prägnantesten. Mögen sie ihr Vermächtnis an uns sein, ihren Weg weiterzugehen und die Liebe weiterzutragen, aus der sie lebte: Es ist genug für alle da – für eine bessere Welt, für ein gotteswürdiges und menschenwürdiges Leben.

Tendresse et Détermination

Dank

In den schriftlichen Beiträgen, mit denen sich Freund*innen und Weg-gefährt*innen an Viola erinnern, kommt die große Wertschätzung zum Ausdruck, die ihr entgegengebracht wurde. Ihnen allen sei sehr herzlich dafür, aber auch für Freundschaft und Begleitung zu Lebzeiten, gedankt. Sie waren ganz wichtig für Viola. Dank sei an dieser Stelle auch noch einmal den Vielen gesagt, die so bewegende und wertschätzende Kondolenzen nach Violas Tod gesandt und damit auch einen wesentlichen Impuls zum Entstehen dieses Buches gegeben haben.

Etliche Erinnerungen wurden im Gespräch oder auch brieflich weitergegeben. Dank dafür geht insbesondere an Uschi Herrendörfer (Erlöser-gemeinde Santiago), Friedhelm Schnieder, Pfr. Bernward Wolf, Pfr. Ulrich Wolf-Barnett, Pfr. Godeke von Bremen, Pfrn. Helga Warsen, Anne Zarnbach (Ausbildungszeit), Beate Harr, Sylvie Engel, Marianne Saffran, Paul Lanners (Luxemburg), Brita Großklaus, Dr. Bettina von Moers, Dr. Hannah Schäfer, Mechthild Trepl, Christiane Marhold, Superintendent a.D. Bernd Beuster (Charlottenburg), Pfrn. Marita Lersner (Pastoralkolleg und Neukölln), Ute Kahlenberg (Superintendentur Neukölln), Dagmar Seidlitz, Angelika Bach (Landessynode), Annemarie Weihmann, Pfr. Dr. Andreas Goetze (Ev. Konsistorium) sowie Violas Mutter Ingeborg Wilcke. Superintendentin a.D. Isolde Böhm und Dr. Ludgera Klemp (Klassenkameradin von Viola) haben dankenswerterweise Violas geistliche und andere Texte einfühlsam und kritisch mitgelesen, kommentiert und Hinweise zur Auswahl gegeben. Den biographischen Teil hat Violas Schwester Andrea Wilcke-Powilleit begleitet. Danke!

Für einige schöne Fotos geht ein herzlicher Dank an Ebba Zimmermann in der Superintendentur Neukölln.

Finanzielle Unterstützung zu den Herstellungskosten dieses Buches kam von der Generalsuperintendentur Berlin, Ulrike Trautwein, der Superintendentur Neukölln, Dr. Christian Nottmeier, auf Vermittlung von Pröpstin Dr. Christina-Maria Bammel vom Theologischen Fonds der EKBO, Dr. Christoph Vogel, und vom Bischofsfond, Dr. Christian Stäblein. Ihnen allen sei sehr herzlich gedankt.

Dank geht auch an Frau Dr. Elke Rutzenhöfer vom Wichern-Verlag und ihre Mitarbeiter*innen für die wohlwollende Aufnahme des Projekts sowie die gesamte Begleitung, das sorgfältige Lektorat und die Gestaltung dieses schönen Buches.

Michael Kennert

Bibelstellenverzeichnis